서울대학교 아시아연구소 세계 속의 아시아연구 014

냉전의 섬 금문도의 재탄생
Rebirth of Cold War Island, Jinmen

진인진

한자표기에 관한 일러두기

1. 국가 이름은 우리나라의 표기 관습에 따라 한국식발음으로 표기한다. 반면 국가의 지방은 그 나라의 원어에 가깝게 표기한다. 中國을 중국으로 표기하고 北京을 베이징으로 표기하는 것이 그 예이다. 臺灣을 '타이완'이 아닌 '대만'으로 표기한 것은 국가에 준하는 대상으로 인정한다는 의미이다.

2. 한국인들이 불러온 관습 및 한국과의 역사성이 강조되어야 하는 경우에는 지방을 원어에 가깝게 표기한다는 원칙은 예외로 한다.
예를 들어, 1949년 이래로 한국인들이 불러온 관습 및 한국과의 역사성을 고려하여 '金門'을 '금문'으로 표기한다. 사실 '金門'을 한국어로 어떻게 표기하느냐 하는 것도 매우 논쟁적인 문제인데, 중국표준어인 '진먼'이나, 현지 통용어인 민남어인 '킨먼', 오랫동안 서양에서 불려온 '끼모이(Quemoy)' 가운데 어떤 표기를 선택할지는 '金門'의 정체성과 관련된 매우 흥미로운 지점이기도 하다.
이와 같은 예외 원칙에 따라 '馬祖'를 '마쭈'가 아닌 '마조'로 표기하고, '金馬獎'도 '금마장'으로 표기한다. '金門'과 '馬祖'의 앞머리를 따서 만들어진 '금마장(金馬獎)' 영화제는 과거 동아시아의 '반공영화제'의 대명사였는데, 한국에서는 오랫동안 금마장으로 불러왔다.

3. 1911년 이전의 인명과 지명은 한국어 한자읽기 방식으로 표기하고, 나머지 현대의 모든 중국 및 대만의 지명과 인명은 중국표준어 발음으로 표기한다.

냉전의 섬 금문도의 재탄생

초판 1쇄 발행 | 2016년 7월 31일

지 은 이 | 정근식 외
편 집 | 배원일
발 행 인 | 김영진
발 행 처 | 진인진
등 록 | 제25100-2005-000003호
주 소 | 경기도 과천시 별양상가 1로 18, 614호(과천오피스텔, 별양동)
전 화 | 02-507-3077~8
팩 스 | 02-504-3079
홈페이지 | http://www.zininzin.co.kr
이 메 일 | pub@zininzin.co.kr

ⓒ 진인진 2016
ISBN 978-89-6347-295-9 93300

이 책은 2013학년도 서울대학교 미래 기초학문 분야 기반조성 사업(사회과학분야)의 지원 및 2013년도 정부(교육부)의 재원으로 한국연구재단의 지원을 받아 수행된 연구임(NRF-2013S1A5B8A01054955).

목 차

책머리에 정근식 _5

1장 동아시아적 맥락에서의 금문 지역사 장보웨이 _13

2장 민족주의 경합의 장, 정성공 영웅만들기 김란 _54

3장 경계의 섬과 포격전의 기억 김민환 _90

4장 샤먼과 금문의 '심리전' 이정훈 _123

5장 냉전생태의 형성과 해체 우쥔팡·정근식 _157

6장 냉전 경관의 비교준거, 연평도와 백령도 전원근 _195

7장 냉전산업으로서의 고량주 경제의
　　　형성과 변화 박배균·김민환 _224

8장 탈냉전과 민주화의 이중적 전환 정근식·우쥔팡 _265

9장 탈냉전과 금문학 우쥔팡 _292

에필로그	이정만	_324
참고문헌		_337
출처표기		_366
금문도 연표		_368

책머리에

나는 2013년에 처음으로 중국 대륙과 대만사이에 있는 금문도[1]를 방문했다. 한편으로는 양안관계의 변화상을 직접 확인하고 싶었고, 다른 한편으로는 동아시아 냉전-분단체제에 관한 연구에서 어떤 것이 현실 적합한 주제일까를 확인하고 싶었기 때문이다. 금문도는 문화적으로는 푸젠성 남부의 민난(閩南)문화에 속하고, 정치적으로는 대만에 속한, 거제도의 1/3정도의 면적을 가진 작은 섬이다.

오키나와와 함께 '냉전의 섬'[2]으로 명명된 금문도는 나의 상상을 뛰어 넘는 분단과 대치의 현장이었다. 주요 도로가 교차하는 지점에는 어김없이 더 이상 사용하지 않는 검문소나 동상이 자리를 잡고 있었고, 해안도로는 모두 탱크나 장갑차를 위한 궤도로 만들어졌다. 해안의 백사장에는 공중을 비스듬하게 노려보는, 용치라고 부르는 구조물들이 줄지어 배치되어 있었고, 심지어 밭 곳곳에는 낙하산으로 내려오지 못

---

[1] 금문(金門)도는 중국어로 '진먼'이지만, 민난어로는 '킨먼'이며, 전통적으로는 '끼모이(Quemoy)'로 불린다. 이에 비해 하문(廈門)은 샤먼, 또는 아모이(Amoy)로 불린다.
[2] Chalmers Johnson, ed., 1999, *Okinawa: Cold War island*, Cardiff, CA: Japan Policy Research Institute; Michael Szonyi, 2008, *Cold War Island: Quemoy on the Front Line*, New York: Cambridge University Press.

하도록 콘크리트 기둥들이 설치되어 있었다. 냉전경관이 바로 이런 것임을 깨달았다.[3] 금문도의 냉전 경관은 한국의 DMZ나 휴전선 인근의 철조망을 중심으로 하는 풍경과 사뭇 다른 느낌을 주었다. 세계적으로 널리 알려진 금문 고량주 또한 삼엄한 국공대치의 산물이었다. 이 술이 이 섬의 경제를 떠받치는 비중이 얼마나 큰 것인가는 술병모양의 광고탑의 크기가 잘 보여주었다.

가장 놀라운 것은 한일간 첨예한 쟁점으로 남아 있던 군 위안부 시설이 국민당 군대가 집중되어 있었던 금문도에도 도처에 있었고, 그곳의 하나를 관광객들에게 공개하고 있다는 사실이었다. 나는 이 특약다실이라는 이름의 시설을 둘러보았을 때 묘한 역사적 공허함을 느꼈는데, 공교롭게도 2014년 부산국제영화제의 개막작으로 이를 테마로 한 군중낙원이라는 이름의 대만 영화가 선정되었고, 이 영화의 여주인공이 입었던 푸른 옷의 청초함이 1년 전의 공허함을 메워주는 듯했다.

흥미롭게도 이런 냉전경관의 다른 편에는 민난문화의 정수를 보여주는 붉은 색 계열의 민간주택과 씨족 사당들, 그리고 이곳이 푸젠성 화교들의 근거지의 하나임을 보여주는 독특한 디자인의 서양식 건물들이 있었다. 전통주택의 지붕선은 날렵함과 둥그러움이 어우러진 모습이었고, 득월루라는 이름의 서양식 주택, 양루는 귀면처럼 낯선 사람을 노려보는 모습을 하고 있었다.

---

[3] 전장관광(Battlefield Tourism)을 연구할 때, 눈에 보이는 경관 뿐 아니라 육안으로는 잘 보이지 않는 지하세계를 포함할 수 있으며, 이 때문에 냉전경관 뿐 아니라 냉전생태 또한 학문적으로 의미있는 개념이 될 수 있다. 전선관광 연구가 널리 확산된 계기는 David W. Lloyd, 1998, *Battlefield tourism: pilgrimage and the commemoration of the Great War in Britain, Australia and Canada, 1919-1939*, Oxford and New York: Berg.

금문도에서 돌아 온 후, 나는 금문도와 마주 하고 있던 대안(對岸), 샤먼을 포함하여 이 지역을 본격적으로 답사하고 싶은 생각이 싹텄다. 그래서 샤먼대학 및 금문대학의 교수를 서울대학교 아시아연구소 동북아센터에 초청하여 양안관계에 관한 토론회를 개최하였다. 이어 금문도에 관심을 가진 대학원생들을 모아 연구팀을 조직하고, 중국 현대문학 전공의 이정훈 교수, 지리학 전공의 이정만, 박배균 교수와 함께 서울대학교 사회과학대학에 연구비 지원을 신청하였다. 다행스럽게 우리의 제안이 받아들여져, 기초적인 세미나를 진행하고, 2014년 초에 금문과 샤먼을 왕복하는 열흘간의 답사를 실시하였다. 답사과정에 젊은 연구자들과 대학원생들의 참여가 커지면서, 서울대학교 아시아연구소의 기반구축사업의 지원(#SNUAC-2013-001)도 더해져 더 풍부한 연구를 수행할 수 있었다.

　　우리는 금문에서 샤먼으로 배를 타고 건너가서, 양안대치기에 금문을 향해 포를 쏘고 확성기로 선전방송을 했던 샤먼의 다덩다오(大嶝島) 군사진지에서 대포와 세계 최대라고 칭하는 나팔(확성기)을 보고, 다시 금문도로 돌아와 그와 상대했던 금문도의 포부대와 선전방송진지가 있었던 곳을 방문했다. 샤먼대학의 교수들이나 금문대학 교수들로부터 양안관계에 관한 설명도 들었다.

　　대만해협을 끼고 대치하고 있는 중국과 대만의 관계를 양안 관계라고 부른다. 그렇다면 중국의 샤먼과 대만의 금문 사이의 불과 수 킬로미터밖에 떨어져 있지 않은, 낮이나 밤이나 서로가 서로를 바라볼 수 있는 지방수준의 관계, 즉 샤먼과 금문의 관계를 무엇이라고 부르며, 이 작은 바다를 무엇이라고 부를 것인가?

　　중국 공산당이 영도하는 인민해방군은 1949년 10월, 금문도의 꾸닝토어(古寧頭)에서 국민당군과 격돌하여 패배한 이후, 샤먼과 금문도 사이의 작은 해협은 국공대치와 중국 분단의 경계가 되기 시작했다. 이 전투가 끝나고 8개월 후에 발생한 6.25전쟁은 양안분단과 국공대치를 장기적이고 구조적인 것으로 이끌어 갔다. 1945년부터 1953년까지, 8년간에 거쳐 한국의 분단과 중국의 분단은 맞물려 돌아가면서 서로를 공고한 것으로 만들었다. 내전 초기에 수세에 몰렸던 동북지역의 공산군은 배후지였던 북한의 도움으로 수세를 공세로 전환시킬 수 있었으며, 1950년 가을 북한이 결정적인 수세에 몰렸을 때, 배후지였던 중국의 도움으로 원상을 회복할 수 있었다. 한국전쟁의 포성이 휴전협정으로 멈춘 후 1년 만에 양안 사이에서 다시 포성이 울렸고, 양안대치가 치열한 포격전으로 변했던 1958년에 중국 인민지원군은 북한에서 철수를 완료했다.

이후 금문도는 엄밀히 말하면 대만해협을 두고 대만 본섬과 멀리 떨어져 중국의 바로 턱밑에서 대치하고 있었던 군사진지였다. 그러나 이 군사시설들은 공격용 군사시설이라기보다는 대규모 공격에 대비하여

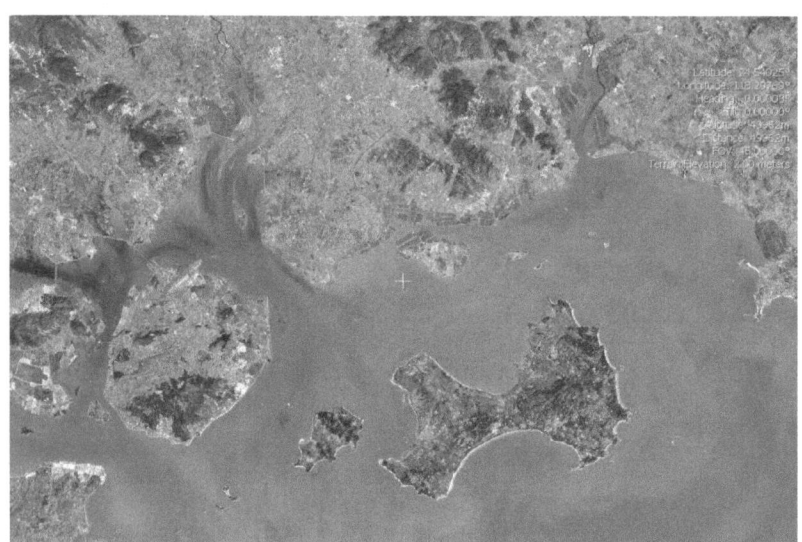

그림 1_ 금문 및 주변 위성 사진

옥쇄를 가상하고 요새화한 수비형 시설이었다. 1958년부터 1978년까지 20년간 심리전 전단을 장착한 포탄이 이틀에 한번씩 의례적으로 오고 갔다. 중국이 1979년 개혁개방을 선언하고, 대만이 1987년 민주주의로 이행한 이후, 양안관계가 완전한 소통과 교류로 이행한 것은 2008년이었다. 이 '3통정책(通航, 通商, 通郵)'은 사실, 2001년에 이루어진 샤먼과 금문의 자유로운 소통, 즉 소삼통 이후 7년 만에 이루어진 것이었다. 소삼통은 삼통으로 가는 징검다리였던 셈이다. 또한 소삼통을 통해 중국군이 금문도 주민들에게 준 커다란 선물, 포탄껍질로 음식을 만드는 칼을 만든다는 상징적 평화 만들기는 세계적으로 알려지기 시작하였다.[4]

소삼통이라는 용어는 우리로 하여금, 샤먼과 금문의 관계를 소양안이라고 부르도록 유도했다. 중국인들이 부르는 진샤(金厦)관계 또는 샤진(厦金)관계보다는 소양안관계가 더 적합하다고 생각했기 때문이다. 우리가 2014년에 확인한 소양안관계는 정부간 관계를 말하는 양안관계의 축소판이지만, 동일한 것은 아니었다. 우리 연구팀의 일원이었던 중국국적의 대학원생은 금문도에서 샤먼으로 갈 때는 자유로웠지만, 우리 일행과는 달리 다시 금문으로 돌아오지 못하고 서울행 비행기를 타야했다. 관할 지방정부가 사전에 발행하는 왕복 통행증을 받지 않았기 때문이다. 소양안을 배로 왕복하면서 확인한 것은 양안 교류가 자유롭지만 아직은 완전한 것은 아니라는 점이다. 샤먼과 금문에는 각각 일국양제 통일과 삼민주의 통일을 주장하는 대형 입간판이 설치되어 있는데, 이것이 교류와 협력 속의 불안과 긴장을 자아내고 있는 상징으로 보였다.

---

4 Zhang, J.J., 2010, "Of Kaoliang, Bullets and Knives: Local Entrepreneurs and the Battlefield Tourism Enterprise in Kinmen(Quemoy), Taiwan", *Tourism Geographies* Vol.12(3), pp.395-411.

중국과 대만사이에는 1992년 합의한 '하나의 중국'이란 원칙을 골자로 한 '92공식(九二共識)'이 작동하고 있다. 중국과 대만은 이 원칙에 동의하면서 통일방식을 둘러싸고 서로 다른 해석을 하는 것을 양해하는 것이다. 대만에서 민진당이 집권한 후 대만 독립파들의 목소리가 커지자, 중국은 2005년 반국가분열법을 제정하여 이에 대응했다. 2008년 다시 국민당이 집권한 후 양안관계는 회복되었지만, 점차 대만의 젊은 층은 중국에 경사된 개방정책에 반대의 목소리를 내기 시작했다.

우리의 소양안 지역 답사는 당연하게도 이와 유사한 지정학적 위치에 있는 서해 5도의 현재의 상황을 떠올리게 했다. 나는 2015년 연평도를 방문했고, 백령도와 동일하게, 연평도에도 설치되어 있는 용치를 확인했다.[5] 흥미로운 것은 한국전쟁이 한창일 때, 소양안을 포함한 양안의 바다는 조용했고, 소양안에서 포격전이 한창일 때, 연평도는 조기 파시로 흥청거렸다는 사실이다. 연평도의 조기떼는 1968년을 계기로 서해 5도까지 올라오기를 중단했다. 소양안이 교류와 협력의 가교가 된 시기에 서해 5도에서는 NLL 문제로 남북한간 분쟁이 싹텄고, 풍요의 바다는 분쟁과 갈등의 바다로 변화했다. 서해5도를 평화협력지대로 만들려는 구상은 2007년에 분명한 모습을 드러냈으나 실현되지 못하고 기억 속에 남아 있다.

대만에서 2014년 대규모의 학생시위인 해바라기운동이 일어나고, 국민당 정부가 곤경에 처한 상황에서 2015년 말에 시진핑과 마잉주는 처음으로 양안 정상회담을 하여, 92공식의 중요성을 재확인하였다. 중국 공산당은 국민당을 간접적으로 지원했지만, 2016년 1월의 대만 총

---

[5] 나는 2015년 10월, 금문국가공원이 주최한 국제학술회의에서 발표하면서, 백령도와 연평도의 용치 경관을 참가자들에게 보여주고, 이것이 어디에 있는 것인지를 물었을 때, 금문의 연구자들은 금문도와 유사한 경관이 한국에 있다는 사실에 많은 관심을 보였고, 이곳을 방문하기를 희망했다. 이런 희망은 2016년 봄에 이루어졌다.

통선거에서의 패배를 막지 못했다. 대만에서 민진당의 8년만의 재집권이 소양안의 평화와 교류를 어떤 방향으로 변화시킬 것인지도 주목되지만, 어느 나라보다도 유사했던 한국의 현대 정치사의 경로에 어떤 의미를 가질 것인지, 이것이 서해 5도의 상황의 변화에 어떤 신호를 보내는 것인지 궁금해지지 않을 수 없다. 한국과 대만의 민주화의 동조 사이클, 그리고 민주화와 민족문제의 비동조 사이클 가운데, 어떤 것이 우세하게 될 것인지는 두 사례간 비교연구에서 초점이 되는 의제이다. 2016년 봄, 나는 대만의 학자들과 함께 백령도를 방문했다

　이 책은 동아시아 냉전-분단체제에 대한 연구의 일환이지만, 동시에 그 경계의 변화의 의미를 역사적으로 파악하려는 시도이다. 경계는 종종 교류와 이동을 막는 장벽이지만, 동시에 서로 다른 사상이나 문화가 합류하여 질적인 전환을 이루는 접점이기도 하다. 동일한 역사적 문화적 자원을 서로 전유하기 위한 경쟁이 일어나기도 하고, 협력을 모색하는 현장이 되기도 한다. 우리는 원래 하나였던 생활권이 외부의 힘에 의해 분단되고, 내부의 힘에 의해 이런 경계가 허물어지면서 냉전에 의해 커졌던 거리가 다시 좁혀지며, 궁극적으로는 다시 하나의 생활권으로 수렴되는 현상을 금문도에서 잘 관찰할 수 있었다. 우리는 이 작은 사례를 통하여 거시적이고 장기적인 체제의 변동을 이해하는 방법을 새롭게 모색할 수 있었다. 금문도와 그 대안인 샤먼지역에서 냉전과 탈냉전이 밀물과 썰물처럼 오가면서 남긴 흔적들을 여러 각도에서 살펴볼 수 있었기 때문이다.

　대만 근세사를 연 정성공이라는 역사적 인물이 현재에 어떻게 중국과 대만, 그리고 일본 사이에서 경쟁적으로 전유되고 소비되는가, 양안간 분단과 함께 지속된 심리전은 어떻게 진행되었고, 그 주역들은 어떻게 화해했는가, 금문도에서 냉전경관과 생태는 어떤 과정을 통해 형성

되고 탈냉전의 시대에 어떻게 관광자원으로 전환되는가, 민주화와 탈냉전이 지방적 차원과 국가적 차원에서 어떻게 거리를 두면서 진행되었는가, 냉전적 근대화와 군사적 근대성의 상징인 금문고량주는 어떻게 대만과 세계를 향한 브랜드로 성장했고, 주민복지에 기여하고 있는가, 탈냉전은 어떻게 금문도에 대한 학문적 접근을 바꾸었으며, 이렇게 형성된 금문학은 어떤 발전의 전망을 가지고 있는가, 이런 다양한 질문들이 이 책을 이끌어가는 문제의식에 깔려 있다.

이 자리를 빌어 우리의 답사에 큰 중요한 도움을 준 우치텅(吳啓騰) 선생께 감사를 드리며, 적극적인 협조를 해준 샤먼대학 대만연구소의 류궈선(劉國深) 소장, 대만사범대학 동아시아연구소의 장보웨이 교수에게 감사를 드린다. 장교수는 현지 답사에 도움을 주었을 뿐 아니라 자신의 의미있는 논문이 이 책에 포함될 수 있도록 허락을 해주었다.

2016년 4월
아시아연구소 동북아센터에서
정근식

01

동아시아적 맥락에서의 금문 지역사

장보웨이(江柏煒) 著 · 강미선 譯

Ⅰ. 금문 및 '금문학': 대만 연구의 새로운 판도인가?

최근 20년 동안, 대만 연구는 역사학, 정치학, 경제학, 사회학, 문학, 민속연구 등 영역에서 성과를 이루었고 국내외 학계의 높은 관심을 얻었다. 그러나 대만에 속하는 모든 지역이 똑같이 연구된 것은 아니다. 1949년 이후 대만의 실질적 영토는 대만섬, 펑후(澎湖), 금문(金門), 마조(馬祖) 군도를 포함했다. 이 지역의 역사 경험, 사회조직, 경제구조, 언어 습속 그리고 정치적 정체성은 서로 달랐다. 대만에서 포용성, 다원성의 정치경제 혹은 문화적인 공동체로서 금문 및 '금문학(Quemology)'[1]은 하

---
[1] 소위 '금문학'은 아직도 구축 단계에 있는 것이지 이미 완성된 학술적 범주가 아니다.

나의 개척해야 될 영역이다.

과거 50여 년, 금문은 대만의 대다수 사람들에게 최전방(軍事前線)이고, 군복무 청년들이 '금마장(金馬獎)'² 세월을 보내는 섬이었다. 사실상 '이도(離島, offshore island), 근린도서'라는 단어는 지리적 관계를 보여주는 동시에 타이페이를 중심으로 하는 문화 시야의 재현을 드러내고, 금문(마조, 펑후)의 변두리 역할을 말하지 않아도 알 수 있게 해준다.

그럼에도 불구하고 금문은 하나의 '지방'일 뿐만 아니라 타이민(臺閩), 나아가 동아시아 및 세계 네트워크의 한 거점이다. 11세기부터 중원씨족(中原氏族)이 남쪽으로 피난하거나 삶을 개척하러 오는 섬이었고, 이에 따라 몇십 개의 역사가 깊은 종족마을들이 발전되었고 이들은 농어업 위주의 경제생활을 영위했다. 14세기, 1380년대 강하후(江夏侯) 주덕흥(周德興)이 푸젠(福建)을 다스리게 되었고 군대를 동원하여 영녕위(永寧衛)를 세워 지키는 목적은 해상에서 오는 위협을 막기 위한 것이었다. 15세기 중엽 이래 민난(閩南)³ 사람들이 조정의 해금정책(海禁政策)에 도전했다. 이들은 동남아와 왕래하며 해상무역을 하고, 또 서구 식민자(예: 네덜란드 동인도회사)와 서로 경쟁과 합작을 했는데, 이들을 초기

대만 각지에서 10여 년째 유행하고 있는 'ㅇㅇ학'[예: 타이페이학(臺北學), 펑후학(澎湖學), 이란학(宜蘭學), 윈린학(雲林學)]은 사실상 정치와 직접적인 연관이 있다. 물론 동시에 그 자체가 연구 가치가 있는것들이다. 이 'ㅇㅇ학'은 대다수가 지방 정부의 경비 지원을 받고 있고 각 지의 '문사공작자(文史工作者)'의 개입 아래 자주 토론회를 개최하고 책을 출판하는데, 이를 통해 지역사회와 문화의 특수성을 찾고 타자와의 구별화를 시도한다. 이 논문은 '금문학'이란 용어를 사용하지만, 이 학과에 대해 비판적 태도를 취하고 있다.

2 '금마장(金馬獎)'이란 대만이 1962년부터 창설한 영화제이다. 그러나 군복무자가 '금문, 마조'에 배치되는 것을 풍자적으로 일컫는 용어로 사용되고 있다.

3 중국 푸젠성의 남부 지역을 가리킨다(역주).

전지구화의 실천자로 볼 수 있다. 17세기 후반, 명의 복원을 바라는 정성공(明鄭) 집단이 금문, 샤먼을 점령하고 청나라에 반대했다. 이 정권 집단에는 금문 출신의 군사들이 적지 않았고 동시에 금문 사람들이 대만해협을 넘어 펑후로 이주하면서 마을을 만들었다. 이들은 청나라 초기부터 중엽까지 안핑(安平), 루강(鹿港), 멍지아(艋舺)에 청나라 병사(班兵)들의 회관인 금문관[(金門館): 우장관(浯江館)]을 연달아 세웠고, 수푸왕예(蘇府王爺)의 민간신앙도 갖고 갔다.

19세기, 20세기 초 많은 금문의 청·장년 인구가 동남아로 이주를 했다. 이주자 중 일부는 일본의 나가사키와 고베로 갔는데, 일본 이주자들은 노동계급의 쿨리(苦力)와 상인들이었다. 이민송금경제(侨匯经济)는 교민 가족(僑眷)에 희망을 가져다주었고 교민(僑鄉) 사회의 사회적 근대화를 촉진했다. 1949년 이후 금문은 국공대치, 세계냉전 구도의 군사전방으로 43년이라는 긴 세월 동안 전지정무체제(戰地政務體制)가 실행되었고 지역사회와 공간은 변화를 강요받았다. 1990년대 양안관계가 변화되고 2001년 진샤(金廈) '소삼통(小三通)'의 개방은 금문이 민난 지연관계(地緣關係) 속에 되돌아오게 했고, 대만 상인이 중국으로 진입하는 새로운 문호가 되었다. 이로써 금문인들이 대량으로 관광과 부동산 투자를 목적으로 샤먼에 유입되었으며, 정치와 문화적 정체성에 있어 대만 본섬 사람들과 차이를 보이게 되었다.

이 논문은 근 20년 이래 금문 지역에 관한 연구를 분석하고, 그것이 인문사회와 대만 역사 연구 영역에서 가지는 중요성을 논의하고자 한다. 우선 초기 대만 이민의 원적지 중 하나로서 금문은 이주와 개간을 통한 사회적 변화를 기점으로 대항해 시대의 거점이 되기까지의 변화를 겪었다. 명·청시기에 발간된 지방지와 편저작에서는 금문의 주체성이 부각되었고, 국가와 지방 대족(大族: 명문 대가/거족) 사이의 관계를 보여주고 있다. 금문이 남긴 무형, 유형의 문화재는 건축사, 종교 연구, 지방 풍속 연구의 중요한 현장이 되었다. 이어 두 번째로 근대 이래 금문에서 경계를 넘어 유동하는 사회집단, 자본 및 문화전파 현상 그리고 교향(僑鄕: 화교의 집거지) 사회, 화교 가족 및 해외 회관 연구 영역의 전개를 분석할 것이다. 세 번째는 1949년 이후 냉전의 섬으로서의 금문이 분석될 것이다. 이 시기 냉전이 금문 사회에 어떤 영향을 미쳤는지를 검토할 것인데, 무엇보다 '탈군사화'에서 기인한 자유로워진 분위기에서 최근 전개된 냉전 시기 금문도에 대한 다양한 연구들이 소개될 것이다. 마지막으로 금문의 지역연구와 지역사, 국족사(國族史), 세계사를 연결시켜 봄으로써 여러 학문 간 대화의 중요성 및 금문 연구의 가능한 방향을 제시하고자 한다.

II. 민난원향(閩南原鄕: 본고장)으로서의 금문: 종족사회의 건립 및 이민

금문은 과거에 우저우(浯洲), 우지앙(浯江), 우다우(浯島), 창우(滄浯) 등으로 불렸고, 금문 본도와 리에위(烈嶼) 여러 섬으로 조성되었다. 위치는 푸젠 성 남부 구룽강 입구(九龍江口), 샤먼만과 웨이터우(圍頭)만 밖에 있고, 내적으로 장샤[漳廈: 장저우(漳洲)와 샤먼]를 지키고, 외적으로 대만과 펑후를 통제하며 해양 전략에서 중요한 지위에 있다. 따라서 역사상 '금탕[4]처럼 견고하고 해문을 굳건히 지킨다(固若金湯, 雄鎭海門)'라는 평판을 받고 있었다.

---

4   사자성어 금성탕지(金城湯池)에서 온 단어. 금성철벽과 같은 뜻으로 방비가 매우 튼튼한 성을 가리킨다.

1. 중원으로부터 금문까지

금문은 과거에 우저우, 시엔저우(仙洲)라고 불렸고, 명나라 초기 지금의 이름으로 바뀌었다. 진(晉)나라 때, 중원에 변고가 많아 도주한 난민 6성씨(蔡, 陳, 吳, 蔡, 呂, 顏)가 이곳에 정착했다. 당나라 때는 만안목마감(萬安牧馬監)[5]을 부설했던 지역이다. 덕종정원(德宗貞元) 19년 민관찰사(閩觀察使) 류면(柳冕)이 임직하면서 목마감(牧馬監) 진원(陳淵)과 함께 12성씨(蔡, 許, 翁, 李, 黃, 王, 呂, 劉, 洪, 林, 蕭)가 정착하기 시작했다. 왕심지[6]는 『민편천속읍(閩編泉屬邑)』에서 산천과 해도 지역에 사는 사람들에게는 세금을 징수하지 않았다고 했다. 송나라 때 태평성세 3년 시기, 섬에 거주하는 사람들이 후차우(戶鈔)[7]를 받기 시작했다. 희풍(熙豐) 시기, 도도(都圖)를 설립하기 시작했다. 이 도도에는 4개의 도(都), 9개의 도(圖)가 포함되었는데 상풍리(翔風里), 수덕향(綏德鄕)에 속했다. 가정(嘉定) 10년, 진덕수(真德秀)가 취안저우부(泉州府)를 맡게 되고 료우루어(料羅)만[8]을 지키는 전쟁에 사용되는 선박을 관리했다. 함순(咸淳) 기간 논밭 크기에 따라 징수하고 말을 키웠다. 원나라 초기 염전을 만들었고, 원나라 6년에 관구사(管勾司)를 설립했다가 1309년에 사령사(司令司)로 이름과 직능을 변경했다. 홍무(洪武) 원년, 타석사(踏石司)로 고쳤고 얼마 지나지 않아 또 염과사(鹽課司)로 고쳤으며, 20년에 금문에서 천호소(千戶所)를 지키는 봉상(峰上), 관오(官澳), 전부(田浦), 진갱(陳坑)에 사순검사(四巡檢司)를 설치했다(林焜熿, 1960: 5~6).

---

5   목마감은 고대 관직 호칭이다(역주).

6   왕심지(862~925년)는 중국 5대 10국(당나라 멸망 이후 북송 건립 이전 시기) 시기 민국(閩國)의 왕이다.

7   농민들이 세금을 낸 뒤 받는 영수증과 같은 것이다(역주).

8   료우루어만은 금문도의 동남연해에 위치해 있다.

그러나 지방의 족보를 통해 살펴보면, 현재 섬에 사는 주민은 대부분 송원(宋元) 이후 민난 각지로부터 이민왔다는 것을 알 수 있다. 남송 시기 취안저우 량극가(梁克家), 증종용(曾從龍), 부자득(傅自得) 세 가족이 금문에 왔고 땅을 개간하기 시작했다. 기타 씨족들도 잇따라 이민오고 정주 형태의 마을을 형성했다. 예를 들어, 후보(後浦), 관오(官澳), 호미(湖尾), 평림(平林) 등이다. 원나라 대덕 원년(大德元年, 1297년), 금문에서는 염장(鹽場: 염전)이 만들어지기 시작했는데 염장은 모두 10정(埕)이고, 이 정은 상하로 구분하여 상정(上埕)은 영안(永安), 관진(官鎮), 전돈(田墩), 사미(沙尾), 보두(浦頭)이고 하정은 두문(斗門), 남안(南垵), 보림(保林), 동사(東沙), 례위(소금문, 烈嶼)이다. "사령(司令), 사승(司丞), 두목(頭目), 관구사(管勾史), 사목(司目)을 설립하고 백성을 염부로 만들었는데 열 사람을 한 강(綱)으로 편성해 한 조(竈)가 되었고, 1인당 소금 3리터를 만들게 하였다…"(林焜熿, 1960: 38, 그림 1 참조).

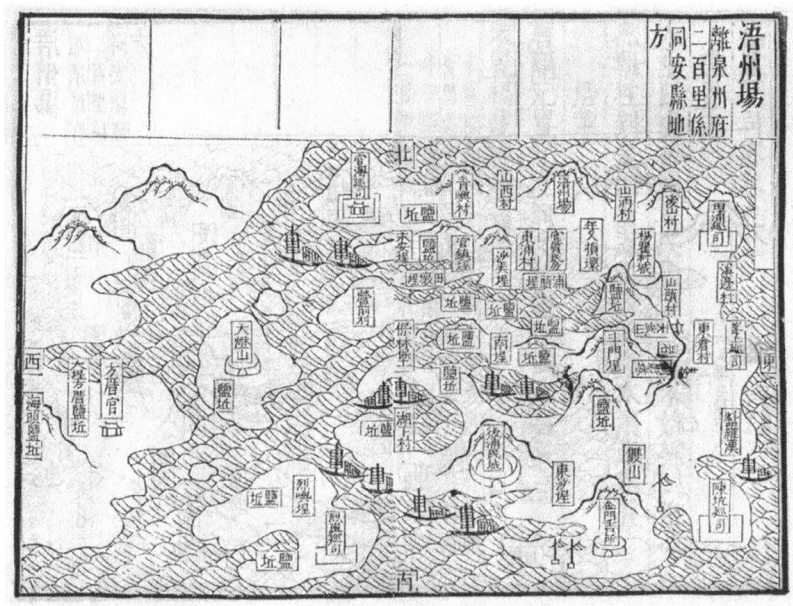

그림 1_ 우저우 지도(출처: 江大鯤等主修, 「福建運司志」, 1613)

명조 이후 금문의 개발은 가속화되었다. 홍무(洪武) 20년, 쟝샤허우(江夏侯) 주덕홍(周德興)은 금문에 천호소를 설립하라는 명령을 받고 섬의 서남쪽에 성을 보호하는 벽을 쌓고 동남 해역을 보호했다. 그리고 여러 지역으로부터 군대를 차출해 왔는데, 현재 성내에 사는 니(倪), 사오(邵), 왕(王), 위(俞), 청(成) 등 성씨는 당시 차출되어 온 군대의 후예다. 명나라 중엽부터 청나라 초기는 금문이 가장 흥성했던 시기다. 당시 아마 4,000명 이상의 사람이 살고 있었을 거라고 짐작하고 있다(江柏煒, 1999: 133~177). 정통 8년(1443년) 이후, 관부(官府)에서 세금을 쌀로 징수하기 시작하는 바람에 많은 사람들이 또 개간에 뛰어들었다(林焜熿, 1960: 40). 가정(嘉靖)과 융경(隆慶) 연간, 금문은 이미 15도(都), 16도(都), 17도(都), 18도(都), 19도(都), 20도(都) 등으로 편성되었고 다쇼우금문(大小金門)은 모두 166개의 마을이 있었다(林焜熿, 1960: 19~20, 그림 2 참조). 이때로부터 오늘날 금문의 종족 마을 규모를 초보적으로 갖

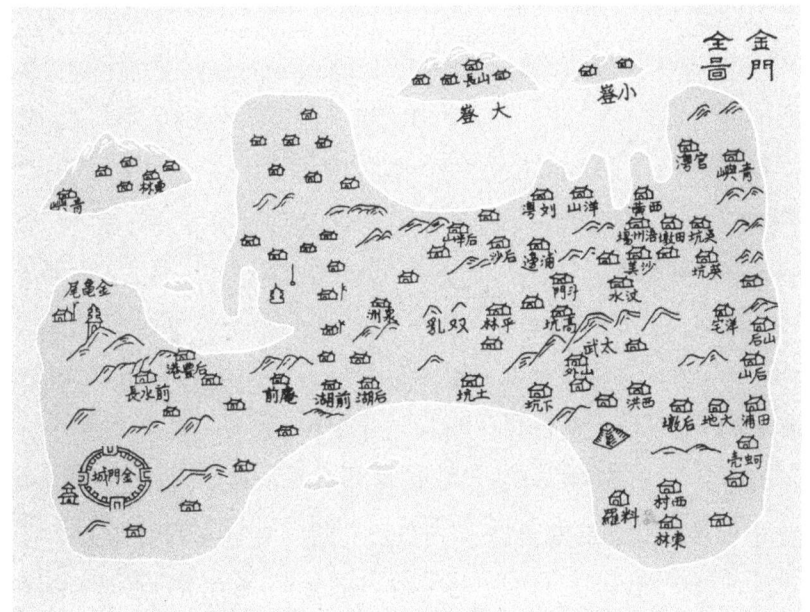

그림 2_ 청나라 도통(道同) 년간 금문 전역 지도(출처: 林焜熿, 『金門志』, 圖版, 1960)

추게 된 것이다.

그러나 "오지(澳地)는 비좁고 척박하며 거기에 풍사(風砂)의 위협까지 있어 백성 중 일을 가진 사람이 몇 안 된다."(洪受, 2002: 117) 그들은 수원, 좋은 밭, 어장 혹은 풍수지리 때문에 투쟁을 했다. 명·청 시기에는 예를 들어 치웅린 채씨(瓊林蔡姓)와 하갱 진씨(下坑陳姓), 고령두 이씨(古寧頭李姓)와 호하 양씨(湖下楊姓) 등의 충돌이 있었고, 심지어 서로 혼인을 하지 않는다는 성문화되지 않은 종족 규범도 있었다. 종족의 발전과 대체도 나타났다. 예를 들면, 치웅린 채씨와 후포동문 허씨(後浦東門許氏)가 진씨(陳氏)를 대체했다.

2 금문으로부터 대만까지

정성공 지배 시기 금문과 샤먼은 청나라를 반대하고, 명나라를 회복하는 기지였고 사회변동이 심했다. 특히 정태(鄭泰)가 금문에 주둔하고 있던 기간에는 징수가 과중하고 백성들의 원성이 컸다(金門縣政府, 1992: 권1 104, 권9 1216~1221). 1661년 정성공이 군사를 동원하여 대만으로 건너가 네덜란드 세력을 내쫓았다. 당시 정성공은 바로 지금 금문의 료우루어(料羅)항으로부터 출항했다(楊英, 1958). 1663년 10월, 청나라 정남왕(靖南王) 경계무(耿繼茂), 총독 이수태(李率泰), 제독 마득공(馬得功), 항복 장군 황오(黃梧), 시랑(施琅) 등이 네덜란드 철갑선을 타고 취안저우(泉州)에서부터 금문, 샤먼 두 섬으로 진공하고 정(鄭)의 군대와 금문 우사터우(金門烏沙頭)에서 해전을 벌이게 되었다. 이 싸움에서 정의 군대는 패배했고 통산(銅山)으로 퇴각했다. 청나라 정부가 금문을 점령하여 집을 태우고 성을 훼손하며 백성들을 죽이면서 유민(遺民)들을 해안에서 30리 떨어진 곳으로 쫓아냈다. 서민들은 집을 잃고 떠돌아다니고, 금문은 폐허가 됐다. 또 1674년 정남왕 경정충(耿精忠)이 민(閩)을 점령하고 청 정부를 배반하면서 대만의 정경(鄭經)과 결합했다. 이 기회에 정경은 다시 금문으로 되돌아왔다. 1679년 겨울, 청나라 군대가 豆우루어(料羅)만을 공격했고 그 다음해 청나라의 수사제독 만정색(萬正色)이 군대를 거느리고 금문을 공격했다. 명정의 장군 오국준(吳國俊)은 투항했고 정경은 다시 대만으로 퇴각했다. 명정과 청 정부의 대항은 지역사회의 와해 및 재조합에 막대한 영향을 끼쳤다. 명정 정권 시기 중요한 사회적 위치를 갖고 있던 금문 사람들, 예를 들어 시엔쥐(賢聚)의 노야등(盧若騰, 1600~1664), 후펑강(后豐港)의 홍욱(洪旭, 1605~1666), 푸피안(浦邊)의 주전빈(周全斌, ?~1670) 등이 예전에 살았던 집은 고적 혹은 역사건축물의 위상을 부여받았다. 금문 특유의 촌락 풍사야(村落風獅爺)는 후세에 전해져 복계(復界) 이후 환경의 변화에 따라 나타난 민간신앙이 되었다.

청나라 중엽 이전, 금문에서 무관이 많이 나왔다. 림상문(林爽文) 사건 평정을 도운 채반용(蔡攀龍, 1738~1798)은 치옹린(瓊林) 사람이고, 해적을 격퇴한 이광현(李光顯, 1755~1819)은 꾸닝토어 베이산(古寧頭北山) 사람으로, 절강제독(浙江提督), 광동수사제독(廣東水師提督)을 역임했다. 추량공(邱良功, 1769~1817)은 후보(後浦) 사람으로, 절강수사제독(浙江水師提督)과 절강 수륙제독(浙江水陸提督)을 지냈다. 이들은 모두 출중한 사람들이다. 이런 인물들의 공적은 18세기부터 19세기 초 대만 한인의 사회 발전, 타이민(臺閩) 해상활동, 특히 국가, 지역사회와 해적집단 사이의 관계를 설명해 준다. 17세기 중엽부터 이주한 초기 이주 한인들은 대만해협의 항로에 익숙한 금문 출신이 대부분이었다.

예를 들어 팽호군도(澎湖群島), 안핑(安平), 루강(鹿港)에는 모두 금문의 후예가 자리잡고 있었다.

대만 남부의 안핑에는 청나라 강희 22년(1683년)에 '금문관'이 설립되었다. 금문관은 중부의 루강에는 건륭 52년(1787년), 북부의 명지아(艋舺)에는 가경 10년에 설립되었고, 이민회관과 신앙의 중심이라는 이중적 용도를 겸하고 있었다. 청나라 때 대만의 중요한 문인 역시 금문 출신이 많았다. 예를 들어, 과거시험에서 진사시에 합격한 정용석(鄭用錫, 1788~1858)은 본적이 금문 동계(東溪)이고, 채정란(蔡廷蘭, 1802~1859)은 금문 치웅린(瓊林) 그리고 사학자 임호(林豪, 1831~1918)는 후보(後浦)사람으로 팽호 문석서원(文石書院)에서 학생을 가르쳤다. 서법가 여세의(呂世宜, 1784~1855)는 샤먼 옥병서원(玉屛書院)에 있었다. 이런 밀접한 관계들로 인해 민속학자 린헝도우(林衡道)는 금문을 "대만 주민의 고향" 중 하나라고 불렀다(林衡道, 1996: 249~319).

3. 명·청 시기 금문 지역사회의 묘사: 『창해기유(滄海記遺)』, 『금문지(金門志)』, 『신금문지(新金門志)』부터 『금문현지(金門縣志)』까지

명나라 융경(隆慶) 2년(1568년)에 완성된 『창해기유』는 금문의 첫 번째 지방지(地方志)이다. 저자 홍셔(洪受)는 당시 『통안현지(同安縣志)』가 금문 지역 이야기를 많이 담고 있다고 하여 '기유(紀遺)'라고 불렀다. 책은 모두 10기(紀)로 나누는데 산천(山川), 건치(建置), 인재(人材), 풍속(風俗), 빈사(賓祀), 본업(本業), 물산(物産), 재변(災變), 사한(詞翰), 잡기(雜記)다. 각 기는 글자 수가 많지 않지만 모두 개요가 기재되어 있다. 예를 들어 금문의 과거, 왜구 침략, 인사 작품, 부제묘에 관한 기록 등이다. 이 책에는 극히 적은 오류가 있지만, 이 오류가 책의 중요성에는 영향을 미치지 못한다. 오히려 이 책은 금문 지방지 작성에 참고하는 원본도서가 되었다(李國祥 等, 1993: 465).

그 외 이 책은 홍셔의 정치 비판도 담고 있다. 그는 당시 부패한 군대와 관리에 대해 "군대가 지키고 있어야 될 곳을 지키지 않고 있다"(洪受, 1970: 8~9)고 지적하고 있고, 가경 39년(嘉靖 39年)에 왜구가 금문을 점령한 지 50일이 지나도록 순검사와 천호소에 주둔하는 군대의 출격이 없었던 것에 대해서도 비판했다(洪受, 1970: 74~75). 동시에 그는 민난해방(閩南海防), 금문교육(金門敎育)(洪受, 1970: 7~10)에 대해서도 자신의 관점을 주장하고 있다. 이런 역사사료는 모두 당시 금문의 지역사회의 모습을 그리고 있고, 명나라 중엽 이후 국가와 지역사회의 관계를 보여주고 있다.

『금문지(金門志)』는 청나라시대 금문의 지방지다. 후보(後浦) 출신의 임욱황(林焜熿)이 집필했고, 그의 아들 임호(林豪)가 계속해서 수정해 나갔다. 임욱황은 1830년부터 1832년 사이 『샤먼지(廈門志)』를 편찬했고, 이를 바탕으로 2년간 금문에 관한 자료를 수집했지만 출판하지 못했다. 1837년 이후 그의 아들 임호가 동치(同治)12년(1873년)에 『금문지』를 보완·수정하여 지방 관료의 지원을 받아 인쇄에 들어갔지만 광서(光緒) 8년(1882년)에야 출판할 수 있었다. 책은 총 15권이고 지략(域略), 부세(賦稅), 병방(兵防), 직관(職官), 명환(名宦), 선거(選擧), 인물(人物) 등을 포함하고 있다. 이 책은 체계적이고 내용 기록이 구체적이어서 훗날 『금문지』의 기반이 되었다.

『금문지』의 완성은 관료신사계급이 힘을 갖고 있음을 보여준다. 이보다 더 중요한 것은 지방지의 수집과 편찬이 그 사회의 주체성을 보여준다는 것이다. 금문은 공통적인 역사를 가지는 하나의 지역이 되었다. 리쭝한(李宗翰)의 연구에 따르면 『금문지』는 국가통치를 보조하기 위한 내용뿐만 아니라 대가족을 형성한 지방 향신(鄕紳) 계층의 세력을 반영하고, 지역사회 가치와 이익에 목적을 두고 있다고 했다. 바꾸어 말하면 이것은 하나의 국가와 지방 가족이 합작한 결과물인 것이다(李宗翰,

2012: 15~16).

전지정무(戰地政務) 시기 허여중(許如中)이 편집한 『신금문지』는 1949년부터 1958년 사이의 금문 전역(戰役), 군정 건설(軍政建設)(許如中, 1959)에 관한 내용을 보완했다. 훗날 각 버전은 다 이 책처럼 지역사회에 대한 묘사 외에 애국주의를 선전하는 것과 군정 건설의 근대화적 성과를 강조했고 전방기지의 군사 동원과 이데올로기 교화에 사용하기 위한 것으로 변해갔다. 1979년 곽요령(郭堯齡) 등이 편집한 『금문현지』는 화교 간행물 『현영(顯影)』(江柏煒, 2007)을 참고하여 1920~30년대의 교향과 해외화교 거주지의 정보를 추가하게 되었고, 이로써 '화교지(華僑志)'의 내용이 충실해졌다.

4. 대항해 시대의 금문

15세기 서구의 '지리적 대발견'은 적극적인 식민지 개척으로 이어졌다. 17세기 이래 서구 제국주의는 서둘러 동아시아로 진출했다. 대만해협과 민난항로는 중요한 요지였으며, 이에 따라 금문은 서구인이 만든 지도에 포함되기 시작했다.

1670년대 네덜란드인 올퍼트 다퍼(Olfert Dapper, 1639~1690)가 제작한 '진샤해도(金廈海圖)'는 이미 장저우(漳州)만과 진샤해역을 그려냈다. 이 지도에는 금문, 샤먼, 리에위, 다단, 얼단 등의 섬이 포함됐는데 모두 민난 언어 발음으로 표기했다(그림 3). 그리고 금문도(金門島)의 금문성(金門城), 료우뤄(料羅) 등 군정 중심을 표기해 두었다. 미국 하버드대학의 퓨지 지도 도서관(Pusey Library Map Collection)에서 소장하고 있는 고대 지도 원본 가운데 하나는 1675년 영국 존 셀러(John Seller)의 『항해도집(航海圖集, Atlas Maritimus or The Sea-Atlas)』이고, 다른 하나는 1703년 존 손튼(John Thornton)의 The English Pilot이다. 동인도회사에

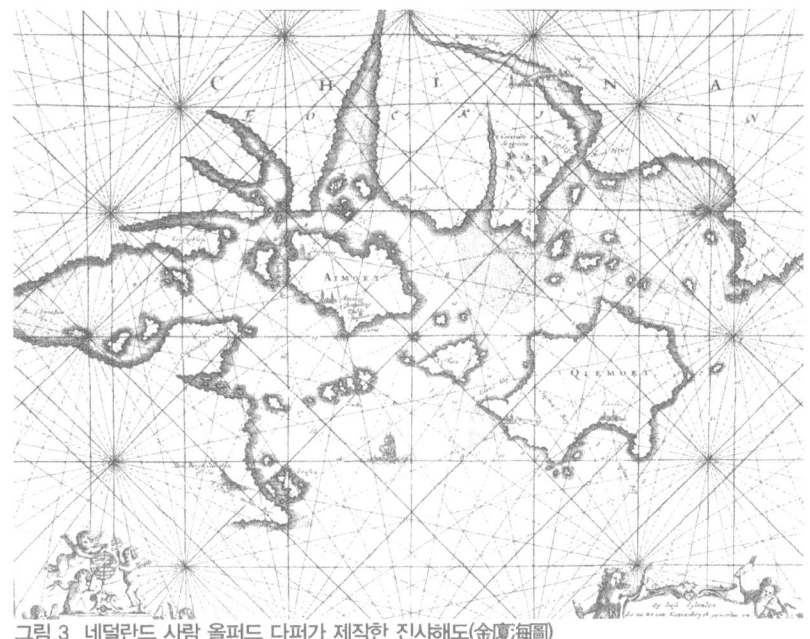

그림 3_ 네덜란드 사람 올퍼드 다퍼가 제작한 진샤해도(金廈海圖)

서 사용하던 이 두 지도는 당시 전 지구의 해역과 항로를 모두 상세하게 표기했다. 동아시아 부분에 오면 금문의 기록을 볼 수 있다. 이 책에서는 상세하게 중국 동남연해의 항로를 기록하고 있다. 『항해약사(航海略史, Histoire Générale des Voyages, 1746~1759)』에는 "장저우완 또는 장저우와 샤먼, 금문도 해도"를 싣고 있는데, 이 지도에는 섬 이름들이 정확하게 표기되어 있다. 예를 들어 샤먼(Emowi), 금문(Quemowi), 례위(烈嶼, Lishou), 다단(大擔, Toatta), 우위(浯嶼, Gom-tse), 구랑위(鼓浪嶼, Kolong-tse) 등[9]이 있다. 이 지도들은 현대 지도에 상당히 근접했고 금문과 주변 섬

---

9 다양한 버전은 다음과 같다: 郭堯齡 等 編, 1979, 『金門縣志』, 金門: 金門文獻委員會; 金門縣文獻委員會, 1968(初版), 『金門縣志』, 金門縣政府; 金門縣文獻委員會, 1979(初版), 『金門縣志』 重修版(上, 下 兩冊), 金門縣政府; 金門縣文獻委員會, 1992年(初版), 1999年(初版二刷), 『金門縣志』 增修版(上, 中, 下 三冊), 金門縣政府.

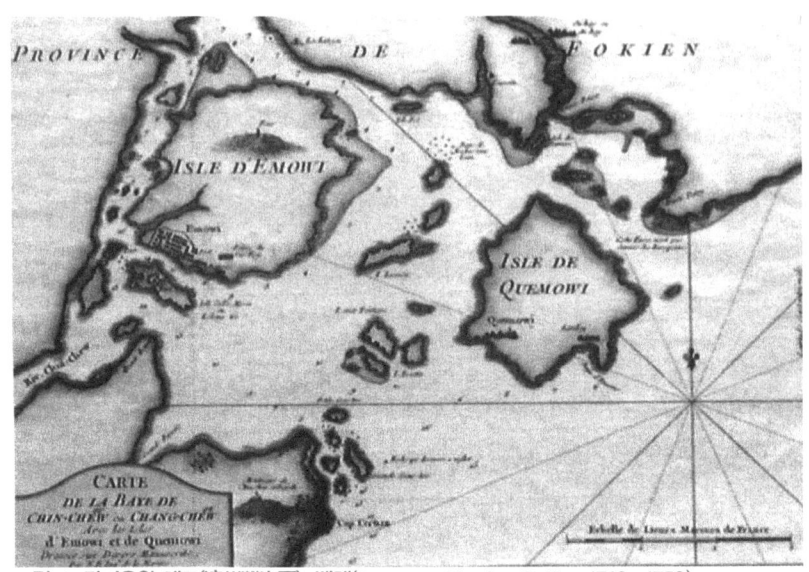
그림 4_ 장저우완 해도(漳州灣海圖), 벨랭(Jacques-Nicolas Bellin, 1746~1759)

이 민난해역에서 중요한 역할을 하고 있음을 보여주기도 한다(그림 4).

금문에 남아있는 유·무형 문화재는 매우 풍부해서 최근 30여 년간 국내외 학자들의 주목을 받고 있다. 첫 번째 부분은 건축사 연구 영역이다. 이에 대해서는 최초로 이건랑(李乾朗)이 1978년 출판한 『금문민거건축(金門民居建築)』이라는 책이 있다. 그는 금문에서 군복무하는 기간 초보적인 현장조사와 소묘로 금문의 대표적인 합원(合院)과 서양 건축물의 공간적 미학을 소개했다. 이 책에서는 전쟁지역인 금문에서 완전하게 마을이 보존되고 있음을 처음으로 세상에 알렸다(李乾朗, 1978). 1990년대 마을 공간 연구 중심의 석·박사논문은 금문과 펑후를 비교분석함으로써 두 곳에 대한 이민의 계보를 정리했다. 또한 생산방식, 기후 및 지리적 조건, 사회관계 등의 차이에 따라 마을 공간의 구성, 건축 형식, 문화지경(文化地景) 등의 동이(同異)를 보여주었다(江柏煒, 1994; 吳培暉, 1997 등). 동시에 어떤 논문에서는 금문 지역의 장사(匠司)를 주제로 금기와 민속문화의 관계를 다루는 것도 나타났다(江錦財, 1992; 張宇彤, 2001 등).

두 번째 부분은 종족 연구, 지역 풍속을 중심으로 한다. 천빙룽(陳炳容), 양티안허우(楊天厚)는 각각 진씨(陳氏)의 대종영천당(大宗穎川堂) 등 육종사(六宗祠)와 진(陳)·채(蔡)·허(許) 세 성씨 가족의 종사제례(宗祠祭禮)를 주제로 주자(朱子)의 『가례(家禮)』와 금문의 제사의식을 비교하여 금문 종족의 응집된 문화역량을 보여주었다(陳炳容, 2008; 楊天厚, 2011). 장보웨이(江柏煒)는 역사에서의 가족, 종족과 씨족의 개념을 정리하고 그것의 변천 과정을 보여주었으며, 금문 사당 건축의 분포와 현존하는 의식의 관계를 설명해 주었다(江柏煒, 2009: 364~398). 예쥔페이(葉鈞培), 쉬즈런(許志仁), 왕지앤청(王建成)은 출생례(出生禮), 혼례, 수례(壽禮)와 상례 등 생명의례를 포함한 매달의 모든 민속절 풍속에 관해 기록했고 서민생활의 풍부한 모습을 보여주었다(葉鈞培 외, 2000).

세 번째 부분은 중국 학자 왕이(汪毅) 부인이 편찬한 『금문사고(金門史稿)』를 대표로 한다. 이 책은 박물지의 방식으로 쓰여졌고 1949년 이전의 금문의 자연지리, 건치 연혁, 정치와 군사투쟁, 이민과 개발, 사회경제발전, 재정수지, 과거와 교육, 언어와 문학, 민간신앙과 습속을 기록하고 있다. 대다수 사료는 위에서 언급한 문헌 이외 『취안저우부지(泉州府志)』(1763년), 『마항청지(馬巷廳志)』(1776년) 등 지방지를 참고했다(汪毅夫 외, 1999). 이 책은 과도하게 투쟁적 역사관에 기초한 내용으로 이루어져서, 금문과 대륙이 일맥상통하다는 것을 강조하기 위한 정치적 목적을 가진 서술임을 말하지 않아도 알 수 있다.

III. 고향으로서의 금문:
경계를 넘나드는 사회집단, 자본과 문화 전파

1. 해외 이민의 증가

하나의 지역사회로서 금문에서 400~500년간 나타난 하나의 사회현상은 바로 해외 이민이다. 지방지에 따르면 명나라 융경(隆庆), 만력(万历) 이후, 즉 1567년이후 이미 해외로 나간 사람들이 존재했다(汪毅夫 외, 1999). 족보의 기록을 보면 최초 이민자가 17세기 중엽에 등장한다.[10] 그 외 필자가 마리우지아산보산(馬六甲三寶山: Bukit China)에서 현장조사할 때 7개 금문 사람들의 무덤을 발견했고 연대가 가장 이른 것은 청나라 건륭황제 37년, 즉 1772년 진갱(陈坑)의 진이모(陈巽谋)의 무덤이었다. 일본 나가사키 후쿠사이지(福濟寺, 1628년 창건)에는 현재 339개의 민난선원 위주의 묘비가 있다. 최초의 금문 사람 묘지는 1748년의 ○석욱(○石旭, 성씨분별 불가)의 묘지다.[11] 다시 말하면 16~18세기 중엽 이미

---

10 『우장 루린 채씨 족보(浯江瓊林蔡氏族譜)』(1821년)에 따르면 조상들이 이 시기 활발한 움직임이 있었던 것을 알 수 있다. "캄보디아를 왕래하다…(往柬埔寨, 卒柬埔寨…)"는 구절이 있다. 또 "18대 차이스전(蔡士振)의 장남이 캄보디아에서 출생했다…(명나라) 정묘년에 귀환했다"는 기록도 있다. 이로부터 해외로 이민 간 시기는 1687년 이전일 것으로 추측한다(蔡尙溫 主編, 1992, 頁71).
如『浯江瓊林蔡氏族譜』(1821年)記載族人 "往柬埔寨, 卒柬埔寨…", "十八世(蔡)士振長子諱竈字允愼, 生於柬埔寨, … (明) 丁卯年尋回" 等, 推估出洋時間早於1687年以前(蔡尙溫 主編, 1992, 頁71).

11 '후쿠사이지(福濟寺)'의 339개 묘비 중 128개는 문자를 확인할 수 없다. 기타 211개 중, 84개는 본적이 금문이고, 83개는 통안(同安, 당시 일부분 금문 사람들이 통안 사람이라고 자칭하고 다녔기에 이 중에도 금문 사람이 있을 것이다)이었다. 128개 미확인 자 중에도 금문 사람이 있을 것이다. 즉, 일본 막부시대, 쇄국적인 선박무역 시대에, 금문선원(金門船員) 일부분은 그 중에 참여했던 것이다.

해외로 나가 생계를 도모한 금문 사람이 있었다는 것이다.

19세기 중엽부터 금문의 해외 이민 규모는 확대되기 시작했고 20세기 중엽 전후까지 이어졌다. 금문의 해외 이민 추세는 역사적으로 크게 네 번으로 그 주요한 시기를 나눌 수 있다. 첫 번째는 1860년대다. 당시에는 "항로가 잘 되어 있고 진샤가 가깝고 서로 지원하고 이끌었으며 남양으로 가는 사람은 강을 건너는 것과 비슷해 남양을 외사로 생각했다." 경작지가 부족하고 연이어 재해가 닥쳐 발생한 경제 문제가 사람들이 해외로 나가게 된 내적 요인이었다. 그 외 1860년 '베이징조약'에 의해 해외로 일하러 나가는 것이 합법화가 되었고 영국의 라플스(Thomas Stamford Raffles)가 1819년 싱가포르를 개척하기 시작하면서 중상주의적 자유항 정책을 실시하였고, 금문의 많은 농촌의 잔여 노동력을 유인해 해외로 나가서 살게끔 했다. 비록 "돌아오는 자는 백 명 중 한 명 혹은 두 명이었고, 이윤을 챙긴 자는 천 명에 두 명, 세 명도 안 된다"고 해도 이민 흐름은 막지 못했다.

두 번째는 1912년부터 1929년 사이다. 당시 남양은 중국 본토에 비해 상업이 발달하고 치안이 좋아 금문의 많은 남성들을 끌어모았다. 그 중 1915년부터 1929년 사이 금문의 인구는 41.45%(남성은 43.35%, 여성은 39.0%)가 감소했다.[12] 1929~30년대 세계 경제 불황이 오면서 남양도 그 여파를 받게 되었다. 백은과 미국 화폐의 환율은 계속 떨어졌고 당시 해외자금 환전에서 은을 기본으로 하는 국가 화폐가 상대적으로 유리한 환경에서 일부 교민들이 경제활동을 중단하고 다시 고향으

---

12 "민국 4년, 1915년 현을 설치 이후 인구조사 데이터는 믿을 만하다. 당시 총 10보(保), 167향(鄕), 18,180호(戶), 남성은 44,141명, 여성은 35,216명이다. 민국 18년, 1929년 전현에는 8,404호(戶)가 있고 남성 25,005명, 여성 21,462명 있다."(金門縣政府, 2009: 43)

로 돌아왔다. 남양으로 이민가는 것은 영국 식민정부 정책의 영향도 있었다. 1928년 싱가포르에서 '이민입국제한조례(Immigration Restriction Ordinance)'를 제정하여 많은 이민의 유입을 통제했는데, 이는 금문에 실업과 경제적 압력을 야기했다.[13]

세 번째 시기는 1937년부터 1945년 사이 일본의 중국 침략시기이다. 1937년 10월 일본은 금문을 점령하여 민공(民工)[14]을 모집하고, 물자 및 부분적인 토지를 강제적으로 징발했는데, 이는 1945년 일본이 항복할 때까지 이어졌다. 청·장년들은 일본군으로 끌려가는 것을 피하기 위해 대부분 남양의 친지에게 도피했다. 이를 현지에서 '일본의 손아귀에서 벗어난 사람(走日本手)'라고 불렀다. 이 흐름이 그 전의 이민과 다른 점은 (주요 원인이) 경제적 요인이 아니라 전쟁이라는 정치적 요인에서 기인한다는 것이다(Wang, 1991: 79~101).

네 번째 시기는 1945년부터 1949년 사이이다. 국민당 정부가 치안 문제를 다스리는데 무능했고, 다른 한편으로는 남방 지역에서 징병해서 국공전쟁에 지원했다. 이에 따라 교민들은 고향에 돌아오는 것을 기피하게 되었고, 많은 징병 대상자들이 남양으로 도피했다. 1949년 이후 금문은 국공대치, 세계냉전의 전방기지가 되었고 교민 집거지와 부분적으로 왕래가 있었지만(소량의 외화가 특수한 경로를 통해 고향으로 부쳐졌고, 1954년 9·3 폭격전, 1958년 8·23 폭격전 당시 싱가포르, 브루나이 등지의 교민들은 자신의 가족을 데려가기 시작했다), 이후 이민

---

13 이 조례는 1930년부터 엄격히 실시되었고, 그 해 8월 1일, 성인 남성 화인 이민의 월 배정 인구는 6,016명이고 그 후 해마다 줄어들었다. 1932년 후반 5개월에는 1,000명으로 줄어들었고 여성과 12세 이하 아동은 그 인구통제를 받지 않았다(Settlements, 1934).

14 농민 노동자를 하는 말. 강제로 백성들을 모집해서 동원하는 것을 말한다(역주).

은 대만본섬을 중심으로 이루어졌다.

해외 이민의 기제는 일반적으로 '연쇄 이주(chain migration)'라고 불린다. 즉 동향, 동족이 심지어 종사하는 직업도 동일한 곳으로 이민하는 것인데, 예를 들어 리에위(烈嶼)의 사람들이 브루나이로, 꾸닝토어 이(古寧頭李) 씨는 말레이지아 반도로, 주산 설(珠山薛) 씨는 필리핀 이리안(依里岸)으로, 안치(安岐) 주민은 타이로, 수이터우(水頭) 주민은 인도네시아 등의 지역으로 이주했다. 비록 금문 화교는 대부분 자유 이민이었지만 이들이 이주지역을 임의로 선택한 것이 아니었다. 많은 경우 그 지역에 친지가 있는지 여부가 중요했다. 왜냐하면 후기 신화교는 반드시 먼저 이민 온 동향을 의지해서 새로운 환경에 적응하고 일을 찾아야 했기 때문이다. 그러나 왕껑우(王賡武)가 지적한 것처럼 그들은 처음부터 '교거사회집단(僑居社群, sojourning communities)'이지 '정주사회집단(定居社群: settling communities)'은 아니었다. 이것은 또 유교문화의 '낙엽귀근(落葉歸根)'의 문화 관념과 일맥상통하는 것이고 또 교민 집거지의 불안정성, 안전하지 못한 정치 현실과도 밀접히 연관된다. 그러나 역사의 현실은 2대, 3대 이후 그들은 해외에서 정착하는 '낙지생근(落地生根)'으로 변화했고, 이 화교는 해외 화인으로 변화된다.

2 교향사회(僑鄉社會), 화교가족 및 해외회관(會館) 연구의 전개

이런 역사적 배경 아래 교향사회, 화교가족, 해외회관 연구는 새로 부상하는 연구 영역이 되었다.

소위 '교향'은 현재 보편적으로 "역사 및 경제적 원인에 기초한 화교와 광범위한 관계를 맺고 있는 중국 도시와 농촌을 가리키고, '화교의 본고향'을 의미한다."(潘翎 主編, 1998: 27) 이를 정확하게 설명하기 위해서는 두 가지 객관적 지표를 사용할 수 있다. 하나는 이민 혹은 귀교,

교민가족의 비율이 전체 인구의 10% 정도 차지해야 한다는 것이고, 둘째는 지역사회의 주요한 경제적 원천이 교민 송금이어야 한다는 것이다. 이런 양적 지표로부터 보면 금문은 확실히 교향(화교의 고향)이다.

필자는 금문 교향사회 연구 영역에서 적지 않은 연구를 수행했다. 우선 교향의 정의를 심화시키려고 했다. 위에 말한 두 가지 개념 외에 문화적 정체성(cultural identity)과 사회적 연결망 관계(relationship of social network) 등 질적인 지표를 추가했다. 전자는 이민 간 사람들의 고향에 대한 정체성, 해외에서 종족 동향 회관을 만들어 고향 사무에 참여하는 것 등이 포함된다. 후자는 교민들이 정기적 혹은 비정기적으로 고향으로 돌아오고, 편지로 연락하며(송금 포함), 교민 간행물을 교민 집거지 네트워크 관계에 보내는 것이다(江柏煒, 2010: 7~10). 금문의 교민 간행물은 '분산가족(分散家族, dispersed family)', '분산씨족(分散氏族, dispersed clan)'과 '분산사회집단(分散社群, dispersed community)'의 내부관계를 유지해 주고, 공동체의식을 구축하는 중요한 매체다(江柏煒, 2005).

그리고 필자는 화교 사회집단이 어떻게 막강한 경제적 실력을 바탕으로 국가가 인정하지 않는 변두리 집단으로부터 상인신사계층으로 변했는지 구체적으로 논하였다. 청나라 말기부터 민국 시기 교향사회는 아주 중요한 역할을 했는데, 연납제도(捐納制度)를 통해 부유한 화교들이 사회적 신분 상승의 기회를 가지게 되었고, 그들은 청 정부에 대한 기부[연수(捐輸)]를 통해 직함(名銜)을 샀다. 이를 통해 그들은 한편으로는 금의환향 및 가문을 빛내겠다는 소원을 이루었고, 다른 한편으로는 교향사회와 해외 화인사회에서의 높은 사회적 위치를 마련하였다. 싱가포르 부제묘(孚濟廟: 금문회관의 전신)의 창시자이자 첫 총리직을 맡은 서산전(西山前)이 본적인 리스타(李仕撻, 1839~1911)가 가장 대표적인 예다. 또한 교상(僑商)은 종족의 공공사무에 참여했는데, 그들은 절을 고치고 다리를 놓고 길을 수리하며, 학당(學堂)을 만들고, 가난한 사람을 돕고, 위생환경을 개선하고, 치안과 방어 등 공익사업을 통해 지역사회의 네트워크를 재건했다. 금문의 주요한 몇 개 절, 예를 들면 후포성 황묘(後浦城隍廟), 무묘(武廟), 리에위 둥린영충묘(烈嶼東林靈忠廟) 등은 민국 시기[15] 이래 싱가포르, 브루나이, 말레이시아반도, 인도네시아 등 교상들의 후원으로 몇 차례 수리가 이루어졌다. 본적이 리에위 쌍커어우(烈嶼雙口)이고 브루나이에 살며 '천맹공(天猛公)' 칭호를 수여받은 린더푸(林德甫)가 가장 전형적인데, 리에위 섬 전체 39개의 절 가운데 린더푸가 후원했다는 기록이 남은 곳이 23개나 된다.

근대 민웨(閩粵) 화교들이 고향으로 돌아와 건물을 짓는 흐름이 거세지면서 물질문명사는 교향 연구의 새로운 과제가 되었다. 먼저 금문 산허우(金門山后) 출신이고, 일본 고베에 거주하는 상인 왕가(王家)와 복흥호(復興號)에 관한 연구에 의하면, 두 세대가 1876~1900년간 고향에 돌아와 16개의 건물을 짓고, 1개의 학당, 1개의 종족제사 건물을 지어 종족 사람들에게 나누어 주었다. 이것은 청나라 말기 화교 종족주의의 실천과 공동체 유지의 과정을 보여주는 것이라고 할 수 있다(江柏煒, 2003). 그리고 금문 서양 건물에 관한 연구는 건물의 평면구조, 입체형식과 계보에 대해 정리했다. 외관 장식의 상징적 표현에 관한 토론을 통해 이들 건물의 '혼종적 근대성(hybrid modernity)'은 근대 화교들이 기타 지역사회에 대한 하나의 문화적 상상 및 실천이라는 것과 식민자를 주체로 하는 '식민지 근대성(colonial modernity)'의 작동과 다르다는 문제의식을 제기했다(江柏煒, 2012).

---

15 청 정부가 멸망한 뒤 1912년 건립된 공화국을 가리킨다. 현재 대만은 여전히 이 명칭을 쓰고 있고, 대륙에서는 1949년 중화인민공화국의 창건되기 전 시기만을 민국 시기라고 부른다(역주).

시야를 확대해 보면, 금문 출신의 화교가족, 상호(商號), 향단(鄕團)과 회관을 연구주제로 하는 것은 금문 지역 문화 연구의 넓이를 풍부하게 해주는 것이다. 이치카와 노부치카(市川信愛), 주더란(朱德蘭), 쉬즈펀(許紫芬) 등 학자들이 장기간 주목한 일본 나가사키에 이주한 타이이호(泰益號) 상업문서 연구는 상업무역부터 문화, 수지기록부(收支簿記) 등 서로 다른 차원으로부터 동북아 화상(華商) 무역체계의 건립에 관해 분석했다. 그 중 주더란(朱德蘭, 1997)의 연구에 따르면 타이이호가 어떻게 지연, 혈연, 직업관계의 합자 혹은 가족주의 및 독특한 정보 네트워크를 운용하여 경영과정을 확대하는지를 알 수 있다. 이런 사회자본 혹은 문화자본을 바탕으로 하는 화상의 경영 모델은 아시아 근대 경제사 연구의 발전에 큰 공헌이라고 할 수 있다. 즉 유럽과 미국의 기업 흥망성쇠에 관한 비교연구를 위한 연구의 기초를 마련해 주었다고 할 수 있다. 타이이호의 가족은 금문 신터우의 천궈량(陳國樑)과 천스왕(陳世望)이다. 그들은 당시 인원, 자금 양 면에서 나가사키와 금문 사이에서 밀접하게 활동했는데, 여기에는 혼인대상(聯姻對象)도 포함된다(江柏煒, 2012).

그 외 필자는 말레이시아, 싱가포르 각 지역의 금문 사람들의 향단(鄕團)과 회관(會館)을 고찰하고 그와 관련된 저서 2권을 출판했다.[16] 그 중 싱가포르에 관한 연구에 의하면 1870년대부터 싱가포르 금문 사람들의 지연, 혈연과 업연(業緣)을 중심으로 하는 향단이 나타났고, 100여 년간 적어도 36개의 크고 작은 다양한 종향회관(宗鄕會館)이 있었음을 알 수 있다. 한 부류는 '지우빠항(九八行)' 무역상호의 상인계층인데, 그들은 '우쟝푸지묘우(浯江孚濟廟)'와 '금문회사(金門公司)'를 설립했고, 1927년부터 '금문회관'이라고 이름을 고쳐 불렀다. 또 한 부류는 싱

16　江柏煒, 2007, 『海外金門會館調查實錄: 馬來西亞篇』, 金門: 金門縣文化局; 江柏煒, 2012, 『星洲浯民: 新加坡金門人的宗鄕會館』, 金門: 金門縣文化局.

가포르 하천 지역에 산재한 선박운수에 종사하는 노동자계층이다. 그들은 34개의 구리지엔(估俚間 또는 苦力間, 노동자조직)을 조직했는데, 분쟁을 처리하는 총회관인 '진우쟝(金浯江)'을 만들어 이후 '우쟝공회(浯江公會)'로 이름을 고쳐 부르게 된다. 이는 상업 네트워크의 연락, 동향 우의를 촉진하고, 서로 돕고 새로 온 화교를 돌보는 역할을 한 것 외에, 이 향단들은 고향의 신명(神明)을 교민 집거지에 모심으로써 사람들이 자신의 심령과 신앙을 기탁할 수 있게끔 했다. 동시에 제2차 세계대전 이전, 상인계층은 적극적으로 교향의 공공사무에 관심을 갖고 금문의 근대화 과정을 이끌었다. 그들은 1915년 독립적인 현을 설치하는 정치운동으로부터 1920~40년대 지방치안, 교통운수에도 원조를 했다. 바꿔 말하면, 이런 현장조사 자료에 기초한 분석은 싱마(星馬) 화인들의 '방언집단 정체성'(麥留芳, 1985)에 대한 이해를 높이고, 사회계층의 구분 및 사회집단 이익을 공고화하는 것이 지연을 기반으로 하는 집단의 형성과 유지에 기본적인 요소임을 알 수 있게 한다. 그리고 해외회관은 교향사회의 근대화에 중요한 역할을 하고 있었음을 알 수 있다.

이런 토론을 통해 근대 금문 교향의 역사적 이미지를 이해하고, 특히 경계를 넘나드는 사회집단, 자본 및 문화의 운용 및 작동방식을 알 수 있다.

IV. 전방(前線)으로서의 금문: 냉전 하의 지역사회 및 '탈군사화(去戰地)' 글쓰기

1. 냉전 중의 열구(Hot Zone in the Cold War)

제2차 세계대전 뒤 중국 국민당과 공산당의 투쟁은 점점 더 격렬해졌다. 비록 미국의 조정으로 대화를 하고 협정을 맺었었지만 쌍방은 1946년 7월 내전을 일으켰다. 1949년 4월 100만 공산당군(共軍)[17]이 장강을 넘어 난징(南京), 상하이(上海), 우한(武漢), 창사(長沙)를 공략하고 스촨(四川), 광시(廣西) 등 지역까지 밀고 나갔다. 10월, 공산당은 베이징에서 중화인민공화국의 성립을 선포했다. 장제스(蔣介石)는 국민정부를 대만으로 옮겨갔다(李永熾 監修·薛化元 主編, 1990: 78).

1949년 10월 24일 전, 차우산(潮汕)으로부터 온 후리안(胡璉) 장군이 지휘하는 제12병단이 금문에 도착했고 방어를 책임졌다. 당일 저녁 약 2만여 명의 공군이 금문 서북 측 꾸닝토어(古寧頭)로 상륙을 강행했고, 국민당군(國軍)[18]과 56시간 넘게 치열한 격전을 펼쳤다(金門縣政府, 2009: 99~101). 국민당군은 내전 이래 보기 드문 승리를 거뒀고, 잠시나마 공산당군의 '금문을 공략하고 대만을 해방하자'는 군사행동을 저지함과 동시에 대만에 있는 국민정부가 숨을 돌릴 기회도 주었다.

1950년 6월 한국전쟁이 발발했다. 미국의 트루먼(Harry Truman) 대통령은 대만해협을 '중립화'시켜 중화인민공화국이 대만을 공격하거나 중화민국이 중국대륙을 공격하는 것을 막겠다는 결정을 내렸다. 전에 해결하지 못한 중국 내전 문제가 국제화되기 시작했고, 따라서 이는 더 큰 규모로 세계냉전사의 한 부분이 되어갔다(Szony, 2008: 25).

그러나 대만해협의 중립화는 금문의 평화를 보장할 수 없었다. 오히려 금문에서는 전쟁이 계속되었다. 미국은 금문을 대만해협의 보급선으로 생각하고 협동방위를 했다. 이어 1950년 7월의 다단(大膽)전투, 1954년의 9·3전투, 1958년의 8·23포격전, 1960년 6·17 포격전, 6·1

---

17 공산당 군대를 가리킨다. 이하 동일하게 공군으로 공산당군대를 가리킨다(역주).
18 국민당 군대를 가리킨다. 이하 국군으로 동일하게 가리킨다(역주).

포격전[19] 등 금문은 여러 차례 전쟁의 직접적인 위협을 받았었다. 8·23 포격전 이후 '단타 쌍불타(單打雙不打, 홀수 날 포격하고 짝수 날 포격하지 않음)' 포격은 1978년 12월 15일 미국과 중국의 수교 전날에 가서야 멈춤으로써 무려 20여 년 동안 지속되었다. 그러나 전쟁의 종식이 군사통치체제의 종식을 의미하지는 않았다. 1992년 11월 7일이 되어서야 금문은 정식으로 전지정무(戰地政務)를 해제했는데, 이것은 무려 43년 만의 일이었다.

금문-민난 교향의 섬은 20세기 중엽부터 국족(國族)의 역사에 휘말려 들어가기 시작했고, '자유와 공산 진영'의 충돌 속에서 '냉전 중의 열구(冷戰中的熱區)'가 되었다. 장제스는 미국 매체에 "진마(金馬)가 없으면 타이펑(台澎)도 없고, 타이펑이 있기에 대륙도 있다"(1955년)고 했고, "금문, 마조는 타이펑의 전초기지이고, 또 자유세계가 태평양을 공고히 하는 생명선이다"(1961년)라고 했다. 국부행정원장 위훙쥔(俞鴻鈞)은 "금문 및 마조의 방위는 대만의 방위에 밀접한 연관이 있을 뿐만 아니라, 서태평양 전선 전반과 중요한 관계를 맺고 있다"(1951년)고 지적했다. 미국의 국무장관 덜레스(John Foster Dulles)는 또 "금문 및 마조 연해의 섬은 중화민국에 중대한 의의를 갖고 있고, 이것은 베를린이 서방에 대해 갖는 중요성과 비슷하다"(1958년)고 선언했다(金門縣政府, 2009: 116, 223~224).

사실상 1954년 제1차 타이하이(臺海) 위기 이후 미국은 금문의 전략적 지위를 중시하고 원조하기 시작했다. 미국중앙정보국(CIA: Central In-

---

[19] 6·17 포격전, 6·19 포격전은 1960년 6월 17일과 19일, 미국 대통령 아이젠하워의 대만 방문을 전후하여 중공이 금문 포격을 통해 시위하려 했던 것이다. 섬 전체에 떨어진 포탄은 17일에만 85,900여 개다. 19일 다시 88,789개를 쏘았고 민간인 7명이 사망했고 41명이 부상을 입었다. 주택 200여 채, 학교 5개, 병원 1개가 파손되었다(金門縣政府, 1992: 165, 1252).

telligence Agency)은 1954년 9월 9일 중국 근린도서(The Chinese Offshore islands)에 관한 최고기밀문건(2000년 8월 30일 공개함)을 작성했다. 이 기밀문건은 당시 금문의 국민당군과 샤먼의 공산당군의 군사력에 대한 평가와 함께 일어날 수 있는 군사적 충돌에 관한 분석을 포함하고 있었다. 부록에는 이들의 전체적인 군사력에 대한 비교분석도 있다. 38페이지 분량의 이 문건은 금문 방어에 대한 건의를 제의하고 있으며, 미국이 중국 정책을 수립하거나 타이하이 형세에 개입할 때 중요한 참조자료가 되었다. 이 자료는 구체적인 병력 데이터, 예를 들어 당시 국군은 4만 2,100명이고 유격대는 6,000명이고 주민은 적어도 5만 명 있다는 등의 정보를 제공하고 있었다. 이 자료는 지금까지 공개된 자료 중 당시 군대를 가장 정확하게 기록한 문건이고, 동시에 미국의 협력방위에 관한 기록도 포함하고 있다. 예를 들면 미군 고문단이 3대의 105㎜의 유탄포(榴彈砲)와 40㎜의 방공포를 운반해 왔다는 것이다(CIA, 1954). 그리고 금문에서 있었던 9·3 포격전은 직접적으로 1954년 3월 중미상호방어조약(Sino-American Mutual Defense Treaty)을 체결하도록 촉진하는 역할을 했다.

그러나 이상한 것은 중미상호방어조약 제6조의 "…소위 '영토' 및 '영역'은, 중화민국은 대만 및 펑후 제도를 가리키고, 미국은 자기 관할의 서태평양에 속하는 여러 섬을 가리킨다"라는 내용이다. 이것은 금문섬과 마조섬의 애매한 지위를 설명해 준다. 샤먼과 푸젠의 섬에 인접한 이 두 개 섬은 공산당 집단의 지연 정치 및 군사 전략을 마주하는 데 있어서 극히 중요하다. 그러나 법률상 미국의 보호를 받지 않도록 되어 있고 조약 내용에서도 국민당 정부로 하여금 대만, 펑후 혹은 기타 섬에서의 무력 사용은 미국에게 영향을 준다는 것을 인지하도록 했다. 조약은 하나의 공통적인 협의사항인데, 한편으로는 공산당의 확장을 막고 다른 한편으로는 중국 내전의 충돌이 확산되는 것을 막으려 했던 것이다. 1958년 8·23포격전 이후 타이하이 정세에 관한 분석보고에서 미국이 지닌 금문과 마조에 관한 법률의무를 설명하고 있고, 또 국민당 정부가 외부 섬을 이용해서 군사행동을 취하는 행위를 반드시 제한해야 함을 설명하고 있다.

"미국은 진마를 제외한 섬에 대해 법률적 의무를 지니지 않고, 국무부의 방위 범위가 진마 외의 섬(外島)을 포함하게 될 때는 국회의 동의를 얻어야 한다. 이런 관점은 방어조약 제6조에서 이미 국민당 정부의 동의를 얻었다. 그러나 미국 대통령은 국회로부터 타이펑(臺澎, 대만과 펑후 섬) 방위에 있어서 필요 시 상관 영역에서 무력을 사용할 수 있는 권력을 부여 받는다.

국민당 정부는 공산당이 통제하는 중국대륙 연해 섬에 대해 마조와 금문을 통해 경상적으로 군사행동을 취하고 있다. 외도(外島)는 (국민당 정부의) 침략의 발판이고 (국민당) 군대가 샤먼과 푸저우를 억제하는 최적의 거점이다. 국민당 정부가 소유한 공군은 모두 대만에 있다. 금문에는 공항이 하나 있으나 대륙에 대해 삐라를 뿌리고 정찰기를 내보내는 등의 임무를 수행하는 것에 사용하지 못한다. 상호방어조약 하에 국민당 정부는 대륙에 대해 무력을 사용하지 않겠다고 동의했다(Parsons, 1958/08/29)."

1958년 전쟁이 발발한 일주일 후(8월 30일)에 한 문건이 미국의 협력방어 범위를 설명해주고 있다. "미국 해군부는 당국의 최고지시를 받고 제17함대를 파견하여 대만본섬으로부터 마조열도, 금문열도에 이르는 국민당 정부의 후방에 대한 보호를 제공하고 진마 보급선의 안전을 유지한다. 마조열도는 바이산(白山), 베이간탕(北竿塘), 마조산(馬祖山), 시쥐도우(西莒島), 둥쥐도우(東莒島)를 포함하고, 금문열도는 대금문(大金門)과 소금문도(小金門島)를 말한다. 기타 섬은 관할 범위 밖에 있다."(Navy Department, 1958/08/30) 같은 날 미국 국무부은 영국 장관 후드(Viscount Hood)에게 아래와 같이 답변했다.

"대만을 협력방어하고 외도(外島)를 지키고 공산당을 봉쇄하는 것은 필요한 군사적 행동이다. 안전보장이사회의 토론을 요구하고 있는 것은 공산당 측의 교활한 제안이다. 국무부도 이런 국면이 확대되는 것을 걱정하고 있는데, 국민당 공군부대가 중국 공산당 영역에 들어가면 중국 공산당은 필연코 한국전쟁 시기의 '특별보호구(privileged sanctuary)' 문제와 같은 국면을 마주하게 된다. 그들은 미국의 개입이 없이 국민당 군대의 비행기를 대만으로 되돌려 보낼 수 없음을 발견하게 될 것이다. 외도 문제는 국민당 정부 지도자가 이 섬들과 대만 및 국민당 정부 자신의 운명과 연결시켜 보기 위한 하나의 병적인 심리구조(psychopathic frame of mind)다. 이 때문에 공산당은 이 섬들을 탈취하고 국민당 정부의 해군과 공군을 접수하려 할 것이며, 심지어 상당히 큰 규모의 육군도 접수하게 될 것이다. 대만은 어디로 가야 하는가? 분명한 것은 미국은 이런 상황을 앉아서 가만히 보고 있지만은 않을 것이라는 것이다."(Department of State, 1958/08/30)

간단히 말하면 위에서 기술한 미국 문건으로 볼 때 금문, 마조는 양안의 군사적 대치의 외도일 뿐만 아니라 더욱이 국제 지연 정치, 세계 냉전에서 주목받는 지점이다. 금문은 대만, 중국, 미국 그리고 기타 국제 강대국이 서로 대항하고 타협하는 도구이고 나아가 군사적 통제의 섬인 것이다.

2 전시체제 아래의 지역사회

냉전은 국제적 형세의 충돌뿐만 아니라 구체적으로 한 지역사회의 발전에 영향을 주게 된다. 정치, 경제 및 사회적 교화는 군사통치의 중요한 내용이다. 금문에서 군사적 부서 이외 우선적으로 1915년 이래 설립되었던 금문 현정부를 폐지하고 군사관할구역으로 설립하여 진둥(金東), 진시(金西), 리에위(烈嶼) 구(區)는 군사, 민정, 총무 등 사항을 통일적으로 관리했다. 1950년에는 금문행정공서(金門行政公署)로 바뀌었다. 1953년 비록 현치(縣治)를 회복했지만 여전히 군사적 관리의 색채를 가지고 있었다. 1956년 '전지정무실험구(戰地政務實驗區)'로 정해졌고, 전지정무위원회를 설립하고 그 아래로 금문 현정부 및 소속 단위(물자공급처, 금문술공장, 금문전력공사, 서원소금공장, 정기중화일보사, 금문고등학교, 금문농동직학교 등 단위)를 관할하면서 일원화된 통치와 통제를 강조했다. 1960년 이후 "금문을 삼민주의 모범 현으로 건설"하는 것을 목표로 하고, 1963년 '금문 삼민주의모범현 건설강요(金門三民主義模範縣建設綱要)'를 완성하며 3차에 걸친 4개년 경제 건설의 기획을 추진함으로써 적극적으로 정치(管), 문화(敎), 경제(養)와 군사(衛)적 건설을 발전시켰다. 바꿔 말하면 금문은 특수한 '군사적 근대성(militarized modernity)'의 구축 과정을 겪게 된 것이다. 이는 곧 하나의 군사통치 및 전쟁준비로 필요한 것에 의해 발전된 근대화 과정이다(金門縣政府, 1992: 567~568).

지역사회는 군에 의해서 동원되었다. 민방자위대가 곧 그 사례다. 1953년 금문 현에 민방지휘소가 생기고 각 향진에서는 민중임무대가 만들어져 사회 치안을 지키고 군사작전을 지원했다. 1959년에는 '경정

(警政)'과 민방을 하나로 합하고 '경찰을 근본으로, 민방을 보조로' 하였고, 사회동원 역량을 확대했다. 1968년에는 나아가 '호경합일(戶警合一)'을 이루고 사회통제를 강화했다. 1971년에 민방총대(民防總隊)로 고쳤고, 1973년에 또 자위총대(自衛總隊)로 개명하고 총대장(總隊長) 한 사람을 두었다. 향진공소(鄕鎭公所)는 자위대대(自衛大隊)를 설립하고, 행정촌(行政村)은 자위중대(自衛中隊)를 설립하고, 전투촌은 자위구대(自衛區隊)를 설립했다(金門縣政府, 1992: 1268). 18세부터 55세의 남성은 신체검사 합격 이후 연령에 따라 조로 나뉘어져, 기관, 사단(社團), 학교, 창고, 자위 전투대로 편성된다. 자위총대의 직속 부대는 경위(警衛), 위생, 통신, 술공장, 도자기중대 및 진(金, 금문) 중학생, 부녀, 유사(幼獅), 차량, 배, 뤄마(騾馬, 노새) 대대(大隊)로 편성되었고, 나중에 실제적 수요에 맞게 통신, 위생, 주류공장, 도자기공장, 자동차, 어선 등 6개 중대로 축소해서 재편했다. 자위대 성원은 정기적으로 전투 훈련을 받아야 하고, 이는 간부 훈련, 자위부대 훈련, 직원 전투 훈련, 학생 훈련 및 전업 훈련으로 나뉜다(金門縣政府, 1992: 1265~1268). 바꿔 말하면, 국가역량이 민간사회를 꿰뚫고 있었고, 연령과 성별, 직업에 따라 (주민들을) 편성하고 훈련시키고 거기에다가 갖가지 군사임무를 부여했다.

지방의 신앙은 민속활동과 함께 억압받았다. 1980년대 이전, 군에서 공포한 '춘절(음력설) 기간 민중이 타이우산(太姥山)에 올라가 향을 사르고 참배하는 것에 관한 규정(春節期間民眾上太武山進香有關規定)'에서 해인사(海印寺)는 춘절, 중원절 혹은 중양절과 같은 큰 명절 외 나머지 기간에는 모두 봉쇄한다고 규정했고, 일반 민중은 마음대로 산에 올라갈 수 없으며 개방한 기간에 금방부(金防部)가 노선, 차량 및 촬영에 대해 일정한 관리를 한다고 규정했다. 음력 7월 쭝왠푸두(中元普渡)[20]는 여전하지

---

20   중화 전통적인 명절이다. 음력 7월 한 달 동안 곳곳에서 행사가 이뤄지는데 푸두라

만, 원래 서로 다른 부락에서 푸두 제사 시간이 달랐지만 전시정무시기 군의 규정에 따라 민간의 푸두 시간은 전부 7월 2일, 16일 및 29일로 정하고 제사를 지내게끔 했다. 위반한 자는 경찰에서 엄하게 다스렸는데 표면상의 이유는 사회풍기를 개선하고 낭비를 없애는 것이라지만 사실상 사회통제를 강화한 것이라고 볼 수 있다.

표 1_1958~67년 금문으로 귀환한 화교의 인구 통계(출처: 李怡來, 『金門華僑志』, 金門: 金門縣文獻委員會, 1971, 197~198)

지점 연도	1958	1959	1960	1961	1962	1963	1964	1965	1966	1967	합계
싱가포르	14	17	25	31	43	59	85	104	73	129	580
필리핀	4	5	7	6	8	8	13	12	13	14	90
말레이시아	3	3	4	7	10	8	17	14	12	9	87
인도네시아	4	6	34	31	14	4		3	1	4	101
베트남	2						2	2		4	10
타이								2	4	2	9
사바주	2	7	10	11	19	21	45	34	27	22	198
먄마							4	2	2	6	14
홍콩					1						1
합계	29	38	80	86	95	101	166	173	132	190	1,090

원래의 화교 네트워크와 해외송금도 영향을 받게 되었다. 1956년 이후에는 화교의 금문, 귀환신청이나 화교가족의 출국 신청은 전지정무위원회 및 금문 방위사령부가 결정권을 가지고 있었는데, 위원회와 사령부는 심사자격과 동시에 대만과 금문 사이 군용운수기 혹은 운수선의 좌석 공급까지 담당하고 있었으며, 귀환 교포가 금문에 온 뒤의 접대하는 일도 책임지고 있었다. 현재 알려진 1958~67년간 화교의 금문 귀환 통계를 보면 1949년 이전처럼 활발하지 않았다(표 1 참조). 1949

는 의미는 죽은 영혼들이 인간세상을 떠나지 못하고 배회하는 것을 제사를 지냄으로써 위로하려는 것을 말한다(역주).

년 이후, 금문 민신국(民信局)은 19개에서 5개로 줄었다(金門縣政府, 1992: 1110). 통계에 따르면 전에는 금문의 매년 평균 송금이 약 3,000만 원[21]이었는데 1950년 전쟁으로 말미암아 300만 원, 1953년 약 1,500만 원, 1956년 약 830만 원 정도 되었다(許如中, 1959: 483~484). 금문 방위사령부의 1대 사령관 후리안 장군의 회고에 따르면 1950년 말부터 1951년 초는 "금문이 전쟁터로 난리였고, 전쟁 승리 여부가 판가름이 나지 않았던 때였다." 당시 여러 노인들이 자살을 했는데, "처음에는 군기와 관련된 줄 알았는데 나중에 알고 보니 송금이 도착하지 않아서 살기 힘들어 자살을 선택했다"고 한다(胡璉, 1976: 67). 금문 상회(商會)는 이 일로 인해 좌담회를 가지고, 송금 경로 해결에 관련해 토론했다(『正氣中華報』, 1951/4/11).

3. 전시 연구의 새로운 추세: 사회사 추세

전지 생활 경험은 몇 세대에 걸친 금문 사람들의 집단기억과 공통된 역사이고, 군사통치는 상당히 지역사회의 자주적 역량을 억압했다. 1992년 11월 7일, 금문과 마조의 전지정무를 해제하자마자 진마 사람을 중심으로 하는 지역 연구자들이 지나간 역사를 성찰하기 시작했다. '금문학'은 이 같은 배경에서 나타나기 시작했다. 처음 '금문학'이란 용어가 등장한 것은 1996년이었는데, 당시 금문 현정부의 지지 아래 양수칭(楊樹清)의 책임편집으로 5년 사이에 『금문학총서』 30권이 발행되었다.[22] 주제는 매우 방대했는데 역사, 민족, 언어, 문학, 전쟁사, 촌락건

---

21 당시 대만 지역의 화폐단위다(역주).

22 출판된 것은 다음과 같다. 楊天厚·林麗寬, 1996, 『金門歲時節慶』與『金門俗諺採擷』; 陳炳容, 1996, 『金門風獅爺』; 李錫隆, 1996, 『金門島地采風』; 張榮強, 1996, 『金門人文探索』; 吳培暉, 1996, 『金門聚落風情』; 張火木, 1996, 『金門古今戰史』; 陸炳

축, 지질학 등이 포함되었다. 저자들은 대만에 있는 금문 사람과 현지 문사 작업자를 중심으로 이루어졌다. 비록 이는 대만에서 1980년대 나타난 향토운동, 1990년 중엽의 커뮤니티(社區) 만들기 운동보다 조금 늦었고, 많은 출판이 엄격한 학술저작이 아님에도 불구하고 하나의 장기적 군사통치의 사회억압에 대항하는 문화운동으로서, 또 '타이페이/금문, 중심/변두리'에 대한 사고를 담은 문화적 책략으로서 『금문학총서』는 중요한 역사적 가치를 지니고 있다. 2005년 5월, 금문의 중·소학교 교사를 중심으로 하는 '금문학연구회'가 성립되었다. 그러나 연구는 통상적인 금문 전쟁사 연구에 집중되었고 서로 다른 학문 분야 간의 이론적 사고가 부족했다.[23]

다른 한편으로 전통적인 금문 전쟁사 연구는 주요하게 군의 관점, 국족(國族)[24]의 입장에서 전쟁사건을 진술하면서, 적아(敵我) 쌍방의 전

文, 1996, 『金門祖厝之旅』; 唐蕙韻, 1996, 『金門民間傳說』; 楊樹清, 1996, 『金門族群發展』; 楊天厚·林麗寬, 1997, 『金門殯殮儀典』與 『金門婚嫁禮俗』; 顔立水, 1998, 『金門與同安』; 李錫隆, 1998, 『金門島地漫步』; 楊樹清, 1998, 『金門社會觀察』; 吳啟騰·林英生, 1998, 『金門地質地貌』; 吳培暉, 1999, 『金門澎湖聚落』; 葉鈞培, 1999, 『金門辟邪物』; 楊天厚·林麗寬, 1999, 『金門寺廟巡禮』; 楊樹清, 1999, 『金門影像記事』; 徐志仁, 1999, 『金門洋樓建築』; 洪乾祐, 1999, 『金門話考釋』; 黃振良, 2001, 『金門古井風情』; 張榮強, 2001, 『金門青嶼社』; 楊清國, 2001, 『金門教育史話』; 洪春柳, 2001, 『金門島居聲音』; 楊樹清, 2001, 『金門田野檔案』; 楊天厚·林麗寬, 2001, 『金門高梁酒鄕』 等.

23 회의 대표인 대만대학 역사학과 양수시엔(楊肅獻) 교수가 건의한 것처럼 금문 역사 연구는 범위를 넓혀야 하고 계속 전역(戰役) 연구에 국한되어 있을 것이 아니다. 동시에 그는 대만대학 정치학과 천더위(陳德禹) 교수의 의견에 호응하여 이론 연구를 강화해야 함을 강조했고 장학금을 제공하여 고무해야 한다고 했다; 당안자료(檔案資料)는 잘 보존 해야 한다; 또 그는 금문을 연구하는 가장 큰 어려움은 데이터베이스의 구축과 관리이며 이 작업은 현지(縣誌)를 만드는 것보다 더 중요하다고 했다(『金門日報』, 2006年 11月 13日).

24 민족과 같은 맥락이지만 하나의 국민 국가에 여러 개의 민족이 있을 경우 이를 모

략적 배치 및 전술 응용이 군대의 접전 과정의 세부내용에 미친 영향을 설명함으로써 반공 이데올로기와 애국주의를 선전했다. 대표적인 저작으로는 국방부 사정처(史政處)의 『금문전역(金門戰役)』(1957), 국사관(國史館)의 『금문 꾸닝토어 저우산 덩부다오의 전쟁사료초집(金門古寧頭舟山登步島之戰史料初輯)』(1979), 그리고 『금문 꾸닝토어 저우산 덩부다오의 전쟁사료속집(金門古寧頭舟山登步島之戰史料續輯)』(1982) 등이 있다. 서방 저작 중에는 금문이 미국외교정책사, 미·중·타이(美中台) 관계사 및 리얼리즘(realism), 군사위협(deterrence)과 벼랑끝전술(戰爭邊緣策略, brinkmanship)의 이론 연구 과제에 관련해서 주목받고 있다.25 그러나 이런 토론 아래 금문은 단지 국제 지연 정치(國際地緣政治)와 전략 가치를 지닌 지리적 명사일 뿐, 하나의 지역사회가 아님을 볼 수 있다.

사회사 연구 패러다임의 변화와 더불어 일부 학자는 국족, 정부 당국의 시야에 국한되는 것을 벗어나 지역사, 미시사(微視史)에 주의를 돌리고 있거나 서로 다른 역사주체의 사관(史觀) 비교에 관심을 기울이고 있다. 금문 전쟁사로부터 말하자면 근대 초기 네 가지 주요한 흐름이 있었다. 첫째는 통상적인 군사(軍史) 연구의 시각으로부터 질문을 던지

두 아울러 국족이라고 부른다(역주).

25 중요한 저자는 다음과 같다. Robert Accinelli, 1996, Crisis and Commitment: United State Policy toward Taiwan, 1950~1955, Chapel Hill: University of North Carolina Press; Jian Chen, 2001, Mao's China and the Cold War, Chapel Hill, NC: University of North Carolina Press; Li Gong, 2001, "Tension across the Taiwan Strait in the 1950s: Chinese Strategy and Tactics," in Robert Ross and Jiang Changbin eds., Re-examining the Cold War: US-China Diplomacy, 1954~1973, Cambridge, MA: Harvard University Asia Center; Thomas Christensen, 1996, Useful Adversaries: Grand Strategy, Domestic Mobilization, and Sino-American Conflict, 1947~1958, Princeton, NJ: Princeton University Press 등.

고 있으나 해협 양안의 문헌, 당안, 신문을 비교하며 서로 다른 정치 입장에서 전쟁 배후의 결책 과정을 분석하는 연구 흐름이다.[26] 둘째는 금문에서 군복무를 했던 군인들의 구술사를 수집하고 정리하는 것이다.[27] 셋째는 통상적인 국족사, 군사사의 글 쓰는 방식을 떠나 사회사와 인류학 연구의 취향으로 군사통치하의 지역사회 문화 변화를 주목하고 있다.[28] 넷째는 전역에서 남겨진 유산을 보존하는 것을 목적으로 하는 연구다.[29]

26 (中國)沈衛平 原著, 劉文孝 補校, 2000, 『金門大戰: 臺海風雲之歷史重演』, 臺北: 中國之翼; (中國)洪小夏, 2001, 『血祭金門』, 香港: 新大陸出版社; (臺灣)田立仁, 2007, 『金門之熊: 國軍裝甲兵金門保衛戰史』, 臺北縣中和市: 大河文化

27 行政院國軍退除役官兵輔導委員會, 2009, 『古寧頭戰役參戰官兵口述歷史』, 臺北: 編者自印; 國防部, 2009, 『烽火歲月: 8·23戰役參戰官兵口述歷史』, 臺北: 編者自印 等.

28 余光弘·魏捷茲(James R. Wilkerson) 編輯, 1994, 『金門暑期人類學田野工作教室論文集』, 臺北: 中央研究院民族學研究所; Chi, Chang-hui, 2004, "Militarization on Quemoy and the Making of Nationalist Hegemony, 1949~1992," 王秋桂 主編, 『金門歷史, 文化與生態國際學術研討會論文集』, 臺北: 財團法人施合鄭民俗文化基金會出版, pp.523~544; 周妙真, 2007, "官方影像中的金門戰地婦女形象(1949~1978)," 金門技術學院閩南文化研究所碩士論文(以下簡稱閩南所碩論); 蔡珮君, 2008, "從傳統聚落到「戰鬥村」: 以金門瓊林為例," 閩南所碩論; 林美華, 2008, "傾聽戰地的聲音: 金門的戰地廣播(1949~1992)," 閩南所碩論; 李瓊芳, 2008, "戰," 閩南所碩論; 李雯, 2009, "從漁村, 軍港到商港－金門料羅村及其港口之空間變遷," 閩南所碩論; 李皓. 2006. 『金門戰地政務體制下的民防自衛體系』. 政治大學歷史研究所; 呂靜怡. 2008, "「出操」的記憶與認同: 金門婦女隊員的生命經驗敘說(1949~1992)," 慈濟大學人類發展研究所碩士論文.
이밖에 黃振良, 2003, 『金門戰役史蹟』, 金門: 金門縣文化局; 江柏煒·劉華嶽, 2009, "金門「世界冷戰紀念地」: 軍事地景的保存與活化芻議," 江柏煒 等 主編, 『2008金門都市計畫國際研討會論文集』, 金門: 金門縣政府, pp.77~124; J. J. Zhang(張家傑) and Bo-wei Chiang(江柏煒), 2009, "'Normandy' or 'Las Vegas'? Positioning 'Kinmen' in the Post-war (Re)construction Era," 江柏煒 等 主編, 『2008金門都市計畫國際研討會論文集』, 金門: 金門縣政府, pp.187~220.

29 黃振良, 2003, 『金門戰役史蹟』, 金門: 金門縣文化局; 江柏煒·劉華嶽, 2009, "金門

미국 하버드대학교에서 교편을 잡고 있는 스조니(宋怡明)의 Cold War Island(2008)가 대표작이다. 그는 거시적 역사와 미시적 역사의 결합을 시도하여 세계적으로 보편성의 힘을 가진 군사화, 근대성과 지연정치화 등 세 가지 요소가 어떻게 작동하는지를 구체적으로 분석함과 동시에 금문 주민에게 가져온 막대한 충격도 다루었다. 더 중요한 것은 그는 주민이 군사통치 대책에 어떻게 대처하는지를 분석하여 국가와 지역사회의 복잡한 상호작용 관계를 설명했다(Szonyi, 2008). 장보웨이와 숭이밍이 공동으로 발표한 논문은 여기에서 더 나아가 국가가 어떻게 젠더 정치(sexual politics)를 통해 전시체제에서 부녀의 사회역할과 형상을 만들고 규범화하고 재현하는지를 분석했고, 지역정치의 군사화/근대화/젠더 관계 삼자의 관계를 토론했다(江柏煒·宋怡明, 2008: 88~128). 그 외 장보웨이는 금문전사관(金門戰史館)의 역사 진술과 전시 양식에 대한 분석에서 정부 당국의 역사와 지역사회 집단기억 간의 분열을 지적했고 관광 개방 이후 전사관이 관광자원으로서 겪는 모순과 곤경을 보여주었다(江柏煒, 2007: 85~155). 이런 토론은 금문의 전지역사 연구에 관해 새로운 길을 개척하게 만들었다.

다른 한편으로, 도쿄대학의 카와시마 신(川島真)은 대만 연구로부터 출발했지만, 금문 연구의 중요성을 깨달았다. 우선 그는 역사적 연속성에 관한 이론적 문제를 제기하고 교민 간행물인 『현영(顯影)』 및 군의 『정기중화보(正氣中華報)』의 자료를 분석한 뒤, 군사화된 금문은 여전히

「世界冷戰紀念地」: 軍事地景的保存與活化芻議," 江柏煒 等 主編, 『2008金門都市計畫國際研討會論文集』, 金門: 金門縣政府, pp.77~124; J. J. Zhang(張家傑) and Bo-wei Chiang(江柏煒), "'Normandy' or 'LasVegas'? Positioning 'Kinmen' in the Post-war (Re)construction Era," 江柏煒 等 主編, 『2008金門都市計畫國際研討會論文集』, 金門: 金門縣政府, pp.187~220.

교향 네트워크의 요소를 고려해야하고 금문의 지역 역사는 완전히 분열된 것이 아님을 주장했다(川島眞, 2008: 207~220). 이어 그는 2011년 3월 『지역연구(地域研究)』 간행물을 통해 '금문도 연구의 동향과 가능성'을 주제로 포럼을 조직했고, 천라이싱(陳來幸), 구이즈쥔얜(貴志俊彦) 등 학자들을 초청해 좌담회를 열었다. 이 간행물은 금문 연구의 매력과 과제를 토론하고 카와시마 신, 숭이밍, 장보웨이 등 세 편의 금문 연구 논문을 수록했다.[30] 촨다오전의 영향을 받아 장보웨이는 정부 당국의 사료, 교민 편지 및 구술 인터뷰에서 군사통치 기간 동남아 중심의 해외 화교는 여전히 특수한 방식으로 교향과의 연락을 유지하고 있었음을 발견했다. '푸젠반공구국군(福建反共救國軍)'이 1950년대 초기 건립한 특수한 교민 송금 경로가 있었고, 해외 화교가 노군단(勞軍團)의 전지 참방(戰地參訪)을 통해 군사통치하의 여러 가지 압박에 대해 반대하는 목소리를 내고 있었던 것이다(Chiang, 2011). 이런 시각에서 볼 때 교향 네트워크는 전지 금문에서 여전히 중요한 영향력을 발휘하고 있었음을 알 수 있다.

숭이밍의 탈전지 금문의 역사에 대한 반성에 관해 적어도 두 편의 중요한 논문이 있다. 하나는 네 가지 명확한 논술, 즉 정부 당국의 논술과 영웅 기억(英雄記憶), 고난 기억(苦難記憶), 향수 기억(鄕愁記憶) 등 논술을 통해 군사화와 비군사화(去軍事化)의 경험이 어떻게 기억되는지를 토론했고, 이어 지역 행동자가 어떻게 책략적(策略性, entrepreneurial)인 방식으로 집단기억을 조작하는지를 지적했다(宋怡明, 2009: 47~69). 그리고 그는 근대 초기 금문 지역정치 맥락에서 몇 가지 중요한 논쟁을

---

30 이 책에 실린 세 편의 논문은 다음과 같다. 這三篇包括川島眞, "僑鄕としての金門"; Michael Szonyi, "軍事化·記憶·金門社會, 1949~1992,"; 江柏煒·Michael Szonyi, "國家, 地方社會とヅェンダー政策: 戰地金門の女性役割及びイメージの再現".

정리했다. 이에는 뷔이전문구역(博奕專區) 설립, 진샤대교(金廈大橋) 설치, 금문대학섬(金門大學島)를 추진하는 여러 가지 의제가 포함된다. 그는 이런 의제가 현실에 부합되지 않고, 심지어 계획의 제안은 사실상 금문 사람들이 절박하게 자신의 고향이 주변화되는 것을 막기 위한 노력일 뿐이라고 했다(宋怡明, 2011). 사실상 2001년 '소삼통' 선로가 개통된 이래 금문은 다시금 민난 지역[31]의 지리와 문화 속에 위치하게 되었다. 과거의 역사와 현재의 상황을 마주함에 있어서 금문 사람들의 다양한 정체성에 관한 연구도 향후 발전되어야 한다.

V. 변경을 넘어서: 금문 지역사 연구의 활로 모색

필자는 금문이 하나의 지역문화의 매개체로서 인문사회 연구 영역에서 매우 중요한 학술적 과제임을 강조할 필요가 있다고 생각한다. 복잡한 역사적 전환과 특수한 지역적 위치는 이 섬이 민난 지역사, 대만사, 동아시아사, 세계사 속에서 모두 독특한 지위를 가지게 만들었다.

우선 방법론의 문제가 제기된다. 지역 연구는 '나무만 보고 숲을 보지 못하는' 문제를 극복하고 (지역을) 지리적 범주와 역사적 맥락 속에서 위치시키는 것이 중요하다. 서로 다른 지역사회에 관한 비교의 기초를 만들거나 혹은 지역사가 어떻게 지역사, 국족사, 세계사와 서로 연결되고 상호작용을 하는지에 주목해야 한다. 또 지역사회가 어떻게 거시역사에 대응하고 바뀌어 가는지에 대한 사고가 있어야 새로운 질문 방

---

31 중국 푸젠 성의 남부 지역을 가리키는데 그 지역의 지방 언어를 민난어라고 부르기도 한다. 물론 이 지역 사람들이 초기에 대만으로 이주한 사람들이라 현재 대만 남부 지역은 역시 민난어를 쓰는 민난 사람들이 주를 이룬다(역자 주).

식과 이론적 관점을 가질 수 있으며 우리가 서로 다른 지역사회를 연구하는 것에 도움이 된다.

하나의 지역으로서 금문은 근 500년간 봉쇄된 섬이 아니었다. 경계를 넘나드는 것은 하나의 지역적 전통으로서, 특히 근대 화교가 그러하다. 1대, 2대 화교의 대부분은 '교거사회집단(僑居社群, 교민집단)'의 성격을 갖고 있었고, 될 수 있는 한 분산되어 거주하는 가족들의 공동체를 유지·운영하려고 했다. 즉 지리적인 분산 거주, 경제적인 협력 및 네트워크의 관계적인 연결을 갖고자 하고 있었다. 필자의 교향 연구 관심은 19세기 중엽 이래 동아시아에서 지속적으로 경계를 넘나드는 금문 교민들에게 있다. 그들의 자본이 어떻게 축적되고 운용되며, 이들이 해외에서 어떻게 향토사회를 재건했는지, 그리고 교향 사회에 어떤 영향력을 미쳤고 나아가 혼종적 근대성인 물질문명의 상상 및 전파와 현지화를 어떻게 촉진했는지를 알고자 한다.

교향사회는 서방 공공 영역과 시민사회에 근접한 초기적인 형태의 작동 방식을 구축했다고 할 수 있다. 다만 이런 과정은 화교 외부의 네트워크에 의해 만들어진 것이고, 사회 내부가 스스로 발전해서 나타난 결과가 아니다. 그러나 사람, 물질, 사상의 경계를 넘나드는 이동은 교향사회로 하여금 역사상 보기 드문 개방성을 가지게 했다. 바꾸어 말하면 화교가족 그리고 마을은 하나의 지리적 경계를 넘나드는 사회집단이었고, 이는 서구중국학(西方漢學)에서 말하는 종족 내부에서의 작동에 관한 개념에 도전장을 내밀었다. 또한 이는 지리학의 선험적 존재의 전통 영역인 마을 연구에 의문을 던지고 이론을 성찰하는 가치를 지니고 있다.

또 하나는 금문은 국가와 지역사회의 상호작용 방식을 연구할 수 있는 중요한 현장이다. 43년에 달하는 기나긴 군사통치 아래 금문은 숭이밍이 말하는 '군사화된 유토피아 모더니즘(militarized utopian modernism)'-삼민주의(三民主義) 모범 현을 목표로 하는 전방기지로서의 운영 방식을 만들어냈다(Szonyi, 2008: 244). 국가와 지역의 관계는 더 세밀하게 네 개의 차원으로 구분해서 고찰해야 한다. 타이페이 중앙정부/ 금문 방위사령부/금문 민간사회/해외 교민사회 등이다. 이들의 상호작용 관계는 역사적 환경에 따라 변했다. 금문 민간사회는 억압된 상황이었으나, 정치자원을 소유한 해외 교민사회가 주체성을 지니고 있었기에 금문 민간사회를 대신해서 타이페이 중앙정부, 금문 방위사령부에 그들의 목소리를 냈다. 동시에 사회사의 시각에서 여전히 심각한 이론적 문제가 존재한다. 즉 전쟁의 공포와 위협, 고압적인 군사통치, 심지어 백색공포의 박해를 받은 전방의 주민들은 도대체 자신의 암울한 역사를 어떻게 바라보는지, 또 어떻게 이 역사 유산을 계승하고 서술하고 재현하는지, 어떠한 집단기억은 망각의 선택을 받았고, 또 어떠한 집단기억은 다시금 편성되고 있는지 등 이 모든 것은 '전장에서 벗어난(後戰地)' 금문이 가지는 필요한 역사적 성찰이고 또 학술적 과제로서 심화시켜야 할 필요성이 있다.

마지막으로 내가 말하고 싶은 것은 "'금문학'은 어떻게 하나의 효과적이고 인정받는 분과학문으로 될 것인가? 대만 연구와의 관계는 무엇인가?"다.

사실, '대만'은 하나의 인문사회 연구의 범주로서 고도의 복잡성을 갖고 있다. 오늘날 대만이라는 정치 공동체는 바로 세계냉전의 국제 형세 속에서 형성되었다. 1949년 꾸닝토어전투, 1954년 9·3 포격전(제1차 대만해협 위기), 1958년 8·23포격전(제2차 대만해협 위기) 등은 특히 이 정치공동체에 있어서 관건이 되는 역사적 사건들이다. 사실상, 식민역사 외에 대만 근대사는 금문을 간과하지 말아야 한다. 금문, 마조의 전지역사는 당지 사람들의 생활경험일 뿐만 아니라 많은 대만 군복무 청년들의 공통된 기억이다. 동시에 대만의 정체성 위기는 종족(ethnic) 정치, 정당 충돌, 남북 지역(남쪽은 녹색, 북쪽은 청색에 투표) 차이에서만 나타나는 것이 아니라 금문, 마조 관련 문제에서도 드러난다. 즉 금문 연구는 성찰적 역할(reflective role)을 하면서 대만 연구의 지평을 넓히고, 깊이를 가지게 한다. 또한 금문 연구는 대만 사회의 이행기 정의(transitional justice)를 위해 공헌하고 있다. 예를 들면 금문에서의 장기간 군사통치 상황은 대만에서의 권위시대 백색공포 상황과 공통점이 많다. 혹은 속칭 831이라 불리는 군성매매업소와 일제시대 위안부에 관한 비교연구와도 관련이 있다.

물론, 여러 학문 간의 통합은 매우 중요하다. 예를 들어 역사학, 지리학, 인류학, 언어학, 사회학, 정치경제학, 공간 연구 등 학제적 연구 성과를 활용하는 것과 착실한 본토 연구와 세계사, 세계학술이론 사이의 대화를 통해 앞으로 설득력 있는 인문학과 인식론을 발전시키는 것이 필요하고, 이는 대만 연구 및 '금문학'이 지속적으로 노력해 나가야 하는 목표이기도 하다.

02

민족주의 경합의 장, 정성공 영웅만들기

김란

Ⅰ. 역사영웅과 근대 민족주의

정성공(鄭成功)은 한국의 장보고나 이순신과 유사한 위상을 갖는, 소위 중화민족의 해상 민족영웅이다. 대만에 속한 금문도를 지척에 두고 있는 중국 샤먼시(廈門市)에는 정성공 기념관과 샤문 구랑위섬(鼓浪嶼)의 거대한 정성공 석상이 있다. 그런데 대만의 영토인 금문에도 9미터 높이의 정성공 석상이 대금문과 소금문 및 푸젠성(福建省) 난안시(南安市)를 바라보는 위치에 세워졌다. 두 개의 정성공상이 해협을 두고 마주보고 있는 것이다. 이 두 개의 정성공상은 서로를 대립적으로 바라보는 위치에 서있다. 같은 영웅이 서로를 대립적으로 마주보고 있는 것이다. 이러한 장면은 중국과 대만의 양안관계의 한 모습이라고 할 수 있다. 두 지역은 왜 같은 영웅을 서로 숭배하면서 국가정체성을 창조하고자 하는 것일까. 게다가 정성공은 일본에서도 숭배되는 영웅이기도 하다.

민족은 '상상된 공동체'이며(베네딕트 앤더슨), 민족주의가 형성되는 과정에서 '전통의 재발명'(에릭 홉스봄)이 이루어진다는 것은 민족주의를 사회구성주의로 접근하는 연구들의 주된 주장이다. 적어도 서구에서는 근대의 도래와 민족주의의 형성은 뗄 수 없는 관계를 갖고 있다는 사실이 거의 입증되었다고 할 수 있다(스미스, 2012: 81~87). 근대화 프로젝트에서 민족주의를 구축하는 것, 그리고 그것을 통해 근대 민족국가를 건설하는 것은 아주 중요한 과업이다. 하지만 동아시아에서는 일본을 제외하고는 서구열강의 접근 나아가 침탈 속에서 민족주의가 형성되었다(천성림, 2006). 따라서 동아시아에서는 서구의 영향 속에서 그 반대급부로서 저항적 민족주의를 만들어야 했다. 민족주의를 구성하는 담론에서 중요한 자원 중 하나는 '민족영웅'이다. 민족영웅은 위기상황인 근대의 격변 속에서 '국가 또는 국민의 구원자'로 표상될 뿐 아니라 그 자체가 '국민의 모델'이 되어, 저항과 국가건설의 비전을 결합할 수 있는 상징물이 된다(노연숙, 2005). 과거 실존인물들인 역사영웅은 각 나라의 민족정체성을 문화적으로 구축하는 자원이 된다.

본고에서 다루려 하는 정성공은 17세기의 해상무역가이자 군인으로 그는 중국, 대만, 심지어 일본에서도 민족영웅으로 숭배되는 인물이다. 흥미롭게도 그러한 숭배의 강도와 내용, 강조점은 역사 시점마다 조금씩 변모해왔다. 정성공은 '초국가적인' 인물이면서 동시에 민족주의적 영웅이라는 점에서 '뜨거운 감자'라고 할 수 있다(장문훈, 2011: 112).

본 연구는 정성공이라는 역사영웅을 통해 동아시아 민족주의의 성격을 탐구하기 위한 사례 연구이다. 정성공이라는 동일한 역사인물을 중국, 대만, 일본 등 동아시아 세 지역이 각자의 입장에 따라, 그리고 상이한 역사적 시점에 따라 어떻게 해석했는지를 살펴보고, 그 해석의 차이점을 드러내고자 한다. 세 나라는 근대화 시기별로 정성공을 각자의 민족주의를 형성하는 자원으로 삼았다. 정성공에 대한 민족주의적 해석에는 저항, 식민, 국가건설 등 민족주의가 작동하는 다양한 국면들이 다채롭게 담겨 있다. 그것은 무엇보다 동아시아 근대화의 특수한 경험과 관련된다. 동아시아의 민족주의는 저항, 식민, 국가건설이라는 근대화 과정에서의 각 나라간의 역사적 경험의 차이와 상호 영향관계 속에서 형성되었다. 정성공은 '탈경계적' 인물이기 때문에 한 국가에서 전유하기에는 불가능한 점이 있지만, 중국, 대만, 일본 각 나라들은 정성공을 자기 나라의 민족영웅으로 전유하고자 애써왔던 것이다.

이후로는 정성공의 생애 및 그에 대한 재현방식들을 검토하고, 중국, 대만, 일본에서의 정성공에 대한 해석이 근대화 과정의 각 시점에 따라 어떻게 변화하는지를 통시적으로 살펴볼 것이다.[1]

II. 정성공의 생애와 그에 대한 기념물들

1. 정성공의 생애

중국 푸젠성 샤먼시 역사기념관에는 정성공을 다음과 같이 설명하고

---

[1] 정성공에 대한 한국에서의 선행 연구는 거의 이루어져 있지 않다. 정성공에 대한 1940년 대만문학 〈적감기〉를 일본문학의 계승으로 분석하는 장문훈(2011)의 연구, 19세기 일본문학의 서술을 다루는 이민희(2003)의 연구, 조선왕조실록이 보는 정성공을 다루는 정웅수(2012)의 연구를 제외하고는 존재하지 않는다. 세 번째의 연구는 본 연구와 관련이 없다. 또한 정성공에 대한 해외저서의 한국어 번역서가 한 권 존재한다(조너선 클레멘트, 『해적왕 정성공』, 허강 옮김, 삼우반, 2008). 따라서 선행연구를 별도의 장으로 검토할 필요는 없어 보인다.

있다.

"정성공(鄭成功), 1624~1662, 위대한 민족영웅, 군사가, 초명은 삼(森), 자는 명엄(明儼), 호는 대목(大木)이다. 정성공은 일본에서 태어났지만 푸젠성 난안(南安) 쓰징(石井) 사람이다. 그는 남명 시대의 융무제(隆武帝)로 인해 당시 황족의 성인 주(朱)씨를 받아 '成功'으로 개명했고, 충효백(忠孝伯)·연평군왕(延平郡王)의 관직을 맡고, '국성야(国姓爷)'라는 존칭으로 불렸다. 그의 아버지는 중국과 일본을 오가며 해상무역을 했던 정지룡(鄭芝龍)이고, 어머니는 하급무사였던 다가와 시치자에몽(田川七左衛門)의 딸인 일본 여자였다. 정성공은 샤먼, 금문을 주둔지로 하여 '항청복명(抗淸復明)' 운동을 펼쳤고, 네덜란드의 공격에 대항하여 대만을 수복하였다. 이후 그는 대만을 발전시켜, 해상무역을 재활성화시켰다.[2]"

정성공(1624~1662)은 중국 남부 해상무역을 장악한 무역상이자 군인으로서, 아마도 장보고와 이순신의 특징을 모두 가지고 있는 인물이라고 할 수 있을 것이다. 정성공에게는 청나라의 지배에 끝까지 대항했다는 점, 네덜란드를 대만에서 몰아냈다는 점, 일본인 어머니에게 태어나 일본에서 유년 시절을 보냈다는 점 등의 특이사항이 부여된다. 이러한 정성공의 특징으로 인해 그는 흥미롭게도 중국, 대만, 일본 세 지역 모두에서 숭배되는 존재가 되었다(朱学召 2013: 10~11).

---

2 원문은 다음과 같다. 〈郑成功(1624年—1662年), 伟大的民族英雄, 杰出的军事家, 初名森, 又名福松, 字明俨, 号大木, 生于日本, 为福建南安石井籍人后被南明隆武帝赐姓朱, 改名成功, 被封为忠孝伯·延平郡王, 被尊称"国姓爷".其父郑芝龙, 其母日本人田川氏他以厦门·金门两岛为根据地, 驱荷复台；积极移民, 开发台湾；大力发展海外贸易.〉

그림 1_ 샤먼 역사박물관의 정성공상[3]

정성공은 일본 큐슈의 조그만 해안도시 히라도(平戶)에서 중국인 아버지와 일본인 어머니 사이에 태어났다. 샤먼 출신인 그의 아버지 정지룡(鄭芝龍)은 동중국해에서 무역업과 해적행위로 큰 돈을 번 사람이었다. 아버지는 어린 아들을 일본에서 어머니와 함께 살게 했으나, 명나라에서 수군을 지휘하는 관직을 얻게 되자 7살인 그를 중국 푸젠성 남부로 데려왔다. 중국으로 온 정성공은 1644년 난징(南京)에 있는 태학(太學)에 들어가 전통적인 유교교육을 받았다.

1645년 만주족과 몽골족의 팔기군에게 난징이 함락되자 정지룡은 푸젠성으로 피신하여 그곳에 있던 자신의 군사력을 바탕으로 명의 황손인 당왕(唐王) 주율건(朱聿鍵)을 가황제(假皇帝)로 옹립했다.[4] 당왕은 이 공로에 대한 상으로 정성공에게 명 황실의 성(姓)인 주씨(朱氏)를 내렸다. 이로 인해 그는 '국성야(國姓爺)'로 불리게 되었다. 청의 군대가 푸젠성으로 침입하자 정성공의 아버지는 명 조정을 배신했으며, 당왕은 사로잡혀 처형되었다. 정성공은 명이 망했으니 더 이상 미련을 가지지 말라는 아버지의 지시와는 반대로, 명나라를 다시 일으키기 위해 육지와 바다의 양쪽에서 군대를 모으기 시작했다. 정성공의 이 같은 항청복명

---

[3] 본고에 게재된 사진자료는 별도의 출처가 없는 경우에는 연구자가 직접 찍거나, 다른 이에게 부탁하여 찍은 것들이다. 출처가 있는 사진은 따로 출처를 표기하였다.

[4] 최근 청과 관련한 연구에서는 청의 건국 주체를 만주족과 몽골족의 연합으로 보고 있으므로, 본고는 이 입장을 수용한다(엘리엇, 2009).

(抗淸復明)의 의지가 그를 중국의 역사적 영웅으로 만들게 된다.

정성공은 뛰어난 전략과 조직력으로 금문(金門)과 샤먼의 두 섬⁵을 중심으로 푸젠성 해안지대에 강력한 세력을 구축했다. 이 지역은 사실상 그의 개인 영지나 마찬가지였다. 그는 명의 연호를 계속 사용했으며, 중국 남서부지역에 있던 명의 가황제인 계왕(桂王)을 계속 받들었다. 그는 높은 작위와 권력을 주겠다는 청 조정의 끈질긴 유혹을 계속 거부했고 아버지의 간청도 듣지 않았다. 1659년 정성공은 10만 명의 군대를 거느리고 북상하여 양자강 유역으로 대규모의 해상 원정을 감행했다. 청의 군대 대부분이 아직 중국 남부지역에서 교전 중이었기 때문에 그는 혁혁한 전과를 거두어 양자강 하류지역의 수비군을 격파하고 수도 난징의 관문에까지 이르렀다. 그러나 그곳에서 작전을 잘못 세우고 부하 장군들의 조언을 듣지 않아 참패했다. 청에 투항한 정성공의 아버지는 지속되는 정성공의 저항 때문에 인질이 되어 청에 의해 참수당했다. 이 때 정성공은 어머니도 잃게 되었다.

결국 정성공은 샤먼의 근거지로 퇴각할 수밖에 없었다. 그는 네덜란드가 점거하고 있던 대만을 빼앗아 후방 근거지로 만들 계획을 세웠다. 1661년 4월 2만여 명의 군대를 거느리고 네덜란드의 요새가 있던 대만의 안핑(安平: 지금의 타이난(臺南) 부근)에 상륙했다. 9개월간의 포위 공격 후 네덜란드의 수비대는 항복했고 타이난을 떠났다. 이때 정성공은 서유럽에서는 콕싱가(Koxinga 또는 Coxinga)라는 이름으로 알려졌다.⁶

---

5 현재 금문은 대만의 영토이고, 샤먼은 중국의 영토로 두 섬은 아주 가까운 거리에 마주보고 있다. 따라서 중국과 대만 관계, 즉 양안관계에 있어 금문과 샤먼은 아주 중대한 의미를 지니는 두 지역이다.

6 정성공군의 네덜란드와의 전투 승리 이유에 대한 분석으로는 다음 책을 참조. Tonio Andrade, *Lost Colony: The Untold Story of Shina's First Great Victory over the West*, Princeton University Press, 2011.

승리를 거둔 후 정성공은 타이난을 중심으로 효율적인 행정조직을 만들고 휘하의 군인들과 데리고 온 푸젠성 주민들을 정착시켰다. 본토를 수복하려는 원대한 야심과 스페인 사람들을 필리핀에서 몰아내려던 계획은 그가 1662년 6월 23일 한창 나이에 죽음으로써 좌절되고 말았다. 그의 아들 정경(鄭經)은 그가 죽은 후 20여 년 동안 대만섬을 근거지로 하여 반청운동을 했다. 1681년 정경도 사망하자 대만의 정씨 왕국은 1683년 청의 수군에 의해 함락되었으며 명나라 수복의 희망도 완전히 사라지게 되었다. 정성공의 계획은 결국 실패하고 말았지만 그는 후세에 널리 이름을 떨치게 되었다. 현대 중국에서 비록 이유가 서로 다르기는 하지만 여러 집단으로부터 영웅으로 숭배 받게 되었다.

2 정성공 기념물

정성공의 주된 활약무대였던 푸젠성 샤먼시에 설치된 〈샤먼 역사기념관〉은 샤먼의 지역적 특수성을 전략적 요충지(해방전선)로 규정하면서, 이 같은 정체성이 근대 이행기에 '외세와의 대결'을 통해 형성되었음을 강조한다.[7] 외세와의 대결이라는 서사구조는 민족주의적 의미를 제공한다. 〈샤먼 역사기념관〉은 정성공의 활약과 관련해서 네덜란드와의 대결 및 청정부와의 대결, 나아가 '대만수복'을 강조하였다.[8] 여기에서 '收

---

[7] 다음과 같이 적혀 있다. "100여 년 전부터 샤먼은 커다란 변화를 맞이하여 민난 지역의 다른 도시와는 다른 고유의 특수성을 가지게 되었다. 1842년 〈난징조약(南京条约)〉을 통해 샤먼, 광저우(广州), 푸저우(福州), 닝보(宁波), 상하이(上海)와 더불어 대외적으로 개방하는 무역항이 되었다. 1949년에는 무역항이 해방전선이 되었고, 30년이 지난 뒤 해방전선은 경제특구로 변화했다."

[8] 다음과 같이 적혀 있다. "1647년 1월 소금문에서 청 정부와의 무장 투쟁을 시작한 이후, 정성공 군은 절강, 푸젠, 광둥성 등 동남부 해안 지역에서 활동했으며, 명 정부의 종친과 민중을 도와 대만 및 동남아 지역으로 도피하도록 해주었다. 이 외에 그는 화

復'이라는 단어는 대만영토가 중국의 것임을 은연중에 강조하는 것이다. 정성공은 외세에 대항하는 저항적 민족주의를 넘어서, 한족 중심의 민족주의를 강조하는 방향으로 활용되고 있다 할 수 있다. 그뿐 아니라, 〈샤먼 역사기념관〉은 정성공의 해상무역을 통한 경제발전도 강조하고 있다.[9] 경제특구로 지정된 현재의 샤먼의 지역적 특수성이 반영된 언급이다.

샤먼시 구랑위섬에 자리한 〈정성공 기념관〉은 이와 같은 한족 중심적 민족주의를 더욱 명확히 드러내고 있다.

"대만은 고래로 중국의 영토였다. 1661년 그는 네덜란드에 38년간 점령당한 대만 영토를 되찾았다. 대만이 드디어 조국의 품에 돌아왔다. 그 후, 그는 군과 민을 동원하여 대만을 발전시켰다. 정성공은 중화민족을 위해 탁월한 공적을 이룩했다. 위대한 그의 애국주의정신은 역사의 길에 남을 것이며, 조국의 번영과 통일을 위한 중화민족의 후손의 분투를 고취할 것이다."(그림2) 대만이 '고래'부터 중국영토임을 내세우면서, '조국', '중화민족', '애국주의 정신' 등의 문구를 통해 정성공을 '중화 민

교 상인에게 정성공 정부의 명패를 나눠줘 화교들의 해상 무역 안전을 지키고자 했다. 하지만 만 명이 넘는 군대를 이끌어서 청정부와 대치하는 과정에서 비교적 큰 주둔지를 수복하기는 쉽지 않았다. 어쩔 수 없이 그는 해상무역을 통해 군량과 급료를 마련했다. 난징을 점령하기 위한 북벌전쟁이 실패한 이후 정성공 군은 큰 타격을 입었다. 군량과 급료의 부족은 가장 큰 위기였다. 정성공은 그의 부하 하빈지(何斌之)의 조언을 수락하여 네덜란드가 점령중인 대만을 수복하고자 했다. 1661년 4월 그는 2만 5천 명 군사, 수백 척의 군함을 거느려 금문 라오로완(料羅灣)에서 출발했으며, 팽호, 대만해협을 거쳐 대만으로 진군했다."

9 다음과 같이 적혀 있다. "정성공은 해외 통상 무역을 중요시했으며 태평양 연해에 위치하는 동북아시아 지역까지 통상을 확대했다. 정성공은 중국 대륙, 대만부터 일본, 오키나와, 동남아까지 진출하였다. 또한 샤먼 및 그 주변지역에 5개의 상단을 설치하였고, 샤먼항의 대외무역 발전에 큰 영향을 주었다."

Taiwan has belonged to China since ancient times. In April 1661, Zheng Chenggong commanded his troops on an expedition eastward. After an arduous struggle of several months, they defeated the Dutch colonialists and recovered Taiwan which the Dutch had forcibly occupied for 38 years. Soon afterwards, Zheng Chenggong led the soldiers and common people to develop Taiwan. Zheng Chenggong's immortal feats and patriotic spirit are recorded in Chinese History, and will inspire us to struggle for the prosperity and unity of our country.

그림 2_ 대만이 원래부터 중국영토임을 강조하는 소개문[샤먼 정성공기념관]

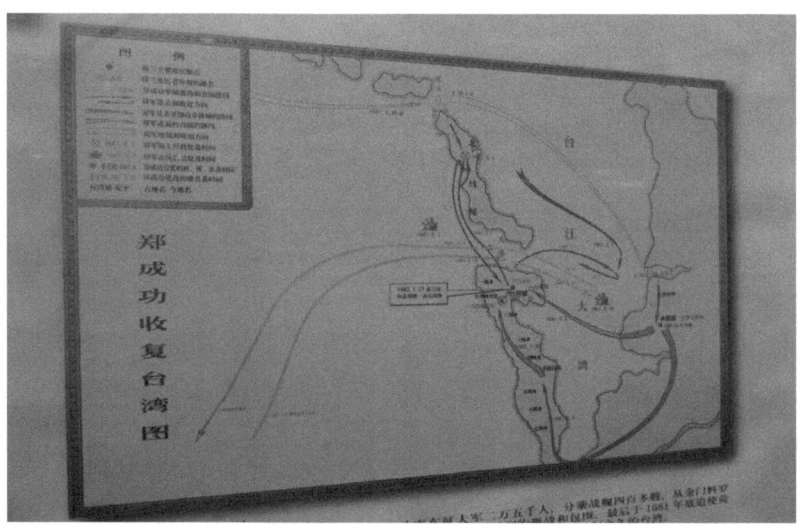

그림 3_ 정성공의 대만 수복 도선도[샤먼 정성공기념관]

족주의'를 위한 상징적 인물로 자리매김하고 있다.

더욱 주목할 만한 것은 〈정성공 기념관〉의 경우, 정성공의 '항청운동'을 더욱 강조한다는 점이다. 청정부에 의한 정성공 어머니(일본인)

의 살해사건도 거론하면서, 정성공의 항청복명 전개과정과 범위를 상세히 소개하고 있다. "정성공은 끊임없이 청의 민족정복과 억압에 저항했다"와 같은 문구는 한족 이외의 민족을 불편하게 할만한 진술이다. 여기서 민족은 한족을 가리키는 것으로 보이며, 정성공에게 '친한성'을 부여하려는 의도가 엿보인다.

이 같은 서술은 현재의 이슈인 양안의 통일문제를 보는 시각과 관련된다. 〈정성공 기념관〉의 출구에는 정성공과 양안 통일을 연결시키는 다음과 같은 글이 적혀 있다. "정성공이 대만에서 시작한 불멸의 대의는 오늘날 우리 민족의 통일이라는 대의의 초석이다."[10] 대만에 속한 금문도를 지척에 두고 있는 정성공 기념관은 정성공의 대만점령과 개발을 강조하면서 중국 중심의 대만 통일을 역설하고 있다고 할 수 있다. 샤먼 구랑위섬의 하오위엔 공원에 대만쪽을 바라보도록 세워진 거대한 정성공 석상은 이러한 중국의 생각을 웅변해주고 있는 듯하다.

대만의 영토인 금문에도 9미터 높이의 정성공 석상이 있다. 이는 정성공 고향인 난안시에서 2008년 10월 정성공 탄생 385주년 기념으로 금문에 증정한 것이다. 난안시가 제시한 증정 이유는, 정성공이 명말 청초에 '반청복명'을 시도하고, 네덜란드를 격퇴하여 대만을 되찾았기 때문이라는 것이다. 또한 중국과 대만 간의 우호 증진의 의미도 있다. 그런데 금문현은 증정받은 정성공 석상을 젠꿍위라는 곳에 세웠다. 이 지역은 정성공이 병사들을 훈련시켰던 군사적 요충지였고, 금문과 샤먼해협에 가까우며, 대금문과 소금문 및 푸젠성 난안시를 바라보는 위치에 세워졌다. 이 두 개의 정성공상은 서로를 대립적으로 바라보는 위치

---

10 "The immortal cause that Zheng Chenggong began in Taiwan is today the foundation stone of our nation's united cause."(정성공 기념관 출구 소개글 중 일부)

그림 4_ 중국 샤먼시 구랑위섬 하오위엔 공원 해안가의 정성공 거석상(◀)
출처: http://magneo.egloos.com/v/673948

그림 5_ 대만 금문도의 정성공 거석상[11](▲, ▶)

그림 6_ 정성공 생가[일본 히라도市]
출처: http://dejima-network.pref.nagasaki.jp/ko/tomocchi/19252/

에 서있는데 가운데에 해협을 두고 서로를 대립적으로 바라보고 있다.

일본도 정성공을 기념하고 있다. 일본에서 태어났고 어머니가 일본인이기 때문에 역사영웅으로 간주되는 것이다. 최근(2013년 7월 14일) 일본 나가사키현 히라도(平戶)에 위치한 정성공 생가가 〈정성공기념관〉으로 바뀌어 개관했다. 정성공기념관은 총 560제곱미터이고, '정성공 옛집', '정성공 모자상', '정성공이 직접 심은 죽백나무'로 구성되어있다. 일본 정성공 기념관의 특징은 소년 정성공이 항상 일본인 어머니와 붙어있다는 점이다.

---

11 금문도 사진을 직접 찍어서 보내준 우췬팡 선생께 감사드린다.

그림 7_정성공 모자상[일본 히라도市]
출처: http://dejima-network.pref.nagasaki.jp/ko/tomocchi/19252/

그림 8_정성공 모자상 실내 [일본 히라도市]
출처: http://dejima-network.pref.nagasaki.jp/ko/tomocchi/19252/

이처럼 동아시아의 세 지역에서 정성공이 동시에 숭배되는 현상은 특별한 분석을 요구한다. 이하에서는 세 지역 각각의 역사적 경험의 특수성에 따라 정성공에 대한 '기억'이 어떻게 차이가 나는지, 그리고 그것이 각 시기를 거치며 어떻게 달라지는지에 대해서 검토해 보도록 하겠다.

Ⅲ. 중국에서의 정성공 해석

1. 청 정부~항일전쟁 시기

일단 청왕조는 정성공이 항청복명 운동을 벌였기 때문에 높이 평가할 수 없었다. 오히려 정성공이 복명세력 또는 한족들에게 갖는 영향력을 차단해야 했다. 청은 정성공 세력을 격퇴한 뒤에, 금문에 군사기구 '금문진총병서'를 설치하였고, 총병서 중앙 집무실에 '해국도치(海國圖治)'란 문구가 새겨진 간판을 걸었다. 총병서의 설치는 정성공 세력의 근거지였던 금문 주변의 해역을 통제하려는 청의 의도를 보여준다. 하지만 푸젠성 지역의 민중들은 민간신앙의 형태로 정성공에 대한 숭배를 지속하였다. 강희제는 강희22년(康熙22年) 정성공에게 '충신(忠臣)'이라는

그림 9_ 금문진총병서

간판을 주었고, 강희 39년 '명나라 충신(明室忠臣)'이라고 평가했다. 동치제 시기(1861~1875), 선정 대신 심보정(沈葆楨)은 청정부에 정성공을 추모할 수 있는 사당(祠堂)을 만들자고 요청했으며, 이후 정성공 신앙에 대한 단속은 점차 풀렸다(朱学김 2013: 10~11). 이 같은 정성공에 대한 해금(解禁)은 19세기 말 일본 제국주의가 중국에 영향을 미치기 시작하면서 더욱 강화된다.

아편전쟁을 출발점으로 서구 열강의 침탈이 시작되고 청일전쟁에서 패배하면서, 청왕조는 심각한 위기에 놓인다. 청 말기의 대대적인 민란들(태평천국운동, 의화단의 난)은 항청의식과 한족 민족주의를 고양시켰다. 이 시기 정성공에 대한 해석은 변화를 보인다. 근대 민족국가를 수립하고자 한 신해혁명 전후의 중국지식인과 혁명가들은 단순히 봉건왕조 청을 비판하는데 그친 것이 아니라, 정성공을 통해 '근대 민족국가 수립'(국가건설)의 정당성을 설명하기 시작했다. 이전에는 푸젠과 대만 지역 이외에는 정성공에 대해 거의 알려지지 않았지만, 이제는 반청혁명가들을 중심으로 정성공은 대륙 전반에 널리 알려지기 시작했다(陳芳明 1996: 139). 이들은 신해혁명 이전부터 "만주족을 배제하고 종족을 보존하자"는 구호를 외치면서,[12] 정성공을 '반청영웅'으로 호출하

---

12 서구의 근대 민족주의가 신해혁명 시기 혁명가들에게는 종족주의(한족중심주의)로

였다. 그뿐 아니라 정성공의 '네덜란드 항전'도 주목받았다. 19세기 중반 서구열강의 침략을 받을 때, 중국 지식인들이 주목한 것은 정성공이 '백인'과의 전투에서 승리한 점이었다. 청나라 말기 혁명가들은 서구인들이 추구하는 서구적 민족주의와 식민주의 때문에 서구인들이 세계를 정복했다고 생각했다. 따라서 혁명가들은 서구와의 대결 속에서 민족주의와 민족국가를 형성해야할 필요성을 강하게 인식하게 되었다. 이들에게 서구와 싸워 이긴 정성공의 행적은 주목하지 않을 수 없는 중대한 역사적 사건이었다고 할 수 있다.

당시 혁명가들과 지식인들의 발언을 검토해보자. 쑨원(孫文)은 청나라의 통치를 비판하기 위해 정성공을 재해석하여, '만주인 몰아내기(驱除鞑虏)'를 제일의 목표로 삼았다. 따라서 쑨원에게는 정성공이 (한족의) '민족영웅'인 셈이다.[13] 당시 유사배(刘师培)는 정성공을 중국 역사상 '외세를 배척한 진정한 대영웅'이라고 평가했다(光漢, 1904). 유아자(柳亚子)는 영웅이어야만 "이족을 배제하고 새 땅을 얻을 수 있다"고 했으며, 정성공이 "유럽권의 네덜란드인을 쫓아내고 대만을 수복했으며"[14], "만족 통치 질서 속에서 한족으로서 분발하고 노력한 인물"[15]이라고 평가했다. 진비석(陈匪石)은 정성공을 "세계 영웅 중의 선도자"로 평가했고,

---

수용된 측면이 있음을 이러한 사실로부터 추론할 수 있다. 특히 당시 일본 국수보존운동의 영향 하에 1905년경 태동한 '국수학파'는 국수, 즉 민족성(natoionality/national character)과 민족문화를 찾음으로써 민족주의를 구성하고자 하였다.(천성림: 193~195) 유사배는 이런 말도 했다. "만주족을 배제하는 혁명에 대해 몇 마디 할 줄 아는 사람이면, 모두 정성공이 영웅이라고 말한다."

13 쑨원의 경우 혁명 이전에는 한족중심의 종족주의 경향(소민족주의)을 보였지만, 혁명 이후에는 소수민족 통합 필요성 때문에 한족보다 중화를 강조하면서 만한합일의 대민족주의로 전환하게 되었다.(박정수 2012: 77~78)
14 원문은 다음과 같다. "欧权鼻祖之和兰(荷兰)逡巡让步"
15 원문은 다음과 같다. "满族余奴之汉种发奋争先"

중국인들은 그와 같은 정신을 발휘하여 중국 자신의 "세계 영웅"을 양성해야 한다고 주장한 바 있다(陈忠纯, 2013: 70). 이 같은 혁명인사들의 정성공 해석에는 한족 중심의 종족주의적 관점이 투영되어 있다.

특히 유사배는 정성공의 특징을 6가지로 요약했는데, 이는 신해혁명 전후뿐 아니라 이후에도 이어지는 요소들이 있으므로 주목할 만하다. 첫째, '민족을 지킨 공적(保种的功业)'. 정성공은 포부를 가지고 혼자서 '중견 인물(中流砥柱)'이 되었다. 둘째, '땅을 개척한 공적(辟地的功业)'. 정성공이 네덜란드를 이겨 '한족이 백인을 이기는' 사례가 되었다. 이것은 중국에서 전례가 없던 기적이다. 셋째, '노예적 성질의 탈각(没有奴隶的性质)'. 정성공은 독립적인 활동을 했으며 누구의 간섭도 받지 않았다는 것이다. 넷째, '가족 혁명의 실행(实行家族的革命)'. 정성공의 부친 정지용은 청나라에 굴복하였지만 정성공은 청나라에의 굴복을 거절했고 민족을 위해 가족을 버릴 정도였다는 것이다. 다섯째, '내정을 잘 안다(晓得内政)'. 정성공은 이전의 장군과 달리 병법뿐만 아니라 내정에 통달했다. 그는 대만을 수복한 이후 '해외의 신중국'을 수립했다. 여섯째, '외교를 잘 안다(晓得外交)'. 정성공은 일본과 협력하여 청나라와 맞섰다(光漢, 1904).

이와 같은 정성공에 대한 해석은 혁명파뿐 아니라 개량파에게서도 유사하게 이루어졌다. 개량파 량치차오(梁启超)는 정성공을 '백인세력을 격퇴한 대영웅'이라고 주장했다. 그는 1903년 〈신민총보(新民丛报)〉에 〈대영웅 정성공의 유묵(大英雄郑成功之遗墨)〉이라는 글을 기고하여, 정성공을 "우리 민족의 기적 같은 인물"이며 "결과적으로 그의 포부는 이루어지지 않았지만, 그는 남해 일대 지역을 획득하고 네덜란드인을 쫓아냄으로써 황인종이 백인종에 승리하는 역사를 처음으로 썼다"[16]고 진술

---

16 원문은 다음과 같다. "虽事之成不如其志, 而当神州陆沈之后, 犹得据海南一片土, 又能驱除荷兰人种, 为黄人胜白人之始"

했다(陈忠纯, 2013: 71).

신해혁명 이후에도 혁명가들은 자신들의 혁명을 정당화하는데 정성공 스토리를 활용했다. 혁명 정부는 정성공에 대한 적극적인 홍보를 시도하여 민족의 단결과 융합을 꾀했다(陈忠纯, 2013: 71).

항일전쟁 시기에도 국민당 정부는 정성공을 적극적으로 홍보했다. 정성공의 서구 및 청과의 대결은 '외세(일본)에 대한 저항'의 선구적 사례로 전유되었다. 정성공에 관한 전설, 이야기 등은 정부와 민간이 주도하는 교과서, 홍보 간행물 및 다른 서적을 통해 소개되었다. 국민당 정부 및 다른 기관들은 정성공, 척계광(戚继光) 등 '저항전쟁의 영웅'을 민훈자료로 편집하여 각 지방 민훈기관 및 지방정부에게 나눠 주었다. 정성공은 '10대 민족영웅', '10대 충렬(十大忠烈)', '민족정기 인물(民族正气人物)', '민족혼'으로 불리워져, 일반 민중, 특히 학생과 군인들에게 잘 알려졌다. 일본에 저항하는 시점이기 때문에, 특히 정성공의 일본과 관련된 특징들은 약화되거나 무시되기 시작했다. 그의 외모와 성격이 일본인 엄마가 아닌 아버지를 닮았다고 서술하거나, 정성공이 유년 시절 일본에서 자랐다는 사실은 자세히 소개하지 않고, 설령 소개를 할 경우에도 아버지인 정지룡이 정성공을 일본에서 '구제/구출(解救)'하였다는 식으로 해석하곤 했다(陈忠纯, 2013: 72).

항일전쟁이라는 심대한 위기 상황은 정성공이 살았던 명나라 말기 청의 침략 상황과 유사하다고 간주되었다. 특히 아버지인 정지룡과 정성공의 차이점을 드러내서 애국심과 항일정신을 고취하는 시도가 주목할 만하다. 아버지 정지룡의 민족배신이 강조되면서 아들 정성공의 애국심이 부각된다. 당시 문제가 되었던 세력은 친일파(매국적)였는데, 아버지 정지룡은 매국적으로 표상되어 당시의 친일파들을 경고하는 의미를 획득했다. 당시 이명뇌(李鸣雷)는 이렇게 말했다. "명나라 말기의 국난은 지금보다 더 심각했다. 자연 재해와 인재가 이어졌고, 더 중요한 것은 백만 명의 청나라 군대가 우리 땅을 침략하자 많은 명인과 중신이 기꺼이 매국적이 되었다는 점이다. 위기가 심각한 상황에서 우리의 민족영웅 정성공이 탄생해 '국가를 멸망의 위기로부터 구하여 생존을 도모'하는 임무를 담당했다."(李鸣雷, 1937; 陈忠纯, 2013: 73 재인용).[17] 초등학생을 위한 강연에서도 부자를 대조시켰다. 한 강연에서는 '부친을 반대하여 국가를 구하는 민족영웅'이라는 제목으로 정성공의 이야기를 소개하고 있다. "아버지는 매국적이고 아들은 위대한 민족영웅이다. 한명은 목이 베어져 죽은 후 악명이 영원히 후세까지 대대로 전해져 사람들의 욕을 먹고, 다른 한 명은 훌륭한 명성이 영원히 전해졌다. 정성공 부자의 이야기는 후세에 많은 교훈을 남겨줬다. 동포들아, 속담에 '한 번 발을 잘못 내디디면 천고의 한이 된다'고 한다. 여러분 열심히 조국을 지키자!"[18]

 1930년대 항일전쟁이 격화되면서 당시 일본의 식민통치 하에 있던 '대만 수복'에 대한 관심이 높아졌다. 이제 정성공은 대만 수복과 관련되어서도 중요한 인물이 되었다. 정성공은 대만을 수복한 일등 공신이자 외래의 침략에 저항하는 모델로서 중국인의 주목을 받게 되었다. 이후 정성공이 대만을 수복하고 개발했던 역사에 관한 연구와 토론이 활발해졌다. 당시 정성공을 연구하던 오원자(伍遠資)는 정성공의 대만개발

---

17 원문은 다음과 같다. "我国在明朝末年, 国难恐怕比现在还要危急: 一方面是天灾人祸, 纷至沓来, 一方面是清军百万, 侵我神州, 而尤其重要的是很多名人重臣, 都屈膝乞降, 甘心去作亡国奴, 充当汉奸！然而就在这样危急多难的环境下, 我们的民族英雄郑成功, 便出世而担当这'救亡图存'的任务了."

18 원문은 다음과 같다. "父亲当汉奸, 儿子是伟大的民族英雄一个给人砍头, 遗臭万年；一个轰轰烈烈流芳百世郑成功父子的故事, 给了后人许多的教训.同胞们, 俗话说：'一失足成千古恨', 大家慎重, 努力保卫祖国！"(陈忠纯, 2013: 73 재인용)

과정에 대한 글을 썼는데, 네덜란드인을 쫓아내고 대만을 수복하는 과정 외에도, 대만인들에게 미경작지 개간법에 대해 가르쳐주거나 학교를 세우는 등 이민족 관리정책에 관련된 내용을 담았다(伍遠資, 1939; 陈忠纯, 2013: 74 재인용). 이렇게 항일전쟁을 거치면서 정성공에 대한 지식은 일부 지식인들로부터 대중들에게로 널리 퍼졌다.

2 중국인민공화국 건국 이후~개혁개방 시기

중국 공산당의 인민공화국 건국 이후, 공산당은 국가건설의 정당성보다는 당시의 국제 정세에 따라 정성공을 '서구(미국) 제국주의에 저항'하는 인물로 홍보하였다. 다시금 정성공의 네덜란드 항전이 강조되었다. 또한 대만이 미국 제국주의에 의해 점령되었다고 보고 정성공의 대만점령을 강조하면서 '대만해방'이라는 목표의 근거로 삼았다. 1955년 방백(方白)은 "놈들이 도망쳤다. 연평군왕[정성공]이 조국의 전사들을 이끌어 아름다운 땅[대만섬]을 해방시켰다. 이를 알게 된 대만 인민들 모두 마음껏 즐기고 승리를 축하한다."[19] 대만에서와는 달리 정성공의 항청복명에 대한 강조는 하지 않았다. 만일 공산당이 정성공의 항청운동을 승인하게 되면 국민당의 대만 독립을 인정하는 논리가 될 수 있기 때문이다(陳芳明, 1996: 144).

개혁개방이 시작된 이후, 이러한 기류에 변화가 온다. 1979년 전국인민대표대회는 '대만동포에게 고하는 글'을 발표하고 '조국평화통일' 방안을 제시했다. 양안관계의 긴장이 완화되면서 대륙에서도 대

---

[19] 원문은 다음과 같다. "鬼子滾蛋了, 祖國的戰士們在延平郡王的率領何指揮下, 解放了這塊美麗的土地, 所有知道這件大事的台灣人民, 不管是赤崁城附近或其他更遠的地方, 都在狂歡中慶祝這次的勝利."(方白, 1955: 92)

만사 연구가 점차 시작됐다. 대만사 연구에 관한 문헌을 학계에 제공하기 위해서 1983년 10월 상무인서관은 1946년 중경판의 련횡(連橫: 1878~1936)의 『대만통사』를 재차 조판하여 발행했다(褚靜濤, 2011: 98)[20]. 『대만통사』는 대륙 사학계에 커다란 영향을 미쳤다. 많은 학자들이 이 책을 통해 1896년 이전 대만역사를 알게 되었다. 뒤에서 자세히 설명하겠지만, 『대만통사』는 정성공의 여타 특성뿐 아니라 정성공이 한인사회(화교) 형성에 기여한 업적을 강조하여 정성공에 대한 한족주의적 해석과 한족중심주의를 추동하는 역사서이다. 최근에는 양안교류 및 통일논의가 진행되는 근거로 중화 민족주의가 제시되고 있는데, 『대만통사』의 정성공이 이러한 한족중심주의 움직임의 근거로 활용되고 있다[21](Zheng, 1999: 70~71; 巴蘇亚·博伊哲努, 2003).

Ⅳ. 대만에서의 정성공 해석

1. 청 정부~일제 식민 시기

대만에서의 정성공에 대한 숭배는 중국 대륙보다 더욱 강하다. 정성공은 청의 건국 이후 대만을 차지하여 개발하였다. 이 때문에 대만에서는 그때부터 '정성공 신앙'이 민간에 널리 전파되었다. 특히 대만 한족사회에서는 더욱 그러하였다. 정성공 정권이 대만에서 성립하면서 한족 사

---

20 『대만통사』에 대해서는 4절에서 자세히 설명할 것이다. 대륙에서 『대만통사』가 처음으로 출판된 것은 1946년 중경, 1947년 상하이에서이다(褚靜濤, 2011).

21 2004년까지 『대만통사』의 영향력은 중국 근현대사를 연구하는 전문가들 사이에만 한정됐다. 2004년부터 공산당과 국민당의 관계가 점차 정상화되자 이런 상황이 호전되었다.

회가 대만으로 이전되었다고 할 수 있다(巴蘇亚·博伊哲努, 2003: 206). 앞에서도 언급했듯이 청 정부 초기 정성공에 대한 억압은 비공식적인 민간신앙이 더 널리 퍼지는 동력으로 작용하였다. 오늘날 대만에는 정성공을 제사지내는 묘가 100여 개나 있다. 대만에 '정성공묘'의 수가 많은 원인은 대략 두 가지가 있다. 첫째, 청나라 초기 청정부는 '반청복명' 사상을 삭제하고 싶었지만, 민간사회에서는 정성공의 '개대지은(开臺之恩, 대만을 개발한 은혜)'으로 인해 '개산왕(开山王)', '개대성왕(开臺聖王)'이라는 명칭으로 그를 제사지냈다. 게다가 정성공의 치수(治水), 구충(驅蟲)의 업적이 전설로 남아있기 때문에 공리주의적인 관점에서도 '정성공신앙'이 더욱 성행했다. 둘째, 일부 학자들의 주장에 따르면 당시 정성공묘는 정성공 군대의 회당 조직이자 연락 거점이었다. 청정부의 감시를 피하기 위해 사당 형식으로 회합과 연락의 거점을 조직했던 것이다[22](高致华, 2006: 18).

정성공은 대만에 진입하자마자 토지개간 법령을 발포했다. 그는 또 농병정책 법령을 반포했고, 각 진 단위로 병사들에게 땅을 나누어주어 농경지를 늘리며 황무지를 개간했다. 이런 땅을 영판전(营盘田)이라고 불렀다. 정성공은 네덜란드 침략 시기 독점되어 있던 토지를 관전(官田)으로 바꿨다. 또한 당시 대륙에서 상용화된 생산 방식을 대만에 이식하였다. 정성공은 대륙 연해 지역의 주민들을 대만으로 많이 이주시켰다. 이것은 당시 대만의 노동력 부족 상황을 완화시켰다(傅衣凌, 1984: 12).

---

22 이런 관점이 『대만성통지(台湾省通志)』, 온웅비(温雄飞)의 『남양화교통사(南洋华侨通史)』, 『린락향정성공묘중수지(麟洛乡郑成功庙重修志)』 등의 저서에 기술되었다.(高致华, 2006: 18)

1874년 '모란사 사건'[23] 이후, 청 정부는 대만섬을 일제가 노릴 것을 우려하게 되었다. 심보정은 정성공이 "명나라에 중용되지 않은 신하이며, 나라의 난신적자가 아니"기 때문에, 대만에 정성공을 위한 사당을 지어야 한다고 청 중앙정부에 청을 올렸다(朱学召 2013: 10~11).[24] 1875년 청 정부는 대만에 정씨의 사당인 '연평군왕사(延平郡王祠)'를 세워 정기적인 전례로 공식화했다. 정성공에 대한 제사는 이제 '사신에게 제사지내는 것(淫祀)'에서 '정통적이고 정부의 인정을 받은 제사(正祀)'로 변화했다. 청 정부의 이 같은 태도 변화는 결국 정성공을 '반청복명 의사(反清復明义士)'에서 '국가에 모든 것을 바쳐 충성한 자(忠贞报国)'라는 영웅 이미지로 만들기 위해서이다. 다시 말해 대만인의 애국정신을 고취하여 청나라와 함께 일본을 견제하도록 하기 위함이다(高致华, 2006: 18). 대만에서 정성공은 외세에 대한, 특히 일본에 대한 저항을 상징하는 인물이 되었다. 이미 민간에서는 정성공에 대한 숭배가 널리 이루어졌기 때문에 정성공은 대만인의 외세에 대한 저항을 고무하기에 가장 적합한 역사인물 중 하나였다고 할 수 있다.

1897년 대만이 일제 점령 하에 놓인 이후, 일본은 집권하자마자 청 정부가 세운 정성공의 '연평군왕사'를 '개산신사(开山神社)'로 개명했다.[25]

---

23 모란사 사건(중국어: 牡丹社事件) 또는 대만 출병(일본어)은 1874년 청과 일본 양국에 조공을 바치고 있던 류큐국의 표류민들을 대만 토착민들이 살해한 일을 계기로 일어난 사건이다. 이 사건으로 청나라 조정은 살해된 류큐 사람들에 대한 보상금 및 대만 점령지에 일본군이 설치한 시설물 파손 대가를 지불하기로 했다. 이 사건은 류큐에 대한 기존 청나라의 종주권을 부인하고, 류큐국을 일본의 속국으로 인정하게 되는 결과를 낳았다.
24 新校本清史稿[Z](1996), 台北故宮博物院, 台北
25 연평군왕사가 일본이 대만을 통치한 이후 세운 첫 번째 신사이다. 1897년 1차 전례 전행은 대만 민간 풍습에 따라 음력 정월 16일에 개최했다. 하지만 일본이 메이지

사당이 신사로 전환된 것이다. '개산신사'는 일본이 대만을 통치한 이후 만든 첫 번째 신사이다. 정성공 같은 외국인이 신으로 인정받아 신사에 들어간 것이 일본 신사의 역사에서는 특이한 사례이다. 일본 식민 통치 정권이 대만에서 대규모로 종교통제를 실시하는 과정에서 정성공만은 유일하게 허용된 것이다. 이는 앞에서 살펴보았듯이 정성공의 어머니가 일본인이며 정성공이 유년시절을 일본에서 지냈다는 전기적 특성이 작용했을 것으로 보인다. 심지어 정성공 때문에 '선조의 땅을 수복했다(收復先人土地)'는 주장도 있었다(高致华, 2006: 18). 대만에 널리 퍼져 있던 정성공 신앙을 금지하기보다는 허용함으로써 대만 민중의 민심을 포섭하는 의미도 지녔을 것이다. 나아가 일본은 정성공을 '일본화'하고자 했다. 대만총독부는 정성공의 어머니는 일본인이고 그의 충심은 '사무라이 정신'을 이어받은 일본의 '혈통' 때문이라고 주장했다. 일본 당국은 대만인에게서 '정성공 신앙'으로부터 생긴 민족성과 종교성을 약화시킴으로써, 정치적인 사상의 동화를 통해 대만인의 반일행위를 최소화시키고 일본인과 대만인의 벽을 무너뜨리며, 더 나아가 일본의 대만 통치를 합리화하려 했다(高致华, 2006: 18).

일본 식민통치는 일종의 대만의 '민족사학'을 발생을 자극했다. 대표적인 것이 『대만통사(臺灣通史)』를 쓴 련횡(連橫: 1878~1936)이다. 그는 최초로 정성공이 대만을 수복하고 건설하는 역사에 대해 탐구했던 역사학자이다. 『대만통사』는 정성공에 대한 대만과 중국인의 인식의 중대한 분기점이라고 할 수 있다.[26] 그는 이 책에서 정성공과 관련 인사들

유신 이후 양력을 사용해왔기 때문에 그날은 양력 2월 25일이다. 이후로 양력 2월 25일을 개산신사의 규정된 제삿일이고 제사를 주관하는 자가 타이난 청장이다.(高致华, 2006: 18)

26 련횡『대만통사』의 정성공 관련 내용에 대해서 조금 자세히 살펴보면 다음과 같다. 1

에 대해 자세히 소개했고, 그의 다른 저작 『아당문집(雅堂文集)』, 『아언(雅言)』, 『검화실시집(劍花室詩集)』, 『대만시승(臺灣詩乘)』 등에서도 정성공에 관련된 내용을 다루었다. 롄헝은 '대만이 애초부터 우리 민족의 소유(而臺灣復始为我族有)'라는 주장을 통해 대만 민중들이 일본 식민통치에 저항하는 데에 있어 큰 역할을 했다(邓孔昭, 2007: 50). 롄헝의 정성공 연구는 민족정신, 민족전통, 민족문화를 홍보함으로써 일제 시기 대만 독립운동의 기반이 되었다.

1915년 롄헝은 타이난(臺南)에 야간 학교를 설립하여 '중국사, 서양사, 중외 역사비교' 뿐만 아니라 '정성공 사적'에 대해서도 강의했다. 그는 1923년 9월 대만문화협회 타이베이 지부가 개최한 대만통사강습회의 강사로 초대받아, 정성공이 대만을 수복하고 그 후 청정부가 관리했던 경과에 대해 소개했다. 1924년 8월 대만문화협회는 타이중(臺中)

장 '개벽기(開闢紀)'에서 롄헝은 정성공이 네덜란드 식민침략자를 쫓아내고 대만을 수복하는 과정에 대해 자세히 서술했다. 그의 주장에 따르면 네덜란드인은 "천 명 정도의 패잔병을 이끌고 돌아갔다. 대만은 애초부터 중국의 소유이다. ······ 네덜란드가 대만을 38년 점령했지만 결국 정성공이 그들을 쫓아냈다. 따라서 정성공의 명성이 멀리까지 울려 퍼졌다." 2장 '건국기(建国纪)'는 정성공의 생애 및 정씨 가문의 대만에서의 경영활동을 소개하고 있다. 소위 '건국기'는 명나라 중앙정부가 멸망한 후 정씨 정권이 민난(閩南), 광둥(粤), 특히 대만에서 명나라를 계승하여 청 정부에 대항한 역사를 가리키다. 롄헝의 관점에 따르면 정성공이 대만에서 '건국'한 나라가 바로 명나라의 '중국'이자, 명나라의 연속이다. 건국기는 정성공의 대만 통치가 명나라를 계승한다는 것을 강력히 주장한 셈이다. 10장 '전례지(典礼志)'에서는 정성공과 그의 자손들이 명나라 역법을 그대로 이어서 사용했던 사실을 소개했다. 11장 '교육지(教育志)'에서는 정씨 시대 대만 교육제도와 시험제도 수립으로 중화 전통문화가 대만에서 뿌리를 내리고 전파되었다는 점을 강조한다. 정씨 시대에는 "각 지역에서 학교를 설립하고, 중원의 유교를 이어받아 제자를 가르쳤다. 아이는 8살이 되면 소학에 입학해야 하며 경사(经史) 등 문장을 수업 내용으로 지정했다."(邓孔昭, 2007: 51)

의 우펑(霧峰)에서 하계강습회를 개최할 때 롄헝을 초대해 『대만통사』강의를 맡겼다. 이 강의에서도 그는 정성공을 주로 다뤘다. 1929년 7월, 1930년 8월 타이베이 대도정여사(大稻埕如社)는 하계 야간대학을 설립하여 여러 차례 롄헝을 강사로 초대해 대만역사에 대해 소개하도록 했다. 1930년 11월 1일 롄헝은 타이난 공회당(公会堂)에서 '정씨시대의 문화(郑氏时代之文化)'에 대한 강연을 진행했다. 1930년 11월 20일부터 29일까지 롄헝은 〈삼육구소보(三六九小报)〉 신문사의 초청을 받아 타이난에서 '대만300년사(臺灣三百年史)'를 강의했다(邓孔昭, 2007: 52, 53). 대만문화협회의 지도자인 장위수(蔣渭水), 임헌당(林獻堂) 등은 이 같은 롄헝의 활약을 통해 정성공을 역사영웅으로 숭배하게 되었다. 장위수는 대만문화협회 제1호 회보에서 「임상강의(临床讲义)」라는 글을 발표하여 정성공이 관리한 대만을 극찬했으며 일본 식민통치 하의 대만사회에 대한 불만을 드러냈다. 장위수가 정성공을 극찬하는 방식, 청나라를 배제하는 한족 감정은 롄헝이 『대만통사』에서 표현한 맥락과 비슷하다(邓孔昭, 2007: 53).

대만 영토를 떠나 대륙으로 이동한 항일 독립군들이 결성한 대만의용대(臺灣义勇队) 군인들도 정성공의 영향을 깊이 받고 숭배의 감정을 표했다. 정성공이 네덜란드인을 쫓아내고 고향땅을 수복하는 장면은 대륙에서 항일전쟁에 참가했던 대만의용대 전사들을 고무시켰다. 1943년 3월 1일 대륙에서 항전에 참여했던 대만의용대의 제3순회공작조(第三巡迴工作組)는 푸젠 진쟝(晋江)을 지나가는 길에 일부러 남안 석정에 들려 민족영웅 정성공에게 제사지냈다. 제문에는 "정성공 후세 중 누가 정성공만큼의 업적을 얻겠는가. 동도[대만의 옛명칭] 유산을 마음에 새기고 고향땅을 수복하고 왜구를 쫓아내자(继公何人, 谁来追踪东都遗范, 台儿服膺, 克复故土, 驱倭东瀛)"는 문구가 있다(邓孔昭, 2007: 53~54).

련횡의 『대만통사』가 출간되기 전까지 종전의 지방지와 사서는 모두 청나라 통치자의 입장에서 정성공을 다뤘다. 1903년 1월 일본에 유학갔던 중국인들은 도쿄에서 『절강조(浙江潮)』라는 월간지를 출간했다. 『절강조』 2호부터 비석(匪石)[27]이 「중국애국자정성공전(中国爱国者郑成功传)」을 썼다. 이에 대하여 "비석이 쓴 정성공전 …… 의 내용은 대부분 일본인의 서적에 근거하여 쓰여졌다. 사료의 가치는 그다지 충분하지 않다. 단지 민족주의를 선양하는 일종의 홍보품[28]"이라는 비판이 가해졌다(邓孔昭, 2007: 50). 이렇듯 청의 입장을 담고 있고 일본측 사료를 근거로 쓰여지던 정성공사는 련횡의 『대만통사』 이후 독자적인 역사관으로 이행되기 시작했다(褚静涛, 2011: 99).

『대만통사』에서 미비한 점은 대만 소수민족에 대한 서술이 상당히 적다는 점이다(巴蘇亚·博伊哲努, 2003: 209). 자료의 부족 때문일 수도 있지만, 『대만통사』는 련횡의 '한족 중심주의'를 반영하고 있다. 사세충(谢世忠)은 "대만 학계가 근대 대만사 연구에 지대한 공헌을 했지만, 한인 이식(漢人移植), 네덜란드 통치, 정씨 대만 점령, 청나라 통치, 일본 점거 50년에만 집중되어있다. 이런 시기구분은 사실 모두 '식민사'로 간주될 수 있다"고 보았다(谢世忠 1987: 14~15). 그리고 네덜란드와 정성공의 대만영토 점령에 대해 과장된 서술도 있다. 네덜란드가 대만을 점령한 당시에는 대만 타이난시의 연해지역만 점거했고 대만섬 대부분

---

27 비석은 필명으로, 저자의 본명 그리고 그가 실제로 누구인지는 알려져 있지 않다. 다만 절강조 월간지가 이후 권위 있는 잡지로 인정받기 때문에, 비석의 글 자체의 신빙성은 충분하다고 하겠다(邓孔昭, 2007: 50).

28 원문은 다음과 같다. "……匪石著的郑成功传……内容大都采自日本人的著作, 史料价值并不甚高, 只是用作鼓吹民族主义的一种宣传品而已"(邓孔昭, 2007: 50 재인용)

의 땅을 점령한 것이 아니었다. 정성공도 대만섬 일부 지역만 개발했다. 이 때문에 대만 전체를 정성공 및 명나라의 계승으로 해석하는 것은 분명 논란의 여지가 있다.

련횡의 아들 련진동(连震东)은 국민당의 '대만수복' 계획에 적극적으로 가담하였다. 1930년대 국민당의 난징국민정부는 중국 동부 지역을 통일하면서 대만수복 계획을 세우지만, 자료 부족으로 고심하게 된다. 이에 련진동은 아버지의 『대만통사』를 이어받아 연구를 심화하였다. 1944년 7월 련진동은 대만조사위원회에 참여해 중앙훈련단 대만행정간부훈련반에 들어가서 연구했다. 그는 공부하는 동안 대만 관련 자료가 부족함을 느끼고 『대만통사』가 대륙에서도 출판되길 원했다. 1945년 련횡의 『대만통사』가 대륙에서 처음으로 출판되었다. 1946년 1월 상무인서관(商务印书馆)은 중경에서 재차 『대만통사』를 조판했고, 1947년 3월 상하이에서도 출판했다. 상무인서관은 련횡의 뜻을 더 정확하게 표현하고 대만 수복의 필요성 때문에 일본인이 찍은 사진과 일본인이 쓴 서문을 삭제했다. 또한 일제의 압박에 의해 제목이 바뀐 4장의 '과도기'를 '독립기'로 다시 회복시켰다.[29] 련횡에 대해 당시의 대륙 학계는 잘 모르고 있었다. 그래서 련진동은 『련아당선생가전(连雅堂先生家传)』이라는 책을 써 련횡의 생애에 대해 간략히 소개했다. 장계(張繼)는 『대만통사』를 "근대 중국사학계의 위대한 저서(洵為近世中國史學之偉作也)"라고 평가했고, 서병창(徐炳昶)은 "대작(巨著)"이라고 평가했다. 련진동은 장태염(章太炎)의 글을 인용하여 "장태염 선생도 민족정신이 담겨있는 저서로 평가했고, 반드시 후세에 전파해야할 작품"이라고 서술했다(褚静涛, 2013: 45).

---

29 대만총독부는 『대만통사』 4장 제목 '독립기(獨立紀)'에 대해 몹시 못마땅해 했다. 결국 련횡은 『대만통사』가 출판되도록 하기 위해 자기의 뜻을 굽혀 4장 제목을 '과도기(過渡紀)'로 바꿨던 바 있다(邓孔昭, 2012).

2 대만섬 국민당 정권 수립 이후

1949년 이후 대만에 장제스의 국민당 정권이 수립되어 '국가건설'이 시작된다. 『대만통사』에 드러나는 정성공의 대만 개발 과업은 장제스의 대만 국가건설을 정당화하는데 도움이 되었다. 또한 국민당은 정성공의 항청복명 운동을 강조하면서 대만의 대륙으로부터의 독립을 정당화하였고, 나아가 정성공을 대륙 공산당을 반격하는 상징적 인물로 여겼다. 이러한 논리는 국민당은 정성공을 계승한 한족 정권이지만, 공산당은 중화를 억압하는 청나라처럼 표상한 것이라 할 수 있다(褚静涛 2011: 102). 련횡이 국민당의 원로와 친분이 있었기 때문에, 국민당 정권은 련횡을 높게 평가 했다. 1955년 8월 대만중화총서위원회는 1946년 상무인서관에서 출판된 중경판을 참고하여 『대만통사』를 광복 이후 처음으로 출간하였다. 서문에는 '장제스포양령(蔣介石襃扬令)', '장태염서(章太炎序)', '장계서(张继序)', '서병창(徐炳昶)', '서중가서(徐仲可序)', '대만과 19장의 그림 및 설명(臺湾与图十九幅并各附说略)' 등이 있다. 이후 대만 국민당 정부는 『대만통사』를 기준으로 대만 역사를 교육하였다. 중국역사, 중화문화, 대만 선조들의 애국 사적 등에 대한 교육을 강화하기 위해, 대만 교육부문(教育部門)은 『대만통사』의 '자서(自序)'를 중학교 국문 교과서에 수록했다(褚静涛 2011: 103).

『대만통사』를 근거로 한 국민당 정부의 대만영토 지배의 정당화 전략이 흔들리지 않은 것은 아니다. 소위 '외성인'과 '본성인'의 갈등 속에서, 본성인들은 '대만은 예로부터 중국에 속하지 않는다(臺灣自古不属中国)'고 주장해왔다. 사명(史明)이 쓴 『대만인400년사(臺灣人四百年史)』, 왕육덕(王育德)이 쓴 『대만-고민되는 역사(臺灣-苦悶的历史)』 등의 책은 대만 역사를 통해 국민당 정부로부터의 '대만 독립'을 역설할 수 있는 근거를 찾으려 했다. 이런 관점이 들어있는 저서는 국민당 정권의 통치 정당성을 약화시킨다. 이에 대해 국민당 정권은 대만사에 관한 글과 저서를 발표하여, 외성인(外省人)과 대만 본성인(本省人)은 '가족처럼 피가 물보다 진하며, 500년 전부터 한 가족'이라는 식으로 주장했다. 이때부터『대만통사』는 '대만이 예로부터 중국에 속하지 않는다.'는 주장을 반박하는 유력한 무기가 되었다. 『대만통사』는 대만에 살고 있는 민난과 광둥 지역 이민들이 네덜란드와 정성공 점령 이전에 이미 대륙에서 왔으므로, 대만의 본성인과 외성인은 한 조상이고, 500년 전부터 한 가족이기 때문에 서로 경계를 둘 필요가 없다고 강조한다(褚静涛 2013: 47).

양안관계 개선 이후, 롄횡의 손자이자 국민당 주석을 지냈던 롄전(連戰)은 양안교류에 대만통사가 서술한 정성공을 새롭게 활용하기 시작했다. 2005년 4월 26일부터 5월 3일까지 롄전은 중국 공산당 중앙 총서기 후진타오(胡錦濤)의 초대를 받아 대륙을 방문했다. 베이징에서 롄전은 『대만통사』를 중국 공산당 지도자, 베이징대뿐만 아니라 난징, 시안, 상하이의 기관과 학교에도 증정했다. 롄전은 '대만독립 반대'의 의사를 표하며 평화로운 양안관계를 추진하겠다고 주장했다. 이에 따라 국민당과 공산당 양측의 고위 간부들은 최근『대만통사』를 매우 중시하게 되었다. 많은 대륙의 언론매체들이『대만통사』를 소개하여 대륙 민중들의 관심을 유도했다(褚静涛 2013: 48).

흥미롭게도 국민당과 정치적으로 대립하고 대만 독립을 주장하는 민진당 세력도 집권 이후에는 정성공에 관한 문화적 지원을 더 활발히 했다. 이들이 정성공을 인정한 핵심 근거는 정성공 정권을 최초의 '대만 독립국가'로 간주했기 때문이다.[30] 실리적으로는 정성공 신앙이 오랜 민

---

30 이를 통해 정성공에 대한 한족 사회측과 본성인 사회측의 해석이 각자의 입장에서 작동함을 알 수 있다.

간 신앙이었기 때문에 국민통합을 통한 정권 안정에 도움이 되었던 측면이 있다. 민진당 집권 제1기(2000~2004)에 '대만 독립'의 정치적 목표를 두고, 대만 본토문화 및 해양문화를 강조하는 분위기 속에서 정성공의 해상무역, 해양정신, 신앙, 전설, 민간습속 등 본토문화도 강조하게 됐다(金善惠, 2013).

최근 정성공은 양안관계 개선, 나아가 중국과 대만의 통일을 위한 역사적 상징으로 활용되기 시작했다. 정성공은 명나라의 충신이자, 한족과 중화의 가치를 상징하고 보존한 인물이라는 논거가 동원되었다. 앞서 장제스가 국민당 정권 건국 직후 정성공을 근거로 공산당 정권을 반격하려 했던 것을 떠올려 보면, 지금은 그때와는 매우 상반되는 논리가 전개되고 있는 셈이다.

V. 일본에서의 정성공 해석[31]

1. 대만 식민 이전

일본이 대만을 점령하기 이전에도 정성공에 관한 사적은 이미 연극, 문학 작품의 형식으로 일본에 널리 알려져 있었다(高致华, 2006: 18). 이것은 대만 총독부가 대만의 '정성공 신앙'을 받아들인 이유 중의 하나라고 할 수 있다.

정성공은 지카마쓰몬자에몬(近松門左衛門)의 대작 『국성야합전(国性爷

---

[31] 일본 해석 부분은 일본자료에 대한 필자의 접근이 어려워, 일본에서의 정성공 해석에 관한 대만과 중국 학자들의 연구들을 참조하였다. 비록 일본 1차 자료를 분석하지는 못하였지만, 비교연구인 본 연구의 특성상 일본의 정성공 해석에 대한 전체적인 흐름을 고찰하는 데는 문제가 없을 것이다. 향후 일본에서의 정성공 해석에 대한 별도의 논문을 작성할 기회가 된다면 1차 자료 및 일본 학계의 연구를 직접 다루려고 한다.

合戰)』때문에 일본에서 유명해졌다. 당시 일본인들은 이와 같은 작품을 국성야 문학(国性爺文学)으로 불러왔다. 일본 문학과 연극에서 나타난 정성공의 이미지는 일본식 복장에 사무라이 칼을 손에 잡고 있고 일본 혈통을 가지며, 게다가 용맹하게 싸움을 잘하고 충정한 이미지는 당시의 시대적 요구에 부합했다. 이 작품의 정성공 서술에서 드러나는 특징은 만주족에 의해 위기에 처한 '명나라 일본계 장수인 정성공'이 일본의 뛰어난 전쟁기술을 가졌으며, 아버지에 대한 효보다 나라에 대한 충성을 우선시함으로써 명나라를 도와준다는 스토리이다. 이 작품에서는 일본인을 무시하는 중국인이 종종 등장하고 그러한 무시를 극복하는 정성공과 주변 인물들이 등장한다. 전쟁을 통해 청나라군을 물리치는 장면에서는 "일본도 문명국이며 우수하다"는 의식을 드러내고 있다(이민희, 2003). 당시 일본에서 정성공은 잘 알려진 연극의 인물일 뿐만 아니라 영웅의 상징이었던 것이다. 뿐만 아니라 무역상으로서의 부유한 이미지로 인해 부와 꿈을 추구하는 본보기이기도 했다. 이 시기에는 일본 자체를 민족주의적으로 정당화하기보다는 당시 중심부 문명이었던 중국을 경유하여 스스로의 자부심을 드러냈다고 할 수 있다. 정성공이라는 역사영웅은 그러한 자부심 제공의 매체였다. 하지만 이때까지 일본에서의 정성공의 기능은 대체로 오락성에 머물렀다고 할 수 있다(高致华, 2006: 18).

정연평왕경탄방종비(郑延平王庆诞芳踪碑)는 정성공이 출생한지 200년인 1852년 세워진 기념비다. 이 기념비는 큐슈 히라도 해안가 도로에 위치하고 통상적으로 '정성공경탄비(郑成功庆诞碑)'라고 불린다. 비석 위에 '郑延平王庆诞芳踪碑'라고 새겨져 있으며 그 아래에는 1500자가 되는 자세한 설명이 있다. 설명문에는 정성공의 생애 사적, 그리고 그에 대한 찬양이 들어있다. 마지막에 비석을 세운 날짜가 기록되어 있는데 1852년이다. 비석이 세워진 이후 이 지역에서 커다란 경축의식이 열렸으며, 그 해부터 매년 제사활동을 진행해왔다. 현재 이 지역에서는 매년 7월 14일 '정성공절(鄭成功节)'이 열리며 현지 주민들은 정성공에 대한 그리움과 존경을 표하려 한다(李琳, 2012: 9).

2 대만 식민 시기

일본의 정성공에 대한 해석은 대만 식민통치기의 통치활동 속에서 더욱 잘 드러난다. 앞서도 살펴보았듯이, 일본은 대만의 정성공 신앙을 이례적으로 수용한다. 연극을 통해 일본인들이 정성공에 대해 잘 알고 있었고, 게다가 대만 민간사회에서도 정성공을 위한 제사를 지내는 것이 유행이었기에, 대만인의 민심을 포섭하기 위해 다른 미신과 달리 정성공 신앙을 허용했다고 할 수 있다. 정성공이 당시 일본 정부의 관심을 얻은 원인 중의 하나는 일본인들이 그를 '일본인'으로 간주하고 자신들보다 앞서 '대만을 수복'한 인물로 판단했기 때문이다. 심지어 정성공 때문에 '선조의 땅을 수복했다(收復先人土地)'는 주장도 나왔다(高致华, 2006: 18). 이나가키 마고베(稻垣)가 쓴 『정성공』의 서문에는 저자와 당시 대만총독부의 최고 행정수장인 총독 켄지로(田健次郎)의 대화가 담겨있다. "만약 정성공에게 일어난 일을 쓰고자 한다면, 가장 바람직한 것은 당시 정성공이 일본 정부에 증원 부대를 요청했던 사실을 대만인에게 알리는 것이다. 만일 참고할 만한 자료가 없으면 관저에 보존하고 있는 책을 마음껏 가져가라"(稻垣孫兵衛, 1929)[32] 정성공이 청나라와 대결하면서 일본군의 파병을 요청했다는 점은 '정성공 일본화'의 유

---

32 일본어를 중국어로 번역한 글은 다음과 같다. "如果要写郑成功的事, 最好载上当时郑成功向日本请求援兵的事情, 好让台湾人也都知道如果没有参考数据的话, 官邸的书物尽可拿去参考."

력한 증거로 제시되었다. 결국 일본의 대만 점령은 300년 전 '일본인 정성공'의 대만 점령을 반복하는 것이자 계승하는 것이 되며, 이로써 일제의 대만 통치가 정당화되었다(陈忠纯, 2013: 73~74 ; 苏文菁, 2013).

앞서도 언급했듯이, 일본은 대만점령기에 정성공 사당을 신사로 전환했다. 일치시기 '개산신사'의 제사활동은 고바야시(小林里平)가 『대만세시기(臺灣岁时记)』에서 상세히 소개했다. 정성공 전례에는 일본식의 경축 방식인 격검, 씨름 등의 활동이 추가되었다. 하지만 중국의 전통 전례도 유지시켰다. 예를 들면 향을 피워 예배를 올리는 것 등이 있다(小林里平, 1910). 일본 당국은 대만의 풍습을 유지시켰고 대만인들은 일본인의 참여와 날짜 변경에 대해 개의치 않았다. 당시 대만인의 '정성공 신앙'이 총독부의 간섭에 의해 부정적인 영향을 많이 받지는 않았던 것이다.

3. 2차대전 이후

2차 세계대전 이후는 정성공을 다룬 책이 많이 출간되었다. 우에다시(上田市)의 『정성공의 갑주(郑成功の甲冑)』, 나카무라 미쓰요시(中山光义)의 『국성야합전(国姓爷合战)』(1952년, 청소년 세계명저에 수록됨), 이자와 다다스(饭泽匡)의 『국성야(国姓爷)』(1956년, 일본 국민문학전집에 수록됨) 등이 그것이다(李琳, 2012: 9).[33]

최근 일본에서는 정성공에 대한 입장의 변화가 감지된다. 중국의 경

---

33 위 일본에서의 정성공 관련 작품을 소개하는 내용은 원래 〈베이징청년보〉 웹페이지에 2008년 실렸던 것이다(http://comment.news.163.com/news_history_bbs/4F46P61300011KUQ.html). 이 내용은 현재 삭제된 상태이고, 지금은 일본 사이트인 http://henmi42.cocolog-nifty.com/yijianyeye/2008/07/post_3457.html에서 내용을 확인할 수 있다(〈베이징청년보〉의 내용을 일본어로 번역했음). 필자는 李琳(2012)의 글에서 이 내용을 발견했다. 아마도 〈베이징청년보〉의 내용이 삭제되기 전 참조한 것으로 보인다.

제발전에 발맞추어 이제 정성공은 중국 관광객 유치 수단으로 활용되고 있다. 히라도에 위치했던 정성공 생가가 2013년 7월 14일 〈정성공 기념관〉으로 개관했다. 정성공기념관은 총 560제곱미터이고, '정성공 옛집', '정성공 모자상', '정성공이 직접 심은 죽백나무' 등으로 구성되어있다. 이는 히라도시 관광상공부 관광과가 운영 및 관리를 맡고 있다. 관광과의 책임자는 정성공 생가이자 기념관인 이곳에 중국인들이 많이 방문하기를 기대한다고 진술하였다. 또한 히라도시는 중국 푸젠성의 남안시와도 자매결연을 맺었다. 남안은 정성공이 히라도를 떠난 뒤 거주했던 지역이다. 기념관 관리자는 이렇게 말한다. "중국인이 정성공을 잊지 않고, 일본도 그를 기억하고 있다. 정성공 같은 인물이 양국을 연결했기 때문에 서로의 우호적인 관계가 지속될 수 있다. 현재 중일관계가 중대한 시기다. 우리에게는 이와 같은 인물이 필요하다".[34] 또한 대만 타이난시에서는 1997년 4월 일본의 친선방문단이 방문하자, 민간단체 회원들이 마조상을 일본측에 선물하기도 했다.[35] 교류 및 경제적 이유에서 시작되었다고 할 수 있지만, 정성공을 오히려 중국와 일본을 연결시키는 인물로 보는 사고방식이 등장하고 있다고 할 수 있다. 한편에서는 정성공을 한 국가가 전유하지 않으려 한다는 점에서 긍정적으로 평가할 수 있다.[36]

---

34 "日郑成功纪念馆想提升对华关系 宣传共同英雄", 〈环球时报〉, 2013-08-21
   http://world.huanqiu.com/exclusive/2013-08/4266608.html
35 히라도시의 정성공 기념관 홍보 홈페이지
   http://www.hirado-net.com/teiseikou/sc/about.php
36 일본에서 정성공 홍보는 지방정부에 의해서 주로 진행되었다. 사실 일본은 중국과는 달리 서구의 침탈이 아닌 메이지유신 등의 자체적인 민족영웅을 갖고 있기 때문에, 정성공의 지명도도 낮을 뿐 아니라, 정부에서도 굳이 나서서 정성공을 인위적으로 홍보할 필요가 없었던 걸로 보인다.

그림 10_ 정성공 기념석
출처: http://news.21cn.com/webfocus/a/
2013/0821/16/23583984.shtml

그림 11_ 일본 히라도시 정성공 기념관의 정성공 모자상
출처: http://news.21cn.com/webfocus/a/
2013/0821/16/23583984.shtml

이러한 평가를 섣부르게 내리기는 쉽지 않다. 여기에는 함정이 있는데, 정성공 기념관에서 가장 눈에 잘 띄는 공간에는 '정성공 모자상'이 서있다. 앞서 보았듯이 정성공의 어머니는 일본인이다. 이 모자상은 겉으로 보면 중국과 일본의 화합과 유대를 상징하지만, 중국인 아버지인 정지룡을 생략했다는 점, 어머니가 아들을 감싸고 있다는 점(일본이 중국을 감싸고 있다?) 등은 미묘하게 민족감정을 건드릴 수 있을 것이다.

VI. 민족주의들의 경합 또는 초국적 영웅

지금까지 중국, 대만, 일본의 순서로 정리한 내용을 표로 정리 및 요약하면 다음과 같다.

지금까지 살펴보았듯이, 정성공은 중국, 대만, 일본에서 모두 역사영웅으로 간주되어왔지만, 근대화의 다양한 양상인 저항, 식민, 국가건설, 나아가 통일 등을 반영하는 해석들이 정성공 한 사례를 둘러싸고도 여러 갈래로 전개됨을 알 수 있었다.

중국과 대만처럼 저항적 민족주의가 요구되는 곳에서 정성공은 반

표 1_정성공에 대한 시각 및 강조점의 변화　　　　　　　　　　*표시는 시기별 강조점

	중국 '저항'	대만 '저항 및 국가건설'	일본 '식민'
청건국~ 19C 중반 이후 서구열강 침탈시기	정성공 세력 통제 서구에 대한 저항+항청복명(저항적 민족주의) * 정성공의 네덜란드 항전, 청과의 항전	정성공 신앙 (비공식적)대중화	중국을 우회한 민족 자긍심 * 일본의 복명에의 협조 * 정성공의 일본태생 * 정성공의 사무라이화
20세기초 일제시기	항청=항일 * 효보다 충(애국)을 중시 * 정성공의 대만점령	대만의 한족화와 항일 * 정성공의 대만개발 미화 * 소수민족 백안시	대만식민화=대만수복 * 정성공의 일본출생
2차 대전 이후 건국 이후	항미, 대만해방 * 정성공 네덜란드 항전=항미 * 대만점령=대만공산화	국가건설 정당화, 반공 * 정성공의 대만개발 * 한족중심성, 반공산당=항청	정성공의 관광자원화 (지방정부 주도)
개혁개방 이후 양안관계 개선	중국의 대만복속(통일) * 정성공의 대만진출 * 한족중심주의	통일국가 표상 * 대만독립반대(국), 한족중심주의 * 대만독립의 표상(민)	

　　서구주의와 항일운동의 자원이 되었다. 해방 이후 '국가건설'이 시작되자 중국은 정성공을 항미영웅으로 수정했고, 대만은 한족주의적 반공주의적 영웅으로 활용했다. 반면 일본은 그를 활용하여 대만 식민화를 정당화했다. 현재 중국과 대만은 정성공을 양안관계 개선과 향후 '통일'의 역사적 자원으로 활용하고 있다. 이때 정성공은 중국과 대만의 공통분모이자 공통 문화의 매개고리로 여겨지는 듯하다. 일본은 그를 일본화하면서 중일의 가교(架橋)로 삼으려고 한다.

　　지금까지 세 지역의 해석은 역사 인물의 보편성을 지나치게 '특수화'시킨 것이 아닌가 하는 평가를 할 수 있다. 정성공은 다민족적/다국적 영웅이자, 탈경계적 인물에 가깝다. 해역의 관점에서 보면, 20세기 이후 민족국가의 틀에서 과거의 역사를 이해하는 것은 제대로 된 역사적 이해를 방해한다고 해석할 수 있을 것이다(시로, 2012: 10~21).[37]

37　해역사 연구는 프랑스 아날학파의 대역사학자인 페르낭 브로델의『지중해』연구로부터 큰 자극을 받았다고 한다. 해역아시아 연구자들은 특히 그것이 국민국가 사관을 상대화하는 의미를 갖는다고 주장한다(모모키 시로 2012: 11, 13).

정성공은 서구열강인 네덜란드를 몰아내고 대만섬을 차지하였고 정씨 정권은 100년 가까이 유지되었다. 그리하여 서구열강의 조선과 일본으로의 진입을 지연시켰다고 할 수 있다. 최근에 논의되는 동아시아 담론들은 아마도 이 같은 정성공의 보편성에서 적지 않은 함의를 얻을 수 있을 것으로 보인다.

03

경계의 섬과 포격전의 기억:

단절과 이동의 변증법과 대만 금문도의 냉전 및 탈냉전

김민환

Ⅰ. 머리말

1 경계의 의미 변화와 금문도

과거 경계선 혹은 국경은 보통 '장벽'으로 인식되었다. 더 이상 나아갈 수 없는 막다른 곳이거나 외부세력이 들어오는 것을 막는 방어선으로 기능한다고 간주되었던 것이다. 그러나, 지난 30년 간 전개된 소위 '글로벌화(globalization)' 과정은 경계선 및 국경의 의미를 변화시켰다. 이 과정을 통해 경계선 혹은 국경은 '교량' 역할, 곧 두 나라 혹은 세 나라 사이에 협력적 공간을 창출하는 역할을 하면서 교류를 주도하고, 그 성과를 다른 지역으로 확산하는 기능을 수행하는 양상이 나타나게 되었다(Chen, 2005: 13~14).[1]

그런데 동아시아의 경우, 경계선 혹은 국경의 역할 변화는 동아시아의 '비대칭적 탈냉전'[2] 과정과 매우 밀접하게 연관되어 있다. 냉전 시기 동아시아의 경계는 엄격한 진영 간의 경계와 국가 간 경계가 중첩되거나 교차하는 형태로 나타났기 때문에 경계를 넘는 이동은 이중적인 제약에 놓여있었다. 즉, 냉전 지정학에 의해 동일 이데올로기 진영(bloc) 내의 이동은 허용되었지만,[3] 다른 진영으로의 이동은 금지되어 있었다. 게다가 국가의 강한 영역성이 유지되고 있었기 때문에 초국가적 이동은 제약되어 있었고, 국가간 이동이 행해지더라도 각 국가의 정치·경제적 중심지를 기반으로 해서 이동이 이루어졌을 뿐이었으며, 미국과 일본을 중심으로 한 위계적인 이동의 구조를 갖고 있었다. 그러나 탈냉전에 의해 이동에 대한 제약 중 하나가 약화되었고, 글로벌화와 연동된 국가 영역성의 약화는 다양한 국가 하부단위 사이(trans-local)의 이동을 가능하게 하여 새로운 이동중심지가 등장할 수 있었다. 무엇보다도 중국이 부상함으로써 중국의 도시 및 지역이 이동과 흐름의 새로운 흡인

---

1 진필수(2012)와 김민환(2014)은 변경의 섬에 대해서만 '교량' 혹은 '장벽'이라는 이중적 성격을 강조했지만, 최근에는 굳이 섬이 아니라도 일반적인 경계선 모두를 이렇게 인식하는 경향이 강해지고 있다.
2 동아시아의 탈냉전은 남한과 북한, 대만 등에 '비대칭적'으로 그 효과가 작용했다. "한국은 이 시기 중국 및 러시아와의 수교를 통해 냉전의 부분적 약화라는 결실을 맺었지만, '혈맹' 한국과의 외교적 단절로 대만은 국제사회에서의 고립이 심해졌다. 이것은 대만에서 '대만독립론'이 힘을 얻게 되는 계기 중 하나가 되었다. 북한은 한중수교로 인해 또한 미국과 일본과의 탈냉전적 관계 정상화가 이루어지지 않아서, 대만과는 다른 형태로 국제무대에서 절대적으로 고립되었"(김민환, 2013: 93)던 것이다.
3 소련과 중국 사이의 '국경폐쇄'에 의해 동아시아 냉전의 한쪽 축에서는 진영 내의 이동도 이루어지지 않았다. 여기에 대해서는 고가영(2014)을 참조할 것.

구로 작동하게 되었다(박배균, 2014: 62). 이렇게 해서 탈냉전 이후 동아시아에서는 중국의 여러 지역과 연결된 여러 곳의 월경(越境)적 지역(cross-border subregion)이 탄생할 수 있었다(Chen, 2005: 10~13).

탈냉전 이후 동아시아에서 경계의 의미 변화를 가장 전형적이고 극적으로 보여주는 곳 중 하나가 대만의 금문도이다. 금문도는 1949년부터 1978년까지 30여 년 동안 '냉전적 열전'[4]을 수행했던 '냉전의 섬'이었다. 열전의 시작은 1949년의 꾸닝토어(古寧頭)전투였다. 1949년 10월 중국공산당의 인민해방군은 중국대륙과 대만본섬 사이의 전략적 요충지인 금문도를 공격하였다. 그러나 이전 중국내전에서의 전투상황과는 달리 인민해방군은 국민당군에게 패배하게 된다.[5] 꾸닝토어전투 패배 이후 대만을 '해방'하기 위해 인민해방군은 재차 전쟁준비를 하였으나, 한국전쟁의 발발로 금문도에 투입될 예정이었던 군대가 한반도로 향하게 되면서 금문도에서 지상전은 발발하지 않았다. 한국전쟁이 끝난 후 중국 인민해방군은 1954년 9월 3일 오후 3시에 시작되어 1955년까지 이어진 9·3포격전, 1958년의 8·23포격전 등 지속적으로 금문도에 공격을 가하였다. 특히 1958년 8월 23일부터 10월 5일까지 인민해방군은

---

4 '냉전'이라는 용어가 이념에 기반한 두 진영 사이의 팽팽한 대결을 드러내면서도 직접적인 '열전의 부재'를 암시하기 위해 고안된 것이라면, 동아시아의 상황에서 냉전이라는 용어는 모순적이다. 동아시아의 냉전은 중국내전, 한국전쟁, 금문도 포격전, 베트남전으로 이어지는 연속되는 열전과 함께 전개되었기 때문이다. 동아시아 '냉전'의 특징 중 하나인 이 연속되는 '열전'을 '냉전적 열전'이라고 부를 수 있을 것이다.

5 당시 국민당군에는 구일본군 출신인 네모토 히로시(根本博) 중장이 소속되어 있었다. 그는 중일전쟁 막바지에 북지파견군을 이끌고 남하하는 소련군을 막아서 베이징을 지켜낸 인물이었다. 蔣介石은 그에게 국민당군에 협력해줄 것을 요청했으나, 처음에는 거절하였다. 그후 두 번째 장제스의 요청에는 응해 대만으로 왔고, 林保源이라는 가명으로 중장에 임명되어 꾸닝토어전투에 참전하였고, 국민당군의 승리에 결정적으로 기여했다. 여기에 대해서는 中村祐悅(2006)을 참조할 것.

무려 47만발에 이르는 포탄을 이 섬에 쏟아부었다. 1958년의 초기 포격전에서 200명에서 600명 사이의 군인 사상자와 140명의 민간인 희생자가 발생하였다. 1958년 10월 6일 포격은 일단 멈췄으나, 그 다음날부터 1978년 12월 15일까지 홀수일에는 포격하고 짝수일에는 포격하지 않는 상황이 지속되었다. 포격은 홀수일 초저녁에 이루어졌는데, 금문도 주민들은 평상시의 삶을 계속하다 홀수일 초저녁이 되면 가까운 방공호로 들어가 몇 시간을 머물렀고, 그날 밤의 포격이 끝났다고 생각하면 방공호에서 나오는 생활을 반복하였다.[6] 이처럼 금문도는 냉전 시기 동아시아의 섬들 중 가장 격렬한 냉전적 '장벽'이었던 것이다.

1979년 미국과 중국의 수교를 계기로 금문도에서의 포격전은 중지되었다. 그렇지만, 그 이후에도 10년 이상 금문도는 '열전'만 없었을 뿐 여전히 가장 강고한 냉전적 '장벽'으로 남아 있었다. 1987년 대만본섬에서는 계엄령이 해제되어 본격적인 '민주화'의 길로 접어들게 되지만, 금문도의 경우, '적'과 대치하고 있는 특수한 지역이어서 1987년에 계엄령이 해제되지 않고 그대로 유지되었다.

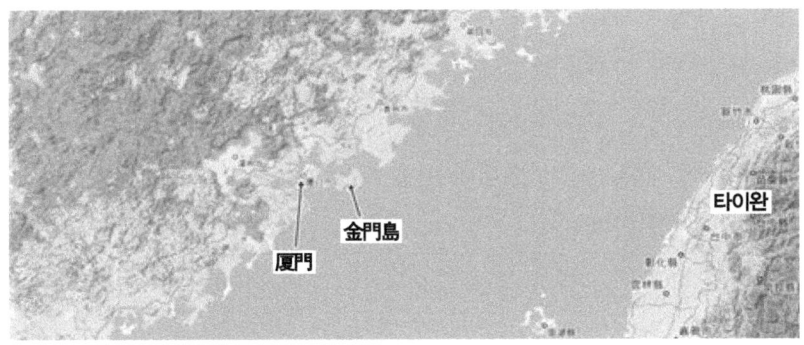

그림 1_금문도, 샤먼(厦門), 대만본섬의 위치

---

6 꾸닝토어전투 및 그 이후의 8·23포격전 등 금문도에서 발생한 냉전적 열전에 대해서는 Szonyi(2008)의 2장과 4장을 참조하여 서술하였다.

1990년을 전후로 해서 금문도에서도 민주화운동이 격렬하게 전개되는데, 마침내 1992년에 금문도에서도 계엄령이 해제되었다. 이때부터 금문도는 '장벽'에서 '교량'으로 성격이 변하게 된다. 2001년 중국과 대만본섬 사이에는 '대만독립' 문제로 긴장이 높아졌지만, 금문도와 중국 본토의 푸젠성(福建省) 샤먼(廈門) 사이에는 소위 '소삼통(小三通)'(직항, 교역, 우편교환)이 실시되어 공식적 교류가 시작되었다. 이 '소삼통'의 경험 및 성과는 2008년 대만과 중국이 전면적으로 '삼통'을 실시하는데 있어 매우 소중한 기반으로 작용하였다. 비록 공식적인 소삼통은 2001년부터 실시되었지만, 그 이전인 1990년대 중반부터 금문도와 샤먼 사이에는 '밀무역'이 이루어지고 있었다. 따라서 금문도와 샤먼 사이의 월경적 지역화는 탈냉전 이후 '아래로부터' 자발적으로 시작되었다고 할 수 있다.

2 이론적 시각, 연구의 대상, 분석틀

지금까지 금문도의 현대사를 '장벽'으로서의 운명과 '교량'으로서의 운명이 교차한 역사로 서술하였다. 이와 같은 서술은 특정 지역의 특정한 역사적 국면의 성격을 특징적으로 강조하고 있다는 점에서 매우 전통적인 역사서술이라고 할 수 있다. 만약 이 글의 목적이 금문도 현대사를 개괄적으로 소개하는 것에 있다면 이런 서술 방식은 매우 효과적이며, 또 그 자체로 충분하다고 할 수 있다. 그러나, 이 글의 목적은 단순히 금문도 현대사에 대한 개괄적 소개에만 있지는 않다.[7] 금문도 현대사 소개에

---

[7] 금문도 역사에 대한 한글로 된 문헌으로는 이화승·홍성화(2012) 및 장보웨이(江柏煒)(2013) 등을 참조할 것. 이 두 문헌 모두 표현은 달리 하지만, 그리고, 전근대에서 근대까지 다루는 기간이 길긴 하지만, 기본적으로 '교량'과 '장벽' 교차의 역사로서 금문도의 역사를 서술하고 있다.

머물 경우 일종의 '소재주의'적 한계에 봉착할 가능성이 있기 때문이다.

이런 소재주의를 극복하는 방법의 하나는, 한국의 연구자가 한국이 아닌 지역을 연구하는 것에 따른 숙명일지도 모르는데, 한국의 유사한 지역을 포함한 다른 지역과 비교연구를 수행하는 것이다.[8] 다른 하나의 방법은, 금문도 지역사를 소재로 일종의 '이론적 사고'를 감행하는 것이다. 이것은 금문도 지역사 연구를 약간 추상수준이 높은 단계에서 사고함으로써 금문도 관련 논의의 일반화 가능성을 타진하는 시도이다. 이 글은 기본적으로 후자를 지향하고 있다.

금문도를 소재로 이론적인 사고를 하고 싶다는 생각은, 소재주의적 한계에 대한 인식 이외에도, 금문도의 현대사를 '교량'과 '장벽'의 교차로서만 서술하는 것이 무엇인가 미흡하다고 느꼈기 때문이다. 예컨대, 앞에서 1949년 고량두전투의 결과 금문도는 냉전적 장벽이 되었다고 서술하였는데, 이 서술은 한편으로는 현상의 특징을 잘 드러낸 것이지만 다른 한편으로는 현상의 다른 특징을 감추는 것이라고 할 수 있다. 왜냐하면, 금문도가 중국 대륙에 대한 '장벽'이 됨으로써, 그 이전까지는 별다른 교류가 없었던 대만본섬까지의 새로운 '교량'이 만들어진 사실에 대해서는 언급하지 않는 것이기 때문이다.

다른 미흡함 하나는, 포격전을 통해 공고해진 금문도와 샤먼 사이의 '장벽'은, 역설적으로 '중국대륙'과 '중국대만'의 관계에서 보면 '교량'으로 기능했다는 점이다. 1954년부터 1978년까지 이어진 이 포격전을 왜 마오는 기획하였을까? "이제 우리는 마오가 금문도를 침략할 계획이 없었음을 잘 알고 있다. … 대만군의 금문도 주둔은 중국 본토와 대만 모

---

[8] 금문도를 다른 동아시아 변방 섬들과의 관련 속에서 다룬 것으로는 김민환(2014)을 참조할 것. 또한, 한국의 백령도와 금문도를 비교하는 작업도 가능할 것이다.

두 '하나의 중국'만이 존재한다는 것을 인정하고 있음을 상기시켜 주는 표지였다. 만약 인민해방군에 의해 금문도가 함락된다면, '두 개의 중국'을 영구적으로 분리시키는 첫 단계가 될 터였다. 이에 1958년 9월 22일 마오는 '포격하되 상륙하지 않고' '물자 공급을 끊되 많은 사상자를 내지 않는' 정책을 고수하라는 저우언라이(周恩來)의 제안을 승인했던 것이다"(Szonyi, 2008: 71). 중국공산당 지도자들은 대만해협을 경계로 하는 것보다 샤먼과 금문 사이의 좁은 해협을 경계로 하는 것이 '하나의 중국'을 유지하는데 유리하다고 보았던 것이다(〈그림 1〉 참조). 즉, 금문도와 샤먼 사이에 세워진 '장벽'은 대만을 중국에 묶어두는 거멀못이었다. 역으로, 소삼통 이후 금문도와 샤먼 사이의 장벽이 제거되어 이 두 지역의 경제적·사회적 통합이 가속화되면, 금문도와 대만본섬 사이의 연계가 느슨해 져서 대만과 중국을 연결하는 거멀못으로서의 기능이 약해질 수도 있다. 금문도와 샤먼 사이의 장벽이 중국대륙과 중국대만의 교량이 되고, 금문도와 샤먼 사이에 놓인 교량이 중국대륙과 중국대만의 장벽이 될 수도 있는 이 역설은, 단순한 장벽과 교량의 '교차'만으로는 설명될 수 없다.

　금문도 현대사를 장벽과 교량의 교차로서 설명할 때 생기는 이 두 가지 미흡함은 이론적으로 두 가지 차원과 연결된다. 하나는 사회과학 연구에서 '이동' 및 '단절'을 이분법적으로 사고하지 않고 통합적으로 사고하고자 하는 이론적 흐름이고, 다른 하나는 사회과학에서 중층적 스케일(multi-scale)의 동시성을 고려하는 이론적 흐름이다.

　'이동'과 '단절'을 이분법적으로 사고하지 않고 통합적으로 사고하는 흐름은 '이동성으로의 전환(mobilities turn)'[9] 논의를 촉발한 어리(Urry)

9　'이동성으로의 전환(mobilities turn)'은 '언어적 전환(linguistic turn)'이라는 용어

가 쉘러(Sheller)와의 공동 작업을 통해 소위 '신 이동성 패러다임(new mobility paradigm)'을 주창하면서 본격화되었다. '이동성으로의 전환' 논의는, 정주성을 강조하던 담론들이 안정, 의미, 장소를 '정상적인 것'으로, 원거리, 변화, 무장소성을 '비정상적인 것'으로 취급해온 흐름을 역전시켰다는 점에서 의미가 있었다. 그러나, 이들 논의는 역으로 이동은 '탈규제, 자유, 해방, 유동, 개인' 등을 의미하는 긍정적인 것으로, '정주'는 '규제, 통제, 억압, 뿌리내림, 국가' 등을 의미하는 부정적인 것으로 단순하게 양분화하는 경향이 있었다. 어리와 쉘러는 '신 이동성 패러다임'을 통해 이런 양분성을 초월하려고 시도하였던 것이다. 이를테면 이동 속의 안정(stability within movement)와 안정 속의 이동(movement within stability)의 이항공존의 상태를 강조하는 식이다(Sheller and Urry, 2006: 214). 비슷한 문제 의식에서 로(Law, J.) 역시 이동성 연구는 이동을 통해 형성된 네트워크가 아니라 '끊임없이 움직이는 네트워크 체제' 안의 복합적인 교차점을 연구대상으로 삼아야 한다는 주장하였다(Law, 2006: 210).

이들의 논의를 차용하면, '교량'과 '장벽'은 '이동'과 '단절'은 서로 독립적이고 분리된 것이 아니라 통합되고 연속된 것으로 파악되어야 한다. 즉 '장벽'이 있어야만 '교량'이 생겨나는 것이며, '교량'이 생겨나면 다른 '장벽'이 즉시 세워진다는 것이다. 이동은 '격차'가 있어야 발생하는데 이 격차는 '단절'을 통해 생성된다. 국경수비대와 초소, 세관과 관세, 법령 등의 제도들은 인위적으로 이동을 막는 장벽으로 기능하여

를 차용하여 고정된 것처럼 보이는 것을 이동과 흐름의 관점에서 파악하려는 일련의 시도들에 대해 붙이는 이름이다. 여기에 대해서는 Peter Adey et al.(2014)의 「서장」, Urry. J.(2004) 등을 참조할 것. 한국어로 번역된 것으로는 존 어리(2012, 2014)가 있다.

경계의 양쪽에 격차를 만들어내는 기제이다. 이 격차는 역으로 이동의 필요성을 만들어 낸다. 또한 이 격차가 일방적이면 이동은 한 쪽 방향으로만 발생하지만, 상호보완적이면 그 방향도 역시 상호적일 수 있다. 이동의 '방향' 및 '강도', '크기' 등을 결정하는 것은 격차의 '방향' 및 '강도', '크기' 등인 것이다.

마찬가지로 이들의 논의는 겉으로는 '단절'로 보이지만, 그래서 정주적인 것으로 보이지만, 그것은 '이동의 응결' 혹은 '이동의 집적'의 결과일 수도 있다는 점을 상기한다. 이들의 관점에서 도시 혹은 지역은 이동과 흐름이 이루어지는 네트워크의 결절점(nod) 또한 흐름의 응결·집적 공간으로서의 위상을 갖는다. 따라서 도시사 혹은 지역사는 이동과 단절이 유기적으로 결합하여 장기적으로 물질화되는 과정을 서술하는 것이 되며, 그 과정을 통해 문화적인 것이 배태되는 양상을 드러내는 작업이 된다. 당연히 고립된 지역사 서술은 의미를 잃게 되며, 오직 관계사(關係史)로서만 서술될 수 있을 뿐이다.

이런 관계적 사고는 지역 연구를 위한 방법론적 전제로서 단일한 스케일이 아닌 '중층 스케일(multi-scale)'적인 접근을 필수적으로 요청한다. 이것은 특정한 지역 사람들의 삶이 공간적으로 차별화되어 있고, 다양한 장소에 뿌리내리고 있으며, 동시에 글로벌, 국가, 지역, 도시 등과 같은 다층적 스케일에서 중층적으로 작동하는 사회적 힘과 과정들의 결합, 경합, 상호교차의 과정에 의해 깊이 영향을 받고 있음을 강조하는 것이다. 이 접근은 특정한 지역을 흔히 말하는 세계체제(global)-지역(regional)-국민국가(national)-지방(local)이라는 위계적이고 단면적인 세계에 단순하게 위치시키는 것을 의미하지 않는다. 오히려 지방이 국민국가로 접속되기도 하고, 혹은 지방이 국민국가를 우회하여 지역 혹은 세계체제와 접속하는 양상을 포착할 수 있고, 역으로 세계체제가 국민국가를 관통하거나 혹은 국민국가를 생략한 채 지방에 직접적으로 영향을 미치는 현상 등을 인식할 수 있게 해준다(박배균, 2012; 권세은, 2014). 이 글의 제일 앞에서 금문도의 위상이 '장벽'에서 '교량'으로 변화한 것을 동아시아 탈냉전과 결부시켜 서술한 것은 이 점을 염두에 둔 것이다.

이 글은 '이동과 단절의 변증법'과 '중층 스케일적인 접근'이라는 두 가지 이론적·방법론적 입장을 수용하여 금문도의 냉전 및 탈냉전을 유기적으로 연결하여 서술하려고 시도할 것이다. 물론 궁극적으로 이 작업은 이동과 단절을 낳는 이해관계, 인프라, 규제, 지식/담론, 관습/문화 등 모든 영역을 아울러야 가능한 작업이기 때문에 하나의 논문에서 완성될 수는 없다. 이 글은 다만 어떤 문화적 산물을 의도적으로 이러한 입장에 따라 배치했을 때 드러나는 새로움을 보여줌으로써 이런 입장의 유효성을 소박하게 드러내는 것을 목적으로 한다.

이 글에서 소재로 선택된 것은 냉전 및 탈냉전의 역사가 금문도에 남긴 다양한 상징공간들이다. 이러한 상징공간들은 흔히 '정주적 정체성'의 차원에서 해석된다. '사회적 기억 연구'라는 연구분야는 이런 상징공간들을 보통 공동체 혹은 특정한 집단의 고정된, 그래서 서로 갈등하는 정체성과 연관되어 있는 것으로 바라본다. 따라서 상징공간 형성에 관여한 구체적인 세력의 입장이 강조되거나, 여러 사회집단의 이해관계와 상호작용이 어떻게 상징공간 형성에 투영되는지에 대한 분석이 주를 이루고 있다.[10]

---

10   '사회적 기억(social memory)'이라는 용어는 Fentress and Wickham(1992)의 저작 제목이기도 하며, Olick and Robbins(1998)의 리뷰 논문에서도 채택되었다. 기억 앞에 붙는 다양한 수식어로는 '사회적', '문화적(cultural)', '대중적(popular)', '집합적(collective)', '집단적(collected)' 등이 있고, 비슷한 수식어에 '기억

그러나 이 글의 관심은 약간 다르다. 이 글에서는 가장 고정된 것으로 간주되는 이런 상징공간들을 '의도적'으로 이동과 단절의 변증법 속에 위치지을 것이다. 금문도의 냉전 및 탈냉전과 관련된 많은 기념비, 박물관, 국립묘지 등을 이동과 흐름이 '응결' 혹은 '집적'된 존재로 파악하여 대만본섬, 샤먼 등의 인근지역과의 관계 속에서 분석할 것이다.[11]

장보웨이(江柏煒, 2007)의 경우, 금문도의 상징공간을 성격만을 기준으로 하여 '국가의 기억'이 지배하는 것과 '시민사회의 기억'이 흐르고 있는 것으로 단순하게 분류하였다. 이 분류는, 앞에서 언급한 것처럼, 정주적인 두 정체성이 충돌하는 것으로 상징공간을 해석하는 '사회적 기억 연구'의 틀을 충실히 반영하는 것이다. 그러나 이 논문에서는 이 분류가 너무나 단순하다고 생각한다. 여기에서는 장보웨이가 기준으로 삼았던, 상징공간의 성격도 고려하겠지만, 상징공간의 이동 혹은 흐름의 방향을 더 중요한 기준으로 도입할 것이다. 그렇게 할 경우 금문도의 상징공간이 대만본섬 및 중국의 샤먼과 연결될 때 어떤 기능적인 역할을 하는지를 분석할 수 있을 것이다.

이 기준으로 분류하면, 금문도의 상징공간은 몇 가지 종류로 분류가

(memory)' 대신 '회상(remembrance)' 등의 유사한 용어가 사용되기도 한다. 또한, 기억과 쌍을 이루는 '망각(forgetting)'이라는 용어 앞에도 역시 사회적 성격을 암시하는 다양한 수식어가 붙기도 한다. 원래 개인적인 현상이라고 간주되는 '기억' 문제를 사회적인 틀 속에서 사고한다는 점을 드러내기 위해 다양한 수식어를 붙이는 것이기 때문에 이들 모두를 포괄하는 범주로 '사회적 기억'이라는 개념이 가장 적절한 것 같아 이 글에서는 이 용어를 채용하였다.

11 이 부분의 내용은 서울대 아시아연구소의 '동아시아 초국경 이동과 흐름 연구팀' 내부의 논의에 크게 빚지고 있다. 연구팀의 강명구, 정근식, 박배균, 신범식, 고가영, 김종철, 최종호, 신혜선 선생님께 진심으로 감사드린다. 이 분들의 말씀은 직접 글로 형태가 바뀌어 이 부분 어딘가에 옮겨져 있다.

가능하다고 생각한다. 그런데, 이렇게 분류된 금문도의 상징공간은 대체로 시간적 흐름의 변화와 겹쳐져서 배열된다. 따라서 서술상의 편의를 위해 시간순으로 그것들의 특징을 드러내는 방식으로 논의를 전개하겠다.

Ⅱ. 고립 혹은 양방향 단절(1949~1958)

1949년부터 1958년까지의 시기, 즉 꾸닝토어전투에서부터 8·23포격전이 치열하게 전개되던 시기의 금문도는 중국대륙과는 확실하게 분리되었지만, 아직 대만본섬과의 연계는 확실하지 않았다. 이동과 흐름의 방향에서 보았을 때, 금문도는 고립되어 있었던 것이다. 이 시기 만들어진 대표적인 상징공간은 금문도의 타이우산 군인공묘(1953)이다. 타이우산 군인공묘에 묻힌 군인들은 출신지가 대만본섬이 아닌 중국대륙 각지였기 때문에, 이들은 사망 이후 '고향'으로 보내질 수도 대만본섬으로 보내질 수도 없었다. 따라서 이 시기에는 금문도에 '국립묘지'를 조성할 수 밖에 없었던 것이다.

　1949년 국민당이 대만으로 후퇴할 때 중국대륙의 각 성 출신 인사 100만여 명이 '중앙정부'의 철수에 따라 대만으로 진입하였다(왕푸창, 2008: 165). 이들은 당시 대만 전체 인구의 15% 정도에 불과했다. 이들은 중국대륙 전체에서도 중국공산당에 비해 소수파였지만, 이후 그들의 본거지가 된 대만에서도 소수파였던 것이다. 국민당이 대만에서 40년 이상 '계엄령'을 선포해서 억압적 통치를 할 수 밖에 없었던 이유는 이처럼 그들이 '이중'의 소수파였기 때문이었다(김민환, 2012: 145~149). 국민당과 함께 대만으로 후퇴해 온 사람들 중 다수는 군인이었다. 초창기 금문도에서 '인민해방군'에 맞서 국지전을 수행했던 사람들은 바로 이 군인들이었던 것이다. 이들은 대만으로 후퇴한 국민당 정부가 수립한 '대륙수복계획'에서도 핵심적인 전력이었다. 이들은 곧 '고향'으로 진격해야 했기 때문에 대만에서의 결혼도 금지될 정도였다.[12]

타이우산 군인공묘에 묻힌 사람들의 사망년도를 살펴보면 1950년대 후반까지에 한정되어 있는데, 이 시점은 1949년 후퇴 당시 20살 내외였던 군인들이 30살이 될 시점이다. 즉 1950년대 후반이 되면 중국대륙 출신의 사병들은 더 이상 사병일 수가 없었기 때문에 더 이상 금문도에서 사망하지 않았던 것이다. 이 무렵부터는 금문도에는 '젊은 군인'이 필요해지게 되는데, 그들은 대만본섬 출신일 수밖에 없다.

대만의 국민당 정부는 1949년 12월 대만본섬에 징병제 실시를 위한 법령을 제정했다. 그러나 실제로 징병이 실시된 것은 1951년 8월 1일이었다(張之傑 等, 1991: 328; 陳布雷 等 編著, 1978: 68~69). 그러나 대만본섬 출신 사병들은 금문도와 마조도 등 최전선에는 배치되지 않았다. 대만본섬 출신을 믿을 수 없었기 때문이다.[13] 그러나, 1950년대 후

---

12 이들의 결혼금지는 이들이 30세가 되던 1960년 무렵에 해제되었다. 그러나, 결혼적령기를 놓친 이들은 대만에서 결혼하는데 많은 어려움이 있었다. 이들은 주로 대만 원주민 여성과 결혼했거나, 아니면 늙을 때까지 결혼을 하지 못했다. 2003년에 대만을 처음 현지조사했을 때 이들 중 결혼하지 못한 사람들이 함께 사는 곳을 방문한 적이 있다.

13 이 문제는 대형 국영기업과 중소규모의 민간기업들로 나뉘는 대만의 이중적 경제구조의 형성과도 연관이 있다. 국민당을 따라 대만으로 들어온 대륙출신사람들은 대부분 군인 혹은 '정치가'들이었다. 국민당은 정치적 영역에서는 권력을 독점했지만, 경제적인 영역에서는 대만인들에 비해 우위를 점하기가 어려웠다. 따라서 "민간 부문의 성장은 필연적으로 대만인들의 위상을 제고시킬 것이… 고 … 더욱이 그들이 획득한 경제력은 정치적 목적에 사용될 수 있었기 때문에 본토에서 이주해온

반이 되면, 중국대륙에서 국민당과 함께 후퇴한 대륙출신의 사병들 대신 이들이 본격적으로 금문도에 배치되게 된다. 그런데 대만본섬 출신의 군인이 금문도에 배치되어 근무하다 사망할 경우, 그들은 금문도의 타이우산 군인공묘에 묻힐 필요가 없었다. 대만본섬 출신 군인들이 군 복무 중 사망한 경우, 유족들의 의사에 따라 유해를 금문도에 매장하거나 아니면 대만본섬으로 옮겨질 수 있는데, 대부분의 유족들은 대만본섬 고향으로 유해를 옮겨 오기를 원했다. 금문도 외의의 대만지역에 신주군인공묘(新竹軍人公墓, 1958년), 타이종시군인공묘(臺中市軍人公墓, 1958년), 신베이시군인공묘(新北市軍人公墓, 1959년), 잉란군인공묘(宜蘭軍人公墓, 1959년), 후아리안현(花蓮縣)(마조도)군인공묘(軍人公墓, 1959년) 등의 군인공묘가 만들어지는 시점이 이 무렵부터인 것은 이러한 사정을 반영한다.[14]

이런 측면에서 보면 금문도의 타이우산 군인공묘는 구조적으로 대만본섬 출신의 사병이 묻힐 가능성은 거의 없었다고 할 수 있다. 대만본섬 출신 사병들이 금문도에 배치되었을 시기부터 타이우산 군인공묘는 '묘지'로서의 기능도 멈출 수밖에 없었다. 따라서 타이우산 군인공묘가 '묘지'로서 실제로 기능한 시기는, 그 이후 시기와는 구분되는 특별한 시기로 간주해야 한다. 그것은, 금문도가 중국대륙과는 명백하게 '단절'되었지만, 대만본섬과의 '이동'으로는 명백하게 연계되지 않았던, 금

중국인들은 이를 우려"(스테판 해거드 1994, 138)할 수밖에 없었다. 국민당의 입장에서는 자신들의 대만지배에 도전할 수 있는 민영 대기업의 성장은 반갑지 않았던 것이다. 한편, 국민당정부는 국영기업의 경제적 자원을 이용해 "후원-수혜관계(patron-client relations)의 기초 위에서 분할지배(divide and rule)"(박윤철 2012, 158)를 실시할 수 있었다. 대만의 경제발전모델은 그 내부에 이미 대륙출신 인사들과 대만인들 사이의 이해관계를 반영하고 있었다고 할 수 있다(김민환·정현욱, 2014: 12~13).

14 대만 군인충령사(공묘) 공식사이트(http://cemetery.nca.gov.tw/) 참조.

문도가 고립되었던 시기인 것이다.

　금문도의 타이우산 군인공묘의 고립성을 이해하려면, 대만본섬의 다른 군인공묘의 부재와 함께 샤먼 지역의 '국립묘지'의 부재를 함께 고려해야 한다. 금문도의 경우, 전사자들을 위한 군인공묘가 반드시 만들어질 필요가 있었던 것에 비해 샤먼 지역에는 그럴 필요가 없었다. 왜냐하면 샤먼에서 발생한 '인민해방군' 측 사망자는 고향 혹은 '중앙'으로 보내져 매장되었기 때문이다.

　한편, 타이우산 군인공묘 내에 있는 사당에는 금문도 8·23포격전을 취재하기 위해 금문도로 향하다 배가 전복되어 숨진 한국일보 최병우 기자와 다른 외국인 기자의 위패가 봉헌되어 있다. 중국대륙 및 대만본섬 양측으로부터 고립되어 있던 금문도는 이 포격전을 계기로 전 세계적인 주목을 받았다. 이 포격전은 금문도를 '장벽'으로 만듦으로써 '중국대륙'과 '중국대만'을 '연결'하려는 마오와 장제스(蔣介石) 사이의 큰 그림 속에서 전개되었는데, 이 속에 미국 및 소위 '자유진영'의 여러 나라들이 끌려들어온 형국이었다. 그것을 반영하는 것이 이들의 위패인 셈인데, 이 위패들은 이 시기 금문도는 국민국가를 뛰어넘어 곧바로 지역 혹은 글로벌한 차원의 냉전과 접속했음을 보여주는 상징물이라고 할 수 있다.

Ⅲ. 대만본섬과의 일체화(1959~1978)

1950년대 후반부터 타이우산 군인공묘는 사망한 군인을 안장하는 실질적인 기능보다는 상징적인 측면이 강해지게 된다. 그것은 대만본섬 출신의 군인 10만여 명이 금문도에서 복무하게 될 때, 그들이 동일시할 영웅들이 안장된 장소가 되었으며, 금문도에 배치될 모든 군인들이 자신의 군복무를 시작하는 곳이 되었다. 또한 이 시기에 금문도에서는 전쟁영웅들을 기리는 기념비들이 만들어지기 시작한다. 여기에는 '장공동상기념비'(1973년) 등 장제스를 기리는 기념비가 다수를 차지한다. 타이우산 공묘의 성격변화나 전쟁영웅들, 특히 장제스를 위해 건립한 기념비 등은 모두 금문도와 대만본섬 사이의 본격적인 '이동'의 집적을 반영하는 것이었다.

2002년 7월 1일에서야 대만의 내정부(內政部)는 정부기관과 각 학교에 더 이상 장제스, 장징궈(蔣經國) 두 부자의 사진을 걸지 않아도 된다고 공식적으로 발표한 바 있다. 리시아펑(李筱峰)은 『지요우 시바오(自由時報)』 2004년 5월 19일자 지면에, 2004년 당시 대만 전역에 장제스 동상이 4만 5천개가 존재하며, 이 숫자는 대만 최북단 지룽(基隆)에서 최남단 가오슝(高雄)까지의 고속도로에 일렬로 세우면, 매 10m 마다 하나씩 놓을 수 있다고 계산한 바 있다(박강배, 2005: 236). 이 동상들은 지금은 대부분 철거되어 그 일부가 '양장(兩蔣: 蔣介石, 蔣經國)기념공원'에 '예술품'으로서 전시되고 있다(〈그림 2〉 참조).

대만 전역에 장제스의 동상들이 집중적으로 만들어지던 시기는 금

그림 2_ 양장기념공원에 전시되고 있는 장제스 동상들(필자 촬영)

문도에서 장제스를 기리는 각종 동상 및 기념비가 세워지던 시기와 일치한다. 비로소 금문도는 대만본섬과 동일한 시간을 공유하기 시작했으며, 대만본섬으로의 이동과 흐름이 본격적으로 '집적'되기 시작했던 것이다.

대만본섬의 군인들이 금문도에 배치되면서 본격화된 대만본섬과 금문도 사이의 이동은, 군인들의 생필품의 이동을 낳았으며, '주민소개' 혹은 자발적인 의지 등의 이유로 금문도 사람들의 대만본섬의 흐름도 낳았다. 특히 금문도에 성립된 일종의 '기지경제'를 바탕으로 금문도 사람들은 부를 축적하였는데, 그것을 바탕으로 타이페이 등 대만본섬에 부동산을 사기도 하는 등 대만본섬으로의 이동이 본격화되었다. 또한 최대 17만 명 평균 10만 명의 군인들이 금문도에서 복무했는데, 이들이 휴가 혹은 제대 시에 기념품으로 '금문고량주'나 '마에스트로 우(Maestro Wu)의 식칼'[15] 등의 금문도 물품을 사서 대만본섬으로 반출하게 되면서 금문도가 대만본섬에 알려지게 되었다. 물론, 금문도 주민들이 열전 시기 동안 과잉동원 및 통제의 일상화 등 엄청난 고통을 겪게 된다.

사실 이 시기 금문도에서는 상징공간보다는 실질적인 전투용 공간이 만들어졌다. 특히 1970년대에는 섬의 많은 부분에 갱도(坑道)가 만들어지면서 금문도가 '지하요새'화 되었고, 이 요새를 기반으로 금문도 주민들의 삶이 영위되는 전투촌(戰鬪村, combat village)들이 건설되었다. 아

---

15 Maestro Wu는 '인민해방군'이 쏜 포탄의 파편으로 칼을 만들어 파는 사업을 진행하고 있는 사람이다. 그에 따르면, 이 포탄의 파편이 금문도에서 구할 수 있는 가장 좋은 쇠이며, 따라서 그것을 이용해 칼을 만들면 가장 좋은 칼을 만들 수 있다고 한다. 또한, 금문도에는 자신과 자신의 후손 몇 대가 지속적으로 칼을 만들 수 있을 만큼 많은 포탄이 존재하기 때문에 앞으로도 재료 걱정은 없다고 말한다. 여기에 대해서는 Szonyi(2008)의 9장을 참조할 것.

이러니하게도, '공산주의' 중국과 맞서 싸우기 위해 건설되었던 전투촌의 모델이 되었던 것은, 베트콩(Viet Cong)들이 호치민시 외곽에 건설한 구찌(Cu Chi) 터널이었다. 그런데 특히 1970년 중후반에 절정에 달하는 금문도의 요새화 및 군사화는 실제로 금문도에서 중국의 군사적 위협이 상당히 희미해지고 있을 때 달성되었다(Szonyi, 2008: 110). 미국과 중국이 화해하고 대만의 '중화민국' 대신 '중국인민공화국'이 유엔 안보리 상임이사국이 된 것은, 대만의 국민당정부에게는 큰 좌절이었지만, 더 이상 대만에 대한, 특히 금문도에 대한 중국의 군사적 행동의 필요성이 줄어들었음을 의미한다. 따라서, 1970년대 중후반 포격전에는 살상용 포탄 대신 '삐라'나 생필품 등이 들어있는 선전용 포탄이 주로 사용되었다. 대만의 좌절이 표출된 것이 이러한 강력한 군사화 및 요새화였던 것이다. 이 시기 "금문의 전투촌 체제는 … 금문을 중국내전에서 발생한 미결사항 대신 글로벌 냉전에 결부시키는 낡은 지정학적 관점을 뒷받침하는 것"(Szonyi, 2008: 111)이었다. 요컨대, 이 시기에 만들어진 군사시설은 그 자체로 '상징적'인 기능을 담당하고 있다는 것이다. 그러나, 상징공간 그 자체는 장제스기념비들을 제외하면 본격적으로 만들어지지 않았다. 금문도에서 상징공간이 본격적으로 등장하게 되는 것은 1970년대 중후반 이후이며, 이 시기 만들어진 군사시설이 상징공간으로 성격을 전면적으로 재편되는 것은 좀더 시간이 필요했다.

IV. 대만본섬과의 격차 및 중국 샤먼의 접속시도(1979~1992)

1979년 미국과 중국의 수교와 함께 금문도의 포격전은 멈추게 된다. 이와 함께 금문도에서는 본격적으로 과거 열전들에 대한 상징공간의 조성이 본격화된다. 다양한 박물관들이 비로소 만들어지기 시작한 것이다. 포격전이 수행될 당시에는 열전들에 대한 박물관을 건립할 필요성이 상대적으로 적었다. 실질적인 전투용 공간이 더욱 필요했기 때문이다. 그러나 포격전이 중지되어 그것이 '역사'가 된 이후에는 국지전과 포격전 승리의 기억을 강조하고 환기할 필요가 매우 강해졌다.

1970년대 중후반부터 중국대륙과의 관계에서 보면 '열세'를 면치 못했던 대만의 입장에서 포격전의 중지는 그 열세를 더욱 두드러지게 만들었다. 이 열세를 만회하기 위해 금문도에는 두 가지 방안이 모색되었다. 첫 번째 것은 이전 시기와 마찬가지로 금문도의 군사화를 지속하는 것이었다. 두 번째 것은 본격적으로 열전에 대한 상징공간의 창출이었다. 1984년 '꾸닝토어전사관' 건립을 필두로 금문도에는 다양한 박물관들이 잇달아 건립되었다. 이것들은 직접적인 군사적 목적보다는 포격전이 끝났음에도 지속되는 동원과 통제의 '정당화'란 측면에서 더욱 필요했던 것이다. '승리'의 기억을 환기할 필요성도 있었다고 할 수 있다. 꾸닝토어전사관(1984), 8·23전사관(1988), 후징토어(湖井頭)전사관(1989) 등이 이런 측면에서 건립된 것이며, 유다웨이(俞大維)기념관(1994)의 경우 시기적으로는 계엄령이 해제된 이후 만들어졌지만, 그 성격에 있어서는 동일한 것이라고 할 수 있다.

가장 먼저 만들어진 것은 '꾸닝토어전사관'이었다. 중국내전에서 국민당이 승리한 흔치 않은 전투를 기념하는 박물관이 1984년에서야 비로소 만들어졌다는 것은, 포격전이 전개될 무렵에는 필요없던 박물관이 이 무렵에야 필요해졌음을 직접적으로 드러낸다고 할 수 있다. 꾸닝토어전사관에는 그림을 통해 꾸닝토어전투의 전개양상을 전시하고 있다. 꾸닝토어전사관의 건립은 금문도가 국민당정부와의 굳건한 연계

속에 있음을 보여주는 지표로 해석할 수 있다. 왜냐하면, 이 무렵부터 국민당정부는 금문도뿐만 아니라 대만본섬의 많은 곳에 과거 중국과의 국지전에서 사망한 군인들을 위한 다양한 상징공간을 창출하고자 했는데, 꾸닝토어전사관의 건립은 이 계획과의 연관 속에서 파악할 수 있기 때문이다. 1982년 국민당정부는 대만 전역의 군인공묘를 새롭게 정비하여 군인들의 '애국심'을 드러내는 상징공간을 만드는 계획을 수립하였던 것이다('台灣地區軍人公墓統一整建遠程計畫')[16].

대만의 국민당은 1970년대 후반부터 본격적으로 대만인들에게 도전을 받고 있었다. 특히 1979년 발생한 '메이리다오(美麗島)사건(혹은 가오슝(高雄)사건)'은 국민당 1당독재에 저항하는 대만민주화 운동의 역사에서 획기적인 사건이었다. 이 사건은 비록 국민당의 탄압으로 대만의 반(反)국민당 세력에게 큰 타격을 주었으나 향후 반국민당 세력의 결집 및 새로운 세대 충원의 계기가 되어 결과적으로 1980년대의 활발한 대만 민주화운동의 불을 지피게 되었다고 할 수 있다.[17]

이런 도전에 직면하여 국민당 정부는 대만에서 국민당정부가 이룬 성취들을 드러낼 필요가 있었고, 대만과 국민당정부를 일체화하는 작업을 수행할 절박한 수단이 필요했다. 그 수단 중 하나가 바로 대만 전역에 '군인공묘'를 정비하는 등의 상징공간의 창출이었던 것이다. 금문

---

16 대만 군인충령사(공묘) 공식사이트(http://cemetery.nca.gov.tw/) 참조.

17 '美麗島사건(혹은 高雄사건)'은 『美麗島』라는 잡지 주최로 1979년 12월 10일 세계인권의날을 기념하기 위해 高雄시에서 개최된 군중집회에서 발생한, 경찰과 집회참가자 사이의 대규모 충돌과 그 이후 '군사재판'까지의 과정에서 발생한 혹독한 고문과 탄압을 통칭해서 부르는 말이다. 대만 민주화 운동에서 가장 중요한 사건 중 하나로 언급된다. 여기에 대해서는 李筱峯(1990: 107~143), 張星久・吳懷蓮(1992a: 71~92), 薛化元 외(2003: 251~256), 人權之路編輯小組(2008: 108~113)를 참조할 것.

도에서는 꾸닝토어전사관의 건립으로 이 작업이 가시화되었던 것이다.

비슷한 맥락에서, 대만본섬에서 계엄령이 해제된 직후인 1988년과 1989년에 8·23전사관 및 후징토어전사관이 개관한 것은, 금문도에서는 여전히 계엄이 유지될 필요가 있음을 주장하는 행위라고 할 수 있다. '후징토어(湖井頭)전사관'은 꾸닝토어전투와 동일한 시기에 소금문도에서 전개된 전투의 승리를 기념하는 박물관이다. 그 내러티브는 소금문도라는 맥락에서만 차이가 있을 뿐 꾸닝토어전사관의 그것과 동일하다. '8·23전사관'은 1958년 8월 23일의 8·23포격전의 승리를 기념하는 박물관이다. 8·23포격전은 1979년까지 이어진 포격전의 시작에 해당하는데, 이 전시관에는 군인들의 승리뿐만 아니라 금문도 주민들의 '영웅적 행위'에 대한 내용도 전시되어 있다. 유다웨이기념관은 1992년 금문도에서 계엄해제 이후인 1994년에 만들어졌는데, 이것도 동일하게 금문도와 국민당정부의 일체화를 보여주는 것이라고 할 수 있다.

그런데, 금문도와 국민당정부의 일체화를 보여주는 이 일련의 박물관들은 다른 한편 대만본섬과 금문도의 '격차'를 보여주는 상징공간이기도 하다. 국민당정부가 스스로의 정당성을 주장하기 위해 동원한 많은 자원들에도 불구하고, 대만본섬의 민주화가 진행되었고, 1986년 새롭게 만들어진 민주진보당의 영향력이 강해졌다. 그러나, 금문도의 경우, 1992년 계엄령이 해제된 이후의 선거에서 단 한 번도 국민당 후보 이외의 후보가 승리한 적이 없다. 대만본섬에서 민주진보당의 영향이 커질수록 금문도와 대만본섬과의 격차는 커지는 셈이다. 이렇게 본다면, 1988년과 1989년에 건립된 8·23전사관과 후징토어전사관, 1994년에 건립된 유다웨이기념관 등은 모두 대만본섬에서 이루어진 국민당의 정치적 '양보' 혹은 '쇠퇴'에 대한 금문도판 '제동장치'로 파악할 수 있다.

이 시기 금문도에 무수하게 많은 포격전 관련 상징공간이 조성된 것에 비하면, 중국의 샤먼에는 이와 유사한 시설들이 극히 드물다. 금문과 샤먼 사이의 열전 관련 상징공간의 비대칭성은 그 자체로 대만과 중국의 힘 관계에서의 비대칭성을 뒤집어서 보여주는 것이라고 할 수 있다. 즉, 박물관이 많은 금문은 방어를 하는 곳이었거나 수세적이었고, 박물관이 거의 없는 샤먼은 공격을 하거나 주도하는 곳이라고 파악해도 무방하다. 금문과 샤먼 사이에는 위기감의 강도와 자신감의 정도에 있어 비교할 수 없을 만큼 그 격차가 있었던 것이다.

이 격차를 기반으로 샤먼은 금문에 접속하려 했다. 미국과의 수교 전후로 이루어진 중국의 '개혁개방'을 통해 샤먼을 '대만을 향한 창'으로 활용하려는 중국정부의 의지가 드러났다. 중국은 1980년 3월 광동성의 선전(深圳), 샨토어(汕頭), 주하이(珠海)와 푸젠성의 샤먼을 4대 경제특구로 개방하고 홍콩, 마카오, 대만 자본과 외국인 자본, 해외 화교 자본을 유치하고자 했다. 광동성의 세 곳이 홍콩, 마카오 등을 향해 열린 창이었다면, 샤먼은 대만을 향한 창이었다. 중국대륙은 그동안의 단절을 통해 발생한 '격차'를 인지하고 이 격차를 이용해 '이동의 동력'을 창출하고자 하고 있었던 것이다. 이런 모색을 할 시기에 과거 사건에 대한 박물관 등을 만들어 굳이 금문을 자극할 필요가 없었던 것이다. 1987년이 되면 안보상의 이유[18]로 미루어두었던, 푸젠성과 중국의 다른 지역의 철도연결이 이루어질 정도로 중국의 자신감은 날로 강해졌다.

그런데, 샤먼에서는 금문도와의 소삼통을 앞둔 2000년 자신들이 과

---

18 국민당군이 대륙을 침공할 경우 그 상륙지는 당연히 샤먼과 그 인근 푸젠성 지역일 것이고, 따라서 푸젠성과 다른 지역이 철도로서 연결되어 있으면 국민당군이 대륙으로 신속하게 진격할 수 있다는 이유에서 푸젠성은 다른 지역과 철도로서 연결되어 있지 않았다.

거 국지전에서 '승리'하였다는 사실을 알리는 '영웅삼도전지관광원(英雄三島戰地觀光園)'을 조성했다. 금문과 샤먼 사이의 이동을 지향하던 중국에서 막상 금문도와 교류가 가시화될 무렵[19]에 이 이동과는 반대되는 의미의 '장벽'건설에 나선 것이라고 할 수 있다. 금문도의 '영웅기억'에 맞설 샤먼의 '영웅기억'을 만들 필요가 금문도와의 교류를 앞두고 비로소 생겨났던 것이다. 이동과 흐름이 '장벽'을 만든 사례가 바로 '영웅삼도전지관광원'이었던 것이다. 현재도 여전히 샤먼사람들은 금문도의 영웅기억 중심 박물관의 단체관람이 금지되어 있다.

영웅삼도전지관광원은 정확하게 금문도의 8·23전사관에 맞서는 형태로 조성되어 있다. 패배한 전투인 꾸닝토어전투 관련 전시관을 중국 샤먼에서 건립하는 것은 여전히 힘든 점이 있다고 할 수 있다. 중국내전 당시 '인민해방군'의 패배는, 국민당군의 승리가 드물었던 것과 마찬가지로, 매우 드물었는데, 그것을 굳이 공개적으로 드러낼 필요는 없었다고 할 수 있다. 그러나 8·23포격전 관련 전시관의 경우는 사정이 약간 다르다고 할 수 있다. 1949년 꾸닝토어전투 이후 1950년대 초반까지 '인민해방군'은 금문도를 점령할 의도가 있었지만, 한국전쟁 이후 상륙전 대신 포격전으로 방향을 전환하게 된다. 그 이유는, 금문도를 점령할 경우, 대만과의 경계선이 대만해협이 되어서 오히려 대만을 중국대륙과 분리시킬 우려가 있음을 중국공산당 지도부가 인지하고 있었기 때문이다. 중국의 입장에서는 금문도 포격전은 대만을 여전히 중국의 분열을 막기 위한 전략적 포석이었던 것이다. 영웅삼도전지관광원은 이점을 매우 강조하는 전시를 하고 있다. 여기에 당시 미국의 중동

---

[19] 공식적으로 소삼통이 이루어진 것은 2001년이지만, 1990년대 중반부터 금문과 샤먼 사이의 '밀무역'은 매우 성행했었다. 대만과 중국의 물가차이 등에 의해 금문 주민과 샤먼 주민 사이에 생필품을 대상으로 이루어진 밀무역은 서로에게 이익이 되었다.

그림 3_ 샤먼에 있는 세계최대크기의 나팔(확성기)

그림 4_ 금문에 있는 세계최대크기의 나팔(확성기)_예술작품
샤먼의 세계최대크기의 확성기를 보고 영감을 받아 만들었다고 함.

개입을 저지하기 위한 '국제주의'적 관점이 보조적으로 언급되고 있다. 반면 금문도의 '8·23전사관'에는 '인민해방군'이 금문도 포격을 감행한 이유로 1950년대의 대약진 운동 실패로 발생한 중국대륙 내부의 불만을 외부로 돌리기 위해 '도발'을 감행한 것으로 서술되어 있다. 금문과 샤먼 사이의 소삼통이 이루어져 샤먼 사람들이 금문도에 가서 8·23전

113

사관을 보게 될 경우, 국민당측의 입장이 샤먼 사람들에게 전달할 위험이 있었던 것이다. 소삼통을 앞두고 영웅삼도전지관광원이 건립된 것은 이런 이유 때문이었다. 8·23포격전의 원인 이외에도 8·23포격전과 그 이후 포격전에 임한 샤먼 주민들의 '영웅적인 헌신'과 피해에 대해서도 영웅삼도전지관광원은 자세히 전시하고 있다. 이것 역시 8·23전사관에 전시된 금문도 주민들의 영웅적인 헌신 및 피해의 내용과 대비를 이룬다. 물론, 8·23전사관과 영웅삼도전지관광원 모두에서 포격전에서 자신들이 '승리'했음을 주장하고 있다.

V. 양방향 이동과 금문도 주체성의 복원(1993년 이후)

1992년의 계엄 해제 이후 금문도는 비로소 두 방향의 이동이 가능해진다. 대만본섬으로의 이동의 흐름이 여전히 강고한 가운데, 중국 샤먼으로의 이동의 흐름도 생겨났다. 그러다가 2001년 소삼통에 의해 샤먼과의 교류가 공식화되었다. 그런데, 금문도에서는 1992년 계엄 해제에서 27년, 소삼통이 이루어진 지 8년이 지나서야 새로운 유형의 전시관들이 개관되었다. 이 장기간의 모색 기간은 한편으로는 대만본섬과 샤먼 양쪽으로의 이동 모두를 체험한 금문도의 경험이 응축되는 과정이었으며, 다른 한편으로는 새로운 경험을 방해하는 장애물을 제거하는 과정이기도 했다. 물리적인 측면에서는 후자의 것이 더 중요하다고 할 수 있다.

사실 그 이전부터 금문도는 새로운 유형의 박물관들에 대한 계획을 수립하고 있었고, 특히 이제는 사용하지 않는 과거 군사시설들을 박물관으로 활용할 필요성은 지속적으로 제기되었지만, 그 계획을 실현시키기 위해서는 무엇보다 군사시설 주변에 설치된 '지뢰제거'가 필수적

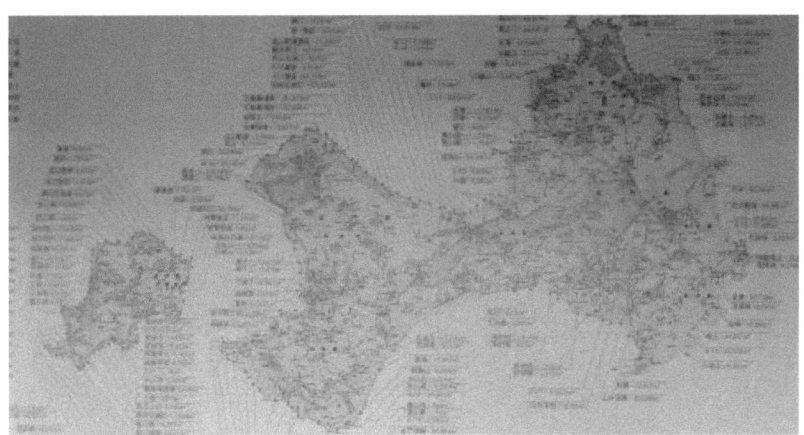

그림 5_ 금문도 주변의 지뢰 매설 장소(烈嶼地雷主題園區 전시 사진. 필자촬영)

이었다. 이것이 완료된 2007년부터 새로운 성격의 박물관들이 생겨날 수 있었던 것이다. 금문도의 지뢰 지도는 명확하게 금문도가 샤먼을 향해 닫혀 있었고, 대만을 향해서만 열려 있었다는 점을 너무나 잘 보여준다. 〈그림 5〉에서 보면 금문도에서 지뢰가 깔려 있지 않았던 해안은 대만본섬에서 도착하는 배가 정박할 수 있는 항구 부근 밖에 없었다.

지뢰를 제거하는 계획은 2005년부터 본격적으로 시작되었다. 이와 함께 지뢰제거 이후 금문도의 여러 역사 유적들, 특히 '포격전'과 관련된 군사시설들을 활용하는 방안에 대해서도 논의가 시작되었다. 연구용역을 통해 그 방안을 제시한 보고서가 2010년에 제출되었다(陳永興, 2010)

2009년 이후 만들어진 금문도의 새로운 박물관은 무엇보다도 대만본섬의 시선이 아닌 금문도 사람 자신의 시선을 드러내는 것이었다. 두 가지 역사적 자원이 소환되었다. 하나는 16~18세기 중엽 시작되어 19세기 중엽에 그 규모가 절정에 달한 금문도의 이주의 역사였다. 1937년 일본의 침략에 의해 중단되기 시작한 금문도 사람들의 주체적이고 자발적인 이동과 흐름의 역사를 복원하는 박물관들이 이 시기 집중적으로 생겨나기 시작했다.

또 다른 하나의 자원은 국지전 혹은 포격전의 기억이었다. 이 기억은 그 이전 시기 '영웅'을 중심으로 한 기억과는 전혀 다른 금문도 주민들의 기억이었다. 1958년 10월부터 1979년 12월까지 20년이 넘는 기간 동안 주기적으로 이루어진 포격전은 금문도 사람들에게 엄청난 고통을 주었다. 이전 시기 만들어진 상징공간에서 이 부분은 전면적으로 생략되어 있었다. 오직 8·23전사관에서 '인민해방군'의 포격에 의해 피해를 입은 내용만이 전시되고 있는데, 이것은 가해자가 '인민해방군'이었기 때문에 전시가 가능했다. '국군'에 의한 피해는 전시될 수 없었는데, 이 시기 새로 만들어진 박물관에서는 이 부분들이 강조되었다.

포격전 시기 동안 금문도 주민들에 대한 과잉동원 및 통제는 일상화되어 있었다. 시공간에 대한 통제는 가장 기본이었다. 계엄이 해제된 1992년까지 통행금지가 부과되었다. 가장 긴 통행금지는 오후 7시부터 다음날 오전 7시까지 12시간의 통행금지였다. 평균적으로는 오후 11시부터 다음날 새벽 4시까지 5시간의 통행금지가 부과되었다. 또한, 공간적으로도 대부분의 해안가에는 출입이 통제되었다. 특히, 앞의 〈그림 5〉에서 본 것처럼 거의 대부분의 해안가에는 지뢰가 매설되었으며, 이 주변에는 보(堡) 등 군사시설이 건립되었다. 또 '적'의 상륙을 막기 위한 특별한 시설(龍齒)이 모든 해안가에 설치되었다. 금문도 주민들이 출입할 수 있는 곳은 매우 제한적이었다.

일상적인 통치는 모두 군에 의해 이루어졌다(戰地政府). 모든 금문도 사람들은 군사조직(민방대)에 소속되어 군사훈련을 받았는데, 여기에는 여성들도 예외가 아니었다. 또한 금문도 출입에 대해서는 철저한 통제가 이루어졌고, 소유를 금지한 물품 또한 엄격하게 규제되었다. 비둘기

(전서구), **전등**(빛을 이용한 통신), **빈병**(바다를 통해 편지를 전할 수 있음) 등 '적'과의 통신에 이용할 수 있는 모든 물품은 소유가 금지되었으며, 텔레비전, 라디오, 전화기 등 '적'의 지령을 받을 가능성이 있는 모든 기기도 엄격하게 통제되었고, 카메라 등 '우리'의 모습을 찍어서 적에게 전할 수 있는 도구도 금지되었다. 심지어 바다를 통해 중국으로 가는 길을 차단하기 위해 농구공 혹은 축구공 등 물에 뜨는 모든 물품도 소유가 금지되었다.[20]

2000년대 후반 만들어진 박물관에는, 이전 시기 조성된 박물관에서 '삭제'되어 있던, 금문도의 민간인들의 고통스러운 체험이 강조되고 있다. 시공간통제 및 소유물품통제가 일상화된 "상처입은 생활경험"(江柏煒, 2007: 116)이 전시된 곳이 있으며(통안나루해변풍경구, 同安渡頭濱海風景區, 2009), '동원경험'이 전시된 치웅린민방관(瓊林民防館, 2009), '성통제와 군민관계'가 전시된, 과거 군인을 위한 '공창'건물을 이용한 소경특약다실(小徑特約茶室, 2010), 장교가 아닌 '사병의 경험'이 전시되고 있는 노병고사관(老兵故事館, 2013), '전시경제생활'의 중요한 단면을 전시하는 금문고량주사관(金門高粱酒史館, 2009), 금문도 전역에 깔려 있던 지뢰에 관한 것과 지뢰 제거에 관한 내용이 전시된 소금문지뢰주제원구(烈嶼地雷主題園區, 2013) 등이 이 시기 만들어진 전시관이다.

이 중 중국과의 흐름이 복원되었다는 사실을 잘 보여주는 곳이 통안

---

20 실제로 금문도에서 군복무 중 공 두 개를 옆구리에 끼고 헤엄쳐서 중국으로 넘어간 사람들이 꽤 있었다. 이들 중 가장 유명한 사람은 린이푸(林毅夫)인데, 그는 1979년에 중국으로 넘어갔다. 이후 베이징대학교에서 석사학위를 받고 미국으로 유학을 가 1986년 시카고대학에서 경제학 박사학위를 받았다. 그 이후 계속 승승장구하여 World Bank 부총재까지 역임하게 된다.

그림 6_특약다실(공창)전시관

나루해변풍경구이다. 퉁안나루해변풍경구는 크게 두 가지 시설로 구성되어 있다. '퉁안나루'의 역사를 보여주는 전시관과, 시공간통제 및 소유물품통제 및 금문도 계엄해제 운동의 경과를 전시하는 전시관이다. 이 중 '퉁안나루' 역사전시관은 이곳에서 중국대륙과 해로로 연결되었던 시절의 이야기들을 전시하고 있다. 이 전시관은 한편으로 금문도는 과거 샤먼을 매개로 대륙과 연결된 것이 아니라 샤먼을 통하지 않고 직접 대륙과 연결되어 있었음을 전시하고 있다. 또한 이 전시관에는 1944년 나귀와 함께 일본군에 의해 강제로 징용되었던 사람이, 1945년에는 국민당군에 의해, 1949년에는 중국공산당군에 의해 역시 나귀와 함께 끌려가 군대에서 생활했다는 내용이 강조되어 전시되어 있다. 이동과 흐름 속에 있는 금문도의 역사를 상징적으로 보여주는 에피소드라고 할 수 있다.

금문과 샤먼의 관계와 관련된 전시는 샤먼의 영웅삼도전지관광원에서도 찾아볼 수 있다. 이곳에서는 주로 금문과 샤먼의 비대칭성이 강조되어 있다. 즉 샤먼의 입장에서 보면, 금문도와 대결했던 것은, 비록 지금은 샤먼시에 편입되어 있지만, 중국내전에는 금문현에 속해 있던 세 섬(三島)이지 샤먼이 아니라는 것이다. 이것은 현재 샤먼과 금문의 '위상' 차이를 고려한 것으로 해석할 수 있다. 즉 인구 350만의 대도시 샤먼은 대만본섬과 직접 교류하는 위상을 갖고 있기 때문에, 금문과의 교류는 샤먼 전체가 아닌, 원래는 금문현에 속해 있던 세 섬이 담당한다는 점을 암시하고 있는 것이다. 현재 샤먼시에는 '샤먼시금문동포연의회(联誼會)'가 조직되어 있는데, 이 단체 회원 역시 금문도에 태어나 샤먼에 살고 있는 사람들의 모임이 아니라, 원래 금문현에 속해 있는 샤먼지역의 세 섬에서 태어난 사람들의 모임이다. 금문과 샤먼 양쪽에서 모두 원래 두 지역은 달랐음을 강조하고 있는 것도 매우 흥미로운데, 이것 역시 현재 금문과 샤먼 사이의 이동의 빈번함을 반영하고 있다고 보아야 한다. 너무 가까워졌기 때문에 거리 혹은 격차를 만들려는 시도로 해석할 수 있기 때문이다.

이 시기 금문도에서 만들어진 박물관들의 전시 내용은 하나하나 독립적으로 소개하고 분석해야할 만큼 그 내용이 풍부하지만, 이 글에서는 이 작업을 수행할 수는 없다. 다만 여기에서는 이런 새로운 종류의 박물관을 보러 오는 사람들이 누구인가에 대해서만 언급하기로 한다. 한편으로는 금문도 사람들이 자신들의 체험을 보러 올 것이다. 그러나, 이 박물관을 보러 오는 대부분의 사람들은 금문도 외부의 사람들이다. 우선 대만본섬에서 오는 사람들의 경우, 절대적 다수는 과거 금문도에서 군복무를 했던 사람들이다. 1960년대 이후 1992년까지 혹은 지금까지도 대만본섬 출신의 많은 젊은이들이 금문도에서 군대생활을 했다. 금문도에는 최대 17만 명의 군인이 주둔해 있었다. 이를 누적인구로 계산하면 엄청난 수가 된다. 이들이 1992년 이후 금문도 통행이 자유롭게 되자 다시 금문도를 방문하고 있다. 그들은 자신이 근무하던 곳 주변을 방문하게 되는데, 현재 그곳은 대부분 새로운 전시관으로 바뀌어 있다. 이곳에서 그들은 자신들의 과거를 만나게 된다. 특히 '노병고사관'의 경우, 과거 군대에서 사용하던 구식전화기를 들면, 금문도에서 복무했던 사람들의 체험담을 들을 수 있게 되어 있다. 또한, 이들은 금문도의 물품들을 기념품 삼아 대만본섬으로 옮겨갔던 장본인들이었다. 앞에서도 언급했지만, 이들은 휴가 나갈 때 '금문고량주'를 사가지고 나갔다. 이들에 의해 금문고량주는 유명해졌는데, 다시 금문도를 방문한 이들이 사가는 것도 역시 금문고량주이다.

또 다른 방문객들은 샤먼 쪽에서 오는 사람들이다. 이들은 전쟁'영웅'을 전시하고 있는 전시관에는 단체관람이 금지되어 있다. 그러나, 이런 전시관들에 대해서는 그런 제약이 존재하지 않는다. 그들은 이곳에서 전시된 내용을 보며 자신들의 과거와 비교할 지도 모른다. 물론, 샤먼 쪽에서 금문을 찾는 관광객들이 주로 방문하는 곳은 19세기에 절정에 달했던 금문도의 이주와 관련된 박물관들이다. 샤먼에는 이런 전통적인 민난양식의 건축물들이 많이 남아 있지 않기 때문에 금문의 전통 민난양식 건축물을 찾는 것이다. 그러나, 이 건축물을 찾는 샤먼 관광객들에 비해 그 수는 적더라도, 국지전 시기 금문인의 고통이 전시된 곳을 찾는 샤먼인들이 존재한다는 사실이 중요하다.

이처럼 금문도 해안의 출입을 막는 장벽인 지뢰가 제거된 후 과거의 군사시설들에 건립된 새로운 박물관들은 대만본섬과 샤먼에서 온 사람들이 이동하는 새로운 동선을 형성하게 되었다. 결국 이 다양한 박물관들은 1990년 중반 이후 본격화된 두 방향에서의 '이동' 체험이 응결되어 쌓이는 곳인 셈이다. 장벽이었던 군사시설들이 흐름의 동선이 되는 이런 역설적 역사가 금문도의 역사였던 것이다.

Ⅶ. 맺으며

지금까지 성격, 이동 혹은 흐름의 방향이라는 측면에서 열전 및 포격전과 관련된 금문도의 상징공간들을 살펴 보았다. 특히 이 글에서는 금문도의 이러한 상징공간들을 대만본섬 및 중국 샤먼과의 이동 및 흐름이라는 관점에 주목했다. 이 작업을 통해 이 글에서 강조하고자 한 것은 고정된 것으로 간주되는 것의 '이동성'을 부각하는 것이었으며, 동시에 단절의 역사가 이동을 불러오고 다시 이동이 단절을 낳는, '단절과 이동의 변증법'을 환기하는 것이었다. 또한, 지방의 특수한 사례 속에 세계체제-지역-국가-지방적 차원이 동시적으로 얽혀서 드러나는 순간을 포착하려는 '중층 스케일적 접근'의 중요성을 소박하게 제시하는 것이었다. 이 글에서 이러한 입장의 유용성이 조금이라도 드러났기를 희망한다.

이러한 입장은, 이 글의 성공 여부와 상관없이, 우리가 살아가는 동아시아 세계의 모습을 이해하게 하는데 여러 측면에서 도움이 된다고 여전히 확신한다. 가령 중국의 '동북공정'이나 일본의 '외국인혐오'의 문제를 바라볼 때, 극우적 민족주의의 강화라고 해석할 수 있지만, 그것을 이동과 흐름이 낳은 '새로운' 현상으로 해석할 수도 있다. 중국 옌벤(延边) 조선족 자치주 룽징시(龙井市)에 있는 윤동주 생가의 생가에는 '조선족 애국시인 윤동주 생가'라는 간판이 붙어 있다. 이 간판은 윤동주 시인이 '조선족'이라는 점을 강조하고 있고, 그가 '애국'시인이라는 것을 표현하고 있다. 그런데 '조선족'과 '애국'이 합쳐지면, 윤동주 시인은 '중국인'이라는 기묘한 결론에 도달하게 된다. '조선족'은 국적으로 '중국인'이며, 중국인이 애국해야 할 곳은 '중국'이 되기 때문이다. 이런 기묘함을 낳은 원인은, 한국과 옌벤 조선족 자치주가 단절되어 있다가 탈냉전 이후 너무나 급속하게 연결된 사실 자체에 있다. 한국과 조선족 자치주가 단절되어 있었을 때에는 윤동주의 '국적'이 아무런 문제가 되지 않았으며 조선족 누구도 그 문제를 신경쓰지 않았다. 그런데 한국 사람들이 이 지역으로 접속되었을 때, 그래서 한국 사람들이 '한국 사람' 윤동주의 생가를 방문하는 것이 일상적인 것이 되었을 때, 이 문제는 중국정부의 눈치를 봐야하는 조선족 자치주의 관료들 입장에서는 매우 미묘한 정치적인 문제가 되었던 것이다. 결국 중국 조선족들의 '충성'의 대상은 '중국'이지 한국이 아니라는 것을 강조하는 방안으로 고안된 것이 윤동주를 '조선족 애국시인'이라고 호명하는 방식이었던 것이다. 이처럼 이동과 흐름은 유동적 정체성을 낳기도 하지만, 그것 때문에 고정된 정체성에 대한 강조를 불러오기도 하는 것이다. 따라서 현재 동아시아 각지의 강한 민족주의적 흐름은 역으로 그것을 불러올 만큼 '유동성'이 증가한 증거로서 간주할 수 있는 것이다. 대만 금문도에서 시작한 이 글의 여정은 여기서 끝나지만 향후 다양한 소재들이 단절과 이동의 변증법 속에 배치되어 새롭게 해석되는 광경들 자주 보았으면 좋겠다.

04

샤먼과 금문의 '심리전'

이정훈

Ⅰ. 들어가며

중국 동남연해 지역의 중심도시 가운데 하나인 푸젠성(福建省) 샤먼시(廈門市)에서 뱃길로 약 30분 떨어진 곳에 '금문고량주'의 산지로 널리 알려진 금문도(金門島)가 자리하고 있다. 면적 약 150평방㎞, 약 10만 명의 주민이 거주하는 이 섬은 샤먼으로부터 말 그대로 지척에 있지만 대륙 즉 중화인민공화국이 아닌 '대만'으로 흔히 지칭되는 중화민국이 "실제관할(實際管轄)"하는 지역이다.[1] 이른바 '삼통'이 이루어진 이래 대륙과 대만 사이의 적대관계는 해소되고 오늘날 샤먼과 금문 간에도 평화가

---
1 금문도의 공식 행정구역 명칭은 중화민국 푸젠성 금문현이며, 대륙측의 행정구역 편성으로는 중화인민공화국 푸젠성 취앤저우시(泉州市) 금문현(金門縣)으로 되어있다.

일상으로 자리잡았지만, 과거 두 지역은 양안 간의 군사적 긴장이 첨예했던 열전과 냉전의 핵심현장이었다. 지금도 이 지역에는 평화로운 분위기와는 어울리지 않는 대규모 군사시설의 흔적들이 고스란히 남아있다.

국공내전이 막바지에 이르던 1949년 9월 예페이(叶飞)가 이끄는 10만의 인민해방군 병력은 패퇴하던 5만의 국민당군 병력을 추격하여 샤먼 일대로 진출한다. 같은 해 10월 샤먼을 별다른 저항 없이 점령한 여세를 몰아, 금문도로 퇴각한 국민당군에 대한 공격에 나서지만, 인민해방군은 병력이송에 필요한 선박의 부족 등으로 공세가 늦추어진다. 사지에 몰렸던 국민당군은 이 틈에 전열을 정비하고 금문에서의 결전을 준비한다. 10월 하순에 들어서야 인민해방군은 금문도 북서쪽의 린추어(林厝)와 꾸닝토어(古寧頭) 지역에 상륙하는데 성공하지만, 3일 밤낮으로 전개된 공방전에서 6,100명이 전사하고 3,000명이 포로로 잡히는 막대한 타격을 입게 된다. 1949년 10월 21일에서 23일까지 전개된 이 금문상륙작전(金門登陸戰, 대만측에서는 금문보위전으로 지칭)을 기화로 금문도는 쌍방 모두에게 전략적 요충[2]으로서의 의미를 갖는다. 또한 이는 향후 이 일대에 드리울 전쟁의 먹구름을 예고하는 것이기도 했다.

삼엄한 군사적 긴장상태에 놓여 있던 금문도가 다시 한번 본격적 열전의 소용돌이 속으로 빠져든 것은 1958년 8월 23일에서 10월 5일까지 이어진 금문포격전이다. 8·23포격전 혹은 '제2차 대만해협위기'로 지칭되기도 하는 이 전투에서 인민해방군측은 포격전 개시 2시간만에 57,000여 발의 포탄을 퍼붓는 공세를 펼쳐 대만측은 440여명의 희생자

---

2   대만섬으로 패퇴하게 되는 국민당군에게 있어 금문은 인민해방군의 대만 진입을 막는 일차저지선이자 국민당군이 향후 대륙으로의 재진입에 있어 교두보가 되는 군사적 요충으로, 한때는 주둔 병사 숫자가 대만 전체 병력의 1/3에 해당하는 12만에 이르기도 했다.

를 낳게 된다.³ 10월 초 이후에는 '홀수날에만 포격을 진행하고 짝수날에는 쉬는(單打雙停)' 등 그 성격이 다분히 의례적 정치행위로 바뀌어 갔지만 중미수교가 이루어지는 1979년까지 포격은 지속되었다. 금문도와 그 대안인 샤먼 일대에서는 전쟁이 일상의 일부로 자리를 잡게 되었다. 금문도의 해안을 따라 곳곳에 보이는 토치카(碉堡)와 포대, 갯벌을 따라 늘어선 상륙함 및 탱크 접근방지용 말뚝(樁砦), 방목 중인 소들이 풀을 뜯는 들판 곳곳에 버티고 선 낙하산부대 접근방지용 말뚝(防空降樁) 등의 낯선 '전지경관(戰地景觀)'은 일찌기 이 지역에 미만했던 군사적 긴장을 여실히 증거하고 있다.

하지만 오늘날 대륙 혹은 대만의 여느 지역과 그다지 다를 것 없는 이곳 주민들의 평화로운 일상은 과거 이곳이 1949년 금문상륙 공방전이나 1958년 8·23포격전 당시 생사를 가늠하기 어려운 전쟁의 한복판이었다는 역사적 사실과는 한참 동떨어져있다. 20세기 중후반 동아시아 냉전의 상징적 장소였던 이곳에 지금은 평화가 새로운 일상으로 확고히 자리를 잡게되어, 오히려 동아시아 탈냉전을 대표하는 장소가 된 것이다. 과거의 대립과 전쟁이 남긴 상처조차 지금은 '자원'으로서 새롭게 인식되어 관광상품으로 개발되기에 이르렀을 정도이다.

이처럼 오늘날 금문 일대에서 찾아볼 수 있는 전쟁에서 평화로, 냉

---

3 돌연 전개된 이 포격전은 대개 다음과 같은 몇 가지 정치적 목적을 띄고 있었다. 1958년 이라크에서 발생한 '반제국주의' 혁명에 대한 지지표시와 그에 대한 서방 개입 차단(미국의 군사적 관심을 동아시아로 분산하는 효과), 흐루시초프 집권 이후 서방과의 관계개선에 주력하는 소련에 대한 불만표출(소련의 동의 없는 개전, 이는 후에 소련의 핵기술 이전 거부라는 결과를 낳음), 대만해협을 둘러싼 미국의 정책에 대한 탐색(당시 논의 중이던 미-대만 상호방위조약에서 금문과 마조가 제외되어 대만이 대륙으로부터 떨어져 나갈 우려가 상존), 쌍백방침과 반우파운동 등 중국 내부의 극심한 갈등상황에서 지도부 및 인민의 대내결속 강화 도모 등이 그것이다.

전에서 탈냉전으로의 국면전환은, 냉전의 그림자가 가시지 않은 작금의 한반도 상황과는 크게 대비된다. 군사적 긴장이 상존함은 물론, 크고 작은 군사적 충돌이 주기적으로 반복되는 휴전선 일대의 상황은, 동아시아가 이미 '탈냉전 국면에 접어들었다는 지역 정세판단의 유력한 반례일 것이다. 최근 심심찮게 언론보도에 등장하는 대북 전단 풍선날리기 행사나, 북한당국의 이에 대한 조준사격 위협, 이에 맞서는 남한 측 군당국의 대북방송 재개방침 천명과 미군 측의 부정적 입장표명 등의 갈등 사례에서 볼 수 있듯, 금문(및 그 대안인 샤먼)에 있어서는 한참 철지난 옛이야기가 되어버린 노골적인 대립과 갈등의 사례들이, 한반도에서는 아직도 현재진행형이다. 두 지역 간의 이런 시간적 불일치야말로 동아시아 탈냉전 양상의 비동시성을 증거하는 좋은 사례로 해석될 수 있겠으나, 금문과 샤먼에서 비교적 짧은 시간 안에 이루어진 긴장완화와 화해, 그리고 그로 인한 탈냉전국면의 현실화는 머지않은 장래에 백령도나 연평도의 이야기가 되지 말라는 법은 없다. 역사의 중요한 전환이 언제나 '예고 없이, 벼락 같이' 찾아오는 것이고 보면, 이미 평화가 성공적으로 정착한 금문-샤먼 일대의 적대가 해소되고 평화가 정착하는 과정을 살펴보는 작업은 한반도의 미래를 대비하기 위한 좋은 참고가 될 것이다.

 일찍이 금문-샤먼 양측 간에서는 확성기를 통한 대적(對敵) 방송과 전단살포 등 심리전이 치열하게 전개된 바 있다. 현재 한반도 남북 간 대화재개의 핵심쟁점 가운데 하나가 되고 있는, '상호비방'을 포함하는 '심리전' 중단의 문제가 유사한 형태로 존재했던 것이다. 이러한 대립이 점차적으로 대화와 교류로 나아간 과정을 되짚어보는 작업은 그런 점에서 한반도의 오늘에 의미있는 참고가 될 수 있다. 상호비방 등 적대행위의 실질적이고 불가역적인 중지야말로 화해와 평화정착, 나아가

통일을 향해가는 유의미한 첫걸음이 될 가능성이 크기 때문이다.

　대륙측과 대만측은 군사적 대치를 지속하는 기간 동안 두 차례의 포격전(1953년의 9.3포격전과 1957년 8·23포격전)을 포함한 열전 외에 치열한 심리전을 전개해 왔다. 본고에서는 양측 간 심리전의 전개 양상 및 그 해소과정을 전체적으로 살펴보되 각 장별로 다음의 내용을 다루기로 한다. 우선, 2장에서 확성기를 이용한 대적방송 형태의 심리전 전개양상을 살펴본 후, 3장에서 전단 및 물자의 공중 및 해상 살포행위를 살피기로 한다. 4장에서는 1979년 중미수교를 계기로 양측이 심리전을 점차 포기하고 교류를 확대해가는 과정을 살펴보기로 한다.

Ⅱ. '목소리'의 전쟁

샤먼섬 인근의 도서(島嶼)들 가운데 소위 '영웅삼도(英雄三島)'로 일컬어지는 다덩(大嶝), 샤오덩(小嶝), 쟈오위(角嶼)의 세 섬이 있다. 이 세 섬은 대만측의 점령하고 있는 금문과 매우 가까운 곳에 위치하여 대(對)대만 군사기지로서 대륙측이 중시하는 군사적 요충지이다. 특히 1958년 발발한 8·23포격전에서 세 섬의 군인과 민병들이 보여준 치열한 전투대세로 인해, 중국공산당 중앙군사위원회로부터 이 세 섬은 '영웅삼도'라는 호칭을 부여받았다. 현재 이 영웅삼도 가운데 하나인 다덩섬에는 과거의 군사시설을 관광자원으로 재개발하여 일종의 전쟁기념관으로 조성한 '전지관광원(戰地觀光園)'이 세워져 섬을 찾는 관광객들을 맞이하고 있는데, 이곳의 전시품목 가운데 특히 눈길을 끄는 것이 '세계최대'의 위용을 자랑하는 군사용 확성기다. 직경 2.88미터, 길이 4.74미터, 중량 1,588킬로그램, 최고출력 20킬로와트, 음성도달거리 20km의 막강한 제원을 자랑하는 이 확성기는 군사적 긴장이 팽배해있던 50년대초에서 70년대말까지, 금문도에 주둔한 국민당군을 상대로 대륙측이 전개한 대적(對敵) 방송에서 핵심적 역할을 담당했던 설비로, 과거 이곳이 치열한 심리전의 현장이었음을 증언하고 있다.

1953년 초 한국전쟁 휴전협정 체결이 모색되고 있던 상황에서, 대륙측의 군사적 관심은 한반도에서 해협 양안으로 옮겨가게 되었다. 그러나 하나의 전쟁을 막 마무리해가는 상황에서 다시 한번 민감한 지역에서 군사적 충돌은 여력이 없었을 뿐 아니라, 자칫 대만 문제에 대한 미국의 전면적 개입을 초래할 위험도 있었다. 이에 물리적 충돌을 최소화하는 심리전이 대안으로 떠오른다. 인민해방군은 한국전쟁 참전 당시 대규모로 전개된 미군의 심리전에 직접 노출된 경험과 이에 대응하는 과정에서 그 중요성과 실제 운용능력을 습득하게 됨으로써 선전전의 중요성을 보다 깊이 인식하게 되었다.[4] 기실 적의 신체보다 먼저 마음을 먼저 무너뜨리는 '공심전(攻心戰)'의 강조는 중국의 전통적 군사운용 관념에 있어서도 낯선 것이 아니었다. "죽이고자 하거든 그 마음을 먼저 베라(殺人誅心)"는 중국의 전통 격언[5]이나 "마음을 치는 것이 먼저요, 성을 부수는 것은 나중(攻心爲上, 攻城次之, 心戰爲上, 兵子爲下)"라는 손자병법의 가르침[6]은 이를 잘 보여주는 예이다.

1953년 3월 5일 최근접 국민당군 주둔지인 소금문도(小金門島) 즉 레

---

[4] 한국전쟁 당시 미군의 심리전에 대해서는 다음 책의 내용이 상세하다. 이임하, 『적을 삐라로 묻어라 - 한국전쟁기 미군의 심리전』, 철수와 영희, 2012.

[5] 『後漢書 · 霍諝傳』

[6] 『손자병법(孫子兵法)』 제3편 「모공(謀攻)편」에 처음 등장한 바 있는 이 말은, 다시 소설 『삼국연의』에서 마속(馬謖)이 서남 정벌에 나서는 제갈량에게 올린 간언으로 다시 문헌에 등장하기도 한다. 남만의 수장 맹획을 일곱 번 사로잡아 일곱 번 놓아주는 이른바 칠종칠금(七縱七擒) 고사의 사상적 혹은 정략적 배경이 된다.

위(烈嶼) 섬과 근접한 쟈오위(角嶼)[7]에 대형확성기[8]를 이용하여 적 진영을 향해 유선으로 선무방송을 내보내는 대적(對敵) 방송기지를 설립하여 인민해방군측은 국민당군측에 대한 심리전 전개에 본격적으로 나서게 된다. 이 기지에 방송요원으로 부임한 우스저(吳世澤)는 인민해방군 28군 82사단 소속의 문화교원(文化敎員)[9]이었다. 방송청취 대상인 금문 주민의 대부분과 주둔군인 가운데 상당수가 민난방언(閩南話) 사용자임을 고려하여, 민난어를 유창하게 구사하는 우스저가 발탁된 것이다.[10]

당시 대만측은 금문이 갖는 군사적 중요성을 십분 인정하여[11], 현지 상주인구의 두 배가 넘는 10만 병력을 주둔시켜 둔 상태였다.

대륙측은 금문 주둔 병력 가운데 상당수가 국민당군의 패퇴과정에서 억지로 징용된 푸젠성 출신자들로, 별다른 전투의지가 없을 뿐 아니

---

7   쟈오위는 총면적이 190제곱미터에 불과한 바위섬으로, 생존에 필요한 물이나 식량을 조달하는 것이 불가능하였다. 당시 28군 소속 1개 중대가 주둔하고 있었는데, 풍랑이 거셀 때는 식수와 식량공급이 며칠씩 끊어지는 것도 흔한 일이었다.
    http://news.takungpao.com.hk/mainland/focus/2013-09/1905836.html

8   초기에 사용했던 확성기는 한국전쟁 당시 미군 함정에서 함간 신호전달용으로 사용되었던 것을 노획한 것이었다. 중량 40여 킬로의 이 확성기는 아홉 개의 소형 확성기를 한데 묶어 만들어 "머리가 아홉 달린 새(九頭鳥)"라는 애칭으로 불리기도 했다. 대륙측의 조준포격에 의해 파괴된 후, 중앙이 파견한 기술진에 의해 현재 다덩섬 전지관광원에 전시된 "세계최대를 자랑하는" 대형 확성기로 대체되었다.

9   1950년대 초 당시에는 인민해방군 병사들의 학력이 낮은 경우가 많았기에, 병사들에게 어문, 산수, 표준어 등의 교육을 전담하는 군대 내부의 교사를 두었는데, 이를 부대 문화교원으로 칭했다.

10 우스저는 1953년 3월부터 방송기지 복무를 시작하여 1972년 샤먼시 우체국으로 전보되기까지 20년의 세월을 최전선 대적 방송요원으로 활동한다.

11 대만 지도부의 금문에 대한 중시는 각별하였는데, 쟝지에스(蔣介石)는 1950~1971년 사이의 기간 동안 금문을 30차례(체류일수 152일) 방문했고 그의 아들 쟝징궈(蔣經國)는 123차례 (체류일수 352일) 방문했다는 점은 이를 여실히 보여준다.

라 지척에 있는 고향에 대한 향수가 심하다는 사실을 간파하고 있었다. 따라서 초기 대적방송의 임무는 국민당군 소속 장교 및 사병으로 하여금 대륙으로의 귀순을 고무하는 것에 초점을 맞추었다.[12] 최초의 방송기지가 설치된 샤오위는 국민당군 주둔지와 썰물 때의 직선거리가 1.8 km에 불과하여 확성기 방송 도달에 장애가 없었음은 물론, 농구공이나 가마솥 등의 간단한 부유물에 의지하는 것만으로도 충분히 헤엄쳐서 건너올 수 있을 정도[13]의 초근접지역에 위치해 있어, 이들의 귀순권유는 단지 상징적 정치공세에 그치는 것이 아니라 충분한 실행가능성을 염두에 둔 것이었다.[14]

대륙측의 귀순권유 방송은 구체적인 공략목표를 설정하여 진행되었다. 예컨대, 샤먼에서 160km 떨어진 둥산다오(東山島)는 국민당의 대륙

---

[12] 초기 확성기 방송의 단골메뉴였던 소위, '다섯가지 보장(五條保證) 정책' 책은 귀순자에 대해 다음을 약속하고 있다. "첫째, 생명안전을 보증한다. 둘째, 때리거나 욕하는 등 인격모독 행위를 일체 하지 않는다. 세째, 사적으로 소지한 물품을 몰수하지 않는다. 넷째, 귀가를 원하는 자는 여비를 지급한다. 다섯째, 직업을 원하는 자는 알선을 책임진다. 이밖에 별도로 무기를 가져오는 경우, 권총 50위안, 기관단총 150위안, 비행기의 경우 황금 몇 만 냥 등 정해진 기준에 따라 별도 포상금 지급을 보증한다는 규정을 합쳐 여섯가지 보장정책으로 통칭되기도 한다.

[13] 실제로 바다를 헤엄쳐 건너가는 귀순자들의 존재로 골치를 앓은 국민당군측은 금문주민들의 바다 수영을 일체 금지하였고, 유영보조물로 쓰일 우려가 있는 농구공 등의 체육용품들도 특별한 허가를 거쳐서만 구매할 수 있도록 하였다.

[14] IMF 부총재 및 수석이코노미스트를 역임한 한 바 있는 중국의 유명 경제학자 린이푸(林毅夫)의 사례는 지금까지도 자주 회자되는 유명한 귀순 사례이다. 대만 이란현(宜蘭縣) 출신의 천정의(林正义-천이푸의 본명)는 중학교 때부터 대륙의 라디오 방송을 청취하면서 중국의 희망이 대륙에 있다고 믿었고 대륙으로의 귀순을 염두에 두었으며 중국 사정에 대해서도 일정한 이해가 있었다. 그는 금문 마산에서 소대장으로 복무하던 중 귀순을 결행, 1979년 5월 15일 밤 구명조끼를 입고 대륙측 방송이 들리는 방향으로 헤엄쳐 건너왔다.

철수 시에 병력수송을 위한 선원으로 강제징발한 장정의 수가 특히 많았던 지역으로, 그 중 한 마을은 '과부촌'으로 유명했는데, 대적방송 담당요원들이 직접 마을을 찾아 끌려간 가족들에게 보내는 편지나 육성 녹음을 입수하여 방송하는 식이었다.[15]

금문과 근접해 있는 샤오덩다오(小嶝島)의 젊은 여성 장아첸(張阿簽)의 사례도 있다. 장아첸은 남편이 국민당에 장정으로 끌려가서 생과부와 다름 없는 신세가 되었는데, 방송에 등장하여 다음과 같은 신세타령을 반복해서 늘어놓았다. "아무개씨, 간지가 언젠데 왜 아직도 안돌아오는거요? 부모님은 늙었고 아이들은 어린데 나는 앞으로 어떻게 살란 말이요." 이 방송을 들은 남편이 전전긍긍하던 끝에 춘절 직전에 바다를 건너 샤오덩섬으로 돌아오는 일도 있었다.

금문주둔군 27사단장 린추야오(林初耀)[16]의 사례 역시 심리전의 효과를 극명하게 보여준다. 대륙측은 반년에 한 번 교체되는 금문주둔군에 새로 부임한 부대장이 광동성(廣東省) 메이현(梅縣)출신이라는 첩보를 입수한 후, 현지에서 린추야오의 모친을 모셔왔다. 샤오위 방송기지의 조

---

15 푸젠성 둥산현(東山縣) 퉁보마을(銅鉢村)은 1950년 5월 10일 대만으로 철수중인 국민당군에 의해 마을의 청장년 147명이 강제로 끌려가게 되어, 하룻밤 사이에 91명의 '생과부'가 생겨나 과부마을로 불리게 되었다. 1987년 당시 끌려간 사람 가운데 한 명인 황원치(黃韵奇)가 일본을 거쳐 대륙으로 밀입국하여 야간에만 도보로 이동하여 고향집에 돌아와 38년간 개가하지 않고 자신을 기다려온 부인 린자오위(林招玉)와 상봉하는 극적인 사건이 벌어지기도 했다.
http://travel.sina.com.cn/china/2013-09-20/1653217838.shtml

16 린추야오는 제9대 황포군관학교장을 역임한 바 있는 국민당군의 주요한 장군 가운데 한 사람이다. 1933년 중앙육군군관학교에 제 10기로 입학, 1936년 졸업하였으며, 1943년 육군대학을 졸업하고 국민당군 제81사단 부사단장, 제27사단장 및 육군사령부 부참모장, 육군제2군단 부사령관 등을 역임한 바 있다. 1976년에 퇴역하여 1980년에 미국으로 이주하였다.

장(組長)이었던 우스저는 린추야오 모친의 아들에게 보내는 육성을 녹음하여, "자애로운 어머니의 목소리마다 눈물이, 그리운 아들 돌아오기만 기다려(慈母聲聲淚, 殷殷盼兒歸)"라는 제목의 방송원고를 작성한다. 어느 날 사단장은 해안경비 중이던 초병으로부터 "사단장님 어머니가 지금 사단장님을 찾고 있다"는 보고를 받게 된다. 의아하게 생각했던 사단장은 현장 시찰을 빌미로 방송이 잘들리는 해안가로 직접 나와보게 되는데, 자신으로 인해 공산당에게 핍박을 당해 진작 세상에 없을 것으로만 생각한 어머니가 눈물 섞인 고향말(客家話)로 자신을 향해 건네는 목소리가 울려퍼지는 것을 듣고는 망연자실해지고 만다. "아들아, 떠날 때는 1, 2년이면 돌아올거라고 하더니 왜 이제껏 소식이 없느냐? 네가 주고 간 은화는 아직까지 쓰지 않고 잘 넣어두었다. 네 안사람은 지금 교원으로 일하고 있고 아이는 소학교에 잘 다니고 있다. 지금 우리 가족 모두 다 잘 지내고 있다만, 네가 곁에 없는게 한이구나…" 방송을 들은 린 사단장은 돌아오는 길에서부터 침묵에 빠지더니 이삼일 내내 출근조차 못할 정도로 향수병에 시달리게 되었는데, 이 상황을 보고 받은 장징궈는 '린사단장이 중공에게 철저히 세뇌당하고 말았구나'라는 탄식과 함께 대만본섬으로의 송환조치를 결정한다.[17]

이처럼 금문을 향한 대륙측의 방송 내용은, 6개월마다 교체되는 금문주둔 병사들이 대만에 돌아가 확산시키게 되면서 대만 전역에 반향을 불러일으켜 국민당군 고위층의 두통거리가 되었다.[18] 대륙측의 방송이 시작되면 병사들의 동요를 막기 위해 여러 가지 방법이 동원되었다. 솜으로 귀를 틀어막게 하는 것에서부터 꽹가리를 치거나 내부방송을

17　린추야오의 에피소드는 다음 글의 내용을 요약, 정리. 陈彦儒, 「角屿上空的泣血呼告」, 『珠海特区报』, 2014년 12월 14일.
18　周军, 「"炮击金门"停止三十年后走访厦门大嶝岛」, 『文史精华』, 2009년 제12기.

틀어 소리를 뒤섞이게 만드는 방법, 아예 구보를 시켜 주의를 분산시키는 등의 방법이 동원되었지만 주로 심야시간에 이루어지는 방송에 있어서는 그 억제효과가 제한적일 수밖에 없었다.

이 눈엣가시와도 같은 대륙측의 방송공세는 대륙측 방송기지의 스피커와 방송실이 위치한 토치카를 정조준한 국민당군측의 3만여발의 육상포격 및 공중폭격을 망라한 대대적 화력공세를 불러오게 된다. 당시 인민해방군은 한국전쟁을 끝낸 직후로 공중과 해상에서의 작전능력이 태부족한 상황이었고, 적의 목표가 된 방송기지의 요원들은 토치카 속에 숨어 적의 공세를 버텨내는 수밖에 없는 상황이었다. 이후 대만측의 집중공격을 잘 버텨낸 대륙측 방송기지는 '해상(海上) 상감령(上甘嶺)'이란 칭호를 얻게 되었다.[19]

한편, 몇 차례 집중공격이 실효를 거두지 못하자 국민당군측은 '특무부대' 즉 간첩침투 작전을 시도하기도 한다. 전원 어민으로 분(扮)한 특수부대원이 주민들의 활동이 활발한 낮시간에 주민들 속에 섞여들어 기지근처로 잠입한 후 정확한 포격지점의 탐측 및 대형 스피커에 대한 근거리 파괴를 시도하여 이틀 간 두 명의 인명피해와 두 대의 스피커를 손괴하는 전과를 올린다. 이에 인민해방군측에서는 즉각 방송기지가 위치한 샤먼 연안 일대에서 군민합동의 대규모 간첩소탕작전(反特行動)을 전개하는데, 현지 어민 가운데 행동이 의심스럽거나 신분이 불상한

---

19 '상감령'은 항미원조지원군(抗美援朝志願軍)의 명의로 참전한 중국군대가 1952년 10월과 11월에 식량, 음용수, 탄환 등이 떨어진 악조건 속에서 43일 간 미군 7사단과 한국군 2사단의 포위공세를 견뎌낸 방어전을 치루어낸 강원도 금화군 동북방에 위치한 고지를 가리킨다. '바다 위의 상감령'이란 표현은 샤먼 쟈오위 일대 해상에서 전개된 국민당군측의 맹렬한 공세를 '상감령전투'의 경우처럼 적의 공세를 성공적으로 견뎌냈다는 의미.

자를 일일이 검문, 확인하여 일주일만에 100여 명의 간첩을 색출해 내는데 성공하였다. 당시 체포된 대만측 특무요원들은 훗날 대부분 사상개조를 거쳐 대륙측으로 귀순하게 된다.[20]

심리전의 제2막은 대륙측이 젊은 여성을 방송요원으로 투입하면서 전개된다. 아나운서가 확성기를 통해 직접 방송내용을 육성으로 전달하는 유선방송은 라디오 등과 달리 수용여부를 선택하는 것이 불가능하다. 또한 주요 수용층이 혈기방장한 20대의 청년병사였음을 감안하면 여성의 목소리는 매우 효과적인 전달 수단이 될 수 있었다. 1955년 당시 19세의 천페이페이(陈菲菲)는 인민해방군 제31군문예단에서 연기자로 활동하다 샤먼 허추어(何厝) 샹산(香山)에 개설한 방송기지의 아나운서로 발탁되었다. 당시 금문주둔군 가운데는 푸젠성 출신으로 징집되어 간 장정의 비율이 70%에 달했기에, 금문도와 바다를 건너 마주보는 푸저우(福州) 안하이(安海) 출신으로 푸젠지방 방언(閩南話)과 표준어(普通話)에 모두 능했던 천페이페이가 발탁되었다. 정적에 잠긴 심야 시간에 해안초소에서 보초를 서는 푸젠 출신의 국민당군 병사들에게 꽃다운 나이의 여성 아나운서가 고향말(閩南話)로 전하는 방송은 두고온 어머니와 처, 연인을 떠올리게 하기에 충분하여 그 정치적 내용과 무관하게 감성을 자극하는 것이었다. 짧은 시간 안에 천페이페이의 방송 투입은 공전의 인기를 구가하였고, 천페이페이는 국민당측 "군인오빠(阿兵哥)"들의 "꿈 속의 연인(夢中情人)"으로 자리를 잡게 된다.[21]

---

20 이상 쟈오위 등 대륙측 방송기지 설립 및 폭격, 간첩작전의 시말에 대해서는 다음 글의 내용을 정리 요약하였다. 吳世泽(口述), 蔣平(整理), 「"海上上甘岭"的反特务行动」, 『文史博览』 2011년 제3기.

21 1987년 대만이 대륙출신 퇴역군인들의 고향방문을 허용했을 당시 금문을 찾은 바 있는 상당수의 대륙 출신 퇴역군인들은 천페이페이의 소식을 물으며 금문 복무 당

그러나 젊은 여성이 최전방 기지에서 아나운서를 담당하는 것이 결코 쉬운 노릇은 아니었다. 샹산의 정상 부근에 위치한 방송기지는 포격에 견딜 수 있는 두께 1미터 이상의 단칸 시멘트 구조물(토치카)로 그 넓이가 6평방미터에 불과했는데, 그 가운데 1/3이 방송실 겸 천페이페이의 침실로 사용되었고 나머지 공간은 네 명의 동료 남성근무자의 침실 겸 사무실로 되어 있어, 남성 아나운서가 방송 중일 때 천페이페이는 자신의 방을 내주고 '사무실'로 나와 방송 중인 동료의 빈 침대에로 나와 있어야 하는 열악한 근무환경이었다.[22]

대륙측의 심리전 공세를 대만측도 수수방관하지는 않았다. '반심리전'에 대한 필요를 절감한 국민당군은 대륙 측의 방송이 시작된지 반년 후, 금문측에서도 일본제 확성기를 도입하여 소금문도의 주봉(主峰)인 마산(馬山)에 방송기지를 설립하고 소위 '반심리전' 대응방송을 시작한다. 이로부터 대만측은 심리전의 중요성을 자각하고 심리전 총본부를 개설하여 체계적인 심리전 대응전략을 강구한다.[23] 금문-샤먼 일대에서 전개된 심리전 격돌의 전개 양상은 해당 지역이 가히 양측 최고위층[24]이 주목하는 중요한 전선이었음을 보여준다. 향후 금문 일대를 겨

시 천페이페이의 목소리가 병영생활에서 많은 위안이 되었음을 토로하기도 했다.
22 楊敏, 「台海大喇叭 - 堅持了38年的"對話"」, 『中外文摘』 2010년 제21기 40쪽.
23 1959년 쟝졔스가 직접 심리전의 중요성을 강조한 이후, 군사행동에 있어서의 3대 원칙 즉, "정치 우선, 무력 보조", "대륙 우선, 대만 보조", "대륙 내부의 거사 및 대만해협에서의 군사행동과 결합 원칙"에 입각하여 금문과 대만에 각각 심리전 전담기구를 설치하는 한편 한국에도 분견대를 설치한 바 있다. 한국에 분견대를 설치한 것은 대륙으로의 전단살포에 있어서의 지리적 편의를 추구한 것으로 보인다.
24 1964년 여름, 쟈오위 방송기지에 근무하던 따이훙옌(戴鴻雁)은 대적방송 본부가 위치한 후리산으로 소환되었다. (후리산 방송본부의 개설 시말에 관해서는 후술) 그의 회고에 따르면 여기에서 그는 대대만 최전선을 시찰하러온 중화인민공화국의 이른바 10대 원수 가운데 천이(陳毅), 허룽(賀龍) 등 7인을 동시 접견한 바 있다고

냉한 대륙측의 심리전 방송에 대응한 대만측의 '반심리전' 방송기지들이 속속 개설되었음은 물론이다.[25] 천페이페이는 대만측의 방송기지 개설을 다음과 같이 회고한다.

"저쪽에서 우리 뒤를 따라왔지. 우리가 쟈오위에 하나 만들면 그쪽에서도 금방 하나를 만들었어. 우리가 샹산(香山)에 만들면 저쪽에서도 후징토우(湖井頭)에 하나 만들고, 우리가 스웨이토우(石胃頭)에 만들면 저쪽에선 구이산토우(龜山頭)에 만들고, 우리가 바이스파오타이(白石炮台)에 만들면 저쪽에서도 다단다오(大擔島)에 만들고 다들 우리가 방송으로 전쟁하는 걸 두고 대대희(對台戲)'[26] 같다고들 했다니까."[27]

'반심리전' 방송기지가 속속 건설되면서 대륙측의 일방적 우세 속에 진행되던 방송공세에 어느 정도 균형이 맞추어져갔다. 하지만 1955년 천페이페이가 방송을 시작한 이후, 여성 방송요원의 존재로 인한 호감도의 우세는 일시에 만회하는 것이 어려웠다. 대만측 역시 이를 잘 알아, 천페이페이에 대항할 비밀무기를 발탁하기 위해 노력하는데, 1958년 저장성(浙江省) 진화(金華) 출신으로 국민당군 장교의 딸이었던 탕리

회고한다.
http://news.takungpao.com.hk/mainland/focus/2013-09/1905836_6.html
25 장제스는 금문 방문 시 대적 방송기지가 설치된 마산(馬山)을 방문하여 방송요원들의 사기를 고무하고 기념촬영을 하는 등 심리전에 적극적 관심을 표명한 바 있다.
26 대대희란 경쟁 관계에 있는 경극단이 상대방을 누르기 위해 고의로 같은 시기에 같은 프로그램으로 맞불을 놓는 공연방식을 일컫는 말.
27 같은 글 p.41

주(湯麗珠)가 마산 방송기지에 등장하게 된다. 천페이페이의 본격적인 라이벌이 등장한 것이다. 타이베이여자고등학교를 졸업하고 입대한 탕리주는 국민당군 조달사령부 통신담당 부서에서 일하다가 좋은 목소리와 민난어 사용능력을 인정받아 심리전 담당부서로 전출되어 마산 방송기지에 오게 된 것이다.

이후 천페이페이와 탕리주를 각각 앞세운 양측은 치열한 경쟁을 벌여나간다. 대륙 출신 병사들의 '꿈속의 연인'과 '파마머리에 미니스커트를 즐겨 입는' 세련된 타이베이 아가씨의 '매력대결'인 셈이었다. 최일선에서 방송을 담당했던 두 당사자들도 상호의 존재를 의식했는데, 탕리주의 등장 이후, 방송에서 서로 직접 상대방의 이름을 거명하는 경우도 적지 않았다. 예컨대 탕리주의 고향과 친인척 관계를 파악한 대륙측 방송에서, "국민당군 마산방송기지 탕리주 방송요원 주목해주세요! 고모의 편지를 낭독해 드리겠습니다." 혹은 "탕리주 방송요원, 고향 진화의 특산품(火腿)을 실은 배를 내일 띄워 보낼 예정이니 고향의 맛을 즐겨주기 바랍니다" 식의 방송으로 상대편의 예봉을 꺾기 위해 노력했다. 대만측의 천페이페이를 향한 공세도 이에 뒤지지 않았는데, "천페이페이 방송요원, 우리측으로 귀순하는 것을 환영하며 의거를 실행할 경우 중용(重用)을 보장합니다." 식의 방송을 자주 내보내거나, 문혁 시기에는 천페이페이의 가족이 문화대혁명의 와중에 사망했다는 오보를 전하는 식이었다. 그러나 오랜 기간 지속된 치열한 설전 속에서도 일종의 묵계가 성립되어 서로 상대방 개인에 대한 인신공격성 발언은 자제하였으며 명절에는 방송을 통해 상호간 안부를 묻기도 했다.

당시 양측 간의 치열했던 대결의식은 다음의 일화로 미루어 짐작할 수 있다. 1958년 8·23포격전 발발 직전, 기혼자이던 천페이페이는 두 번째 아이를 임신 중이었는데, 급박한 정세 속에서 장기간 자리를 비울 수 없는 형편이라 남편과 상의하여 임신중절이라는 어려운 결정을 내린다. 그리고 수술 후 10일 만에 포탄이 빗발치는 최전선 방송기지로 귀환한다.

1958년 8월 23일 17시 30분 대륙측의 약 500여 문의 대포가 금문을 향해 한 시간만에 2만여 발의 포탄을 쏟아붓는 것으로 시작된 '8·23포격전'은 금문과 샤먼 사이의 좁은 바다로 일시에 전세계인의 이목이 집중되게 만들었다. 대만 국방부의 통계에 따르면 44일간의 포격으로 44만 4천 4백 23발의 포탄이 금문도에 떨어졌고, 대만측도 약 12만발의 포격으로 이에 대응하였으며, 육상에서 진행된 포격 외에도 해상과 공중에서도 양측의 전면전인 충돌이 벌어졌다.[28] 이 포격을 통해 대륙측은 금문 주둔 국민당군의 보급선을 효과적으로 봉쇄하였는데, 미국은 4대의 항공모함을 포함한 제7함대 병력 외에 제6함대 병력의 일부를 지중해로부터 급히 대만해협으로 불러들여, 포격전 발발 이후 끊어진 금문의 보급선 유지를 적극 도왔다. 미국의 개입은 대륙측의 반발을 불러와 대만해협을 둘러싼 위기가 더욱 고조되는 듯하였으나, 10월 6일 국방부장 펑더화이(彭德怀) 명의의 성명에서 7일간 포격을 잠정중단하는 조치가 발표되었고, 같은 달 13일 동 조치의 2주 연장 발표가 이어지면서 정세는 소강국면에 접어든다.

대만의 참모총장 및 국방부장을 역임한 바 있으며 포격전 당시 소금문 주둔 국민당군 제9사단장이었던 하오바이춘(郝柏村)의 회고에 따르면, 당시 대만과 미국이 논의 중이던 공동방위조약이 규정하는 방어선

---

28 그러나 이 충돌에는 묵계가 존재했는데 육군은 육군끼리, 공군은 공군끼리, 해군은 해군끼리만 상대함으로써 충돌의 확산을 방지했다. 예컨대 각측의 공군 비행기가 상대방에 대한 육상폭격을 가하는 것은 불가능했고 군함 역시 상호 간의 해상전투만 가능한 식이었다. 이는 이 전쟁이 가진 제한적 성격을 잘 보여준다.

범위에 대만본섬과 펑후열도만이 포함되고 금문과 마조를 제외하는 방안이 논의되고 있었는데, 금문에 대한 선제공격을 통해 포격전을 통해 이 지역에 대한 미국의 실질적 입장을 가늠하려는 것이 또 하나의 중요한 동기였다는 것이다. 이는 향후 대만본섬(및 펑후열도)의 대륙으로부터의 독립가능성 문제와도 긴밀히 연관된다는 점에서 민감한 사안이 아닐 수 없었다.

10월 25일 발표된 「재차 대만 동포에게 보내는 성명서(再告台灣同胞書)」를 통해, '홀수날 포격, 짝수날 휴식' 방침이 천명되었고, 이후 많은 희생자를 낸 포격전은 다분히 상징적 정치효과에 치중한 무력시위의 양상으로 접어 들었다. 이 시기에는 양측의 방송내용도 "곧 포격이 시작될테니 안전한 지대로 대피하시거나 집안에서 나오지 말기 바랍니다." 혹은 "오늘 포격은 민가가 아닌 공터나 해안 모래사장을 향하니 안심하시기 바랍니다." 식으로 격렬했던 상호비방이 일정하게 순화되기 시작했다. 나중에는 탄두 대신 전단을 장착한 포탄을 쏘는 경우가 늘어났고, 명절에는 3일간의 포격중지를 선포하는 것이 정례화되기도 하였다.

8·23포격전은 대륙측 방송기지의 편성에 일정한 변화를 초래하였다. 소금문(小金門, 角嶼), 다단(大擔), 얼단(二擔) 등 국민당군 주둔지역을 향해 대적방송을 전개해온 방송기지가 국민당군측의 포격과 침투공작조의 파괴공격에 자주 노출되자, 인민해방군측은 스웨이토우, 샹산, 바이스파오타이의 세 곳에 분산되어 있던 방송기지를 후리산으로 통합, 이전함으로써 기밀유지와 효율성을 제고하기로 결정, 그 이후로 후리산 포대 지하에 비밀리에 마련된 대적방송 총본부가 대적 선전전 임무수행에 중심적 역할을 담당한다.

대륙측이 후리산 기지로의 통합을 통해 설비와 배치면에서 전열을 정비한데 이어, 대만측도 네 곳의 방송기지를 운영하며 대륙측의 심리전에 대등하게 맞설 수 있는 '반심리전' 능력을 구축해갔다. 1970년대에 접어들면서 양자 간의 대결에서 점차 대만측이 우세를 점해가는 와중에 탕리주 이후 또 한 명의 여성 방송요원이 등장한다. 1976년 방송요원으로 새롭게 부임한 쉬빙잉(許冰瑩)은 금문 출신으로, 방송요원 시험을 보러 가는 친구를 따라갔다가 친구 대신 본인이 합격하는 바람에 방송요원으로 발탁된다. 국민당군의 편제에서 여성 방송요원은 군 외부에서 발탁하여 높은 대우[29]를 보장하는 특수직종이었다. 당시 대만측 방송요원들은 금문도에 위치한 마산, 후징토우, 꾸닝토어 등 세 곳의 기지와 다덩섬 기지등 등 총 네 곳을 석달씩 순환근무하는 체제였는데 쉬빙잉은 만3년간 이곳을 돌며 방송요원으로 활약하게 된다. 쉬빙잉이 활약했던 70년대 중후반은, 대륙측이 60년대 초의 대기근에 이어 문화대혁명을 거치면서 심리전에서의 기세가 한풀 꺾인데 반해, 경제의 고도성장으로 아시아의 네 마리 용 가운데 하나를 자처하는 대만은 그동안 선전전에서의 수세를 공세로 전환하는 중이었다. 이때 대만의 대중가수 덩리쥔(鄧麗君)의 노래는 대만측이 심리전에서 활용한 숨겨진 무기 가운데 하나였다. "대륙의 통치자는 둘 다 덩(鄧)씨성을 가졌는데, 낮에는 '덩어르신(老鄧)'이 다스리고, 밤에는 '미스덩(小鄧)'이 다스린다."는 말이 유행할 정도였다. 쉬빙잉이 내보내는 덩리쥔의 인기곡은 바다 건너의 '청취자'들에게 열렬한 호응을 불러일으켰다.[30] 개혁개방 이후까지 이어진 대륙에서의 덩리쥔 열풍이 제일 먼저 불어닥친 곳은 쌍방

---

29 당시 쉬빙잉이 받은 월급은 대만달러로 5,000원에 달했는데, 금문의 일반공무원 1,000~2,000원, 초급장교가 3,500원인 것에 비하면 상당한 대우라 할 수 있었다. 해당 액수는 대륙의 인민폐로 환산할 경우 약 200위안에 해당되었는데 당시 20년 경력의 천페이페이가 60~70위안 사이의 월급을 받았던 것에 비해서도 세 배 가량 좋은 대우였다.

30 「海峽上空的广播战: 邓丽君成"心战法宝"」, 『福建党史月刊』.

의 심리전이 첨예하게 부딪힌 금문과 샤먼 사이의 바다 위였던 셈이다.

Ⅲ. '풍선'의 전쟁

확성기를 이용한 유성방송이 20년간 금문과 샤먼 사이의 바다를 '목소리의 전쟁터'로 만들었다면 다른 한편에서 또 하나의 선전전이 전개되고 있었다. 바로 민병대원들이 주축이 되어 전개한 전단 살포를 중심으로 한 선전전이었다. 그리고 전단 살포에 관한 이야기는 샤오덩섬의 '민병영웅' 홍슈총(洪秀樅)이라는 이름을 결코 빼놓을 수 없다.

1935년 푸젠성 난안현(南安縣) 링더우촌(領兜村)의 빈곤한 농민 가정에서 태어난 홍슈총은, 유년기에 몇 차례나 남의 집을 전전한 끝에 샤오덩섬의 츄씨(邱氏) 성을 가진 집이 양녀로 들어가게 된다. 다행히 좋은 양모를 만난 홍슈총은 어릴 때부터 부지런하고 명랑하며 남 돕기를 좋아하는 성격으로 여자아이들 사이에서 대장노릇을 하게 되는데, 1949년 토지개혁 공작조가 섬에 들어온 이후 문선대(文宣隊)에 참가하여 노래와 무용, 연극 등에 열성적인 모습을 보여 공작조의 주목을 받게되고 여성민병대에도 참여하게 된다.[31] 이어 홍슈총은 공산주의청년단에 가입하는 한편, 향 치안원(治安員)과 부녀대표회의(婦代會)의 부주임 등을 맡게 되었고 이듬해에는 16세의 어린 나이에 샤오덩향(鄕, 한국의 면에 해당)의 부향장을 맡게 되었다. 면적이 880제곱미터에 불과한 샤오덩다오는 금문에서 불과 3km 떨어진 지역으로, 인접한 쟈오위에 대적방송기지가 개설되면서 금문측의 폭격에 대비한 갱도굴착 등 전투보조 작업이

---

31 戴尔济, 「洪秀枞 - 海岛英雄女民兵」, 『福建党史月刊』, 2009년 제15기, 35쪽.

필요했는데, 홍슈충은 민병대를 이끌고 3,000미터의 갱도를 건설하는 등 업무수행에 전심전력을 다했다. 1958년 포격전 당시에도 홍슈충의 활약은 탁월했다. 1958년 23세의 훙시우충은 샤오덩향의 향장을 맡고 있었다. 샤오덩다오는 금문의 타이우산(太武山) 북측을 직접 겨냥할 수 있는 전략적 요충으로 당시 30여문의 대포를 보유한 2개 포병 대대가 주둔해있었다. 포격전 당시 민병대의 가장 큰 임무는 포탄 수송이었다. 포탄운송선은 대개 좌초를 우려해 해안선 1~20미터 바깥에 닻을 내려 더 이상 접근할 수 없었기에, 허리까지 차오르는 찬물 속에 뛰어들어 무게가 40킬로그램에 달하는 탄약상자를 져나르는 임무는 민병대가 담당할 수밖에 없었다. 홍슈충이 이끈 샤오덩 민병대는 8·23포격전 기간 동안 36,000여 상자의 포탄과 8만여 개의 포신받침용 침목(枕木), 석축 구축용 석재 1,900,000제곱미터를 져나르는 등 혁혁한 공을 세워 민병대의 모범으로 전국적 유명세를 얻게 되었으며, 홍슈충 역시 중국 고대의 여성영웅 목계영(穆桂英)에 빗대어질 정도의 명성을 얻게 되었다.[32]

이처럼 열정과 능력을 널리 인정받은 훙시우충에게 샤오위 방송기지의 책임자로 부임한 사오룽전(卲榮楨)이 전단 등 선전물품 살포를 부탁한다.[33] 정부의 지원을 받기 어려워 실행에 관한 한 모든 것을 자체적으로 해결해야 하는 상황에서 민병대원들의 각종 묘안이 백출하는데, 민병대가 처음 선택한 것은 공명등(孔明燈)[34]을 활용하는 방법이었다. 밤

---

32 郭斌, 「洪秀枞: 小嶝岛上的"当代穆桂英"」, 『福建日報』, 2009년 9월 18일.
   http://www.taihainet.com/news/fujian/szjj/2009-09-21/454019.html
33 戴尔济, 위의 글, 36쪽
34 공명등은 종이로 만든 등롱 하부에 기름 먹인 솜에 불을 붙여 매달아 열기구의 원리를 이용하여 띄워 올리는 것으로, 제갈공명이 처음 고안하여 전쟁에 활용했다는 것을 유래로 삼아 공명등이란 이름으로 불린다. 종이에 소원을 적어 날리면 소원을

하늘에 불을 밝힌 공명등이 날아가는 모습은 장관을 이루었지만 자체 제작 공명등의 품질의 한계에다 실어 보낼 수 있는 전단의 양이 매우 적다는 치명적 한계 때문에 이 방법은 얼마가지 못해 폐기된다. 여러 가지 궁리 끝에 대나무살 다듬는 기술이 좋은 민병대원으로 하여금 공중살포용 연(風箏)의 제작을 담당하게 하는 방법이 채택되었다. 연은 그 크기에 따라 1~2킬로그램 정도의 전단을 실어 보낼 수 있었기에 살포의 효율이 크게 증가했다. 그런데 문제는 적절한 시점에 전단이 연에서 떨어져 나와 널리 확산되도록 만들어야 한다는 점이었다. 이를 위해 연을 날려 보낼 때 전단을 묶고 있는 매듭에 불 붙인 모기향을 장착하여 매듭을 태워 끊어지도록 하는 방법이 고안되었다. 물론 순풍일 경우 금문까지의 도달시간 약 30분을 면밀히 계산한 것이었다.

해상표유(海上漂游)를 통한 살포 역시 다양하게 검토되었는데, 유리병, 돼지방광, 종이접기 등 갖가지 운반수단과 방법이 시도되었다. 돼지방광을 이용하는 방법은 방광 속에 전단을 채운 후 입으로 하나하나 바람을 불어 넣어 완성해야 했는데, 작업시에 감수해야 하는 지독한 냄새와 자재 조달의 한계로 인해 역시 얼마 유지되지 못한다. 유리병의 경우에도 원가문제가 있었고 바닷물에 오래 견디기 어려운 난점이 있었다. 결국 대나무통과 조각배 등이 해상표유물 살포에 채택되었다. "의거하여 귀순하면 공(功)도 크고 상(償)도 크네投誠起義, 立功受獎" 등의 표어가 적힌 6개의 대형 목(木)구조물도 해상에 띄워졌다.

1953년부터 시작된 샤오덩다오 민병대의 선전전 수행은 1958년까지 100만건 이상의 선전물을 살포하는 성과를 올린다. 이같은 샤오덩

이루어준다고 하여 허원등(許願燈)으로도 불리며 객가(客家) 문화권에서는 천등(天燈), 문등(文燈) 등의 명칭으로 불리기도 한다. 공명등 날리기는 주로 푸젠성 연해지역과 대만 등 중국 남방에 널리 행해지는 풍습이다.

민병대의 활약은 널리 알려져, 다딩섬의 지우탕마을(舊塘村)과 진쟝(晉江)의 웨이토우마을(圍頭村)[35]에서도 샤오딩 민병대의 성과를 따라 배우기에 나선다. 진쟝의 민병대는 1958년에서 1960년 사이의 기간 동안, 연 3,663개 죽통 2,754개 대나무뗏목 10개를 이용하여 124만건의 전단을 살포하는 성과를 올리기도 한다. 샤오덩다오 민병대의 창의적 심리전 수행은 대륙만이 아니라 금문의 심리전 담당자들에게도 학습의 대상이 되어 금문측이 수행한 '반심리전'에 연, 유리병 등을 이용한 공중살포와 해상살포 방법이 적극적으로 채용되기도 하였다. 일부 전단들은 조류를 타고 한국과 일본까지 흘러가기도 했다.

민병대 주도의 열렬한 심리전 수행이 성과를 얻자, 1959년에 샤오덩섬에 보다 적재량이 크고 멀리 까지 보낼 수 있는 기구인 풍선을 이용하는 전단발송기지가 설립되었다. 이후 장저우시(漳州市) 장푸현(漳浦縣) 지우전(舊鎭)에도 하나가 더 설립되었는데, 이 시기에 날려보낸 전단 가운데 일부가 대만의 양밍산(陽明山)까지 날아가 미군 고문에 발견되기도 했다.[36]

전단만이 아니라 각종 물품들도 선전전의 효과를 높이기 위해 활용되었다. 초기에는 전단에 대한 주목도를 높이기 위해 사탕 등을 전단으로 싸서 보내는 방법이 활용되었으나 점차 상대측의 민심을 사고 보내는 쪽의 경제능력과 체제의 우위를 과시할 수 있는 실제 사용가능한 물품을 보내는 방향으로 바뀌어 갔다. 대륙측은 대륙출신 금문주둔군 병사들의 '향수'를 적극적으로 심리전에 활용하였는데, 특히 중국의 전통

---

35 이 마을 역시 금문도에서 불과 5.6해리(약 10.4 km) 떨어진 웨이토우(圍頭)반도에 위치하고 있어 금문지역을 겨냥한 공중 및 해상살포의 최적지 가운데 한 곳이다.

36 이상 전단 및 물품의 공중 및 해상살포에 관해서는 다음 글의 내용을 요약, 정리, 何书彬, 「空飘: 飞跃海峡的气球」, 『看历史』, 2012년 제5기.

명절인 춘절은 심리전 수행의 좋은 기회가 여서 선전전이 집중되는 시기였다. 각 지역을 대표하는 특산품들이 심리전의 소재로 자주 활용되었는데, "가장 좋은 것을 대만 동포에게 먼저 보내자"라는 구호 아래, 귀주(貴州) 마오타이주(茅台酒), 산서(山西)의 식초(陳醋), 쟝쑤(江蘇) 진화의 중국식 햄(火腿), 닝샤(寧夏)의 구기자(枸杞), 윈난(雲南) 특산담배(雲煙), 항저우(杭州)의 서호용정차(西湖龍井), 쑤저우(蘇州)식 월병(月餠) 등을 배나 뗏목에 실어 보냈다. 이는 당시에는 입수가 쉽지 않은 귀한 물품들로, 띄워보내는 측에서는 아까운 마음을 금할 수 없었고, 받는(?) 쪽에서는 장교들이 사병들에게 독이 들었다고 교육시키는 한편 습득 즉시 상부로 가져오라는 엄명이 내려질 정도의 '환영받는' 선전물이었다.[37]

대만측에서도 물품의 해상 및 공중살포에 적극적이었는데, 수건, 비누, 조끼, 나일론양말 등 공업생산능력의 우위를 과시할 수 있는 각종 일용 공산품이 단골메뉴로 포함되었다. 위조지폐나 권총 등 상대측의 체제불안을 자극하려는 의도의 물품들도 있었지만, 갓 도살한 돼지나 찹쌀밥 등 먹을 것을 배에 띄워 보내기도 했다. 어떤 농민은 금문측에서 공중살포를 통해 보낸 티셔츠를 주웠는데 뛰어난 품질이 마음에 들어, 몰래 입고 농사일을 하다가 땀을 많이 흘리는 바람에 티셔츠의 숨겨진 무늬(국민당을 상징하는 청천백일기)가 드러나 곤욕을 치르기도 했다.[38]

1966년 이후 대만측은 공중살포에 풍선 이용을 본격화한다. 금문도 타이후(太湖) 부근 산시마을(三溪村)에 자리한 광화위안(光華園)은 금문주둔군의 주요 공중살포 기지 가운데 하나로서, 대형풍선을 이용하여 심

---

37 戴尔济, 위의 글 36쪽.

38 봉황위성방송(Phoenix TV) 2013년 6월17일 방송대본 중 공지에(龔潔)의 발언. http://ucwap.ifeng.com/news/fenghuangjiedu/news?aid=63328253&mid=aee42T&p=1

리전용 전단, 일용품 등을 대륙을 향해 날려 보낸 심리전의 핵심 장소였다. 70년대에 들어서는 대만 경제의 활력증대와 더불어 살포량과 범위가 증대되는데, 관련 기술의 개발로 최대 180킬로그램을 적재 가능한 대형풍선이 사용되기도 했다. 이렇게 살포된 풍선들은 해협 너머의 푸젠성 전역은 물론, 가까이는 쟝시(江西) 후난(湖南) 등 지역에서 멀리는 내몽고(內蒙古) 신쟝(新疆)까지도 날아갈 정도였다. 가장 멀리 날아간 전단은 사우디 아라비아에서 발견되기도 했으며, 자국에 떨어진 전단과 기구를 근거로 인도가 중국을 유엔에 영공침해로 제소하는 일도 있었다. 70년대 중반 이후로는 살포량이 더욱 증가하여 1974년에만 1억8천만장의 전단이 살포될 정도였고, 금문의 기구살포의식에 참석하는 것은 대만을 방문하는 외국 정치인들이 빼놓지 않고 참석하는 하나의 정치적 의례가 될 정도였다.[39]

Ⅳ. 양안의 긴장완화와 심리전 '해소'의 시말(始末)

중미 간의 수교가 선포된 당일인 1979년 1월 1일, 중화인민공화국 국방부장 쉬샹첸(徐向前) 명의로 『국방부의 대금문 등 도서 포격정지에 관한 성명(國防部關於停止大金門等島嶼砲擊的聲明)』이 발표되었다. "대만은 조국의 일부이며, 대만 인민들은 우리의 골육상친이다. 대만, 마조, 펑후지역의 군민(軍民)동포들의 대륙으로의 왕래 및 가족, 친지방문의 편의를 위하여 푸젠군구(福建軍區) 의 일선 부대는 대금문(大金門), 소금문(小金門), 다단(大擔), 얼단(二擔) 등 도서에 대한 포격정지를 금일을 기하여 실행한

---

39 같은 글. 대만 측 심리전 담당자 한딩뤄(韓鼎洛)의 발언.

다."⁴⁰ 실로 양안관계가 긴장완화의 국면으로 접어드는데 중요한 전환점이 되는 성명이었다.

일선의 대적방송기지에서도 변화가 찾아왔다. 35년째 대적방송의 최일선을 지켰던 천페이페이는 이때를 다음과 같이 회고한다. "예전에는 방송서두에서 '국민당군 장교 및 병사 형제여러분, 금문동포여러분'으로 호칭했는데, 그 앞에 '친애하는'이란 한 마디가 더 붙은 거야. 아, 그 '친애하는'이란 한마디를 얼마나 신경써서 친밀한 느낌이 나도록 방송했는지!"⁴¹

그러나 중미수교로 미국 등 동맹 우방으로부터 하루 아침에 내팽개쳐진 대만의 입장에서 이는 무조건 환영할 만한 것은 아니었다. 같은 해 4월 4일 국민당 내부회의 석상에서 장징궈는 대륙에 대한 '3불정책(타협, 접촉, 회담불가)'을 기본입장으로 천명하였다. 그런데 몇 년 후, 닫아건 대만측의 빗장을 열게 만드는 사건이 발생한다. 우연한 계기에 금문-샤먼 일대에서 양자간의 첫 번째 공식접촉이 이루어지게 된 것이다. 1983년 6월 10일 푸젠성 난안현(南安縣)의 해상에서 조업을 마치고 돌아오던 두 어민에 의해, 난안과 금문 사이 해상에 부유하던 국민당군의 제복을 입은 시신 한구가 발견된다. 휴대한 신분증을 통해, 5일전 금문해역에서 바다로 추락한 국민당군 수송기의 조종사 천다웨이(陳大維)로 그 신원이 밝혀졌다.⁴² 이 사실은 곧 중앙으로 보고되고, 당시 대만사무 책임자를 맡고 있던 덩잉차오(鄧穎超)는 다른 연락채널을 모두 봉쇄하고 대

---

40 周军,「"炮击金门"停止三十年后走访厦门大嶝岛」,『文史精华』, 2009년 제12기에서 재인용.

41 봉황위성방송, 위의 글, 천페이페이의 발언.
http://ucwap.ifeng.com/news/fenghuangjiedu/news?aid=63328253&mid=aee42T&p=1.

42 叔弓文,「两岸首次官方交往纪实」,《纵横》, 2007년 제8기.

(對)금문 방송기지의 유선방송을 통해 금문측에 유해인수인계를 위한 접촉을 제의하도록 한다. 금문측에서는 미리 약속한대로 적십자 깃발을 앞세워 대표단을 파견했는데, 대륙측의 성의있는 처리에 감사를 표하는 한편, 마침 맞은 단오절 기념하는 뜻으로 금문의 특산물인 고량주(金門高粱)를 선물하였다. 이에 대륙측에서도 마오타이주(茅台酒)와 푸젠의 특산차인 철관음(鐵觀音) 등으로 답례를 하는 등 매우 화기애애한 분위기 속에서 30여 년 만의 첫 번째 공식접촉이 이루어졌다. 과거 심리전의 소재로서 '살포'되었던 물품들이 이제 감사의 표시와 그 답례로, 그리고 명절선물로서 양측의 손에서 손으로 건네지게 된 것이다.[43]

이듬해인 1984년부터 대만측에서도 변화가 나타나기 시작한다. 대륙에 대한 포격중지 및 심리전 관련 물품의 공중 및 해상 살포가 중단된 것이다. 대만측의 조치에 대해 대륙측에서도 화답하여, 대만, 금문, 마조 등에 대한 공중 및 해상살포를 중지하게 되었다. 상호 간의 '대적' 방송은 아직 중단되지고 유지되는 상태였지만, 이미 그 내용은 상대방에 대한 비방이나 자측의 체제우위를 선전하는데 열중했던 과거와 달리, 이산가족의 사연 및 고향소식 전달, 일기예보와 심지어는 생활상식까지, 인정미 넘치는 이야기들로 채워져갔다. 이처럼 해협 사이를 흐르는 조류가 달라지고 있음을 보여주는 사건은 지방정부 차원에서도 일어났다. 금문과 샤먼 시당국은 양지역의 화해를 상징하는 새해맞이 행사를 공동으로 주관하기에 이른다. 1987년 토끼해를 맞는 불꽃놀이 행사가 샤먼시와 금문시의 공동주최 형식으로 동시에 치루어져, 금문과 샤먼 사이의 바다가 포탄과 심리전 방송 대신 아름다운 불꽃으로 수놓

---

43 泉州文史資料全文數據庫 (南安縣, 石井公社).
http://mnwhstq.cn/was40/detail?record=643&&channelid=29719.

아지게 된 것이다.⁴⁴ 그해, 천페이페이는 정년을 맞아 샤먼전선대적방송본부의 아나운서조장 자리에 물러나 마이크 앞에서 보낸 33년간의 방송요원 생애를 마치게 된다.

 1987년은 대만에서 중대한 변화가 일어났던 한 해이기도 했다. 동년 7월 15일 계엄령해제(解嚴)가 발표되었다. 1949년 5월 19일 발포된 계엄령이 38년만에 해제된 역사적 순간이었다. 계엄령의 해제는 그동안 고향을 그리워하면서도 갈 수 없었던 무수한 대륙출신 퇴역군인들의 향수를 자극하는 계기가 되었다. 거리로 나선 '노병'들은 "고향에 가고 싶소(想家)"란 글씨를 윗옷에 크게 새기고, "골육이 떨어져 살아온 세월 40년(骨肉隔絶卌四年)"이란 제호의 전단을 시민들에게 나누어주며, 죽기 전에 고향땅을 밟고 싶은 소망을 절절히 호소했다. 이는 곧 대중들의 동정과 지지를 사서 10월 대만에 거주 중인 대륙 출신 퇴역군인(老兵)들이 대륙의 가족 및 친지방문을 허용하는 조치가 발표되었고 11월 2월부터 대만적십자사는 대륙방문신청 등록을 받기시작했다.⁴⁵ 1987년 9월에 발표된 정당설립금지령 해제에 이어, 1988년 1월에는 신문잡지에 대한 각종 제한조치들도 해제되기에 이른다.

 양안의 변화와 긴장완화는 더 이상 해협양안을 목소리와 삐라의 전쟁터로 유지할 명분을 잃게했다. 1991년 4월 24일 샤먼의 방송본부가 38년간 이어져온 '대적심리전방송'을 드디어 중단하기에 이른다. 이에 금문측 또한 점차 방송횟수를 축소하다가, 1992년 11월 7일 금문 마조

---

44 공동의 불꽃놀이 행사는 중간에 금문측의 사정으로 잠시 중단되기도 했으나 현재까지 이어져 오고 있다.

45 「1987年蔣經國宣佈開放百萬台灣老兵大陸探親揭秘」, 『華夏經緯網』, 2013년 11월 8일.
  http://big5.huaxia.com/thjq/jsgoucheng/2013/11/3607757.html

등 도서 지역에 대한 전지정무(戰地政務) 즉 군사계엄이 해제되는 것을 기화로 방송을 종료하였고, 방송기지 인근의 초소와 토치카 등 군사시설들 역시 철거되기 시작했다.

이러한 분위기 속에서 양안 간의 민간경제교류도 활성화 방안도 점차 열기를 띠면서 논의되기 시작했다. 1992년 푸젠성 당국은, "두 개의 문(厦'門과 金'門을 은유)"을 동시에 열고, 두 마리의 말(대륙측의 '馬'尾와 대만측의 '馬'祖를 은유)을 먼저 달리게 하자(兩門對開, 兩馬先行)"라는 구호 아래 양측의 민간교류 및 소액무역 활성화를 위한 '소삼통(小三通)' 구상을 발표하고, 샤먼, 마웨이(馬尾), 취앤저우(泉州)의 메이저우완(湄洲灣) 세 곳에 양안 간의 직항전용 부두를 건설하고, 샤먼과 금문 사이에 해저통신케이블을 매설하며, 항공편을 통해 들어오는 방문객이 샤먼과 푸저우(福州) 공항에 내려 도착비자를 신청할 수 있게 하는 교류강화 방안을 발표하였다.

1994년 대륙측에서는 푸젠, 저장, 상하이, 산둥 등 동남연해지역에서 대만과의 사이에 진행되는 무역을 일반적 수출입과 별도의 '소액무역'으로 지정하여 그 절차를 간소화하는 방안을 발표하였다. 이어 1997년 4월 19일부터 대만의 가오슝(高雄)과 대륙의 푸저우, 샤먼 두 항구 사이에 통관 및 입경 절차를 거치지 않는 방식의 통항이 시작되었고, 2000년 3월 21일 대만측에서도 금문, 마조, 펑후 지역의 대륙과의 통항을 허용하는 조례가 발표되었다. 드디어 양 지역 간의 통행의 자유가 실현될 수 있게 된 것이다. 이에 근거하여 2001년 1월 1일부터, 정해진 시간과 장소에서 화물과 여객 통항을 시범실시하는 소위 '소삼통(小三通)'이 시작된다. 2001년 1월 2일, 금문의 랴오루어완(料羅灣)부두에서 샤먼의 허핑(和平)부두를 향해 떠나는 첫 번째 여객선이 출발하였다. 포탄과 목소리만이 아니라 사람과 물자도 금문과 샤먼 사이의 바다를 자유롭게 건너는 시대가 도래한 것이다.

소삼통이 실시된지 4년째 되던 2005년 1월, 일군의 특별한 여행객들이 금문방문에 나선다. 향후 대륙여행객의 금문관광 활성화를 위해, 샤먼의 여행사에서 우스저, 천페이페이 등 왕년의 방송요원을 금문여행에 초대한 것이다. 참여자들은 과거 대적방송에 종사했던 이력을 고려할 때, 자신들의 안전이 보장될 것인가에 대한 두려움도 있었지만, 수십년 동안 지척에서 바라보기만 했던 곳을 몸소 밟아볼 수 있는 기회를 포기할 수 없었다. 30분의 뱃길로 건너온 금문에서는 마침 '토치카 예술전'이 열리고 있었다. 쓸모를 잃고 버려진 토치카 18곳을 각종 설치예술작품들로 꾸며 예술과 휴식의 공간으로 재탄생시키는 기획이었다. 긴 수염이 늘어진 용수(榕樹) 나무 아래 빈 탄약상자를 쌓고 노래방기계도 함께 설치해 두었다. 대만본섬에서 건너 온 관광객들이 마이크를 잡기 위해 긴 줄로 늘어서 있었다. 천페이페이와 그의 남편도 노래를 불렀다. 대만측이 당년에 심리전의 무기로 휘둘렀던 덩리쥔의 대표곡 가운데 하나인 『내 마음 저 달이 말하네(月亮代表我的心)』이라는 노래였다.[46] 금문의 주민들도 천페이페이 일행의 방문에 아낌 없는 환영을 표해 주었다. 방송에서 자주 들려주었던 푸젠 전통지방극 고갑희(高甲戱)의 한 대목은 물론, 방송에서 늘상 들었던 대륙의 혁명가요를 외워 부르는 노인도 있었다. 과거의 방송요원들은 금문 마산의 라이벌 방송기지 방문이, 도로사정이 좋지 않아 이루어지지 않은 것을 가장 큰 아쉬움으로 남기며 달라진 세월을 느끼고 돌아왔다.[47] 대립의 최일선에 섰던 이들조차 더 이상 배척의 대상이 아닌 환영받는 손님일 뿐이었다.

46 　王文靜·吳琪,「攻心到交心, 昔日对敌广播員金门泯恩仇」,『廈門日報 海峽週刊』 2006년 4월 7일.

47 　천페이페이 일행의 금문방문에 대해서는 다음 문헌의 소개가 상세하다. 傅宁军, 「前沿: 何厝纪事」,『青春』 2013년 11기.

2002년 양안관계를 주제로한 난징(南京)TV의 특집 다큐멘터리 『혈맥(血脈)』이 그해의 권위있는 방송대상인 진잉(金鷹)상의 다큐멘터리 부분 최고상을 수상하여 전국에 방영된다. 다큐멘터리에서 다루어진 천페이페이와 탕리주의 이야기도 대륙 양안의 시청자들에게 널리 회자되었다. 한번도 직접 만나지 못하고 늘 멀리서 서로의 존재를 의식했던 두 사람은 텔레비전 카메라를 통해 처음으로 인사를 나누게 된다.

　　금문에서 고등학교를 졸업한 후, 방송요원 시험에 응시한 친구를 따라 갔다가 자신이 방송요원으로 발탁된 쉬빙잉은, 자신이 근무하던 다단섬 방송기지에서 한가할 때마다 망원경을 통해 바라보던 샤먼대학의 붉은 기와 건물을 여행객의 신분으로 찾게 된다. 몸소 찾은 샤먼대학에서 어떤 특별한 느낌을 받게 된 쉬빙잉은 2008년 9월 시험을 거쳐 샤먼대학 중의과(中醫科)의 신입생으로 입학한다. 수업에 들어가기 위해 교실문을 열면, 교수로 착각한 온 강의실의 학생들이 일시에 조용해지는 일이 다반사일 정도의 만학(晚學)이었으나 붉은 기와지붕 아래서 기쁜 마음으로 학구열을 불태우게 된다.[48] 금문에서 샤먼으로 유학을 온 쉬빙잉은, 은퇴 후 샤먼에서 거주하던 천페이페이를 찾아가게 되고, 두 사람은 감격적인 상봉을 하게 된다. 오랫동안 만나고 싶었던 '후배'에게 천페이페이는 오랫 동안 몸에 지녀온 귀한 마노(瑪瑙)를 선물로 건네 주고, 쉬빙잉은 8·23포격전 당시 날아온 포탄을 재료로 만든 금문특산의 주방용칼로 답례한다. 이렇게 해서 다시 만나게 된 과거의 '대적방송' 라이벌 사람은 이제 주말이면 집에 와서 요리를 함께 해먹는 절친한 언니동생 사이가 되었다.[49]

48　陈成沛·于文华,「许冰莹: 老学生的青春之歌」, 『厦门商报』 2009년 3월 16일.
49　2009년 4월 12일, 중국 CCTV의 유명 따딴프로그램 『최아나운서의 이야기마당(小崔说事)』에 천페이페이와 쉬빙잉이 초대된다. 다큐멘터리 『혈맥』에 이어, 금문과

V. 맺으며

이상에서 살펴본 바와 같이, 오늘날 금문과 샤먼 두 지역에서 볼 수 있는 화해와 평화정착의 비가역적 양상을 한반도의 오늘과 대비해 볼 때, 그 큰 격차를 다시 한번 실감하지 않을 수 없다. 2015년 1월 7일, 북측은 국방위원회 대변인 성명을 내고, 대북전단 살포 중지와 한미 군사훈련 중지 등 현안문제 대한 남측 정부의 입장변화를 촉구하고 나섰다. 북측이 2015년 1월 1일 발표한 신년사에서 남북정상회담 가능성을 시사한지 며칠만에 한 민간단체가 전단 130만장을 실은 대형 풍선을 날려 보낸 데 따른 반응이었다. '표현의 자유'를 제약할 법적 근거 미비 등을 내세워 전단살포 제지에 미온적인 반응을 보여온 정부의 기존입장은, 1월 6일 '전단살포가 지역주민의 생존권을 심각하게 침해할 경우 그 저지가 적법하다'는 법원의 판결이 나오고 뒤이어 국회외교통일위원회가 '민간단체의 대북 전단 살포에 대한 정부 조치를 촉구하는 결의문'을 채택한 후에도 큰변화의 기미가 없어 보인다. 심리전은 한반도에서는 여전히 현재진행형으로 존재하는 셈이다.

1979년에는 냉전의 삼엄한 진영논리가 상존한 가운데 기존의 상식을 깨뜨리는 중미수교가 이루어졌고, 양안관계 역시 우여곡절은 있었으나 차츰 긴장완화와 교류확대의 방향으로 나아갈 수밖에 없었다. 최근 중남미에서는 미국이 쿠바와의 관계정상화를 위한 대화에 나서는 또 한번의 놀라운 변화의 조짐이 보인다. 한반도라고해서 이러한 변화가 절대로 찾아오지 않으리라 단정할 수 없는 것이다. 그렇다면 오늘날

샤먼 사이에 치열하게 전개되었던 심리전의 여주인공이 다시 한번 세인의 주목을 받게 되는 순간이었다.
http://news.sina.com.cn/c/sd/2009-06-10/141517990410.shtml

현재진행형으로 존재하는 심리전의 지속 상황을 넘어서는 것이 경색된 국면을 깨뜨리는 중대한 변화의 첫걸음이 될 수도 있을 것이다.

인민해방군 상장(上將)을 지낸 예페이(葉飛)에 따르면, 마오저뚱이 마음만 먹었으면 충분히 가능할 수도 있었던 금문 점령을 포기했던 진짜 이유는 '대화채널'을 유지하려는 것에 있었다고 한다. 앞에서 살펴본 바와 같이 샤먼과 금문 간에는 '삼통(三通)'이 본격적으로 시작되기 전부터 각종 명목의 접촉과 교류가 부단히 이어져왔다는 사실을 돌이켜 보면, 마오저뚱이 의도한 바대로, '대화채널'로서 금문(및 샤먼)이 쌍방에 가지는 전략적 의미는 새로운 각도에서 되짚어 볼 만하다. 수십년 간 쌍방 간에 전개되어온 무력대결과 심리전마저도 양안이 두 개의 서로 다른 국가로 분리되는 것을 방지하는데 필요한 '관계'의 유지와 '대화'의 지속에 동원된 하나의 수단이었다는 역설도 긴 역사의 안목에서는 성립 불가능한 주장만은 아닐 수 있다.

상호 간의 적대와 증오가 가장 치열하게 불타오르던 8·23포격전 당시, 오늘날 금문과 샤먼 사이에 자리잡은 평화의 단초를 상징적으로 보여주는 한 가지 에피소드가 있었다. 양측 간에 벌어진 "빈랑섬(檳榔嶼) 깃발 뽑기" 대결의 자초지종이 그것이다.

샤먼과 금문 사이의 중간 해역에 빈랑섬이라는 이름이 붙은 무인도가 있었다. 수면에서 약 47미터 정도 돌출되어 전체가 암석으로 뒤덮여 있고 드문드문 관목들이 자라고 있는 이 섬은 어부들이 작업 중 잠깐 배를 대고 쉬는 정도나 가능할 뿐, 애초에 군대를 파견하여 점령하는 것은 생각할 수도 없는 곳이었다. 그러나 8·23포격전이 한창이던 당시 금문측은 이 섬이 국민당군에 귀속된다는 점을 보여주고자 해상특수작전 수행을 담당하던 '개구리부대(蛙人部隊)'를 상륙시켜 국민당의 상징인 '청천백일기'를 꽂고 돌아온다. 다음날 빈랑섬의 국민당기를 발견한 대륙측은 조준포격으로 그것을 날려버린다. 이에 굴하지 않은 국민당군측은 재차 개구리부대를 파견하여 깃발을 꽂았고 그 다음날이면 그전과 마찬가지로 폭격에 의해 깃발은 형체도 없이 사라졌다.

    몇 차례의 조준폭격에도 개구리부대의 깃발꽂기가 반복되자 인민해방군측은 밤중에 특수부대를 보내서 '청천백일기'를 뽑아내고 '홍기'를 꽂은 다음 섬에 매복하여 다음날 다시 깃발을 꽂으러 오는 개구리부대를 기다렸다. 무방비 상태로 상륙을 시도한 국민당군측의 피해가 막심했음은 물론이다. 빈랑섬에는 청천백일기 대신 홍기가 휘날리게 되고 이번에는 금문측에서 조준포격을 가해 적기를 날려버리는 것으로 입장이 뒤바뀌게 되었다.

    이런 상황이 오래토록 반복되자 쌍방 모두 무의미한 깃발 꽂기 싸움에 신물을 내게 된다. 양측의 해상 중간선에 놓여 있는 사방이 절벽으로 된 좁은 바위섬을 점령하여 군대를 주둔시킬 수는 없는 노릇이기 때문이다. 쌍방 모두 이 엄연한 사실을 받아들이게 되면서 무의미한 깃발꽂기 전투는 종적을 감추게 되었다.[50]

    적대와 증오가 복수로 이어지고, 다시 복수가 이어져 그것이 무한히 반복될 때, 그 무의미함에 지쳐 상대방의 존재에 대한 암묵적 인정이 시작되고 그로부터 공존의 여지가 생겨나게 된다. 상대방의 존재를 승인하고 공존을 받아들이는 순간 대화와 교류의 가능성이 열리게 됨은 물론이다. 양안이 대화와 교류에 나서게 된 직접적 계기는 '중미수교'라는 정세의 변화에서 찾을 수 있다고 하더라도, 빈랑섬의 깃발꽂기가 가진 무의미다는 사실을 양측이 암묵적으로 합의한 그 순간이야 말로 대화와 교류로 나갈 수밖에 없는 '먼 미래'를 예비하는 한 순간이 아니었을까?

---

50 '빈랑섬의 깃발 뽑기' 대결에 대해서는 다음 글의 내용을 요약, 정리. 何书彬, 「槟榔屿"拔敌旗"」, 『看历史』 2012년 제7기, 17쪽.

2008년 12월 15일, 양안은 본격적인 '삼통'의 시대로 접어들었다. 오늘날 대륙 21개 도시와 대만 8개 도시는 직통 항공편 운항을 통해 서로 연결되었고 2010년 6월 '경제협력기본협정(ECFA)'의 체결로 강화된 양안 간의 경제협력은 '차이완(Chi-wan)'이란 신조어를 생겨나게 할 정도이다. 적대와 원한의 과거를 넘어서서 대화와 합의의 시대로 함께 나아갈 공통의 출발점을 양안의 중국인들은 어디에서 찾고 있을까?

2009년 8월 15일 금문과 샤먼 양측은 공동으로 "2009샤먼-금문해협횡단수영대회(2009廈金海峽橫渡)"를 개최하였다. 과거 시대에 상대편 진영으로 '귀순'하기 위해 농구공 하나에 의지해 목숨을 걸고 넘던 그 바다에서 '삼통'의 완성을 자축하는 이벤트가 벌어졌다. 새로운 역사의 현장(現場)에서 초청된 리주펑(李柱烽) 금문현장(縣長)이 한 '축사'의 한 대목은 다음과 같다. "양안이 지금 함께 생각하지 않으면 안되는 것은, 풀지 못할 것 같았던 과거의 마음 속 응어리를 풀어버리고 다시 한번 공동의 미래를 마주해야만 한다는 점입니다. 그 명목이 무엇인가는 중요치 않습니다. 양측의 인민들 공동의 목표는 실질에 있으니까요."[51]

이 대립과 화해를 몸으로 겪어낸 '유경험자'의 이 소박한 한 마디야말로, 아직도 '심리전' 단계에서 교착된 한반도 양측의 주민들에게 유의미한 단서가 될 수 있을지도 모른다. 고성장시대가 진작 종말을 고한 후 과거 개발시대의 추억을 곱씹으며, 고용없는 성장이 만들어낸 비정규직과 청년실업의 악조건을 감내하고 있는 대다수 '남측 주민'의 입장에서, 막대한 사회간섭자본투자 수요를 불러일으켜 다시 한번의 고성장 시대를 열어줄지도 모를 '대박통일'은 절실할 수밖에 없는 꿈이기 때문이다.

---

51 何书彬, 「厦门与金门: 60年一个循环」, 『同舟共进』

05

냉전생태의 형성과 해체:

지뢰전시관 형성의 경로를 따라서

우췬팡·정근식

Ⅰ. 문제제기

동아시아 '냉전-분단체제'는 매우 독특한 경계선을 가지고 있었다[1]. 한반도의 DMZ와 서해5도의 NLL에 상응하는 중국과 대만의 경계는 대만의 마조도와 금문도가 마주하고 있는 해안이다. 이 지역들은 냉전체제하에서 극단적 대치를 시각적으로 보여주는 독특한 경관을 만들어왔다. 동아시아 냉전-분단체제의 최전선이었던 금문도는 1949년 10월의 꾸닝토어古寧頭전투, 1954년과 1958년의 대규모 포격전을 거치면서 섬 전

---

1 동아시아 '냉전-분단체제'라는 개념에 관해서는 정근식(2014)을 참조할 것.

체가 방어진지로 요새화되었다. 대규모 상륙작전을 방지하기 위해 연안 해안에 설치된 스파이크, 포격전이나 공중폭격에 대비한 요새와 망루, 소규모 함정을 대피시키기 위한 해안동굴 등 은폐와 엄폐를 위주로 한 군사시설은 독특한 냉전 경관을 만들어냈다. 냉전하 금문도에서는 이런 가시적인 경관 이외에 해안과 진지 주변 모두에 대규모 지뢰를 매설하여 생태를 군사화 하였다. 각종 군사시설은 역설적으로 자연보호 기능을 발휘하여 독특한 생태계를 만들었다. 이렇게 만들어진 금문도의 환경은 '냉전생태'로 개념화될 수 있다.

최전선이자 전장이었던 금문도의 냉전 경관과 냉전생태는 탈냉전과 함께 전장관광의 자원으로 전화되기 시작했다. 특히 지뢰는 냉전 경관을 넘어 냉전생태하의 주민생활을 성찰하도록 하는 매우 흥미로운 소재이다. 2013년 전반적인 지뢰 제거작업이 완료되기 전의 금문도의 해안선은 지뢰로 인해 매우 위험한 지역이어서, 관광 안내 책에 '지뢰 조심'이라는 문구를 볼 수 있을 정도였다. 바닷가에 있는 철조망과 지뢰 경고간판은 사람들의 접근을 막았으며, 금문도가 외부에 개방된 이후에도 방문 관광객이 많이 늘지 않고, 투자자들을 주저하도록 만드는 것도 지뢰문제였다.

지뢰는 탈냉전과 함께 전쟁 유산(War Heritage)이 되었다. 전쟁 유산은 항상 잔인하고 슬픈 역사를 보여주는 것이다. 전쟁 유산은 크게 두 가지로 구분된다. 하나는 물질적으로 존재하는 군사시설이나 전쟁용 물건, 그리고 그것이 존재하는 공간으로서의 전장(戰場)이다. 또 하나는 전투의 역사나 흔적을 보존하기 위해 지어진 각종 기념물과 박물관, 평화공원 등이다. 2010년 준공된 소금문도 '지뢰전시관'은 이런 전쟁유산을 활용한 시설로, 양안 대치 시기의 정치·군사적 긴장과 전쟁의 고통을 상기시키면서 동시에 긴장완화와 평화공존을 도모하려는 시설이다.

이 글은 이 지뢰전시관이 만들어질 수 있는 사회사적 배경에 초점을 두고, 이른바 자유진영의 최전선이었던 금문도에서 어떻게 냉전생태가 형성되었고, 탈냉전과 더불어 해체되어 가는지를 지뢰문제를 중심으로 살펴보려는 것이다. 금문도는 1949년 이후 항상 중국군의 대규모 상륙과 공격에 대비한 군사적 시설들이 계속 만들어졌고, 이들이 빚어내는 경관과 잘 보이지 않는 지하에 매설된 지뢰는 방어형 냉전생태를 구성하는 주요 구성요소라고 할 수 있다. 냉전적 대치상황을 가시적으로 보여주는 시설들이 집중된 지역의 경관을 냉전 경관이라고 부른다면, 냉전생태는 보이는 것과 보이지 않지만 실재하는 것들을 동시에 사유할 수 있도록 지평을 확장한다.

이런 냉전생태 하에서 금문도의 주민들이 어떻게 지뢰와 더불어 살아왔으며, 또한 지방정부가 어떻게 지뢰제거를 해나갔는가를 살펴보는 것은 아직도 남북대치상황이 엄존하는 한국의 연구자들에게 많은 시사를 줄 수 있다. 특히 최근 한국에서 DMZ를 활용한 평화공원을 만들자는 제안이 이루어지는 상황에서 금문도의 사례는 좋은 참조가 된다.

여기에서는 소금문도의 지뢰박물관의 형성을 전장관광(battlefield tourism)이라는 맥락에서 분석하려고 한다. 전장관광은 종종 다크투어리즘의 일종으로 이해되고 있다. 1996년 '다크투어리즘'이라는 표현이 폴리와 레넌(Foley & Lennon, 1996)에 의해 사용된 이후, 이것은 많은 연구자들에 의해 탐구되어 왔고, 그 스펙트럼도 매우 넓다(Stone, 2006). 다크투어리즘은 죽음·비극·고통·재앙과 관련된 실제 장소 혹은 상품화(재현)된 장소에 대한 방문객들의 소비라고 정의된다. 다크투어리즘 연구의 초점 중의 하나는 과거의 전쟁이나 전장에 대한 기념 방식으로 이것이 점차 '상품화'와 '대중화'의 길을 걷고 있다는 것이다(김석윤, 2014: 10). 전장 관광객은 근대의 대량 파괴와 폭력의 경험을 이해하고, 이를 통하여 비극적인 역사와 고통스러웠던 과거와 화해를 추구한다. 이들은 현재의 시점에서 재구성된 역사적 경험과 상호작용하면서 과거를 자신의 방식으로 상상한다. 김태영(2013)에 따르면 다크 투어리즘에는 전장관광(Battlefield Tourism), 묘지관광(Cemetery Tourism), 역사의 식민화(Colonization of History)와 홀로코스트 관광(Holocaust Tourism), 재난관광(Disaster Tourism), 유령관광(Ghost Tourism), 감옥관광(prison tourism) 등이 포함된다. 전장관광의 측면에서 금문도의 사례를 연구한 것으로 장리휘와 라이안(Li-Hui Chang and Chris Ryan, 2007: 143~151)의 연구를 들 수 있는데, 이 연구에서 특별히 냉전생태나 지뢰문제를 언급하고 있지 않으며, 지금까지 냉전과 탈냉전의 맥락에서 금문도의 사회사에 관한 가장 뛰어난 연구로 평가되는 스조니의 연구(Szonyi, 2008) 또한 특별히 지뢰문제를 언급하지는 않고 있다.

 이 연구를 위한 기초자료는 문헌연구 외에 현장조사와 주민들과의 인터뷰 자료를 통해 확보했다. 금문도 군정시기의 신문인 중화정기보(中華正氣報)와 현재의 지방신문인 금문일보(金門日報)의 기사는 금문도의 냉전생태의 형성과 해체에 관한 사실들을 제공한다. 이와 함께 지뢰 매설에 대한 주민들의 생각과 그들이 지뢰와 어떻게 공존하는 삶을 살았는지, 지뢰 제거에 대한 반응이 어떠했는지에 관한 주민들의 구술은 냉전생태 연구를 보다 심층적으로 진행할 수 있도록 해준다. 주민들과의 인터뷰는 2014년 상반기에 진행되었는데, 인터뷰 대상자는 총 13명으로, 이들 중 9명은 대·소금문도의 일반 주민이며, 지뢰 부상자 2명, 그리고 1970년대에 금문도로 결혼 이주를 한 대만본섬 출신의 여성 2명이 있다. 지뢰전시관의 설립과정에 관해서는 소금문도 향사무소 관광과 과장과 직원들의 증언을 통하여 파악하였다.

II. 냉전생태의 형성과 지뢰의 의미

1. 금문도의 요새화와 지뢰 매립

1949년 중국 내전에서 패배한 장제스(蔣介石)는 약 200만명에 달하는 국민당군과 함께 대만으로 피신하였다. 오늘날의 중국과 대만의 경계가 형성된 결정적인 계기는 1949년 10월에 금문도에서 발생한 이른바 꾸닝토어전투이다. 이 전투는 내전기간 내내 공산군에게 밀리던 국민당군이 승리를 거둠으로써 더 이상의 후퇴를 막고 전선을 샤먼과 금문 사이의 좁은 바다로 고착시켰으며, 얼마 후에 발발한 한국전쟁으로 인하여 양안 간 경계로 확정되어가는 전기가 된 사건이다.

이 꾸닝토어전투에서 국민당군이 승리하게 된 데에는 과거의 일본군 지휘관이었던 네모토 히로시(根本博)의 전략적 조언이 작용했다고 전해진다. 중일전쟁이 종료된 1945년 9월, 장제스는 국공내전이 재개될 것을 예상하면서 일본군 포로들에게 '관용(寬容)'정책을 취했다. 그는 일본군 고위 지휘관들을 전범으로 처벌하지 않고 방면해주었다. 1949년 대만으로 피신한 장제스는 일본으로 돌아간 네모토에게 도움을 요청했다. 네모토는 장제스에게 입었던 은혜를 갚기 위하여 다른 6명의 군 전략가들을 데리고 일본 규슈에서 몰래 배를 타고 대만으로 갔으며, 장제스는 네모토를 금문도로 파견했다. 금문도의 지휘관이었던 탕언포(湯恩伯)는 그의 조언대로 '포대전략'으로 중국 공산군의 공격에 대비하였고, 그 덕분에 꾸닝토어전투의 승리를 거뒀다. 이 전투는 공산당군 9,086명이 사망하고 3,000명 이상이 포로가 될 정도로 공산군에게 큰 충격을 주었다. 네모토 외에 도미타 나오스케(富田直亮, 중국이름 백홍량) 일행도 대만에 와서 '백단(白團)'[2]을 조직했다. 도미타 일행은 국민당군을 훈련

---

2 백단의 '백'자는 도미타 나오스케의 중국 이름 '백호량(白鴻亮)'의 '백'자이고 공산단

시키면서, 장제스에게 금문도 같은 섬들이 대규모 공격을 감당하려면 이오지마(硫黃島)를 모방하여 '갱도전'을 취해야 한다는 의견을 냈다. 금문도의 주민과 군인들은 그의 의견에 따라 밤낮을 가리지 않고, 심지어 포격 멈추는 사이에 잠깐이라도 갱도를 팠다. 갱도 덕분에 금문도는 공산군의 44일 동안의 맹렬한 포격에 견뎠다.[3]

1949년 10월 이후, 금문도는 반공의 최전선이 되었다. 1958년 포격전 전후의 가장 긴장이 고조되었을 때, 이 작은 섬에는 10만 명의 군인이 배치되었는데, 그 숫자는 주민들보다 많은 것이었다. 당시 국민당군은 중공군의 기습 공격의 위험에 노출되어 있어서 항상 불안해했으며, 공산당군의 대규모 공격을 버티기에 땅굴만으로는 부족했기 때문에 금문도의 전역의 해안선에 지뢰를 매설하기 시작했다. 이 때 「곳곳에 지뢰가 있고, 지뢰 옆에 지뢰가 있다(處處有地雷·地雷旁有地雷)」는 말이 만들어졌다. 금문도의 냉전생태는 이렇게 형성되었다.

해안가에는 스파이크(용치)라고 부르는 선박 상륙저지용 시설들이 설치되었다. 원래 해안과 바다는 금문도 주민들이 어업과 채취를 통하여 생계를 유지하는 곳이자 세계로 향하는 통로였지만, 군에서 해안을 따라 철조망을 세우고 지뢰를 매설하면서 출입금지구역이 되었다. 주민들에게 바다로의 접근이 허용된 것은 '톱'모양의 작은 길이었다. 금문도 주민들은 자유롭게 동남아나 일본 등 외국 나라에 갈 수 없게 되었다.

대만 국가역사관에서 소장하고 있는 '장징궈 총통 문물(蔣經國文物)'에 따르면, 국공내전 때 국민당군은 이미 각종 지뢰를 많이 사용하고 있었다. 이 공문서에 의하면, 지뢰는 기습성을 가지고 있으며, 적에게

의 '홍'군과 대항하는 의미가 있다.
3 서해5도의 긴장이 고조되었을 때 한국의 국방부는 금문도의 그물망처럼 얽혀진 요새를 통한 방어체계를 참조하였다고 한다. 軍, 서북도서 '금문도식 요새화' 검토, 연합뉴스 2010.12.07.

공포감을 심어주어서 공격을 늦추거나 막을 수 있었다. 특히 심야수색 활동을 더 어렵게 하였다. 전투 시에 지뢰는 효율적으로 적군의 행동을 견제할 뿐만 아니라 적군의 병력을 소모시킬 수도 있고, 자유로운 활동반경을 제약한다. 이때의 방어기제는 3중적 방어선 구성으로, 첫 번째 방어선은 얕은 여울에 설치되는 1~3열의 장애물(궤조제 또는 rail obstacles)이고, 두 번째는 지뢰지대(mine field)이며, 세 번째 방어선은 토치카(콘크리트 벙커)이다.

그 당시 설치한 폭발물로 기뢰(Naval mine)와 지뢰(mine)가 있다. 기뢰는 바다에 설치하고 적의 어선이나 상륙용 주정(Landing Craft)을 방지하는 무기지만, 국민당군은 기술이 부족해서 많이 설치하지 않았다. 반면에 백사장과 숲에 대인지뢰(Anti-personnel Mine)와 대전차지뢰(Anti-tank mine)는 많이 설치하였다. 대인지뢰는 상륙해서 공격하는 적군을 살상하기 위한 것으로, 적이 부주의로 전선을 건드리면 폭발하거나 압력에 의해 폭발한다. 금문도에서 사용하는 대인지뢰는 M3, M14, M2A4 등으로 모두 미국제였다. 대전차지뢰는 적군의 전차(장갑차, 자주포 등)를 제거하기 위해 설치한다.

국민당군은 금문도에 들어온 뒤, 공산당군의 기습상륙을 방지하고, 부족한 병력을 보완하기 위해서, 지뢰를 대량으로 매설하기 시작했다. 구체적으로 언제, 얼마나 매설했는지는 불분명하나 국민당군이 내전에서 패배하여 후퇴를 할 때 늘 지뢰를 매설한 것으로 보인다. 전임 육군 공병 상교 총교관인 사오청쩌(邵承澤)의 증언에 의하면, "국민당군이 대만으로 철수할 때 모든 자원이 부족했다. 쓸 만한 것이 거의 없었다. 미국이 지뢰를 지원하기 전에는 공군의 항공기용 폭탄을 지뢰로 사용했다."[4] 육지에서 사용하는 지뢰는 꼭 땅에만 묻은 것은 아니고 물통처럼

---

4 「埋炸彈當地雷, 金門未爆彈解謎」, 『中國時報』, 2008.09.06.

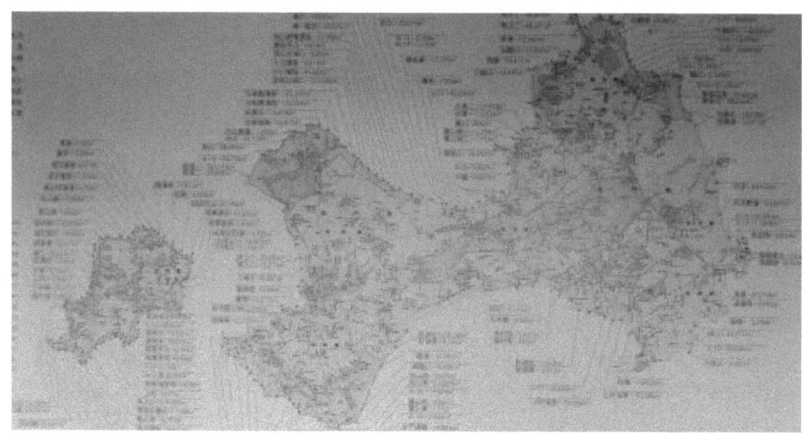

그림 1_금문도의 지뢰분포도(선마다 지뢰의 위치와 면적을 가리킴)
자료: 소금문도 지뢰 전시관

생긴 폭탄형 지뢰도 있다. 이것은 원래 항공기용 폭탄으로, 항상 밭이나 마을 주변에 세운다. 주민들이 농사를 지을 때, 이런 지뢰를 보면 항상 묘지를 본 것처럼 돌아서 지나갔다.

또 다른 폭탄형 지뢰는 '500파운드의 지뢰'라고 불리는 크레모아(claymore)다. 항상 길가에 설치하고 주위는 시멘트로 네모난 보호상자를 만들고 풀이나 나뭇가지를 주위에 덮는다. 적군 수가 많으면 지휘관이 폭탄과 연결된 전선의 리모컨을 눌러 지뢰를 폭발시킨다. 이런 폭탄형 지뢰의 기능은 땅에 묻는 지뢰와 비슷하지만 효과에 있어 실질적으로 자살행위에 가까운 것이었다. 이 지뢰는 통상 해안도로에 몇 백 미터 간격으로 설치하지만 군영과 가까운 데에 있기 때문에 이를 폭발시키면 주변의 작은 지뢰들이 터져 적군뿐 아니라 아군도 죽을 수 있기 때문이다.

금문도에서 지뢰매설은 1949년부터 계속되었고, 1958년 포격전을 계기로 섬 전체를 지뢰밭으로 두르는 상황으로 발전하였다.

앞의 지도를 보면 대금문도의 중앙 남부지역을 제외한 섬 둘레 모두가 위험으로 가득 찬 지뢰지대임을 알 수 있다. 남부의 지뢰를 매설하지 않은 곳이 바로 유일한 보급통로이다. 이 통로는 베를린의 상황을 연상시킨다.

2 지뢰의 세 가지 얼굴

지뢰가 금문도에서 행한 기능은 대체로 세 가지로 정리할 수 있다. ① 적의 대규모 공격을 방어하는 그림자 군단, ② 주민들에게 언제 다칠지 모르는 일상에 숨어있는 침묵의 살인자, ③ 자연 환경을 보호하고 생태 자원을 풍부하게 하는 역설적 지원자이다.

1) 금문도를 수호하는 그림자 군단

중국 샤먼(廈門)은 대금문도와 10km, 소금문도와 7km 떨어져 있고, 쟈오위(角嶼)는 대금문도와 겨우 1.8km떨어져 있다. 금문도의 서해안은 썰물이 되면 넓은 백사장이 드러나기 때문에 적이 야음을 틈타 상륙하기 쉽다. 금문도의 이런 지리적인 위치와 환경 때문에 금문도에 주둔하는 군인들은 항상 공산군의 기습상륙을 두려워했다. 국민당군은 해안부터 육지까지, 심지어 토치카 주변에도 대량으로 지뢰를 설치해서 적의 상륙을 막으려 했다. 1949년 10월의 '꾸닝토어전투'에서 이미 지뢰의 존재가 확인된다. 소금문도 주민인 린마텅(林馬騰) 씨의 증언은 다음과 같다.

꾸닝토어전투의 전날에 공군(共軍)의 배가 이미 출발했다고 하더라고. 하지만 우리는 아직 몰랐어. 왜냐하면 옛날에는 통신시설이 그렇게 발달하지 않았고 위성도 없어서 눈과 망원경으로만 감시했으니까. 그런데 어떻게 적군이 가까이 온 것을 눈치챘냐면 그날 낮에 훈

런할 때 탱크 2대가 고장났는데, 밤에 탱크를 수리하는 군인들이 부주의로 지뢰를 밟았어. 지뢰가 터지면서 그 불빛에 주변이 환하게 되니까, 그 때 공군이 가까이 와있는 것을 알게 됐지.

지뢰 덕분에 국민당군은 금문도에 상륙한 공산군을 발견하고, 방어전투를 성공적으로 수행할 수 있었다. 이 전투이후 국민당군은 공산군을 '물귀신'으로 표현했다. 이들은 밤에 '물귀신이 자신들의 귀를 자르는 것'을 두려워했다[5]. 대금문도 주민인 황방숑(黃邦雄) 씨가 이렇게 말했다.

우린 어렸을 때부터 지뢰를 보고 자랐어. 우리 마을의 지뢰는 다 바닷가에 있었지. 우리 집 앞이 바로 바다였어. 꽌아오(官澳)는 중국의 다덩다오와 샤오덩다오랑 너무 가까워. 그래서 공군(共軍)이 상륙하기에 쉬운 편이었지. 그 물귀신이 수영해서 넘어와 우리 쪽 군인의 귀를 잘라. 내가 고등학교 다닐 때, 어느 날 수업 끝나고 집에 돌아가는 중이었는데, 길거리에서 여러 개의 시체를 봤어. 그 시체들에 귀가 없었어. 다 우리 쪽 군인들이야.

꽌아오(官澳)는 대금문도의 서북쪽에 자리잡고 있으며, 이 마을의 최북단에 있는 마산관측소(馬山觀測所)와 중국의 샤오위와의 거리는 겨우 2.1km이다. 망원경으로 양쪽의 사람이 이동하는 모습을 뚜렷하게 볼 수 있을 만큼 가깝다. 썰물이 되면 넓은 백사장이 드러나기 때문에 아무리 많은 병력과 지뢰가 있어도 밤에 물귀신의 기습을 막을 수 없었다.

---

5 공산당군이 밤에 몰래 수영하여 금문도에 상륙하기 전에 물에서 나올 때 머리카락이 항상 얼굴을 가려서 귀신 같이 보여서 물귀신이라고 부른다고 한다.

지뢰는 금문도를 방어하는 군인들에게는 물귀신의 기습을 막는 '그림자 군단'으로 통용되었다. 이 '그림자 군단'은 적군을 살상하기보다는 적군을 두렵게 하는 무기였다. 오히려 피해는 종종 아군이나 주민 측에서 발생했다. 또한 국민당군이 지뢰 때문에 사상한다는 소문도 가끔 있었다. 대부분의 사상자들은 공사를 할 때나 지뢰를 제거할 때 발생했다. 국민당군은 금문도에 배치 받으면, 지상과 지하의 군사시설을 만들기 위한 공사에 동원되었다. 중국 대륙출신의 군인이나 대만본섬에서 온 군인들은 거의 다 20살 전후의 젊은이들이었다. 아무리 명령을 잘 따르고 조심스럽게 공사한다고 하더라도 지뢰를 설치할 때 사망사고는 계속 발생했다. 대만으로 온 중국 출신의 군인들이 지뢰를 밟아 장애인이 되면 대만에 의지할 사람도 없고, 고향에 돌아가서 가족에 의지할 수도 없어서, 신체적 결함을 가진 채 평생 국가의 보조금에 의지하며 외롭게 살아갈 수밖에 없다. 이 때문에 전략적으로 보면, "한 사람의 군인을 죽이는 것보다 한 군인을 장애인으로 바꾸는 것이 더 유리하다"는 말도 생겨났다. 지뢰 때문에 장애인이 된 군인은 두세 명의 도움을 받아야 하고, 동료들의 사기에도 나쁜 영향을 줬기 때문이다.

군 지휘관은 마음 놓고 병사의 병문안을 할 수도 없었다. 다친 병사의 참혹한 모습은 군의 사기에 영향을 주었기 때문이다. 또한 지뢰에 대한 지식의 부족이 사고를 만들기도 하였다. 많은 군인들은 대전차지뢰가 대인지뢰처럼 위험하지 않다고 생각하여 대전차지뢰를 제거한 후 하나씩 하나씩 옮겨 쌓았다. 그러다가 감당할 수 있는 무게가 되면 지뢰가 폭발하여 심각한 사고를 불러오곤 했다. 린마텅 씨는 이렇게 말했다.

1964년 내가 사관학교에서 졸업하고 84사단으로 파견됐어. 근무를 시작한 지 얼마 되지 않아 바닷가에 지뢰 폭발사고가 발생했어. 그

때 마침 부대가 지뢰 제거를 하고 있었지. 한 소대장이 부하들을 데리고 지뢰를 제거했는데 다 대전차지뢰였어. 대전차지뢰는 크고 무거웠어. 다들 위험 하지 않다고 생각해서 하나씩 하나씩 높게 쌓았어. 한 달 동안 몇백 개의 지뢰를 제거했어. 불행하게도 어느 날 썰물이 되고 소대장이 아직 백사장에 있는데 다른 사람들은 백사장 위 숲으로 올라와서 계속해서 지뢰를 쌓고 있다가 지뢰가 터졌어. 한 달 동안 지뢰 제거업무를 했으니까 다들 이미 지뢰와 친구가 되었는데, 어떤 지뢰가 너무 예민한 상태에 있어서 폭발한 거야. 소대장 빼고 다 죽었지. 내가 탱크로 시체를 옮기러 갔는데 온전한 시체는 못 찾고 몇 조각의 손이나 발만 찾았지.

군인들은 2년에 한 번씩 교대를 해야 했고, 교대 시 지뢰 매설의 위치도를 제대로 작성하여 넘겨주지 않았기 때문에, 후임자는 선임자가 설치한 지뢰의 정확한 위치를 알 수 없었다. 아무리 열심히 사전교육을 하여도, 지뢰사고를 완전히 막을 수는 없었다. 지뢰 때문에 사망하는 군인은 기념이나 표창을 받지 못했다. 지금도 금문도에서 지뢰 때문에 죽은 사람을 기념하기 위해 세운 기념비는 하나 밖에 없다. 대부분 자기가 원해서 최전선에서 복무한 것이 아니었음에도 불구하고 이들에 대한 정부나 군대 차원의 공식적인 추모나 기념 시설이 없다는 것은 특이할 만하다.

1955~58년 기간에 '성공대(成功隊)' 지도원을 담당했던 리칭한(李淸漢)의 회고에 따르면, 그 당시의 해병대에게 치명적인 4대 위험이 있었다. 바로 지뢰, 상어, 해류(海流), 그리고 적이었다.[6] 지뢰는 부족한 병력

---

6 〈李淸漢武學耆宿名揚世界〉, 金門日報, 2009.11.14.

을 보완하는 '그림자 군단'이지만, 반면에 아군과 적군을 구분할 수 없는 '눈 먼 군단'이어서, 적을 위협하려고 설치하는 지뢰가 오히려 아군에게 상처를 주고, 사기에도 영향을 주었다.

2) 주민을 위협하는 침묵의 살인자

금문도는 작은 섬이다. 바람이 너무 세고 강우량도 적어서 농사짓기가 어려워서 고구마, 땅콩 등 내한 식물만 심을 수 있었다. 바닷가에 사는 주민은 물고기를 잡거나 굴 양식장을 만들어 굴을 따는 것으로 생계를 유지했다. 어선의 설비가 아직 발달하지 않았을 때, 날씨가 나쁘면 조상과 어른들의 지혜에 의지하여 자연과 싸울 수밖에 없었다. 국민당군이 금문도에 들어와서 온 해안선에서 토치카와 지뢰를 대량으로 설치했다. 주민이 지뢰밭에 들어가지 않도록 지뢰밭 주변에 철조망을 둘러치기도 했다. 어민과 굴채취주민(蚵民)이 더 이상 옛날처럼 자유롭게 바다에 나가지 못하고 바다에 나가는 시간도 통제되었다. 이들은 어민증(漁民證)과 굴채취 허가증(蚵民證)이 없으면 바다에 나갈 수 없었다.

군에서 주민들에게 바다로 통행할 수 있는 작은 길을 만들어줬다. 이 길은 지뢰를 매설하지 않아 안전한 편이었다. 하지만 이 길은 보통 "톱"모양이고 주변은 철조망으로 둘러싸여 있어 통과할 때는 한 명씩만 통과할 수 있어서 걷기가 힘들었다. 이것은 공산군이 상륙하면 파죽지세로 쳐들어오지 못하게 만든 길이었다. 바다와 숲은 거의 다 통제 되었지만, 생계를 위해 포탄에 맞거나 지뢰를 밟는 위험을 감수하고라도 어쩔 수 없이 이곳을 가야 하는 주민들은 종종 지뢰를 밟아 죽거나 다치는 경우가 많았다. 지뢰사고에 대한 공식적인 통계가 없으므로, 신문기사를 통해 이를 파악해야 하는데, 이를 보면, 1950년대에 지뢰사고가 자주 발생했음을 알 수 있다.

표 1_금문도의 지뢰사고

연도	이름	부상나이	장소	이유	결과
1951	오씨			풀베기	사망
1955	첸리위정	12세		풀베기	왼쪽다리를 잃다.
1956	린미		소금문도 해변	굴따기	왼쪽다리를 잃다.
1956	리첸쇼윈				왼쪽다리를 잃다.
1956	팡뤄도어	24세	소금문도 해변		오른쪽다리를 잃다.
1958	리시씽	19세	꾸닝토어 남산	땔나무줍기	왼쪽다리를 잃다.
1958	첸장리윅	17세	청소 마을해변	풀따기	오른쪽다리를 잃다.
1962	황쇼정	38세	꾸닝토어 숲	땔나무줍기	사망
1963	중윈샤오	20세	후샤마을 해변	풀따기	오른쪽 눈과 왼쪽다리를 잃다.
1975	오양쇼잉	46세		풀따기	왼쪽다리를 잃다.

자료: 정기중화보와 금문일보에서 재정리함

    주민들은 군대에서 표시한 지뢰밭에 들어가지 않으면 안전하다고 생각했지만, 해안의 지뢰는 바닷물 때문에 위치가 바뀔 수 있고, 숲에 매설한 지뢰도 빗물에 떠내려 갈 수 있기 때문에, 주민들이 아무리 조심해도 비극을 막을 수 없었다. 심지어 군대의 홍보가 부족하거나 즉시 알려주지 않아서 사고가 발생하기도 했다. 현재 82세의 소금문도 주민인 팡뤄도어(方羅豆) 씨는 지뢰가 무엇인지를 알지 못해서 24살 청춘의 나이에 오른쪽 다리를 잃었다. 또한 현재 85세로 양로원에서 사는 오양쇼잉(歐陽秀英) 씨는 46세 때, 군부대가 철수할 때 지뢰를 다 제거한 줄 알고 철조망을 치웠는데, 철조망이 없어진 것을 보고 풀을 베러 들어갔다가 지뢰사고를 당했다. 그녀는 왼쪽 다리를 머릿수건으로 지혈하고 큰길까지 기어 나와서 다행히 셋째 아들이 발견해서 목숨을 구했지만 그녀는 더 이상 밖에 나가서 일할 수 없게 되었다. 그래서 그녀는 집에서 군인의 옷을 세탁하고 수선하는 일을 하게 되었다. 군인들이 대거 철수한 후 할머니가 금문도에서 할 수 있는 일이 없어지자 생계를 위하여 금지(金紙)[7]에 금박을 입히는 일을 했다.

어린 아이들도 호기심 때문에 지뢰를 가지고 놀다가 폭발하여 죽은 사고도 많이 있었다. 린마텅 씨의 증언에 따르면 "옛날에는 지뢰처럼 예쁘게 생긴 깡통을 보기 힘들었다"고 말한다. 그 전란의 시대에 하루 세끼도 챙겨먹기 힘든데 반짝반짝하고 도시락통처럼 생긴 것을 보면 호기심이 생기는 것은 당연했다. 비록 정부가 지뢰의 위험을 홍보하고 군대도 주민들이 지뢰밭에 들어가는 것을 막았지만, 어린 아이들의 호기심을 막지 못했다.

어린 아이들은 대부분 해변과 철조망으로 둘러싸인 곳에 가면 안 된다고 생각하지만, 학교와 집 근처에서 흔히 볼 수 있는 지뢰에 대해서는 경계심이 없어서 더 많은 사고가 날 수 밖에 없었다. 동물들 또한 자주 지뢰를 폭발시켰다. 철조망이 있어도 소가 지뢰밭에 많이 있는 풀을 먹기 위해 들어가서 지뢰가 터지는 경우가 많았다. 쥐도 종종 사고를 일으켰다. 이 동물들 때문에 지뢰 매설의 노력이 헛수고가 될 수도 있었고, 주민이 중요한 재산(집, 밭, 소 등) 상의 손실을 입게 될 수도 있었다.

인간이나 동물에 의해 폭발한 것은 대부분 '대인지뢰'이다. 대인지뢰는 크기가 작고 신관을 밟으면 터진다. 미제 M3의 위력은 다른 대인지뢰보다 비교적 크다. 크기는 작지만 위력이 강해서 터지는 순간 대부분 목숨을 부지하기 힘들었다. 미제 M2A4 대인지뢰는 한번 터지면 1~3미터까지 튀어 터지니까 M3 지뢰보다 더 위험했다. 대인지뢰는 낮은 가격에 살상력과 파괴력이 좋아서 군인을 한명 쓰는 것보다 더 큰 효율성이 있었다. '대전차지뢰'는 대인지뢰의 부족함을 보완한다. 대전

---

[7] 제사할 때 신이나 죽은 가족들에게 태우는 금색 종이. 대만인은 이것이 저승에서 사용하는 돈이라고 생각한다.

차지뢰는 탱크의 캐터필러 밴드를 폭파시켜서 적의 전진를 막아냈다. 한 대전차지뢰의 무게가 9킬로그램에 달하고 외관은 '원반'과 같다. 터지는 방식은 압력해제식이며 보통 지하 1미터의 위치에 매설하니까 사람이 대전차지뢰가 있는 위치를 밟아도 폭발하지 않았다. 세월이 흘러 대전차지뢰가 어디에 설치되어 있는지 모르는 상황에서 대전차지뢰 위에 쌓인 것이 점점 많아지면, 폭발한다. 금문도의 주민들에게 그런 위험은 일상 속에 들어왔고, 종종 무감각해진 그들을 공격한다. 황방숑 씨의 기억은 대전차지뢰의 위험성을 잘 보여준다.

> 내가 어렸을 때, 어느 날 많은 마을 사람들이 트럭을 운전하고 바닷가에 집을 짓기 위해서 필요한 모래를 가지러 갔었어. 그때 트럭을 대전차 지뢰 위에 세웠어. 하지만 지뢰가 바로 터지지 않았어. 사람들이 모래를 파기 시작하고 트럭이 점점 무거워지니까 '펑'하는 소리와 함께 대전차지뢰가 터졌어. 트럭 옆에 있던 사람들은 다 죽었다. 그 대전차지뢰의 위력이 장난이 아니었어. 타이어들이 뜨거운 가루가 되어서 그 주변에 있던 사람의 얼굴에 튀어 화상을 입었는데 그것 때문에 지금도 그 사람의 얼굴이 심하게 망가져있어.

지뢰 폭발사고가 난 후 마을사람들이 바닷가에 가서 부상자와 시체를 마을로 실어 왔다. 그 때 나이 어린 황방숑 씨는 피가 흘러 강이 되는 모습을 보고, 귀신이 시체와 같이 마을에 들어오는지를 걱정했다고 한다. 그 후 사고현장을 지나갈 때마다 그는 '나무아미타불'이라는 염불을 외우며 뛰어 지나갔다고 한다. 이 사고는 그의 어린 마음속에 지울 수 없는 무서운 상처가 되었다. 그러나 지뢰와 반세기 동안 함께 살아온 주민들의 마음속에는 지뢰에 대한 무서움과 함께 익숙함과 어떻게 대처해야 할지에 대한 요령도 생겨났다.

> 우리는 전쟁터에서 전쟁과 함께 자랐어. 그래서 지뢰가 무섭지 않아. 우리가 지뢰에 가까이 가지 않으면 지뢰도 다리가 없으니까 우리를 찾지 않는데 뭐가 무서워.(린마텅 씨)

> 마을의 노인들이 나뭇가지를 들고 지뢰를 볼링처럼 쳤어.(허위민 씨)

린마텅 씨의 증언에 따르면, 지뢰는 일정한 조건이 충족될 때에만 터진다고 한다. 하나는 신관을 촉발시킬 때이고 다른 하나는 고온(高溫)이다. 이것만 조심하면 지뢰를 옆에 두고 자도 괜찮다고 생각하게 되었다. 금문도 주민들은, 지뢰를 건드리지 않으면 지뢰가 자신을 찾지 않는다는 원칙을 준수하면서 50~60년의 세월을 보냈다.

금문도의 지질을 연구하는 린잉씽 씨는 금문도의 해변이 개방된 후 자주 바닷가에 가서 연구한다. 그가 현장조사를 하러 갈 때마다 돌만 밟거나 이미 사람이 지나갔던 길만 걷는다. 왜냐하면 지뢰는 돌 위에 설치하지 않기 때문이다. 이것은 바로 전쟁터에서 살아온 경험인 것이다.

인터뷰를 했던 사람들은 냉전시대를 거쳐 이제 노인들이 되었다. 지금은 농담으로 그 당시 지뢰가 온 금문도를 둘러싸고 있어서 대만본섬 주민들이 금문도에 오고 싶어 하지 않았던 역사를 가볍게 이야기할 수 있다. 금문도 주민들은 227km나 떨어져있는 대만본섬 주민들이 폭파되지 않은 폭탄을 찾았을 때의 당황하는 모습이 매우 재미있다고 말한다.

인터뷰 대상 중에 금문도로 시집온 여성이 2명이 있다. 지뢰에 대해 린수즈언(林素真) 씨는 '아무 느낌이 없어. 그냥 금문도에는 지뢰가 많다고 듣기만했다'고 말한다. 또 다른 주민인 주매이엔(朱美額) 씨는 이렇게 말했다.

금문도에 오기 전에 지뢰가 무엇인지 몰랐어. 밤에 통금만 있다고 들었어. 다만 바닷가에 가면 안된다고 했어. 어느 날 군대가 꾸닝토어 사아깡(沙崗)에서 지뢰를 제거할 때 큰 폭발을 일으켜서 내가 가르치던 학교의 유리창이 다 깨졌어. 그 때야 지뢰의 무서움을 알게 됐어.

이것을 통하여 금문도 주민의 전장경험이 본도 주민과 얼마나 다른지 알 수 있다. 하지만 같은 금문도에서도 발전한 곳과 발전이 더딘 곳의 경험이 다르다. 가장 발전한 지역인 진청(金城)에서 자란 사람들은 지뢰에 대한 지식을 간접적으로 얻는데 비해, 바닷가 주민들, 특히 지뢰가 가장 많이 설치된 꾸닝토어촌에서 사는 사람은 지뢰에 다친 가족이나 친척을 통해 알게 되므로, 지뢰에 대한 경계심이 훨씬 더 강하다.

3) 자연환경 보호의 일등공신

금문도의 해안선은 115㎞이다. 동북쪽의 지형은 사주(沙洲)이고 이 곳 주민들이 바다에 나가서 물고기를 잡거나 굴양식을 하는 것은 가장 중요한 생계수단이었다. 지금까지 동북쪽에 있는 꾸닝토어에는 아직도 넓은 굴양식장이 남아있다. 지뢰 때문에 사람들이 쉽게 다가가지 못하지만 조류와 숲, 그리고 투구게의 낙원이기도 하다. 백사장에서 놀거나 조개를 캐는 것은 지뢰 때문에 불가능하였다. 역설적으로 지뢰는 이 백사장을 보존하였는데, 이 경관은 현재 관광산업의 중요한 자원이 되었다.

1992년 계엄령이 해제된 이후 바다도 개방되었다. 하지만 2013년까지 금문도의 해안선은 지뢰로 인해 많이 위험했다. 지뢰를 제거하기 전에는 바닷가에 철조망과 지뢰 경고간판이 남아 있었다. 금문도가 개방된 이후에도 지뢰제거가 이루어지지 않아서, 금문도의 관광객이 늘지 않았다. 투자자들도 금문도에 투자하기를 주저하였다. 관광산업을 통한 금문도의 경제성장은 어려워 보였다.

그림책 작가인 리루칭(李如青)은 『가까이 다가갈 수 없는 천국: 국경 없는 자유의 날개를 만나다』라는 책에서 철조망과 경계병이 많을수록 철새들의 낙원이 된다고 말한다. 그에 따르면, 지뢰밭이 인간의 자유를 통제하지만 자유롭게 날아다니는 새는 통제할 수 없다. 사람들은 철조망으로 금문도를 봉쇄하면서 '지뢰꽃'을 심었다고 표현하였다. 이로 인해 풍부한 먹이 사슬과 안전한 서식지가 만들어졌다.

지질학자인 린차오치(林朝榮)도 금문도의 해안선에서 탱크 길, 철조망, 지뢰밭을 설치하고 도랑과 토치카를 만든 것도 자연 환경보호에 아주 좋은 결과를 가져왔다고 말한다. 금문도에는 4억년동안 살아왔던 화석동물인 투구게가 살고 있으며, 시베리아에서 가마우지가 겨울철새로 약 1만 마리 정도 날아온다. 그는 지뢰밭이 없었더라면, 투구게는 금문도에 와서 산란하지 않고 가마우지는 금문도에서 겨울을 나지도 않았을 것이라고 주장한다. 가마우지는 금문도의 자호(慈湖)에서 서식하는데, 이를 통해 금문도는 세계적으로 가장 큰 규모의 철새보호지역이 되었다.

Ⅲ. 탈냉전과 지뢰 제거 프로젝트의 형성

1. 양안관계 회복과 탈군사화

냉전 하에서 공병대가 지뢰 매설을 담당하였다. 제대군인인 성군조어(沈昆州) 씨는 자신이 금문도에서 2년 동안 지뢰를 매설하는 업무를 담당했다고 말했다. 그 당시 병사들은 2년씩 교대되었는데, 지뢰의 분포도를 제대로 인계 받지 못해서 이미 지뢰가 설치된 곳에 또 새 지뢰를 매설하곤 했다. 군에서는 1950년대부터 필요에 따라 지뢰 제거를 해 왔지만, 2006년까지 금문도에 기록된 지뢰밭의 면적이 여전히 306만 제곱미터이고 이는 금문도의 총 면적의 5분의 1에 달한다. 뉴욕 헤럴드 트리뷰(New York Herald Tribune)의 기자인 램버트(Lambert)가 "금문도에는 빈 공간 없이 토치카, 지뢰, 그리고 철조망을 설치했다. 그것은 마치 견고한 보루(堡壘, bastion)와 같이 만들었다"고 말했다.

중국이 개혁 개방을 시작한 1980년대에 대만은 한편으로는 군을 재배치하고, 다른 한편으로는 여전히 긴장을 늦추지 않았다. 1979년 미군이 대만에서 철수한 후, 대만은 육군의 편제를 바꾸었다. 이 시기 정기중화보의 기사를 보면, '철저하게 꾸준히 지뢰를 매설하며 책임 있게 방어시설을 만들자'는 언급들이 자주 나타난다. 양안의 관계가 좋아져도 방심하면 안 된다는 주장을 하고 있다.

금문도에서는 1992년 11월 7일에 계엄령(戒嚴令)이 해제되어 46년간의 군사통치가 끝났다. 1993년부터 현 청장은 중앙정부에서 파견되는 것이 아니라 주민 직선제에 의해 선임되었다. 봉쇄 체제에서 벗어난 금문도 주민들은 원래 누려야 하는 권리를 되찾고, 더 잘 사는 삶을 꾸리고 싶어 했다. 하지만 계엄령이 해제된 후에도 중앙정부는 여전히 '금문도·마조·동사·남사 지구의 안전 및 보도 조례(金門馬祖東沙南沙地區安全及輔導條例)'를 통해 금문도의 해역과 공역을 통제했고, 집회나 시위도 통제했다. 대만육군은 1998년, 19개 사단, 10개 여단으로 재편성되었다. 1996년 금문도 방위사령부는 지뢰 제거 설명회를 개최하고, 전문회사에 위탁하여 9군데의 지뢰를 제거하겠다고 발표했다. 하지만 경비와 지뢰제거능력의 한계, 그리고 지뢰제거지역의 전략적 가치판단 때문에 지뢰제거 속도가 너무 느렸다. 지뢰지대는 전술적 지뢰지대(tactical minefield)와 전략적 지뢰지대로 구분되는데, 이를 구분하기 위하여 시간이 많이 소요되었다. 1998~2001년 사이에 국방부는 대만 돈 5억 원을 쓰고 겨우

1,559개(6만 제곱미터)의 지뢰를 제거하였고, 금문현청은 1999~2002년 사이에 전문회사에 위탁하여 6,804개의 지뢰를 제거했다.

　대만정부는 1997년 7월부터 '정실안(精實案)', '정진안(精進案)', '정수안(精粹案)'을 통해 군병력을 감축하기 시작했다. 정실안(精實案)은 1997~2001년 기간에 실시된 것으로, 참모총장 나본립(羅本立)이 제출한 '정간고층, 충실기층(精簡高層, 充實基層)'이라는 개념에 입각하여, 필요없는 부서를 없애고 행정효율을 향상시키며 새로운 무기에 맞추어 부대의 구조를 재편성하는 법안이다. 정진안(精進案)은 군인 수를 줄이고 전투력을 강화하는 원칙으로 2004~08년 기간에 실시한 것인데, 지휘계급을 간소화했다. 정수안(精粹案)은 2011~14년 기간에 '모병제'를 실현하기 위해 만든 법안이다. 이를 통해 대만의 병력은 17년간, 60만에서 21.5만 명으로 감축되었고, 금문도의 군인도 10만명에서 4천명으로 감소했다.

　이 때문에 금문도가 50년간 의지해왔던 '군인 소비 경제'도 붕괴되었고, 금문도 주민들의 생활도 어렵게 되었다. 이들에게 가장 불만스러운 일은 바로 엄청난 지뢰밭과 폐기된 폭탄이 여전히 생명을 위협하는 것이었다.

　금문도의 발전은 2000년 '낙도 건설 조례(離島建設條例)'를 발표한 후에야 가능하게 되었다. 이 조례는 낙도에서 상업에 종사하는 사람들에게 영업세와 관세를 면제 해 줄 뿐만 아니라 일반회사가 국유토지를 빌리고 섬의 중요한 건설을 할 수 있게 해주었다. 계엄시기에 몰수된 토지나 농지도 금문도 주민들에게 돌려주었다. '낙도 건설 조례'의 제 9조 3항에 의하면, 지뢰가 설치된 토지는 지뢰를 제거한 다음, 국유토지로 등록하고 해당 부서의 필요여부, 그리고 수원(水源)과 국토의 안전에 대한 판단을 거쳐, 주인에게 돌려주었다. 단 특별히 나쁜 영향을 주거나 국가공원 안의 자연경관 보호구역에 속하는 경우는 제외하였다. 토지를 돌려받으려면, 토지의 원래 소유자임을 증명할 수 있는 서류를 제출해야만 했는데, 이것이 만만치 않았다. '2명이상의 인우보증'이나 촌장/이장의 증명서가 필요하였기 때문이다. 실제로 리송뷔(李松柏) 씨의 말에 따르면, 전쟁 시대를 무사히 살아남은 사람이라도 지금은 80여 살의 노인이 되어 이를 증명할 수 있는 사람을 찾기 어려웠다.

쉽지 않은 상황이었지만, 오랫동안 군사통치 하에 침묵해 왔던 금문도 주민이 자기의 땅을 적극적으로 되찾기 시작하고, 현청도 조속히 금문도를 발전시키고 싶었지만, 지뢰는 이들의 희망에 장애가 되었다. '낙도 건설 조례'의 제11조에서 '각 섬의 군대는 국방과 군사적인 안전을 방해하지 않는 한, 적극적으로 섬의 각종 건설을 도와줘야 한다. 그리고 수시로 국방 사무를 검토하며 시대에 맞지 않은 각종 군사통제조치를 개선한다'고 규정했지만, 군은 지뢰를 모두 제거하지 않은 상태에서 섬을 떠났다. 금문도는 2001년 통상(通商), 통항(通航), 통우(通郵)를 포함한 '소삼통(小三通)'이 허용되어 중국과의 교류를 통해 발전 가능성이 높은 섬이 되었지만, 섬에 널려 있는 지뢰는 지역발전을 억제했다. '전장문화', '교향문화(僑鄕文化)', '민난문화(閩南文化)'의 집합체이자 역사적 자원, 그리고 오랫동안의 전지정무(계엄령 시대)에 의해 잘 보존된 자연 환경을 가진 금문도는 지뢰에 의해 발전이 지체되기 시작했다. 투자 의향이 있는 사람들은 30만 제곱미터가 넘는 지뢰밭을 보고 투자할 생각을 하지 못하였고, 해외의 금문도 출신 화교들도 고향에 투자하는 것을 망설였다. 너무 늦게 진행되는 군대의 지뢰제거 활동에 대해 금문현청과 주민들의 불만이 점점 커지기 시작했다.

금문방위부(金門防衛部)가 2009년부터 전면적으로 18년 동안 지뢰 제거 계획을 실행하겠다고 발표했는데, 이 계획은 너무 시간을 끄는 것이어서 주민들의 불만이 더욱 커져갔다. 금문도에는 국방부에서 공식적으로 발표한 7만 개보다 훨씬 더 많은 지뢰가 매설되어 있음이 지뢰를 제거할 때 밝혀졌다.

2 지뢰제거를 둘러싼 지방 주체들의 입장

1) 금문현청의 입장

1992년 전지정무(계엄령)가 중지된 후 지뢰가 금문도의 발전에 걸림돌이 되어왔지만, 지뢰를 설치했던 국방부의 당시 지뢰 제거 계획은 10여 년 후로 예정되었기 때문에 현청의 발전 계획은 제대로 이루어 질 수 없었다. 그래서 현청은 1996년 전면적으로 폐기된 지뢰가 묻혀있는 지역을 조사하기 시작한다. 처음 조사 결과에 의하면 27곳이 있었다. 이 모든 곳의 지뢰를 제거하는 비용을 금문현청이 부담하기 어려웠고, 유명한 금문고량주 회사도 비싼 비용을 감당할 수 없었다. 그래서 필요한 곳만 제거하는 '전투형 배뢰'의 방식을 취할 수밖에 없었다. 그러나 이런 방식은 불완전하다. 여전히 지뢰밭으로 남아 있는 곳이 많기 때문이다. 2005년부터 지뢰 제거 업무를 담당하는 청부업자인 양완산(楊萬山) 씨가 이렇게 말했다.

> 현청에서 1990년대부터 해저 파이프라인(submarine pipeline)을 설치 하려고, 이에 필요한 지역의 지뢰를 제거했어. 군대는 이에 상관하지 않 고 지뢰에 관한 자료도 제공하지 않았어. 그래서 현청의 지뢰 제거 계획은 2~3년에 하나밖에 할 수 없었지.

지뢰에 의해 제약된 소삼통은 금문도의 경제발전에 기여하지 못하고 형식적인 것이 되어버렸다. 2003년 금문현청에서 샤먼과 금문, 정확하게는 금문의 쌍코어(雙口)와 샤먼의 예펑자이(椰風寨)를 잇는 제1회 금하 수영경기대회(金廈水域活動)를 열었는데, 바닷가에 아직 지뢰가 많이 있어서 경기를 하기엔 너무 위험했다. 금문현청은 소양안의 무역과 관광을 살리기 위해 안달을 하였으나 그 목적을 달성하기 어려웠다. 현청은, 군이 금문도에 지뢰를 설치했으므로 군 철수 시에 지뢰도 함께 제거해야 한다고 주장했다.

금문현청과 현의원들은 NGO와 함께 외국에 도움을 요청하기 시작하였다. 미국, 벨기에, 룩셈부르크의 기자들 그리고 스위스 지뢰 행동재단(Swiss Foundation for Mine Action: FSD)의 회장이 금문도를 방문하였고, 이 때 현청장은 항상 지뢰의 문제를 언급하고 금문도가 오랫동안 수행한 안보의 도구적 역할(instrumental role)에서 벗어나기를 바랐다. 다행히 국제 인권 단체와 대만의 에덴사회복지재단(Eden Social Welfare Foundation: ESWF)이 적극적인 관심을 보여주면서 지뢰제거를 도와주었다. 하지만 국방부는 여전히 지뢰제거(排雷) 경비가 없으며, 2006~2008년에 지뢰 제거작업을 시작하겠다고 공표하였다. 국방부는 현청이 필요한 지역에 관한 지뢰의 범위, 수량, 그리고 종류에 관한 정보만 제공하였는데, 제공된 자료는 정확하지 않아서 현청은 국방부의 적극적이지 않은 태도에 대하여 불만을 터뜨렸다.

이런 상황에서 결국 2004년 비극이 발생하였다. 당시 현청에서 심각한 물부족 문제를 해결하기 위하여 수자원공사(Water Corporation)로 하여금 금문도 동남쪽의 샤후(下湖) 저수지의 공사를 하도록 하였다. 이것은 빗물을 모아 건기에 쓰기 위하여 저수지를 만드는 것이었다. 이 저수지는 타이우산(太武山)의 동남쪽에 있는 것으로 저수량이 34.8만 입방미터에 달했다. 공사 구역은 과거에 국군이 지뢰를 설치한 곳으로, 군에서 관련 자료와 일부 비용만 제공하고, 현청이 필요한 비용을 지불하며 공사는 수자원공사가 담당하고, 전문기업에게 위탁하기로 하였다. 2004년 9월부터 공사를 시작하였는데, 공사의 첫 단계에서 중요한 것은 지뢰제거였다. 배뢰의 범위는 샤후촌과 퐁상촌(峰上村) 사이의 해안선이고 지뢰밭의 면적은 총 27.87헥타르였고, '국내어음(domestic bill)'과 공동작업(collaborating)의 방식을 취했다. 즉 대만의 기업이 지뢰 제거를 할 수 있는 외국 회사를 찾아 협력사업으로 지뢰 제거 업무를 담당하는 방식으로, 대만의 일신건설(日新營造廠)과 영국의 'Mintech International'사가 협력하여, 12명의 짐바브웨(Zimbabwe) 지뢰 제거 기술원을 충원하여 지뢰 제거작업을 시작하였다.

이들은 2005년 4월 중순까지 827개(16 헥타르)의 지뢰를 제거했다. 하지만 4월 25일 오전에 기술원 3명이 지뢰를 폐뢰 임시보관소(廢雷暫存區)로 옮길 때 한 사람의 실수로 대인지뢰 25개가 폭발하였다. 그 사고로 두 명의 기술자가 즉사하고 한 명이 얼굴과 귀를 크게 다쳤다. 사고 현장과 약 300미터의 거리에 있는 씨비엔촌(溪邊村)과 샤후촌의 민가의 유리창까지 파괴되었다. 이런 폭발사고로 인하여 공사가 연기되었을 뿐만 아니라 지뢰제거팀의 사기가 떨어져서 청부업자와 계약을 해약하고 다시 새로운 청부업자를 찾아야 했다. 이 사고로 그동안 침묵했던 주민이 국방부의 미온적 태도에 분노를 터뜨렸다.

2) 주민들의 대응

오랫동안 강압적인 통치 하에 살아온 금문도 주민들은 순종적인 성격을 갖게 되었지만, 군대에서 말하는 '군민일가(軍民一家, 군대가 주민과 한 가족처럼)'가 오직 구호일 뿐이라는 사실도 잘 알고 있었다. 국방부에서 경비를 핑계로 삼아 2006년에야 지뢰를 제거하기 시작한 방침에 대하여 대부분의 주민들은 그리 놀랍게 생각하지 않으면서도, 금문도가 대만을 지키기 위해서 자유를 희생했는데도 불구하고, 금문도의 전략적 가치가 떨어지자 중앙정부가 금문도 주민의 생사에 아무런 관심도 두지 않는 것에 대해 반발하기 시작하였다. 금문도 주민들은 군관시대(軍管時代)의 사령관들을 '토황제(土皇帝, 지방에서 왕처럼 세도를 부리는 사람)라고 불렀다. 이들이 철수할 때, 주민의 생명과 재산을 무시하고 떠난 것에 대해 섭섭한 감정을 토로했다. 같이 싸우고 고생했던 주민들과 정이 들었을 만도 한데 아무런 표시도 없이 떠난 것에 대해 자신들이 버림을 받았다고 생각했다.

이러한 상황에서 샤후(下湖) 폭발 사고가 일어나 3명이 사상하고, 근처 약 160호 민가가 피해를 보게 되자 오랫동안 쌓인 주민들의 불만이 쏟아졌다. 사고난지 한 달 뒤에 "지뢰 반대, 폐탄(廢彈, 폐기된 폭탄) 반대"라는 1만 명이 싸인한 현수막과 "고향 – 금문도의 생존 발전 안전을 위한 선언문"을 행정원(行政院) 원장에게 보냈다. 중앙정부에 대하여 금문도의 폐뢰와 폐탄 문제를 중시해 달라고 요구하였다. 선언문의 내용은 아래와 같다.

> 금문도는 1949년 이후 금문도는 많은 전쟁을 겪었고, 편안한 생활을 할 수 없었다. 대만 영토를 보호하고 '대만 경제 기적'을 만들었지만 오랫 동안 빗발처럼 쏟아지는 총알 아래서 생활하는 금문도 주민들의 목숨과 재산은 언제 어떻게 빼앗길지 모른다. 가정이 파괴되고 가족이 죽는 아픔과 집이 없이 이곳저곳으로 떠돌아다니게 된다. 현재 양안의 관계는 많이 좋아지고 금문도에서 상주한 부대도 대거 철수하였지만, 아직 금문도에 남아있는 지뢰를 제거하려는 정확한 계획이 2006년까지 없다. 이것은 주민들의 생명과 재산에 심각한 위협이다.

이들은 동요의 가사를 '우리 집 앞에는 지뢰밭이고 뒤에는 폐탄이 있다[8]'고 바꿔 불렀다. 이 가사는 금문도 주민들의 지뢰에 대한 태도의 변화를 보여준다.

3. 지뢰제거 프로젝트

1990년대에 이르러 세계화와 탈냉전은 지뢰제거를 추진하는 NGO들을 만들어내고, 이들이 초국가적인 네트워크를 형성하도록 고무하였다(조윤준, 2008: 3). 1993년 5월 런던에서 최초의 지뢰에 대한 국제회의가 열렸다. 이 회의는 6개의 NGO[9]가 초국가적인 네트워크로 열린 회의이자 국제지뢰금지운동(International Campaign to Ban Landmines, ICBL)의 첫걸음이다. 1996년 10월에 캐나다 외교부장관이 오타와에서 제안된 오타와협약[10](The Ottawa Treaty), 또는 대인 지뢰 금지 협약(Mine Ban Treaty)은 1997년 12월, 123개국이 참여한 가운데 체결된다. 이 협약의 중요 내용은 즉 '대인 지뢰의 사용, 비축, 생산, 이전 금지 및 폐기이고 매설된 지뢰를 포함한 모든 대인지뢰를 10년 이내 폐기해야 한다'는 것이었다.

1997년 대만의 에덴기금회(伊甸基金會, EDEN Social Welfare Foundation) ICBL에 가입하여 ICBL의 유일한 대만 회원이 되어 금문도 등 낙도의

---

8 〈反地雷／反廢彈為我家鄉─金門生存發展安全發聲宣言全文〉,『金門日報』, 2005.5.15.

9 HI(Handicap International), HRW(Human Rights Watch), MI(Medico International), MAG(Mines Advisory Group), PHR(Physicians for Human Rights), Vietnam Veterans of America. Foundation (VVAF), 그리고 VVAF(Vietnam Veterans of America Foundation).

10 Stuart Casey-Maslen(2011), 〈关于禁止使用·储存·生产和转让杀伤人员地雷及销毁此种地雷的公约〉, United Nations Audiovisual Library of International Law, 1쪽.

지뢰문제는 본격적으로 국제사회의 관심을 끌었다[11]. 대만은 1999년부터 이 협약에 찬동했으나 정치적인 이유로 이 협약체결에 참여하지 못했다.

2005년 4월에 '하호 저수지 지뢰 폭발 사고'가 발생한 후 금문도 주민들은 국방부에 지뢰를 제거하라고 강하게 요구했다. 2005년에 에덴기금회와 현의원 우쳉디엔(吳成典)과 지뢰피해자 리시썽(李錫盛)[12] 등이 '살상용 지뢰 통제 조례(殺傷性地雷管制條例)'를 제출하여 법률을 통해 지뢰제거를 시도하였다. 약 1년 동안의 노력 끝에 드디어 대만 지뢰제거에 관한 첫 조례인 '살상용 지뢰 통제 조례'를 통과시켰다. 조례의 내용은 금문도 현청이 원하는 제거 구역의 순서에 따라 국방부가 위탁배뢰(委商排雷)를 하거나 자력배뢰(自力排雷)의 방식으로 반드시 7년 안에 지뢰를 다 제거해야 한다고 규정하고 있다.

국방부가 이 조례에 의하여 국제 지뢰제거의 고문단의 지도하에 2007년 4월 1일에 "지뢰제거 대대(排雷大隊)"를 조성하며 유엔의 기준에 따라 지뢰제거 전문가를 훈련하기 시작했다. 2009년까지 지뢰제거 자격증을 받은 사람은 약 80명이었다. 지뢰 제거의 방식은 '군사적 지뢰제거'와 '인도적 지뢰제거' 두 가지의 방법이 있다. '군사적 지뢰제거'는 '전투 지뢰제거'라고 부르기도 한다. 이것은 전쟁 때 자주 쓰는 방식이다. 즉 군대가 어디를 지나가고 싶을 때 지뢰의 공격을 피하기 위해 통과할 수 있을 만큼의 길의 지뢰를 제거하는 것이다. 금문도가 계엄령을

---

11 에덴기금회는 2014년, ICBL과 협력해서 '동남아국가의 반지뢰운동과 연구자양성계회(東南亞國家的反地雷運動及硏究培力計劃)'를 통해서 처음으로 대만 젊은이 4명을 모집해서 베트남, 캄보디아, 미얀마의 반지뢰조직에서 2~3개월의 봉사활동하게 하는 성과를 거두었다. 〈伊甸與ICBL合作招募雷傷志工〉, 『台灣醒報』, 2014.3.26.
12 〈四萬顆地雷 金門人躲不過的傷〉, 『天下雜誌』, 2011.08.09.

해지한 후 경비가 부족했기 때문에 현청의 각 부서에서 공사할 때마다 이런 '전투 지뢰제거'의 방법을 사용했다.

2007년부터 시작된 전면적인 지뢰제거계획은 전투형이 아니었다. 금문도 주민의 생명 안전과 행동의 자유를 누리는 권리에 의한 '인도적 지뢰제거(humanitarian mine clearance)'를 취했다. 하지만 이것이 지뢰제거 대원에게까지 인도적인 것은 아니었다. 왜냐하면 바로 그들이 위험에 가장 가까이 있는 사람들이기 때문이다. 2007년부터 3년 동안 실행된 지뢰제거의 첫 단계에 '자력 지뢰제거'와 '위탁 지뢰제거'를 동시에 진행하였다. '분구(分區), 다점(多點)'의 방식으로 순환적으로 진행했다. 총 47군데, 141여만 제곱미터를 수색하여 사고 없이 31,400여 개의 지뢰와 폭탄을 제거했다. 그 규모는 금문도 지뢰밭의 46.3%에 달했다. 두 번째 지뢰 제거 단계는 2010년부터 2013년까지였다. 이 단계에서는 대·소 금문도 외에 다단·어단까지 포함되었다. 1,900여 톤(107군데, 164만 제곱미터)의 지뢰가 남아있었기 때문에 '자력 지뢰제거'와 '위탁 지뢰제거'를 병행하였다. 2007년부터 6년간의 지뢰제거 성과는 다음과 같다.

표 2_ 금문도 지뢰제거의 성과　　　　　　　　　　　　　　　　　　　단위: m²

연도	2007	2008	2009	2010	2011	2012	계
면적	107,089	737,516	575,360	435,555	946,415	259,027	3,060,962

자료: Landmine & Cluster Munition Moniter

Ⅳ. 지뢰박물관의 설립과정과 전시

1. 설립과정

1990년대에 들어, 세계는 탈냉전 시대(post-cold war)를 맞았다. 1987년 대만 정부에서 중국 친척 방문을 허용한 후 매년 중국에 가는 대만인이 370만에 달했고, 1990~2002년의 통계를 보면, 대만에 결혼이주로 온 중국신부가 154,000명이었다.

대만에서는 2001년 '중국대륙지역인민 대만관광추진방안(開放大陸地區人民 來台觀光推動方案)'을 통과시켜 중국인이 대만을 여행할 수 있게 만들었다. 이 방안은 륙객(陸客, 중국대륙 관광객에 대한 약칭)을 세 가지 유형으로 나누고[13], 단체여행, 10일 이내의 여행으로 제한하는 것이었다(李依盈, 2004: 2~4). 2001년 실시한 화물선과 여객선의 '정점정시(定點定時)' 교류로 시작한 양안소삼통(兩岸小三通)도 양안교류의 중요한 분수령이다.

금문도가 1992년에 오랫동안의 군사 관리 시대에서 벗어난 후 중국 푸젠성은 '양문을 열고 양마 먼저 실행한다(兩門對開, 兩馬先行)'[14]는 제안을 하였다. 대만도 이에 응하였다. 양안관계는 일단 지리적 위치가 가까운 '양문'과 '양마'의 주변부의 교류를 통하여 개선되기 시작했다. 금문도의 경우, 이를 통하여 비공식적인 밀수가 완화되고, 샤먼과의 공동의 경제 발전에 도움이 되었다. 동아시아 냉전 분단체제하에서 가장 긴장이 컸던 지역에서 특별하고 평화로운 '낮은 정치성'의 교류가 형성되었으며(Larry Yu, 1997: 19~30), 금문도는 양안 대치 분계선에서 평화의 섬으로 전환되어 갔다.

2008년 대만의 해협교류기금회(海峽交流基金會)와 중국의 해협양안관계협회(海峽兩岸關係協會)가 '대륙주민 대만여행 해협양안협의'에 서명했고, 대만은 본격적으로 륙객에게 대만여행을 개방하였다. 처음에

---

13 첫번째는 홍콩이나 마카오를 거쳐서 대만에 오는 중국인이고, 두 번째 외국 여행이나 비즈니스로 대만을 여행 오는 중국인이다. 셋 번째는 외국에서 유학하거나 외국 영주권을 취득한 중국인이다.
14 『兩門』은 중국의 廈門과 대만의 金門을, 『兩馬』는 중국의 馬尾와 대만의 馬祖를 지칭한다.

는 중국 13개 성의 주민만 대만여행을 신청할 수 있게 하였다. 2011년 6월 베이징, 상하이, 그리고 샤먼이 관광 시험도시로 지정되었는데, 2014년까지 중국 36개 도시의 주민이 대만 배낭여행을 할 수 있게 되었다. 2014년 4월까지 대만에 온 륙객이 매일 4,000명에 이르는 등, 총 274,294명에 달한다(『聯合新聞網』, 2014.4.10).

이런 소삼통 및 삼통의 발전과 함께 금문현청은 기존의 군사시설을 활용한 관광계획을 수립하였고, 금문도 주민들도 이에 호응하였다. 이 중에서 지뢰를 활용한 관광시설이 지뢰박물관이며, 이는 소금문도의 용사보와 철한보 두 토치카를 활용한 것이다. 이 두 토치카는 황취(黃厝)마을에 위치한다. 용사보는 1971년 당시 여기에 주둔한 호군부대(虎軍部隊)가 보수한 것이고, 철한보는 1971년 준공된 것이다. 이 두 토치카는 군사적 요새(military stronghold)로서 1997년까지 군대가 관리해 왔다. 군대가 철수한 후 국방부에서 일반 기업에게 위탁하여 철한보를 헐어 버리려고 하자, 황취마을 주민들이 역사 유적을 보호하자는 이유로 철거 반대운동을 하여 이를 중지시켰다. 주민들의 시위 때문에 용사보와 철한보는 보존되었다. 왜 주민들은 이를 보존하려고 하였는가?

냉전 하에서 10만 명의 군인들이 주둔하였으므로, 군인들을 위한 소비경제체제가 형성되었기 때문에 금문도 주민들은 생활이 나아졌지만, 군부대가 대거 철수한 후 가게들은 연달아 문을 닫게 되었다. 그래서 금문도 주민들은 남아있는 군사시설을 이용하여 대만 본도와 중국의 관광객들을 끌어들이고 싶어 했다. 2001년 철한보는 현청에 양도되었고, 용사보는 2003년 소금문도 향사무소에 양도되었다. 중앙정부와 현청, 그리고 향사무소는 이를 활용하여 소금문도의 관광발전을 위해 지뢰테마공원을 만들기로 합의했다. 용사보와 철한보가 지뢰와 특별한 연관이 있어서 선택한 것이 아니라, 이 두 토치카가 소금문도의 북쪽에

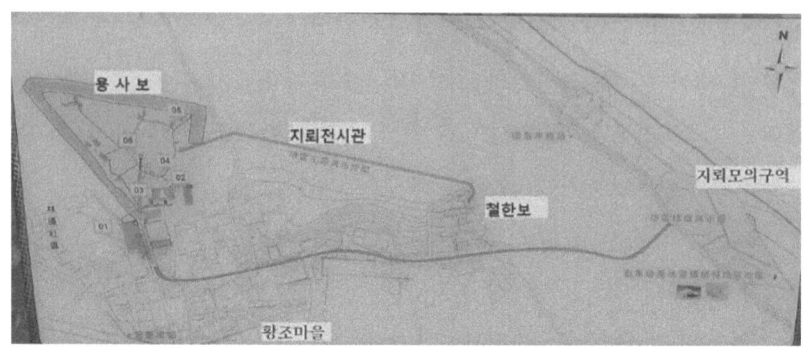

그림 2_ 지뢰박물관 약도
자료: 용사보

위치하여 건물이 상태가 좋고 지어꿍선착장(九宮碼頭)에서 후징토어(湖井頭)기념관까지의 관광명소를 완벽하게 연결할 수 있기 때문에 입지로 선정되었다. 이 지뢰테마공원은 만들어지고 있는 금문대교(金門大橋) 옆에 위치하기 때문에 매력적인 관광명소가 될 것이라고 기대하였다.

지뢰박물관의 설립 과정은 3단계로 나눌 수 있다. 첫 번째 단계는 2010년의 '소금문 레위향 철한보와 용사보 재활용 계획설계'로, 백림(柏林)연합인테리어회사의 왕뷔린(王柏林) 건축사를 초빙해서 지뢰전시관 내부를 설계했다. 예산은 600,000원이었다. 두 번째 단계는 '소금문도 용사보와 철한보, 그리고 주변 시설을 지뢰테마공원으로 재활용하는 제1 공사'이다. 공사기간은 2010년 12월부터 2011년 8월까지 9개월이었다. 발미(發美) 건설회사에서 담당하고 린치진(林棋錦) 건축사사무소에서 감독하였는데, 하수도공사를 포함하면 예산은 46,307,578원이었다. '금문현 2011년 낙도건설기금'으로 교통관광부로부터 3,000만원을 받았다.

세 번째는 2011년 12월~2012년 1월까지 제1공사의 부족함을 보완하는 공사이다. 예산은 1,439,675원이었다. 2013년 소금문 레위향 사무소가 교통부관광국에 '지역관광종합계획'의 경비를 신청해서 7,600,000원을 받고, 지뢰전시관과 테마공원의 시설을 개선하여 보수했다[15]. 대만돈으로 총 85,947,253원을 쓰고 지금의 '지뢰박물관'을 완공했다.

이 지뢰박물관은 캄보디아의 시암립 지뢰박물관과 대비된다. 캄보디아는 1999년 대인지뢰금지협약에 가입한 이후, 유엔과 영국의 NGO의 도움을 받아 지뢰제거를 하기 시작했고, 캄보디아 지뢰제거를 위한 시민단체와 협력하여 2007년 지뢰박물관을 설립했다.

2 실내전시관

냉전시기 용사보와 철한보의 바깥은 온통 지뢰밭이었다. 지금까지 두 토치카 안의 시설(Hardware Facilities)이 여전히 잘 보존되고 있어서 이 두 토치카의 연결 통로를 지뢰전시관으로 삼은 것은 매우 흥미로운 발상이었다. 이는 역사적 재산을 보호할 뿐만 아니라 박물관의 현장성을 잘 살린 것이다. 전시관의 외부는 원래의 군사적 풍경(Military Landscape)을 유지해 왔다. 예를 들어, 미채색의 외관, 통로에 엄폐하기 위하여 설치된 풀더미로 덮는 철조망과 우뚝 솟은 나무, 그리고 불규칙한 도랑이 있다. 또한 땅굴 안의 시설도 보존했다. 예를 들어, 입구에 새겨진 1972년 용사보를 보수한 '용사보 건축물 보수 기록', 창고, 그리고 사격진지(Pillbox) 등이었다. 연결 통로에 있는 지뢰전시관의 전시 내용은 아래와 같다.

동영상: 용사보 입구 좌측에 있는 관광안내센터에서 지뢰제거에 관한 동 영상을 볼 수 있다. 5분간의 동영상을 통하여 세계 각국이 지뢰를

---

15 〈烈嶼地雷主題園區規劃改善〉, 金門日報, 2013/09/27.

사용 하는 현황와 금문도 지뢰를 제거하는 과정을 알 수 있다.

글과 사진: 사진을 전시하는 공간은 3개가 있다. 첫 번째는 지뢰제거대 대의 설립과 지뢰제거의 과정에 관한 글과 사진이다. 두 번째는 지뢰가 금문도에 대한 영향의 주제로 전시한다. 또한 세 번째는 세계 각국이 지뢰의 사용과 제거에 관한 전시이다. 글과 사진을 통하여 세계의 시점과 금문도의 시점으로 지뢰를 보고 동영상에 부족한 부분을 보완하며 방문객에게 지뢰의 위력이 얼마나 강하고 얼마나 잔인한지를 알려준다.

실물 모형: 입구에 새겨진 지뢰 모형을 통하여 방문객에게 현장감을 준다. 또한 땅굴 안에 설치된 지뢰제거대대 대원의 밀랍상을 설치하고 지뢰의 모형, 그리고 각국의 지뢰 경고 간판의 모형까지도 있다.

체험시설: 바닥에 대전차지뢰를 설치하여 그 위에 투명한 아크릴로 덮고 센서(sensor)를 장착하여 방문객이 지뢰를 밟아서 센서가 감지하면 폭 발 소리가 난다.

용사보의 군사적 풍경을 보존하기 위하여 오래된 큰 입구의 간판 이외에 입구에 큰 지뢰 모형 두 개를 설치했을 뿐만 아니라 입구 통로의 바닥에도 지뢰 모형을 설치하였다. 토치카의 외관과 땅굴 안의 전시공간은 기존 군사 시설을 활용하여, 방문객으로 하여금 당시의 역사적인 현장으로 돌아가게 하였다. 방문객에게 지뢰의 매설과정과 그것의 파괴력, 그리고 지뢰의 제거과정을 알려 주기 위하여, 모든 전시물에 각각의 사진과 설명을 달아 놓았다. 세계 각국의 지뢰나 크레모아의 특성을 알 수 있도록 모형을 제시하였다. 또한 약간 조악하지만, 음향이나 모의 폭발상황을 보여주는 체험시설을 설치하여 방문객에게 현장감과 재미를 선사하고 있다.

3. 실외전시관

냉전시기에 군은 소금문의 해안선에 대량으로 지뢰를 매설하고 또 탱크가 지나가는 궤도를 만들었다. 이 탱크길(Tank Road)과 대금문도와 소금문도를 연결하는 금문대교 옆에 '지뢰테마공원'을 만들었다. 금문대교가 개통되면 이 공원은 소금문도 대표적인 관광명소가 될 수 있을 것이라 기대한다. 지뢰테마공원은 지뢰제거 모의상황 전시구역, 전쟁 때 지뢰에 의해 파괴된 탱크 전시구역, 그리고 지뢰밭 모의 체험구역 등 3부분으로 나누어진다.

지뢰밭 모의 체험구역은 대형의 목재로 만든 삼각형 지뢰 경고 간판을 공원의 간판으로 삼는다. 그 주변에 우거진 잡초 안에 각종 지뢰(M2A4·M7A2·M6A2)가 총 45 개의 지뢰가 숨겨져 있다. 입구의 왼쪽 구역에는 주로 '지뢰 모의 구역'과, '지뢰 모양의 미끄럼 방지 바닥', '숲의 지뢰밭', '지뢰 전망대', '걸음마다 조심해라-지뢰 산책길', 그리고 '궤조

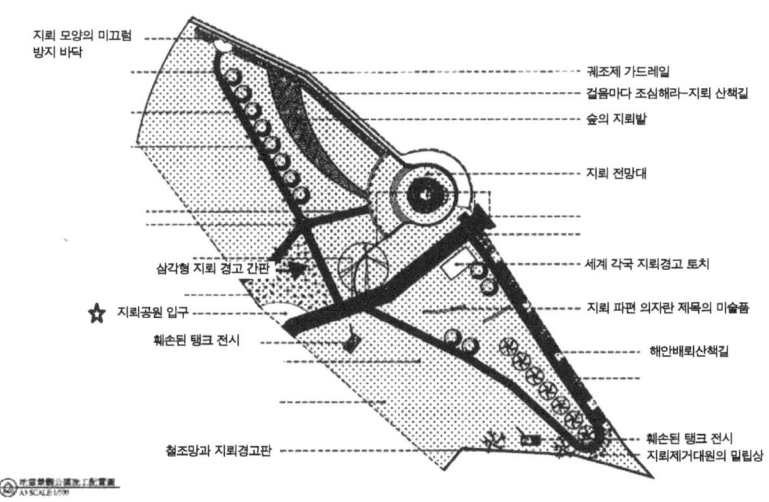

그림 3_ 지뢰테마공원 안내도
자료: 소금문도 항사무소

제 가드레일(Guard rail)' 등이 있다.

지뢰제거 모의상황 전시구역 및 전쟁 때 지뢰에 파괴된 탱크 전시구역도 있다. 입구의 오른쪽에 '훼손된 탱크 전시'와 '세계 각국 지뢰경고 토치카', '지뢰 파편 의자란 제목의 미술품', '지뢰제거대원의 밀랍상' 등이 있다. 지뢰테마공원은 실내전시중심의 예전 방식에서 벗어나고 실외전시로 현장감을 강화한다. 입지 조건상 금문도의 최고 테마공원이라고 될 수 있지만 금문대교의 완공이 늦어지고, 지뢰전시관에서 테마공원에 가는 도중에 알림판이 없어서 배낭여행 관광객들이 찾기 힘들다는 지적이 있다. 테마공원 안에 설명문과 공원안내원도 없다. 배낭여행 방문객들이 길어도 10분만 머물다가 간다. 단체 여행 관광객들이 그냥 지나가는 경우도 많다.

이런 지적들은 시골에서의 전장관광의 한계와 연관이 있다. 독자적인 기획능력도 여기에 포함된다. 지뢰박물관의 전시내용은 금문방위부(金門防衛部)에서 만들고 있는 '지뢰제거기록관(排雷紀實館)'의 내용과 중복되고 있다는 지적은 그런 측면을 보여준다.

V. 결론

근래에 들어, 중국은 대만의 가장 큰 수출시장이 됐다. 대만 사회에서 중국의 경제에 대한 의존도가 높을수록, 국가안전에 대한 불안도 커지고 있다는 것은 아이러니이다. 중국이 대만의 경제 발전과 자주성을 견제할 수 있다고 생각하기 때문이다(陳建民, 2009: 11). 그러나 역사적으로 대만에 속한다는 의식이 희박한 금문도 주민들은 대만 본토의 주민들의 이런 불안에 얼마나 공명하는지 확실히 알 수 없다.

양안대치의 최전선이었던 금문도의 주민들은 한편으로는 중국, 더 구체적으로는 대안의 샤먼과의 문화적 동질성과 정치적 이질성, 다른 한편으로는 대만과의 정치적 동질성과 문화적 이질성을 동시에 느낀다. 최근 샤먼의 급속한 발전과 고층빌딩을 중심으로 한 경관의 변화에 대하여 금문도 주민들은 자신들이 훨씬 더 환경친화적인 발전을 하고 있다고 자신 있게 말한다. '냉전생태'의 역설이 작용하고 있다고 할 수 있다.

금문현청이 전장관광을 발전시키려고 노력하는 것에 대하여 금문도 주민들이 대하는 태도는 이중적인 듯하다. 그것이 가진 경제적 동기와 함께 이들에게는 과거의 냉전에 대한 기억을 잊지 않으려는 동기도 작용하기 때문이다. 이들은 오랫동안의 일상화된 포격전과 심리전에 익숙해졌으며, 이를 통해 규율과 절제를 중심으로 한 냉전적 생활양식이 상당 정도로 신체화되었다. 탈냉전에 의해 의례화된 위험과 규율로부터 벗어날 수 있게 된 상황에서 이들은 과거에 대한 기억을 공간화하려고 했다.

흥미롭게도 금문도의 전장관광은 냉전적인 기념물과 탈냉전적 기념물의 혼재, 또는 병치를 바탕으로 한다. 냉전적 기념물이 주로 1970~80년대에 만들어진 전투기념관들이라면, 탈냉전적 기념관은 2010년을 전후로 해서 만들어지고 있다. 후자의 대표적인 것이 지뢰박물관이다. 전자가 군 중심의 기억의 터라면, 후자는 주민중심의 기억의 터다. 지뢰박물관은 황춰 주민의 요구에 따라 철거하지 않는 두 토치카를 활용한 것이다. 황춰마을의 주민들에게 이 건조물들은 과거의 변화함을 상징하기도 하고 군인들과 어울려 살았던 징표의 기념물이기도 하다. 종종 이들은 군사적 근대성의 피해자이자 수혜자라는 이중적 정체성을 보이고 있다.

금문도의 전쟁유적 관광지는 서로 비슷한 내용을 지니고 있어서 개별적 매력이 약하므로, 관광산업의 발전가능성에 회의적인 견해가 대두하기도 한다. 현재 금문도의 전장관광에서 제기되는 가장 큰 문제는 바로 평화의 섬에 대한 과도한 욕망이 전쟁의 무서운 면을 소홀하게 한다는 지적이 있다. 그렇지만, 지뢰전시관은 평화의 메시지와 함께 전쟁의 무서움을 알릴 수 있다는 점에서 이런 비판들을 감당해내는 방파제로 작용하고 있는 듯이 보인다. 다만 금문도의 전장관광이 대만 본도에서의 접근성이 매우 취약한데 비해 접근성이 좋은 중국인 관광객은 아직은 이에 큰 관심을 보이지 않는다는 문제를 어떻게 극복할 수 있을지 지켜봐야 한다.

06

냉전 경관의 비교준거, 연평도와 백령도:

1970년대 서해5도의 요새화와 개발을 중심으로

전원근

I. 서 론

1. 금문도와 서해5도

중국 대륙 가까이 위치한 대만의 금문도에서는 특이한 경관을 볼 수 있다. 해안가에 열과 오를 맞추어 삐죽하게 솟아오른 용치(龍齒), 언덕마다 보이는 토치카와 군초소, 출입금지 경고문, 마을마다 설치된 대피소와 이제는 일부 관광시설화된 군의 지하터널. 이와 같은 것들은 백령도와

연평도와 같은 섬에서도 공통적으로 찾아볼 수 있는 경관 요소이다.[1]

1970년대 한국군은 섬의 요새화를 위해 적절한 모델로서 비슷한 상황에 있었던 대만의 '금문도'를 참조해야 했다. 과거 금문도에서 발생한 포격전 덕분에 이 시기 군사 전문가들에게 있어 금문도는 그리 낯설지 않은 공간이었다. 이 섬들의 전략적 중요성을 설명하는 "한국의 금문도"라는 알레고리는 1960년대부터 2010년 서해5도의 2차 요새화 과정에 이르기까지 자주 쓰였다.[2] 이러한 설명들에서 금문도는 공산중국으로부터 자유중국, 더 나아가 자유세계를 지켜낸 섬으로 표상되었고, 그 배경에는 섬의 선진적인 요새화와 군민일체의 협동이 있었음이 제시되었다. 신문기사와 사설 속에서 이루어진 금문도와의 빈번한 비교는 서해5도의 중요성을 한반도의 주변부로부터 동아시아의 냉전체제의 한 가운데로 위치시키려는 주요한 알레고리로서 작동하였다.

그러나 양안관계가 회복됨에 따라 금문도와 소금문도의 경관적 요소들은 관광자원화되면서 중국 관광객들로 붐비는 반면, '서해5도'의 경우는 매우 일부가 관광화 된 것을 제외하면 남북의 대치상황으로 여전히 굳건한 요새로 남아 있다. 오히려 1990년대 후반부터 현재까지 이어진 군사적 충돌로 인해 이 지역은 냉전과 열전 사이에 위치한 동아시아의 지정학적 화약고가 되었으며, 이러한 충돌에 대한 반응으로 2010

---

[1] 국제정치로부터 생활세계에 이르기까지 다양한 층위의 정치사회적인 과정으로 이루어진 금문도의 '지정학화(geopoliticization)'에 대한 분석으로 Szonyi(2008)의 연구를 참고할 수 있다.

[2] 예를 들어, 1963년 12월 30일 동아일보 기사에 "한국의 금문도"인 백령도 군인들의 노고에 대한 이야기가 실려있다. 한편, '서해5도 지원 특별법' 제정 당시 일부 국회의원들에 의해 금문도의 지하터널이 서해5도 요새화를 위한 최적의 모델로서 제시되었다. 하지만 이러한 주장은 탈냉전과 양안관계의 진전으로 변화된 금문도의 역할에 대해서는 말하지 않는다는 점에서 정치적인 함축을 갖는다.

년에는 이명박 대통령에 의해 요새화가 재추진되기까지 했다. 동아시아의 경계가 점차 '장벽'에서 '교량'의 기능을 수행해가는 반면, 서해5도와 같은 공간은 사실상 동아시아에서 유일하게 남은 냉전의 불씨이자 장벽으로 남아 있는 것이다.

2 냉전 경관으로서 서해5도

이 지역에 대한 연구는 대부분 '서해5도'보다는 '북방한계선(NLL)'에 대한 연구로 이루어져 있다. 이는 다시 NLL의 기원과 설립 과정에 대한 역사학적 연구와, 분쟁해결과 정당성에 대한 국제법적 연구[3] 및 군사학적 연구들로 나눌 수 있다. 기본적으로 NLL의 존재가 대중적으로 알려지게 된 것은 1990년대 후반에 이르러서이고, 이 단어가 강력한 정치적 의미를 가지게 된 것은 그로부터 다시 십 여 년이 지나서이다. 따라서 NLL에 관련된 연구들 또한 1990년대 후반부터 이루어져 왔다. 특히 역사학적 연구의 흐름은 리영희 교수가 정부 주장의 문제점을 지적하며 발표한 1999년의 "'북방한계선'은 합법적 군사분계선인가?"를 시점으로 촉발되었고, 국방부를 중심으로 한 일련의 전문가 집단과 학계의 비판적 연구자들 사이의 간극이 나타났다. 이 간극은 기본적으로 NLL의 정당성과 합법성에 대한 해석의 문제 및 그와 결부된 대북정책에 대한 접근방식의 차이로 정치화되어 있다. 최근에는 보이지 않는 '선'에 대한

---

3 특히 이에 대한 국제법적인 문제, 각국(남북한과 중국, 미국)의 입장, 그리고 각국 정부에 대한 해결 권고안까지 정리된 문헌으로는 International Crisis Group의 2010년 12월 23일 보고서(*North Korea: The Risks of War in the Yellow Sea*)를 참고할 것. 한편 Robert Lauler(2012)의 연구는 NLL과 서해5도를 둘러싼 한국과 미국 닉슨 및 포드 행정부 간의 입장차이에 관한 분석을 보여주며, 이용중(2010)의 연구는 NLL에 대한 북한의 주장을 1차자료를 통해 분석하고 있다.

추상적 논증이 아니라, 서해5도 주민들의 이동권 투쟁(김필우, 2009)이나 이 지역에 대한 군과 정부의 접근방식을 조직사회학적인 측면에서 분석(김종대, 2013)한 연구들이 이루어지기도 했다.

이 연구에서는 특수하고 예외적인 영토의 생산이라는 문제에 초점을 맞추어 이 섬들에 대한 국가의 제도화 과정을 살펴보고자 한다. 한국에서 영토는 그 규정(제3조, "대한민국의 영토는 한반도와 그 부속도서로 한다")에서부터 실제의 이용과 법률적, 제도적 차원 및 국민의 심상지리의 측면에서 위계적이고 기능적으로 분할되어 있다.[4] 현재 백령도와 연평도 등 서해5도는 정치적, 법률적 그리고 사회문화적으로도 다른 공간들과 구분되는 배타적 경계를 가진 공간적 개념이자 실체이다. 흥미로운 것은 이 예외적 영토의 형성은 국제와 국내 정치의 충돌, 국가전략과 주민안전의 충돌, 자연보전의 역설 등의 다양한 모순들로 구성되어 있다는 점이다.

백령도와 연평도의 특수한 공간 구성을 '경관'으로서 보는 것은 자연환경과 사회문화적인 요소들이 종합적으로 작용하여 이 공간들을 구성하는 점을 포착하기 위함이다. 경관은 "지표 위의 사상(事像)-자연현상이나 인문현상-의 시각적·기능적 배치와 질서를 의미하면서 동시에 그러한 물리적 구성을 넘어서 그 질서가 갖는 사회·문화적 의미까지를 포함하는 개념이다"(진종헌, 2013: 559). 따라서 경관은 공간을 어떻게 구성하는가에 대한 권력의 문제이면서, 그것을 바라보는 주체라는

---

4 특히 북한과 관련하여 형성된 특수한 공간들은 군사분계선 일대의 경계와 대립의 공간, 개성공단과 같은 협력의 공간, 전쟁기념관과 같은 기억의 공간 등으로 나누어 볼 수 있다. 이들 공간은 한국의 영토 규정과 이용에 있어 북한의 존재와 분단의 역사성이 절대적인 요소로 작동하고 있음을 보여주며, 심상지리의 측면에서 북한에 대한 상상을 매개한다. 또한 이들 공간은 각각의 규정과 제도에 의해 다른 공간에 대해 배타적인 예외성을 획득하고 있다.

독해의 문제이기도 하며, 비판적 관점에서는 무엇을 드러내고(가시화), 무엇을 감추는가(비가시화)의 문제뿐만 아니라 경관이 발생시키는 감정과 미학에 근거한 이데올로기적 효과를 분석할 수도 있다. 최근에는 현상학적 관점에서 문화와 자연, 정신과 물질, 의미와 실제 간의 이분법을 비판하는 경관이론이 대두되고 있다(ibid: 569~571). 이러한 비판적 경관지리학의 관점을 따라 이 연구에서는 서해5도 경관의 형태학(morphology)이 아니라, 그것의 구성 과정에서 드러나는 역사적·사회적 함의를 분석하고자 한다[5].

금문도와 마찬가지로 백령도와 연평도의 독특한 경관 형성은 냉전과 분단이라는 시대적 상황과 매우 긴밀히 관련되어 있다. 즉 분단과 냉전이라는 역사성이 이 독특한 경관의 원인이자 그것의 구성요소로 존재하는데, 이러한 경관을 '분단경관' 혹은 '냉전 경관'으로 개념화할 수 있을 것이다. 이 글에서는 냉전이라는 국제적·국내적 차원과 지역(local)이 어떻게 연결되는지에 대한 비교연구의 가능성을 열어놓기 위해 '냉전 경관'이라는 개념을 제시하고자 한다. 그리고 이러한 냉전 경관의 '형성'이란 역사적, 정치적, 사회문화적으로 모순적인 요소들이 절합(articulate)되는 실천의 과정이며, 따라서 다른 공간적 기획들에 열려 있음을 강조하고자 한다. 이 연구에서는 서해5도 냉전 경관의 원형으로서 1974년부터 1979년 사이에 국가전략의 차원에서 이루어진 백령도와 연평도의 요새화 및 도서개발사업을 분석하고, 이러한 경관이 가지는 정치·사회적 효과들에 대한 함의를 결론에서 제시하고자 한다.

---

5 이 섬들의 경관을 구성하는 것은 비단 물리적이고 가시적인 요소뿐만이 아니다. 경관의 인지는 장소에 대한 기억들을 포함한다(박재민, 성종상, 2011). 군 시설과 잘 보존된 자연이 가시적인 대상이라면, 이 지역에서 일어난 일련의 사건의 기억들은 이 대상물들이 인식되는 배경으로서 경관 안에 들어온다.

Ⅱ. 1974년 이전: 냉전 경관 형성의 역사적 배경

서해5도는 1974년 이전까지 하나의 독립된 공간 개념으로 묶이기보다는 각각의 생활권을 갖는 섬들로 존재했다. 하지만 서해5도의 개념이 만들어지는 과정은 1974년 이전의 역사와 분리되어 설명될 수 없다. 한국전쟁은 이 섬들을 하나의 공간 개념으로 묶일 수 있는 근거를 마련하였고, 이후 지속된 냉전과 북한의 갑작스런 관할수역 주장은 서해5도가 요새화되는 데 있어 가장 중요한 변수로 작용하였기 때문이다.

1. 한국전쟁과 서해5도의 낙도화

분단 이전에 본래 옹진반도의 북서쪽에 위치하여 장연군에 속한 백령도, 대청도, 소청도의 3개 섬과, 동남쪽에 위치하여 벽성군에 속한 연평도 및 소연평도의 2개 섬은 각각 서로 다른 생활권을 형성하고 있었다. 해방 이후 설정된 38선에 의해 38선 이북이었던 장연군은 북한의 관할지역이 되고, 이남지역인 백령도, 대청도, 소청도는 옹진군으로 편입된다. 이 섬들은 38선의 획정과 함께 옹진군이 경기도 소속이 되면서 행정구역상 옹진군 소속이 되었던 것이다(옹진군향리지, 1996: 46). 현재도 백령권과 연평권의 각 도서는 인천으로 연결될 뿐 상호교류는 거의 없다. 이 지역의 이동권 보장운동에 대해 연구한 김필우(2010: 7)는 이 시기 옹진반도도 북쪽이 38선으로 막혀 이전에 비해 이동이 제한되기는 했지만, 도서 지역 주민이 38도선 이남의 옹진읍까지 왕래가 가능했기에 한국전쟁 이후에 비해 완전히 고립된 상태는 아니었다는 점을 지적한다. 이 두 지역의 차이는 단순히 생활세계의 문제나 물리적 거리를 넘어서는 의미를 가진다. 왜냐하면 백령권과 연평권의 거리는 약 100km로 섬 주변 12해리의 해역을 영해로 산정하더라도 약 80km의

'공해(=구멍)'가 발생하기 때문이다(ibid: 25).

　이 지역이 고립된 낙도이자 전방으로서 성격을 갖게 된 것도 한국전쟁 이후 1953년 체결된 군사정전협정상의 '휴전선'이 '38선'과 다르게 설정되면서 옹진반도 전체가 북한의 관할 아래 놓이고, 나머지 5개 섬이 연합군의 관할로 명기되면서부터이다. 정전협정에 다섯개의 섬이 따로 명기되게 된 것은 내륙의 휴전선과는 달리, 정전협정의 협상의 마지막까지 해상의 군사분계선이 명확하게 설정되지 않았기 때문이다. 당시 UN군은 북한 및 중공군에 비해 훨씬 우세한 공군 및 해군 전력을 가지고 한반도 전 해상의 도서를 점령하고 있었다. 휴전선을 설정하면서 점령하고 있던 휴전선 이북의 섬과 해안지대를 북한에 양도하였으

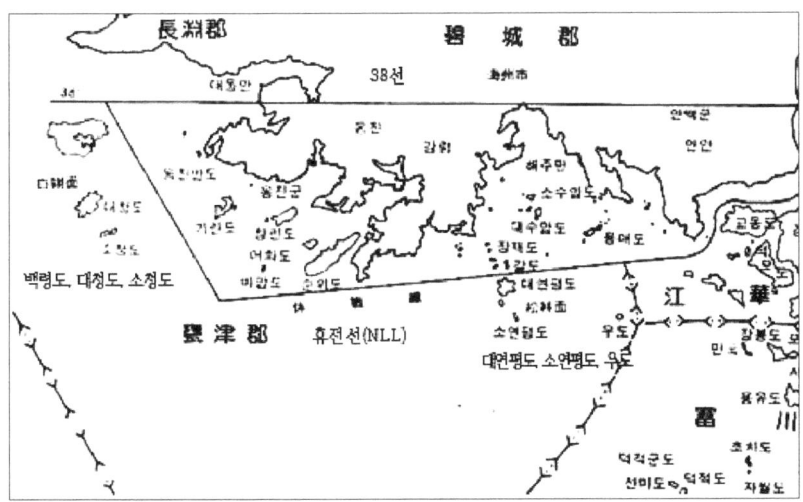

38선과 휴전선(NLL)의 획정[6]
출처: 옹진군향리지(1996)

---

[6] 지도상의 휴전선은 NLL을 의미한다. 1989년의 지도에서 보듯, 1990년대 이전에 NLL과 같은 해상의 경계선과 군사분계선과의 차이는 잘 알려지지 않았다.

나, 미국은 옹진반도 근처의 다섯 개 섬을 따로 지정하여[7] 유엔군의 관할하에 남겨두었다. 김보영(2012)은 북한이 이에 동의한 것은 해군력의 열세로 한국전쟁 동안 이 섬들을 점령할 능력이 없었기 때문으로 설명한다. 북방한계선(NLL)은 정전협정 이후 이 섬들과 북한의 해안 사이에 유엔군에 의해 설정된 선으로 그 정당성과 효용에 대한 정치적 갈등은 남북 뿐만 아니라 남한 내부에서도 첨예하게 일어나고 있다. 해군력을 갖추게 된 북한은 1973년에 NLL을 침범하는 대규모 시위를 실행하고, 군사정전회의에서 이 선의 불법성을 지적하였다. 최근에 기밀해제되어 공개된 미 CIA 기밀문서("The West Coast Korean Islands", 1974년 1월 작성)에서는 NLL이 휴전 직후인 8월 30일 유엔군 사령관인 클라크 장군이 설정하였다는 기존의 설명과 달리, 1960년대 이전에 NLL의 설정과 관련된 문서기록을 찾을 수 없다고 분석하고 있다.[8]

지도에서 보듯이, 1945년의 38선 이남지역이었던 옹진반도가 1953년 휴전선 획정으로 이북지역이 되고 기존의 생활권이 해체되고 가장 가까운 내륙항이 인천이 되면서 이 섬들은 사실상 가장 접근하기 어려운 영토 중의 하나가 되었다. 이러한 이유로 이전에 중국을 향하는 관문 중의 하나로 번성했던 백령도와 조기파시로 한 철에 수만 명이 몰렸

---

7 정전협정에 유엔군의 관할로 따로 표기된 섬은 백령도, 대청도, 소청도, 연평도, 우도로서, 행정적으로는 무인도인 우도를 제외하고 주민이 실제로 거주하고 있는 소연평도를 포함하여 구성되기도 하며, 군사적으로는 소연평도 대신 우도를 포함하거나 두 개 모두 포함하여 서해6도(서)로 표현되기도 한다. '서해5도 지원 특별법'에서 볼 수 있듯이, 2010년에 이르면 법률적 용어로서 '서해5도'가 정의되기에 이른다.

8 이에 대한 자세한 설명은 김보영(2012)의 연구를 참고할 것. 그의연구는 한국전쟁시기 비대칭적인 해군력의 차이로부터 시작된 NLL과 도서문제의 타결에까지 이르는 역사를 다양한 사료를 통해 자세히 분석하고 있다.

연평도 조기파시 전경(연평도 조기역사관 / 연구자 촬영)

던 연평도는 대한민국의 '낙도'가 되었던 것이다[9].

2 냉전과 북한의 관할수역 주장

1970년대는 국제적 스케일에서 '데탕트'가 진행되는 한편, 국내적으로는 미군의 철수 논의와 유신 반대 운동 등으로 안보 위기감이 가중되면서 유신 독재체제을 확립하던 시기이다. 게다가 미국은 NLL에 대한 국제법적 정당성의 근거가 미약하다는 판단[10] 아래 한국 정부를 적극적으로 지지하지도 않았다.

'서해5도'가 공식적인 행정 명칭으로 쓰인 것은 1974년에 이르러서이다. 북한은 1973년 10월 23일부터 함선과 전투기를 활용하여 NLL을

---

9 서해5도의 섬들은 1992년 쾌속선의 취항과 2003년 여객선 운임 지원이 이루어지기 전까지 현실적으로 접근이 쉽지 않은 영토였다.

10 미해군대학의 Roehrig(2011)는 미 정부 및 CIA의 기밀문서를 통해 미 정부가 NLL의 정당성을 입증할 근거의 미흡으로 오늘날까지 남한의 입장을 지지하기를 주저하고 있음을 여러번 밝힌 바 있다.

침범하는 대규모 시위를 실행한 뒤, 12월 1일 제 346차 군사정전회의 본회의에서 유엔군측의 불법성을 지적하며 인근 해역의 관할권을 주장하였다. 북한은 정전협정의 관계조항에 서해상에 군사분계선이 획정되어 있지 않으며, 섬에 대한 유엔의 관할권은 협정 상에 분명함을 인정하지만, 해당 수역은 북한 관할에 있는 것임을 공식적으로 주장한 것이다. 이듬해인 1974년 2월 15일는 백령도 서쪽 공해상에서 남한 어선에 포격을 가해 한 척을 침몰시키고, 한 척을 납북하는 사건을 벌인다[11]. 이러한 일련의 사건은 1974년부터 국가와 군이 이 지역에 대한 전폭적인 관심을 기울이고 요새화를 시작하는 계기가 되었다. 특히 이 사건은 전국적인 규모의 반북규탄 대회가 조직되는 계기가 되었으며, 더 나아가 대한뉴스의 특집으로 이 대회의 모습과 다섯 개 섬이 표시된 지도와 함께 전국민에게 영상으로 재현되면서 서해5도가 국민적 심상지리의 한 구성요소로 자리잡는데 큰 영향을 주었다. 하지만 결국 서해5도의 주변 수역은 국제법적으로 인정되는 '영해'가 아니라 '관할수역'이라는 애매한 지위를 부여받게 된다.

이처럼 1973년의 북한의 관할권 주장과, 1974년부터 시작된 요새화 및 1977년 북한의 서해상의 군사경계선 발표에 이은 남한의 영해법 제정은 긴밀하게 연결되어 있다. 현재 서해5도 경관의 기본요소들은 대부분 1973년 말 북한의 무력시위와 관할수역 주장 이후 1974년 국가전략

---

11   평양주재 루마니아 대사관의 긴급보고(1974년 2월 21일/ 윌슨센터 자료)를 통해서는 소련이 이 사건으로 인해 남한 정권에 학생들의 민주화 시위를 탄압하고 반북 정서를 심화시키는 정치적 기회를 제공했다는 점에서 북한이 실수한 것으로 판단했음을 알 수 있다. 또한 휴전 이후 몇 안 되는 강도 높은 대규모의 심적 대응이었다는 점에서 서울과 남한 전역에서 열린 반북 규탄대회를 우려스럽게 바라보고 있었다는 점을 알 수 있다.

적 차원에서 이루어진 섬의 군사요새화와 도서개발을 통해 완성되었다. 이에 따라 1970년대 후반에 이르면 서해5도의 경관은 극적으로 바뀌게 된다. 하지만 국제적 분쟁화와 우호국들의 지지가 지연되면서, 1974년부터 국가 기관과 미디어에 순환되었던 '서해5도'의 문제는 국제적이기 보다는 남북간의, 혹은 국내의 문제로서 대두되었다[12]. 이런 의미에서 서해5도의 냉전 경관은 국제적 정세와는 다른 논리와 시간성을 가지는, 혹은 그것에 대한 반응으로서 남북관계 혹은 한국 내부의 논리가 특수한 경관지리의 형태로 물화된 것으로 볼 수 있다.

Ⅲ. 1974년 이후: 모순적 공간으로서 냉전 경관의 형성

서해5도 냉전 경관의 형성은 1970년대 중반부터 국가적 전략으로 추진되었던 군사요새화와 도서개발을 중심으로 이루어졌으며, 그 과정에서 의도치 않게 자연환경의 변화를 이끌었다. 냉전 경관의 형성은 이 세 가지 차원에서 각각의 모순적인 결과들로 이어졌는데, 그것은 1) 군사요새화의 측면에서 '영해를 갖지 않는 영토'를 생산했다는 점, 2) 도서개발의 측면에서 군사요새화로 촉발된 국가안보와 주민안보의 충돌이라는 '안보 딜레마'가 관리되었다는 점, 그리고 3) 섬의 자연적 특징이 이러한 인위적 과정 속에 배태되어 보존되었다는 점이 그것이다.

---

12 물론 남한은 국제적십자 총재와 유엔 사무총장 명의로 서한을 보내고, 북한은 우호국 외교관들을 대상으로 남한의 만행을 설명하는 등 남북한 모두 국제적인 지지를 요청하기는 하였으나, 관련국들은 그다지 남북한의 주장을 신뢰하지 않았다.

1. 군사요새화의 측면

북한의 도발과 1974년 2월 15일의 사건으로 이 지역에 대한 관심과 경계가 최고조에 오르자 박정희 대통령은 서해5도의 요새화를 지시했다. 먼저 이 요새화를 추진할 주체로서 서해5도의 해병대 조직을 증강할 필요가 있었다. 이미 한국전쟁기 다양한 비공식적 유격부대들이 활동하였지만, 서해5도에 국군이 상륙한 것은 1951년 해병대 독립 41중대가 백령도에 상륙하고, 도내의 청년들에게 군사훈련을 실시하면서부터이다. 수 차례에 걸친 부대의 창설과 개명을 거친 후 1974년 3월 11일 해본 일반명령 제 10호에 따라 해군도서방어부대가 창설(이전 명칭 '해군도서경비부대')된다. 서해5도에 대한 방어임무를 어느 정도 독자적으로 수행할 수 있도록 지휘관을 대령에서 준장으로 상향 조정하였으며, 9월 20일에 연평도와 우도의 병력을 통합하여 해군도서방어부대 예하에 연평부대를 창설하였다. 이 조직이 1974년부터 섬의 요새화를 수행한 주체로, 1976년에 '제6해병여단'으로 조직이 다시 증편되면서 현재 백령도에 상주하는 흑룡부대와 연평도의 연평부대의 이원화된 조직 체계가 완성되었다. 해병대 제6여단의 기록에서는 1974년 당시 도서의 군사조직 재편이 시급한 과제였음을 알 수 있다.

> "북괴는 … 터무니없는 위협이 가중됨에 따라 도서방어부대는 1974년 초부터 부대를 증강하는 한편, 제반 작전시설을 요새화하고, 예비군을 전력화하여 적의 침투를 신속 정확한 조기경보체제로 즉각 봉쇄할 수 있는 강력한 대책과 북괴의 어떠한 도발도 끝까지 싸워서 사수할 수 있는 전투태세에 완벽을 기함으로써 '74년 12월 27일 대통령으로부터 부대표창을 받았다." (해병대 제6여단, 2005: 87)

현재 해병대 6여단과 연평부대는 2011년 서북도서방위사령부가 창설되면서 다시 병력이 증가되었고, 백령도와 연평도 모두 거주 주민의 인구수에 상당하는, 혹은 그 이상의 군인이 주둔하고 있다.[13] 이 때문에 선착장에서부터 한적한 도로에 이르기까지 이 섬들에서 군인과 군부대의 모습은 매우 일상적인 경관의 한 부분을 이룬다. 1974년 군 조직의 개편과 병력 증강은 작전개념의 변화와도 관련되어 있다.

박정희 대통령은 1974년 2월, 서해5도의 작전 개념을 "일단 철수 후 반격하여 격퇴한다"에서 "절대 사수"로 바꾸고, 비밀리에 고위급 군사시찰단을 금문도로 급파하여 요새화 시설을 모델로 삼아 서해5도를 요새화하도록 했다(김필우, 2009: 37).[14] 작전개념의 변경은 단순한 전술의 변화만을 이끌었던 것이 아니다. 기존의 작전개념이 중심부 혹은 후방에서의 지원에 의존하는 것이었던 반면, '절대 사수'의 새로운 작전개념은 지원 없이 섬을 방어해야 한다는 것을 의미했다. 따라서 현실적으로는 서해5도의 전력을 보다 강화해야 했고, 이는 서해5도의 군사적 위험(risk)을 높임으로써 주민의 생명과 안전을 위협하는 요소가 되었다. 즉 국가안보와 주민안보의 길항적 관계가 심화되는 계기가 되었던 것이다.

이에 따라 섬의 특징적 경관을 형성한 요새화 과정이 진행되었다. 백

---

13 2010년 기준으로 연평부대는 병력이 약 1천2백명, 백령도는 약 4천명이었으나(연합뉴스[2010.11.24.]), 2011년 서북도서방위사령부의 창설과 이어진 화력 및 병력 강화로 현재는 이를 훨씬 상회하는 병력이 상주하는 것으로 추정된다. 참고로 2012년 기준으로 연평도의 주민은 2,078명, 백령도는 5,558명이다. 서해5도 전체적으로는 2012년 기준으로 총 9,175명의 주민이 거주하고 있다(2013 옹진군 기본통계, 옹진군청 홈페이지).

14 마찬가지로 이명박 정부도 금문도에 군사시찰을 계획하였으나 외교적 문제 등으로 실행하지 않은 것으로 보인다.

령도의 경우 1974년과 1975년 사이에 북한군의 상륙을 막기 위해 해안선에 용치와 단애가 설치되고, 1975년과 1976년에는 4,291m에 이르는 군사용 동굴을 굴설하였다. 1976년에는 90mm 해안포 30문을 증강하고, 1977년에서 1979년 사이에 해안가에는 6,200여 발의 지뢰를 매설하고, 근해에서 육상 조종 기뢰 약 150개를 부설하였다(해병대 제6여단, 2005: 91~3). 이를 통해 섬 전체가 하나의 '불침함'이 되어 남한이나 북한 모두에게 있어 국지적 전술에서부터 국가전략에 이르기까지 섬이 가지는 의미가 크게 달라졌다. 이와 같은 요새화는 연평도에서도 반복되었다.

백령도와 연평도의 해안은 일부 개방되어 있는 곳을 제외하고는 철책과 장벽으로 둘러쌓여 있다. 따라서 근해의 기뢰가 1차적인 장애물로서 기능하고, 해안의 지뢰와 용치가 2차적인 방어를 맡고, 다시 철책과 장벽 및 초소가 육지로 침투하려는 적을 격퇴하는 역할을 하게 된다. 백령도와 연평도의 경우에는 높은 암석절벽으로 이루어진 해안가가 많기 때문에 수직 절벽 내부에 군사 동굴을 굴설하고 초소를 만들어 해안을 감시하였다. 한편 해안포, 견인포, 발칸 등으로 구성된 포대가 언덕과 산을 방어물로 삼아 엄폐되어 있었으며, 이에 따라 주민이 거주하는 마을과 일부 지역을 제외한 모든 산악지대와 해안은 군사적 용도로 이

그림 1_ 백령도의 해안가 철책·단애(연구자 촬영)와 용치(해병대 공식 블로그)
(출처: : //../48)

그림 2_ 연평도 해안절벽의 동굴 포상(관광화시설)과 마을 대피소(연구자 촬영)

용되는 한편, 민간인의 출입이 엄격하게 통제되었다. 이 때문에 자연 생태계가 보존되는 의도치 않은 효과가 나타나기도 했다.

이 시기에는 섬의 군사요새화와 더불어, 서해5도의 전략적 중요성에 대한 지정학적 의미구조가 확립되었음을 알 수 있다. 하지만 서해5도의 군사적 가치는 미국과 한국에게 다르게 다가왔다. 한국군의 경우 이 곳이 '뚫리면' 인천과 수도권이 적의 직접적인 공격아래 놓이게 된다는 판단아래 이 지역의 전략적 가치를 "말초신경적 역할", "관측소", "전초기지", "해주만의 숨통을 막는", "전진적 방패", "거대한 5척의 불침함", "천연적인 요새" 등의 용어로 설명하고 있다(Ibid: 85~6). 이러한 용어들은 서해5도에 대한 의미부여를 넘어 이 섬들이 어떻게 변용시켜갈 것인지에 대한 가상의 모델을 제공했다고 보아야 한다. 그러나 본래 정전협정에 UN군 관할로 명기되어 있는 이 섬들의 요새화는 한국군 단독으로 진행되었다. 한국 정부는 미국에 지속적으로 이 섬들의 연합 방어를 요청하였으나, 미국은 공식적인 회신을 계속 지연시켰다. 미국은 NLL문제에 대해서는 한국정부에 미온적인 반응을 보이는 한편 한국군의 작전통제와 남한의 방어라는 전체적 규정에 한에서만 움직였다.[15] 인천

---

15   1975년 6월 24일 리처드 스마이저(Richard Smyser)가 안보보좌관 브렌트 스

앞바다를 방어할 수 있는 해군력을 갖춘 미국에 비해, 한국군에게 서해 5도는 보다 시급한 과제이자 각별한 자산으로 다가왔을 것이다.

1975년 2월 26일에 북한어선 60여척이 NLL 이남으로 넘어와 조업을 한 뒤 2척의 무장선이 이 어선들을 서쪽 공해상으로(방공식별구역 [ADIZ] 밖으로) 인도하는 과정에서 남한의 구축함과 충돌하여 어선 한 척이 침몰하는 사건이 발생한다. 전년에 이은 충돌로 유엔군과 미국이 이 지역에 대한 문제를 재검토하는 계기가 되었으며, 당시 미 국무장관 헨리 키신저(Henry A. Kissinger)가 주한 미 대사관 등에 보낸 외교 전문에는 국제법적인 이유로 한국과 한국군의 성명을 지지할 수 없다는 것을 밝히고 있다.[16] 무엇보다 키신저는 "3. 한국 국방부가 내놓은 자료는 이 해역에 대해 '영해'라는 용어를 씀으로써 문제를 더욱 악화시키고 있다. (중략) 미국정부도 유엔사도 이번 사건이 한국의 영해나 배타적 경제수역 내에서 발생한 것이라는 한국 측 성명을 지지할 수 없다. 4. 어떠한 경우에도 한국 국방부가 이 사건을 한국 어업구역 보호의 문제로 처리하게 되면 이미 유엔사/미정부가 이번 경우의 행동을 정당화하는데 갖는 어려움을 더욱 배가시키게 된다. (중략) 특히 정전협정 범위를 넘어서는 공해로 간주하는 지역에서는 말이다."라고 이야기 함으로써 미국

코크로프트(Brent Scowcroft)에게 보낸 비망록 "Defense of UNC Controlled Islands"에 이러한 기본전제가 확인된다(윌슨센터 제공: http://digitalarchive.wilsoncenter.org).

16 이 자료는 2006년 기밀해제된 문서로, 1975년 2월 28일에 주한 미대사관, 주한 유엔군사령관, 미국 태평양함대 사령관 등에게 송신되었다. 한편, 주한 미대사관과 스틸웰 장군은 이 사건을 계기로 추가적인 충돌을 피하기 위해 교전수칙(Rules Of Engagement)을 재검토해야 한다는 의견을 보이고 있다(1975년 2월 27일 / 윌슨센터 자료). 이 지역의 충돌을 교전수칙과 군조직 내부의 조직사회학적 요소로 설명하는 중요한 연구로는 김종대(2013)을 참고할 것.

정부가 이 수역을 한국의 영해로 인정하지 않음을 밝혔다.[17] 1975년 8월 27일 박정희 대통령과 당시 미국방장관인 제임스 로드니 슐레진저(James R. Schlensinger)의 회의 기록[18]에서는 서해5도의 방어에 참여해달라는 박정희 대통령과 서종철 국방장관에게 미국이 DMZ에서의 분쟁과 달리 NLL에 대해서는 헌법적인 문제로 인해 더 전향적으로 접근할 수 없음을 직접 설명하고 있음을 확인할 수 있다. 데탕트 국면에서 국제법과 미국의 국내법을 위반하면서까지 한국 정부를 지지할 수 없었던 미국의 입장은 결국 한국의 영해기선이 서해5도 수역에서 멈추는데 영향을 주었던 것이다.

한국 정부가 자꾸 이 지역을 영해로서 규정하는 것이 미국의 입장을 난처하게 만든다는 점을 고려할 때, 박정희 정권이 1977년 북한의 해상분계선 선포에 대응하여 영해법(현행명 '영해 및 접속수역법')을 만들고 1978년 대통령령을 제정할 때 서해5도 지역을 영해에서 제외시킨 것은 미국의 입장을 고려한 결과로 볼 수 있다[19]. 즉 1970년대 서해5도가 군사요새화되는 과정은 1970년대 후반 영해법의 제정에서 서해5도 지역이 영해에서 제외되면서 현재까지 영해를 갖지 않는 영토라는 모순적인 결과로 이어졌던 것이다. 이는 국제 정치와 국내 정치의 다른 논리가 충

---

17   영문 전문 및 번역문은 경향신문 2010. 12. 17. 〈키신저 "NLL 일방 설정… 국제법 배치〉 참고.

18   "Memorandum of Conversations between James R.Schlesinger and Park Chung Hee and Suh Jyong-chul"(AUGUST 26, 1975 / 윌슨센터 제공)

19   한편, 당시 국내 전문가들 또한 서해5도 주변 해역에 대해 법률적, 이론적으로도 영해를 주장할 수 없음을 인식하고 있었음을 김필우(2010: 24~5)의 연구를 통해 살펴볼 수 있다. 1976년 국토통일원 비밀회의석상에서 이문항(군사정전위원회 전문위원), 지정일(서울대학교 교수)은 서해5도에 영해를 설정해도 백령권과 연평권 사이의 공백은 공해가 될 수밖에 없음을 밝히고 있다.

돌하여 발생한 안보의 역설적인 결과 중의 하나이다.[20]

2 도서개발의 측면

무인도와 유인도의 차이는 영토 분쟁의 차원에서도, 군사적 차원에서도 매우 중요한 요소로 작용한다. 주민이 거주한다는 사실은 영토로서의 당위성과 그에 따라 군대를 주둔시킬 수 있는 가장 중요한 근거이자, 북한군이 쉽게 공격을 하지 못하게 하는 효과도 있기 때문이다. 이처럼 서해5도에 상당수의 주민이 거주하는 것은 국가전략상 요구되는 중요한 요소이지만, 이들은 북한에 의한 공격과 테러뿐만 아니라 군의 훈련이나 지뢰 등으로 인한 위험에 노출되어 있다. 때문에 국가는 서해5도에 주민이 위험요소에도 불구하고 정주할 수 있는 여건을 만들기 위해 지속적으로 지원을 해왔다. 이러한 지원은 1970년대의 '서해5도 대책사업'을 통한 도서개발로부터 2010년의 '서해5도 지원 특별법'에 이르기까지 지속되었다. 자유주의적 관점에서 서해5도 주민들에 대한 행정·법률·상징적인 보상은 주민의 안전을 담보로하는 일종의 거래로서 이해될 수 있다. 이 거래에서 가장 중요한 점은 국가의 안전보장과 국민의 안전보장이라는 두 가지 안보(security) 개념이 충돌한다는 것과, 그런 충돌이 지난 수 십 년간 주요한 공적 이슈로 표면화되지 않은 채 조용히 관리되어 왔다는 점이다.[21] 이는 박명림(2004)이 지적하였듯이, 남북한이 안보국

---

20 정일준(2006)은 유신체제를 낳게 된 박정희 정권의 국가안보에 대한 위기의식을 다층적인 스케일의 실재 요소들을 통해 설명한다. 특히 '안보'를 둘러싸고 발생했던 한미간의 견해 차이와, 안전보장을 위해 인권과 민주주의를 버리고 독재를 택한 박정희 정권 스스로 안보에 위협이 된 역설을 분석하고 있다.

21 이 두 가지 안보의 충돌은 2010년 연평도에 대한 북한의 포격으로 연평도 주민들의

표 1_옹진군 세입세출 통계표 (단위: 천원)

연도	세 입			세 출		
	계	일반회계	특별회계	계	일반회계	특별회계
1970	139,152	116,249	22,903	137,010	114,372	22,638
1971	189,340	158,303	31,037	186,597	156,467	30,130
1972	217,090	166,885	50,205	213,132	163,201	49,931
1973	373,967	250,147	123,820	361,267	242,856	118,411
1974	1,487,590	935,253	552,337	1,422,175	922,608	499,667
1975	2,104,998	1,553,915	551,083	1,970,392	1,474,331	496,061
1976	2,605,328	2,172,586	432,742	2,309,982	1,904,834	405,148
1977	3,314,215	2,822,938	491,277	3,015,799	2,579,509	436,290
1978	4,021,316	3,396,255	625,061	3,590,284	3,025,643	564,641
1979	5,237,476	4,429,132	808,344	4,749,062	4,001,856	747,206
1980	8,792,574	6,261,028	2,531,546	7,308,029	5,638,824	1,669,205

* 출처: 옹진군지(1989) / 연구자 재구성

가(security state)가 되었음에도 불구하고, '안보'의 의미 자체는 협애하여 국가안보가 정권안보(regime security)와 동일시된 한편, 최종적 목표로서 인간안보(human security)는 고려의 대상이 되지 않았기 때문이다.

이런 점에서 1970년대 중후반 서해5도에 대한 국가의 전폭적인 지원이 이 지역의 군사요새화와 함께 진행되었음을 지적하는 것이 중요하다. 이 시기 서해5도는 "서해5도 대책사업비"와 같은 국가보조금 및 국민모금 등의 자원이 집중되면서 큰 변화를 겪었다. 옹진군의 세입세출 통계표에서 보이듯, 1974년을 기점으로 이전에 비해 훨씬 큰 규모의

인천 피난생활이 2개월 정도 지속되면서 야기되었던 불안감으로 극명하게 드러난다. 연평도 주민들이 육지로의 완전한 이주를 위한 보상을 바라고 있다는 점이 확인되면서, 국회 상임위원회의 '서해5도 지원 특별법'의 심의과정에 참여한 일부 국회의원들은 서해5도의 공도화가 불러올 안보 위기를 거론하며 안전행정부 장관에게 어떻게든 주민들이 재입도하여 섬에 정주하게끔 하도록 주문했다(2010. 11. 30. 서해5도 지원 특별법안 심사회의록).

자본이 투입됨으로써 섬의 기본구조와 주민들의 '자립'을 위한 산업기반을 마련하였고, 다양한 취로사업과 보조금 제공하여 주민들의 정주를 전략적으로 이끌어냈다.

비록 단편적으로만 알 수 있지만, 몇 차례에 걸친 주민의 투쟁 활동의 흔적들은 기본권에 대한 주민들의 인식과 그에 대한 국가의 대응방식이 어떻게 변화했는지 추정해볼 수 있다. 지난 수 십년간 이 과정은 인성과 이데올로기에 기초한 해결방식으로부터 제도, 법률과 같은 형식적 해결방식으로 점진적으로 나아갔다. 특히 이 과정은 공간적 특수성을 정의하는 방식으로 이루어졌다. 예를들어, 1989년에는 백령도 어민들이 조업구역의 확대를 요구하며 해병대 기지에서 농성을 벌였지만, 결국 해병대 사령관에게 사과함으로써 사건이 마무리 되었던 반면(해병대 제6여단, 2005: 111~113), 1999년에는 군 작전으로 인한 출어통제로 정상조업을 하지 못한 어민들이 제기한 민원[22]에 대해 국가가 규정과 법의 테두리 안에서 정중히 거절하는 방식으로 사건이 종료되었다 (해양수산부, 1999.6.29. "연평도 어업인 건의사항 처리" / 국가기록원). 2001년에는 '접경지역지원법'이 제정되어 서해5도 주민들에 대한 지원이 '접경지역'이라는 범주를 통해 이루어졌다. 2003년에는 서해5도 주민들의 이동권 보장 요구에 따라 '서해5도서 동주민 여객선 운임지원 조례'의 제정을 이끌어냈으며, 2010년에는 '서해5도 지원특별법'의 제정이 이루어지고, 2013년에는 중국 어선의 불법 조업에 대해 국가를 상대로 손해배상을 청구하는데까지 나아갔다.

---

22   연평어업인들의 건의서에는 이곳에서의 정주가 갖는 의미를 활용하고 있음을 알 수 있다. "저희 어업인들이 힘들고 암담한 현실을 감안하시어 서해 최북단을 지키고 살아가는 저희 어업인들이 좌절하지 않도록 선처해 주시기 바랍니다." (해양수산부 어업자원국 어업지도과, 1999 / 국가기록원)

처음으로 "서해5도"가 행정적 기록으로 나타난 것은 1974년 3월 내무부 지방행정국에서 작성한 "서해5개도서 지역주민 생활안전에 대한 중기대책(안)(국가기록원)"이다. 이 문서는 1974년 3월 1일 박정희 대통령의 특별지시[23]로 이들 도서에 대한 행정력 강화와 주민의 생활안정을 위한 계획을 수립하기 위해 보고된 것으로, "서해5도 대책사업"이라는 이름으로 현재까지 이 지역 주민의 정주의욕을 고취시키는 주요 지원사업으로 지속 시행된다. 1977년 내무부장관이 대통령 비서실장에게 보고한 "'77 서해5도 대책사업 결과보고(국가기록원)"에는 1974년 이후 추진된 환경개선사업, 생산기반사업, 소득증대사업, 취로사업, 행정강화 등의 주요사업들이 사진과 함께 일목요연하게 정리되어 있다. 이 때 이루어진 집중적인 투자로 공공기관과 주택의 개량, 하천 및 해안가의

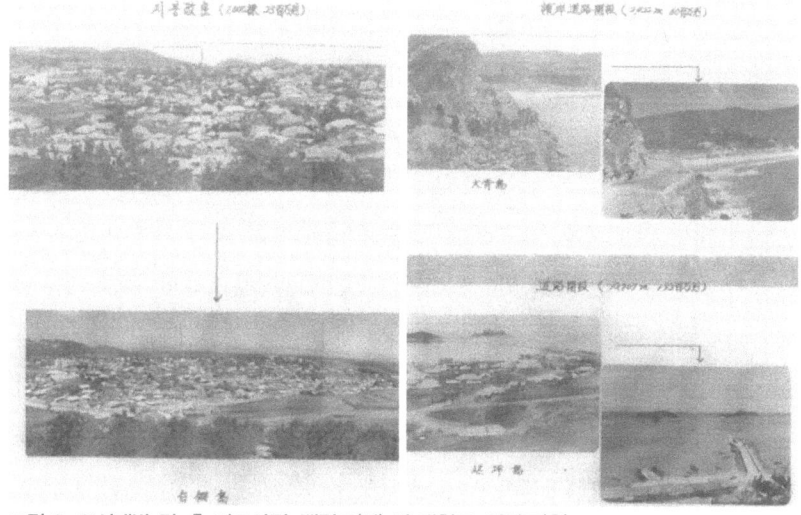

그림 3_도서개발 전·후 비교사진: 백령도(좌) 및 대청도·연평도(우)
(출처: 내무부 "77년 서해5도 대책사업 결과보고" / 국가기록원)

---

23 [옹진군지] 1989년.

215

정비, 간척과 농지조성, 도로 및 부둣가의 정비, 아카시아 및 해송 식목 사업이 이루어져 서해5도의 사회문화적, 환경적 경관이 크게 바뀌는 계기가 되었다.

한편, 섬의 군사요새화는 '민·관·군 총력 안보태세'의 구호와 함께 주민들의 삶에 깊이 파고들었다. 먼저 주민들의 생활세계가 군사적 필요에 의해 조정되었다. 섬 내부에서는 군사통제구역과 해변가의 철책 및 지뢰가, 해상에서는 출어통제와 어로한계선이 주민들의 시공간적 이동성(mobility)을 통제하였다. 마찬가지로 생활세계의 일부분이 군사화되기도 하였다. 서해5도의 특징적인 경관 요소로 자리잡은 대피소는 단순히 물리적 경관요소가 아니라 생활세계의 주요 거점이 되었다. 1974년 36개 동을 시작으로 1976년까지 128개 동의 대피소가 건설되어 대피훈련이 일상화되었다. 주민들에 대한 경보 방송을 위해 마을마다 설치한 경보 사이렌도 특징적인 경관요소로 등장하였다. 예비군에 대한 훈련과 교육도 늘리고 학도호국단에 실탄사격 훈련과 군사훈련 교관과 교범을 지원하는 등 섬 주민에 대한 훈련도 체계화하였다. 또한 군·관·민 협조기구가 설립되어 섬의 부대장이 원장을 맡았으며, 주민에 대한 안보교육, 합동훈련, 민방위 동원훈련 등을 시행하고, 도로 건설이나 군용 버스를 통해 공공 교통인프라를 지원하거나 군·관·민 도민 정기 체육대회를 개최하는 등, 섬 주민들의 생활세계에서의 불편을 보상하려는 노력을 하였다. 이는 "軍民一家"의 구호 아래 금문도에서 펼쳐진 군과 주민간의 밀접한 상호작용을 연상시킨다. 이러한 정책들이 의도한 것은 아마도 "서해바다에 떠있는 한 배에 같이 탄 같은 운명체"[24]와 같은 것이었을 것이다. 섬에 대한 국가의 집중적인 투자와 관

---

24 동아일보 1974년 6월 24일, "반공최전선 백령도"

심의 집중, 그리고 주민들과 군의 상호작용 및 일상생활의 군사화는 주민들이 자신과 서해5도, 국가와 북한을 상상하고 이해하는데 큰 영향을 주었으리라 추정할 수 있다.

"연평도 출장 결과보고"(내무부 지방국 도시지도과, 1977 / 국가기록원) 등의 보고자료에서는 주민의 동향에 대한 분석도 이루어졌음을 볼 때, 이 지역에 대한 정부의 관심이 취로사업 등 주민의 생활안정에 머물지 않았음을 추정할 수 있다. 특히 '안보의식', '대정부의식', '생활의식', '군부대와의 관민 협조' 등의 항목에서 보듯 의식과 생활세계에 대한 관심으로 이어짐을 알 수 있다. 서해5도 주민의 상당 수가 황해도 출신이라는 점과 육지에서 멀리 떨어진 접적지역 낙도라는 점으로 인해 국가의 관심이 집중되었던 것이다. 강화도 주민이 그러했듯이(김귀옥, 2008: 60), 주민들 또한 이산의 경험 속에서 자신의 반공의식을 더 강하게 드러내야 했을 것이다. 이 시기 정부의 지원은 새마을 운동과 적십자 사업과 결합되어 주민들의 계몽에 많은 관심을 두고 각종 교육과 자원활동이 이루어졌다. 1974년에 창간된 '백령적십자 소식지'에서는 국가의 특별한 배려와 지원에 대해 주민들이 어떻게 받아들여야 하는지에 대한 자성의 기고문을 확일할 수 있다.

"서해의 5개 도서는 적으로부터 도발의 위험성이 많아 정부로부터 막대한 지원을 받아 방위문제뿐 아니라 영세민 구호문제 등 각족 취로사업이 전개되고 있다. (중략) 이는 국가원수인 박정희 대통령 각하의 특별한 배려에서 이루어지고 있다. 우리 주민은 국가의 일방적인 혜택만을 앉아서 받고만 있을 때는 아니라고 생각된다. (중략) 우리 주민들이 총력안보의 터전을 이루자면 자주국방의 일환으로 군, 관, 민의 총화체제를 이룩하여 언제 어디서나 승공정신과 새마을정신을 발휘하여 우리 스스로 도서를 방어하고 개발하는데 힘을 기우려야 한다고 본다."(1975년 5월호, 오백진[1979]에서 재인용)

이 시기 도서개발을 통한 변화들은 이후 수 십년간 이어지는 서해5도의 기본적인 경관 요소로 남게 되었다. 따라서 1970년대 백령도와 연평도의 냉전 경관이라고 하는 것은 한편으로는 군사 요새화로 인한 자연지물 자체의 변용과 보존, 또 다른 한편으로는 도서개발과 새마을운동을 통한 사회적 경관의 근대화가 혼종화된 것으로서, 미군의 철수와 데탕트라고 하는 국제정치에 대한 국가적이고 지역적 차원의 논리의 응답이자, 이 지역을 활용하기 위해 제시했던 주민들과 국민들에 대한 양해의 제스처의 결과로 볼 수 있다. 이러한 냉전 경관의 형성 과정들은 영해를 갖지 않는 영토이자 국가안보와 주민안보가 길항관계에 놓이게 된 특수한 영토를 형성하는 과정이기도 했다.

3. 냉전 경관과 자연환경: 백령도와 연평도

일반적으로 자연환경은 경관을 구성하는 주요한 요소로서 분석의 대상이 될 필요가 있다. 최근의 경관연구는 자연과 인공물의 구분이란 것 자체가 구성적이고 상대적인 것임을 보여주고 있다. 마찬가지로 서해5도의 경우 군사요새화와 도서개발의 역사라는 맥락에서 볼 때 '자연' 자체의 의미를 확정하기가 어렵다는 문제가 발생한다. 일반적으로 상상되는 자연의 개념과는 달리 백령도와 연평도의 자연적 경관은 많은 부분 인공적으로 구성되었거나, 그러한 요소들이 혼합된 형태로 나타나기 때문이다. 예를 들어, 군사시설보호법에 의해 인간의 출입이 금지되었기 때문에 보존되었던 자연경관이 있고, 지뢰나 터널, 초소나 대피소처럼 가시적으로 잘 보이지는 않지만 자연경관의 일부로서 존재하는 것들이 있으며, 새마을운동과 주민 수익 증대를 위해 정책적으로 식목했던 과실수와 같이 제도적으로 구성된 자연경관 등의 문제가 있다. 이는 '자연'의 개념에 대한 근본적인 질문을 함축한다. 오히려 이렇게 자연의 모순과 역설성을 경관으로서 드러내는 것이야말로 민통선 지역에서도 공유되는 냉전 경관의 특징이라고 생각할 수 있다.

예를 들어, 백령도의 물범서식지와 연평도의 백로서식지 등의 생태계는 군의 통제에 의해 역설적으로 보전된 자연환경으로서 주요한 관광자원이 되고 있다. 이들 섬에서는 기본적인 주거지역과 논과 밭, 공개되어 있는 해변을 제외하고는 생태계가 보전되어 역설적으로 '섬' 관광의 여러 요소들을 보전해왔던 것이다. 한편, 아름다운 자연환경의 비가시화된 영역은 여전히 군사적인 기능을 수행한다. 1970년대의 요새화 작업으로 백령도의 두문진의 해층기암 절벽과 연평도의 빠비용 절벽은 그 안에 군터널이 굴설되어 있으며, 주요 산악지대에는 군부대와 군시설이 위치하고 있고 해안가에는 지뢰가 매설되어 있다. 1974년 이래 해안선을 따라 매설된 지뢰에 의한 피해로 1999년 백령도 조사 당시 6명의 사망자와 1명의 부상자가 있었고[25], 2012년에는 백령도 해병대원 2명이 발목지뢰에 부상을 입는 사고가 발생하기도 했다. 주민들의 입장에서는 한 때 삶의 기본 터전이었던 해안가가 1974년 이후에는 공포의 공간이 되었던 것이다. 이처럼 '아름다운' 자연경관은 그 아래 군 터널과 지뢰, 기뢰와 같은 요소들을 품고 있으며, 이 또한 하나의 역설적인 경관으로서 백령도와 연평도의 냉전 경관을 이룬다. 더 나아가 서해5도의 모든 자연지물은 전술학적 의미망에 배태되어 있다는 점에서 순수한 자연과 그렇지 않은 것의 구분은 불가능해진다.

---

25 인권운동사랑방, 1998. 10. 30. 인권하루소식 1239호.

더 넓게 본다면 백령도와 연평도 등 서해5도의 냉전 경관을 구조적으로 특징짓는 요소로서 '낙도성'(remote-insularity) 자체 또한 정치적이고 역사적인 구성물임을 지적해야만 한다. 앞서 설명하였듯이, 본래 근해에 위치하여 옹진반도와 교류가 많았던 서해5도의 섬들은 38선과 휴전선, 그리고 NLL이라는 정치적 논리에 의해 낙도의 성격을 갖게 되었기 때문이다. 백령도와 연평도에 대한 국가의 개입은 이들 공간이 '낙도'라는 점과 분리되어 설명될 수 없다. 낙도로서의 성격 덕분에 영토와 주민뿐만 아니라 이 지역의 재현에 있어서도 국가의 통제가 용이하였기 때문이다. 그 자체 정부의 북한관련 정책의 홍보기관이자 실행기관이기도 했던 문화공보부의 대한뉴스나 국방홍보 영상물인 배달의 기수에서 백령도와 연평도가 재현될 때는 항상 이러한 낙도의 이미지가 이용되었다. 백령도와 연평도는 기암괴석과 해안절벽을 배경으로 지켜야 할 아름다운 영토로 재현되었다. 많은 영상물에서 수평선과 노을을 배경으로 한 초병의 모습이나 멀리 떨어진 육지의 가족들에게 편지를 쓰는 군인의 모습, 먼 육지에서 굳이 찾아와 구호품과 위로를 전달하는 정치 엘리트들의 모습이 반복적으로 재현되었다. 현재도 다큐멘터리나 사진전, 시집과 같은 매체, 또는 '해양영토대장정'이나 관광안내와 같은 제도적 차원의 재현방식에서도 '낙도'는 서해5도를 설명하는 가장 기본적인 물리적 속성으로 등장한다. 군인과 주민들의 노고, 그것을 돌보는 국가와 국민이라는 감정적 요소들은 고립된 낙도의 아름다운 자연환경과 자연스럽게 결합된 이미지로서 순환되었던 것이다.

Ⅳ. 결론 및 함의

1973년 북한의 관할권 주장 이후 진행된 군사요새화와 도서개발로 인해 1970년대 말에 이르면 백령도와 연평도 등 서해5도의 냉전 경관은 그 기본적인 구조가 완성된다. 이 연구에서는 모순적인 요소들의 절합으로서 백령도와 연평도의 냉전 경관을 살펴보고자 했다. 냉전 경관의 군사적 측면에서 이들 섬의 요새화를 추진하는 것은 결국 '영해를 갖지 않는 영토'라는 모순적인 공간을 형성하여 국제적인 스케일에서 이들 수역의 영해를 주장하지 못하는 결과를 초래했다. 사회적 측면에서는 주민의 정주를 둘러싸고 국가안보(정권안보)와 인간안보가 충돌하는 모순이 있었으며, 자연환경의 측면에서는 의도치 않은 생태계의 보존과 비가시화된 위험의 존재 및 '낙도'의 정치·역사적 형성이라는 모순적 요소들로 구성되어 있었음을 알 수 있었다. 따라서 냉전 경관은 각기 다른 스케일의 논리가 절합된 안보의 정치사회적 구성물이며, 이러한 실천들에 의해 그 의미와 기능이 변화될 수 있는 공간으로 보아야 한다.

1974년부터 시작된 국가전략으로서 진행된 군사요새화와 도서개발 사업 및 미디어 재현은 '서해5도'라는 지정학적 상상(geopolitical imagination)[26]이 국민적으로 학습되는 과정이기도 했다. 이 상상은 다시 한국전쟁의 경험과 기억, 위협적인 '적'의 존재를 지속적으로 상기시킴으로써

---

26 Ó Tuathail(1998)은 지정학을 비판적으로 재구성하는 작업으로서, 단순히 심상지리적 의미에 머무르지 않고 실재하는 제도와 안보를 구성하는 힘으로 작동하는 지정학적 상상의 분석을 이야기한다. Dalby(2008: 4)는 "특정한 폭력 실천을 조장하고 구분선을 구획하고 위험인자를 특정화하며, 이러한 '위협들'에 대응하기 위한 폭력 행위를 정당화하는 공간 지식의 생산을 이해하는 것"으로서 비판적 지정학을 주창한다.

특정한 정치적 효과를 창출하고, 서해5도의 군사적 대치와 안보화 과정을 자연스러운 문법으로 여기게 만들었던 것이다. 이 연구에서는 '서해5도'의 공간적 개념의 탄생 자체가 이 지역의 냉전 경관의 형성과 밀접하게 연결되어 있다는 것을 알 수 있었다. '서해5도'라는 공간 개념과 이 지역의 냉전 경관은 일종의 기표와 기의의 관계이며, 이 '서해5도'라는 기호는 다시 2차적 기표가 되어 현실정치 영역에서 특정한 도덕적 가치를 부여받는 신화로서 작동한다. 이는 박정희 정권의 안보의 정치(politics of security)와 연결된다.[27] 유신체제를 정당화하는 가장 중요한 기제로서 '안보'가 이용되었다는 측면에서 볼 때, 1974년 일련의 긴급조치 발령에 있어 서해상의 충돌이 갖는 정치적 함의는 분명하다. 예컨대 이미 1974년 대통령 신년사에서 박정희 대통령은 주요한 정세로서 "서해상의 긴장상태"에 대해 언급하는 한편, 1월 18일 연두 기자회견에서 이들 섬들이 "우리의 영토"이고, 1만 5천 여 명의 국민이 살고 있는 점을 분명히 하며 상당한 시간을 할애하여 설명하였다. 동아시아 지역의 서로 다른 냉전 경관의 형성을 비교연구할 때 염두에 두어야 할 것

---

[27] 의도하던 그렇지 않던, 서해5도가 한국사회에 직접적인 정치적 효과를 가져온다는 점에서, 그리고 다른 정치적 사건들과 연계된다는 점에서 서해5도는 안보의 정치의 중요한 요소로 작동한다. 인도주의적(humanitarian) 발화 뒤에 숨은 안보의 정치는 절대선의 입장에서 발화되며, 적을 불법화 함으로써 정치적인 것(the political)을 사라지게 만드는 효과를 지닌다. 그렇게 안보의 정치는 모든 정치·사회적 문제를 국가안보의 특정 논리 속에 환원시킴으로써 정치적 책임을 벗어난다(Diken, 2005: 123~134). 이미 이명박 대통령이 취임한 2008년에 정부는 1999년과 2002년의 서해상의 교전을 한국전쟁과 하나의 계보로 잇는 작업을 하였다. 2002년에 벌어진 서해상의 충돌을 "제2연평해전"으로 명명하고, 추모식을 국가보훈처 주관의 정부기념행사로 승격시켰던 것이다. 이렇게 서해상의 충돌('교전')을 한국전쟁에 속한 정규군 간의 '해전'으로서 공식기억화하는 작업은 2007년 참여정부의 '서해평화협력특별지대'의 추진 성과를 폐기하면서 이루어졌다.

은 그 공간들의 형성이 어떻게 국내 및 국제정치와 연결되어 있는가 하는 점이다.

경관은 끊임없이 갱신된다. 2010년 '천안함 침몰사건'과 그 해 말에 이루어진 '연평도 포격사건'은 이전의 사건들을, 더 멀게는 한국전쟁의 기억을 연쇄적으로 불러일으켰으며, 중심부의 일상적 시공간을 살아가는 사람들에게 북한이라는 적과 눈에 보이지 않는 경계선(NLL)이 존재함을 환기시키는 방식으로 작동했다. 또한 이 사건들에 대한 반응으로서 '서북도서방위사령부'의 창설 및 요새화가 '서해5도 지원 특별법' 제정과 동시적으로 추진되는 등 1970년대의 정책들이 되풀이되었다. 이에 따라 서해5도는 지난 몇 년간에 걸쳐 새로운 냉전 경관적 요소들이 추가되었다. 서해5도의 냉전 경관은 그 자체로 정치적이고 역사적인 산물로서 형성되어 왔으며, 그 안에 내재된 모순적 요소들은 앞으로 탈냉전의 관점에서 해결해야 될 문제들로 부상하게 될 것이다.

07

냉전산업으로서의
고량주 경제의 형성과 변화

박배균 · 김민환

Ⅰ. 서론

최근 지역과 도시를 이해함에 있어서 관계론적 관점이 새롭게 등장하고 있다. 이는 지역과 도시를 특정의 영토적으로 구획된 공간으로 상정하고 그 영토화된 도시나 지역 내부의 고유한 자연, 인문적 속성에만 초점을 두어 설명하는 전통적인 지역연구 방법론을 거부하고, 대신 특정의 지역이나 도시가 그 지역/도시를 가로지르거나, 혹은 해당 지역/도시에서 멀리 떨어진 곳의 행위자나 힘들과 연결되어 있는 여러 다양한 연결성과 이동, 그리고 이러한 연결성에 의해 촉발되는 새로운 탈영역적 정체성, 이해관계, 권력투쟁 등에 의해 역동적으로 구성되는 것으로 바라볼 필요가 있음을 강조하는 관점이다. 이러한 관계론적 관점에 따르면 도시와 지역은 더 이상 영역적 일체감을 자동적으로 가진 것이 아니라, 흐름, 이질적인 것들의 병렬적 배열, 경계와 장벽의 투과성, 관계적 연결성 등과 같은 공간성에 의해 만들어지는 것으로 이해될 필요가 있다(Allen et al. 1998; Amin et al. 2003; Amin 2004, 34).

이런 관계론적 관점은 탈냉전 및 '글로벌화(globalization)' 과정을 거치면서 최근 성격 혹은 의미가 변화한 국경지역을 바라볼 때 매우 유용하다. 전통적으로 경계선 혹은 국경은 '장벽'으로 인식되어 왔다. 더 이상 나아갈 수 없는 막다른 곳이거나 외부세력이 들어오는 것을 막는 방어선으로 기능한다고 간주되었던 것이다. 그러나, 탈냉전 및 글로벌화 과정을 거치면서 경계선 혹은 국경은 '교량' 역할, 곧 두 나라 혹은 세 나라 사이에 협력적 공간을 창출하는 역할을 하면서 교류를 주도하고, 그 성과를 다른 지역으로 확산하는 기능을 수행하는 양상이 나타나게 되었다(김민환 2014, 46). 특히 동아시아의 경우, 경계선 혹은 국경의 역할 변화는 아주 극적이었다. 과거 냉전 시기 동아시아의 경계는 엄격한 진영 간의 경계와 국가 간 경계가 중첩되거나 교차하는 형태로 나타났기 때문에 '장벽'으로서의 성격이 매우 강했다. 게다가 국가의 강한 영역성이 유지되고 있었기 때문에 초국가적 이동은 제약되어 있었고, 국가간 이동이 행해지더라도 각 국가의 정치·경제적 중심지를 기반으로 해서 이동이 이루어졌을 뿐이었으며, 미국과 일본을 중심으로 한 위계적인 이동의 구조를 갖고 있었다. 그러나 탈냉전에 의해 이동에 대한 제약 중 하나가 약화되었고, 글로벌화와 연동된 국가 영역성의 약화는 다양한 국가 하부단위 사이(trans-local)의 이동을 가능하게 하여 새로운 이동중심지가 등장할 수 있었다. 무엇보다도 중국이 부상함으로써 중국의 도시 및 지역이 이동과 흐름의 새로운 흡인구로 작동하게 되었다 (박배균 2014, 62). 이렇게 해서 탈냉전 이후 동아시아에서는 중국의 여러 지역과 연결된 여러 곳의 월경(越境)적 지역(cross-border subregion)이 탄생하였다(Chen 2005, 10~13). 국경을 뛰어넘는 이동과 흐름을 통해 탄생한 동아시아의 이런 월경적 지역은 관계론적 관점 없이는 이해 자체가 불가능한 곳이라고 할 수 있다.

탈냉전 및 글로벌화 이후 동아시아에서 탄생한 월경적 지역 중에서 변화가 가장 극적이고 인상적인 곳 중 하나가 대만의 금문도이다. 150평방km의 면적과 7만여 명의 인구를 가진 금문은 대만의 영토에 속한 섬이지만, 대만의 본섬으로부터 남서쪽으로 350km나 떨어져 있는 외딴 변방의 섬이다. 하지만 이 섬은 남태평양의 섬들처럼 먼 바다 위에 외로이 떠 있는 고도가 아니라, 중국의 샤먼(廈門)으로 부터는 불과 8km의 거리에 위치하여 육지와 매우 인접한 섬이다. 그럼에도 이 섬이 남태평양의 고도와 같이 변방의 외딴 섬으로 인식될 수 있었던 이유는 냉전 시기 대만과 중국 사이의 경계가 이 섬이 육지로 연결될 수 있는 통로를 막아버려, 이 섬의 유일한 연결선이 350km 바깥의 대만본섬이었던 사실에 기인한다. 그러나 중국의 개혁개방과 대만의 민주화 이후 양안 간의 긴장이 완화되면서 금문과 중국 사이의 경계성이 약화되었고, 이로 인해 금문의 육지로의 연결성이 회복되고 있어서 금문을 더 이상 외딴 변방의 섬으로 부르기가 어렵게 되었다. 뿐만 아니라 양안간 경제적, 사회-문화적 교류가 증가하면서, 금문은 이러한 교류의 가교 역할을 하면서 새롭게 등장하고 있는 흐름과 네트워크의 중심으로 자리매김되고 있다. 이처럼 금문은 이동의 연결성과 영토의 배타성이라는 상반되는 특성이 변증법적으로 상호작용하는 공간이며, 따라서 도시 및 지역에 대한 관계론적 관점의 유용성이 잘 드러날 수 있는 곳이다.

금문도라는 지역을 관계론적 관점으로 살펴 보기 위해서는 두 가지 차원의 이론적 논의를 염두에 두어야 한다. 하나는 사회과학 연구에서 단절 및 이동을 이분법적으로 사고하지 않고 통합적으로 사고하고자 하는 이론적 흐름이고, 다른 하나는 다중적 스케일(multi-scale)의 동시성과 역동성을 고려하는 시각이다. 여기에 대해서는 이미 이 책의 3장 2절에서 살펴본 바 있다

이 글은 '이동과 단절의 변증법'과 '다중스케일적인 접근'이라는 두 가지 이론적·방법론적 관점을 바탕으로 금문도 지역사를 관계론적으로 서술하려는 시도이다. 관계론적 금문지역사 서술은 궁극적으로 이동과 단절을 낳는 이해관계, 인프라, 규제, 지식/담론, 관습/문화 등 모든 영역을 아울러야 비로소 완성될 수 있지만, 이 논문에서는 다른 영역들을 고려하면서도 지정-지경학적 조건의 변화 속에서 나타나는 단절과 이동의 변증법적 상호작용이 금문의 경제활동에 어떠한 영향을 주었는지 알아보는 것에 초점을 둘 것이다. 특히, 금문 지역경제에서 가장 중요한 상품인 금문고량주가 이 논문의 주요한 소재가 될 것이다.

Ⅱ. 전사(前史): 금문과 전통적인 흐름의 경제

1. 금문의 역사와 경제적 환경

원래 중국 푸젠성(福建省)의 일부로 샤먼(廈門)과 같은 경제적 생활권에 속해 있던 금문은 국민당이 1949년 국공내전에서 인문해방군에 패퇴하여 중국 본토에서 대만으로 물러나는 와중에 중국과 대만 사이 군사적 대치의 최전선에 놓여지게 되었다. 특히 1949년 하반기 금문의 꾸닝토어(古寧頭)지역에서 국민당군이 금문을 차지하기 위해 진입한 인민해방

군을 패퇴시키고 나서, 대만에 자리를 잡은 장제스(蔣介石)정권은 금문과 마조도를 중국 본토를 되찾기 위한 전진기지로 건설하기 시작하였다. 이로 인해 금문과 샤먼 사이에는 굉장히 굳건하고 폭력적인 냉전적 장벽이 놓여지게 되었고, 금문은 고립된 변방의 섬이 되었다.

금문이 냉전적 장벽에 의해 고립된 변방의 섬이 되기 이전에 금문은 푸젠, 광둥 등 남중국에서 동남아에 걸쳐 넓게 형성되어 있던 초국가적 노동력 이주의 네트워크에 깊이 연결되어 있었다. 사실 여기서 고립이라는 부정적 뉘앙스의 단어를 사용하였다고 해서, 고립 이전의 금문이 경제적으로 풍요로운 장소였던 것은 아니다. 기본적으로 농업생산에 불리한 도서지역이다 보니, 자원은 풍부하지 않았고 토양의 비옥도도 떨어져 금문의 농업생산성은 매우 낮았다. 하지만, 금문에서 생산된 농작물로는 금문 주민들의 소비를 1년 중 4달 정도만 감당할 수 있었다. 따라서, 금문의 주민들은 대부분 가난과 빈곤, 그리고 토호들의 착취로 인해 힘든 삶을 영위하고 있었다. 게다가 수시로 닥치는 자연재해는 금문인의 삶을 더욱 힘들게 만들었다.

그럼에도 불구하고 금문의 삶을 금문이라는 도서 내부의 열악한 자연환경적 조건과 낮은 농업생산성, 그리고 그로 인한 빈곤과 결핍으로만 설명할 수는 없다. 금문의 경제적 삶은 그 내부의 자연환경적 조건과 농업생산성에만 국한되어 구성되지 않고, 금문이라는 장소를 가로지르면서 더 큰 공간적 스케일에서 형성된 인적, 사회적, 상업적 네트워크와 그를 통한 흐름의 경제에 깊이 결합되어 있었다.

역사적으로 금문인들은 꽤 오랜 기간 동안 남중국과 동남아 지역에서 이루어진 해상무역과 교역활동에서 중요한 역할을 수행하여 왔다. 15세기 중엽 이래로 민난인(閩南人)들은 명나라 조정의 해금정책에 도전하면서 동남아 지역의 도시들과 해상무역을 하였고, 또한 네덜란드 동인도 회사와 같은 서구 세력들과도 경쟁과 합작을 통해 교류하고 있었다. 또한, 명이 망하고 청이 들어서는 시기에는 반청복명 운동을 이끌던 정성공(鄭成功)의 세력이 금문과 샤먼을 중심으로 해상 네트워크를 바탕으로 청나라에 반대하는 활동을 조직하기도 하였다. 그리고 17세기 중엽부터 중국 본토에서 대만으로 많은 한인들이 이주하였는데, 그 초창기 이주민들의 대부분이 금문 출신이었다(지앙뷔웨이 2013, 73). 이처럼 역사적으로 형성된 금문의 국제적 교역 네트워크는 19세기를 거쳐, 20세기 초반까지도 강하게 작동하여, 금문의 삶이 흐름의 경제를 중심으로 작동하는데 큰 영향을 주었다.

2 이주, 송금, 흐름의 경제

1600년대 이전부터 형성된 금문의 국제적 교역 네트워크는 이후 금문의 노동력이 해외로 나가 일할 수 있는 중요한 기반으로 작용하였다. 16~18세기에도 해외로 나가 생계를 도모하는 금문인들이 있었지만, 금문인들의 해외 이주가 본격적으로 확대된 것은 19세기 중반부터 20세기 중반까지의 기간 동안 이었는데, 이때 상당수의 금문인들이 경제적 기회를 찾아 해외로 나갔고, 이들 금문인들은 싱가포르, 인도네시아, 브루나이, 말레이시아, 태국, 필리핀 등 동남아 곳곳에 자리를 잡고 금문인들의 공동체를 형성하였다.

금문인들이 형성한 국제적 이동과 이주의 네트워크는 금문 지역이 흐름의 경제를 바탕으로 형성되는데 중요한 기반이 되었다. 해외로 이주한 금문인들이 금문에 있는 그들의 가족과 친지에게 보내는 송금은 금문의 경제를 지탱하는 중요한 바탕이 되었다. 즉, 금문에는 이주자들의 송금에 기반한 경제활동이 중요해지는 이주송금경제가 발달한 것이다. 1940년의 조사에 따르면 금문에 있던 8,000여 가구 중 1/3 정도가 해위에 그들의 가족원이 한명 이상 나가 있었다(Szonyi 2008, 123). 동남아로 이주한 금문인들은 고향에 대한 정체성을 강하게 유지하였는데, 이들은 종족동향 모임과 회관을 만들어 종족적 공동체를 지키고 발전시키려 노력하였고, 고향의 일에 대해서도 간여하려 노력하였다. 또한, 이들 금문인 이주자들은 정기적 혹은 비정기적 고향 방문과 서신 왕래를 통해 금문의 자기 고향과의 관계를 유지하였다.

금문에서 동남아로 온 대부분의 이주자들은 동남아 여러 도시의 부두나 시장에서 고된 노동을 통해 하루하루 벌어먹는 힘든 삶을 살았지만, 그 중 일부는 경제적으로 성공할 수 있었고, 이들은 금문의 경제발전과 사회의 근대화에 큰 기여를 하였다. 동남아에서 치부를 이룩한 금문 출신 상인들은 자신의 고향인 금문에 경제적 기부를 하여 금의환향과 조상의 이름을 높이려는 개인적 소원을 성취하기도 하고, 자신들이 위치하고 있는 동남아 도시의 금문인 사회에서 자신들의 사회적 지위를 높이기도 하였다. 이러한 동기를 바탕으로 이들은 금문에서 절을 고치기도 하고, 다리를 놓고 길을 수리하며, 학당을 만들었고, 가난한 사람을 도왔으며, 위생환경을 개선하고, 치안과 방어를 위해 노력하는 등 다양한 공익사업을 하였고, 이를 통해 금문의 지역사회 발전에 기여하였다. 해외에 진출한 금문인들이 고향인 금문의 공공사무에 관심을 기울이는 이러한 움직임은 20세기 초반부에 특히 강하게 나타났다. 예를 들어, 1915년 금문에 독립적인 현을 설치하려는 노력이 있을 때 해외 금문인들도 이에 적극 기여하였고, 1920~40년대에는 지방치안, 교통운수에 대해서도 원조를 했다(지앙붜웨이 2011, 170~172).

이처럼 1949년 이전 금문 지역은 동남아를 비롯한 넓은 지리적 범위에서 형성된 교역과 이주의 네트워크에 깊이 연결되어 있었고, 그러한 네트워크에 기반하여 형성된 흐름의 경제가 금문의 경제적 삶을 뒷

받치고 있었다. 1937년 금문이 일본군의 지배 하에 들어간 직후 이러한 흐름의 경제가 일시 단절되었지만, 1945년 일본이 패망하면서 흐름의 경제는 즉시 복원되어 금문의 생활수준은 금세 다시 향상되었다. 하지만, 1949년의 지정-지경학적 변화는 이 모든 것들을 변화시켰다.

Ⅲ. 흐름의 단절과 고립의 경제: 금문고량주의 탄생

1. 금문의 요새화와 양방향 단절

2차 세계대전이 끝난 후 중국에서는 국민당과 공산당 간의 내전이 벌어졌고, 1949년이 되면 장제스의 국민당은 공산당에 밀려 본토를 벗어나 대만으로 패퇴하게 된다. 하지만, 1949년 10월, 패퇴하는 국민당군을 쫓아서 금문으로 넘어온 2만 8천명의 공산당군이 56시간 동안 벌어진 꾸닝토어전투에서 크게 패하여 바다 건너로 물러가면서 공산당의 대만 해방 계획에는 차질이 생겼고 대만의 국민당 정부는 숨 쉴 기회를 가지게 되었다. 그리고 1950년 6월, 한국전쟁이 발발하고 중국의 인민해방군이 한국전쟁에 개입하여 한반도에 군대를 파병하면서, 금문을 다시 공격하기가 쉽지 않게 되었다. 게다가 한국전쟁을 계기로 미국이 대만과 그 변방의 섬인 금문, 마조를 지키겠다는 결심을 하게 되면서, 중국 공산군의 금문 점령은 사실상 불가능하게 된다. 하지만, 이를 계기로 금문은 냉전적 갈등과 양안대치의 긴장이 압축된 공간으로 변모하게 되었다. 이러한 지정학적 긴장은 1954년의 '9·3포격전', 1958년의 '8·23포격전', 1960년의 '6·2포격전'과 '6·29포격전' 등과 같은 국지적인 전투로 표출되었고, 1958년의 '8·23포격전' 이후부터 공산군은 '홀수 날에 공격하고 짝수 날에 쉬는' 포격을 시작하여 1978년 12월 중미수교가 이루어질 때까지 지속하였다(김민환 2014, 47~48).

꾸닝토어전투와 이후 연속되는 포격전은 금문을 중국의 샤먼과 완벽하게 단절하게 하였다. 뿐만 아니라 1950년대 후반까지 금문은 대만 본섬과도 본격적으로 연결되지 않았다. 그것은 금문도 전역의 '요새화' 혹은 '군사적 영토화'와 관련이 있다. 1949년의 꾸닝토어전투 이후 금문에는 전지정부(戰地政府)체제가 수립되었고, 주민의 일상생활에 대한 엄격한 관리와 통제가 이루어졌다. 금문에 독자적인 현정부가 설립된 것은 1915년 이었는데, 1949년의 꾸닝토어전투를 계기로 금문현정부(縣政府)가 폐지되고 대신 금문은 국민당 정부에 의해 군사관할 구역으로 재편되었다. 1950년에는 금문행정공서(金門行政公署)로 체제가 전환되고, 1953년에는 금문현정부가 부활하였지만, 여전히 군사적 관리와 통제 하에 놓여있었다. 1956년에는 금문이 '전지정무실험구(戰地政務實驗區)'로 지정되고, 이를 관할하기 위해 전지정무위원회(戰地政務委員會)가 설치되었으며, 그 아래 금문현정부를 비롯하여 금문에 소속된 각종 기관들이 위치하여 일원화된 통치와 통제 하에 놓이게 되었다(金門縣政府 2009a, 49~66).

장보웨이(2007, 100~101)는 푸코의 규율 개념에 근거하여 금문에서 이루어진 4가지의 통치기술에 대해 설명한다. 첫째, 엄격한 출입국 통제를 통해 대만본섬과 금문을 구분하여 군인과 민간인의 이동을 엄격히 통제하여, 금문을 일종의 '폐쇄 공간'으로 만들었다. 둘째, 민방자위대를 편성하여 금문의 모든 인구를 연령, 성에 따라 역할을 분리하여 군사적 활동에 대한 지원, 치안유지 등에 동원하였고, 민방자위대 편제를 중심으로 한 감시, 동원, 처벌의 체제를 만들어 사회적 통제를 강화하였다. 셋째, 금문도 전역에 걸쳐 다양한 용도의 군사시설을 건설하여 전쟁준비, 방어, 대외 보급, 군사훈련 등에 이용하였고, 동시에 이 시설들을 금문 주민들에 대한 이데올로기적 동원, 교화통치 등에 이용하였다. 넷째, 국가와 지도자에게 절대적으로 복종하는 수직적이고 계층화된 사회질서를 만들어 권위적 통치체제를 형성하였다.

이러한 권위적이고 폐쇄적인 통치체제 하에서 금문 주민들의 삶은 여러 가지로 제약될 수밖에 없었다. 시공간에 대한 통제는 가장 기본이었다. 계엄이 해제된 1992년까지 통행금지가 부과되었다. 가장 긴 통행금지는 오후 7시부터 다음날 오전 7시까지 12시간의 통행금지였다. 평균적으로는 오후 11시부터 다음날 새벽 4시까지 5시간의 통행금지가 부과되었다. 또한, 공간적으로도 대부분의 해안가에는 출입이 통제되었다. 거의 대부분의 해안가에는 지뢰가 매설되었으며, 이 주변에는 보(堡) 등 군사시설이 건립되었다. 또, '적'의 상륙을 막기 위한 특별한 시설(龍齒)이 모든 해안가에 설치되었다. 금문도 주민들이 출입할 수 있는 곳은 매우 제한적이었다. 소유금지 물품 또한 엄격하게 규제되었다. 비둘기(전서구), 전등(빛을 이용한 통신), 빈병(바다를 통해 편지를 전할 수 있음) 등 '적'과의 통신에 이용할 수 있는 모든 물품은 소유가 금지되었으며, 텔레비전, 라디오, 전화기 등 '적'의 지령을 받을 가능성이 있는 모든 기기도 엄격하게 통제되었고, 카메라 등 '우리'의 모습을 찍어서 적에게 전할 수 있는 도구도 금지되었다. 심지어 바다를 통해 중국으로 가는 길을 차단하기 위해 농구공 혹은 축구공 등 물에 뜨는 모든 물품도 소유가 금지되었다(김민환 2014, 67). 대만에서 금문으로, 금문에서 대만으로의 이동뿐만 아니라, 해외 화교들의 고향 이동 혹은 방문도 엄격히 통제되었다. 심지어 금문 내에서 촌락 간의 이동도 통제되었다. 이처럼 금문은 일정기간 동안 중국과도 대만과도 고립된 채 존재하게 되었다.

2 고립의 경제적 결과

군사적 영토화에 의해 야기된 금문의 고립은 심각한 경제적 어려움을 낳았다. 특히, 해외의 금문 출신 이주자들이 보내주던 송금에 의존하던 이민송금경제가 붕괴된 것은 가장 큰 문제였다. 1949년 이전 해외에서 금문으로 전달된 송금액이 매년 평균 3000원이었는데, 1949년 이후에는 송금액이 1950년에는 300원, 1953년에는 1500원, 1956년에는 830원 정도의 수준으로 급감하였다. 당시 여러 노인들이 자살하였는데 그 주원인이 송금이 도착하지 않아 생계가 힘들어 자살했다고 금문방위사령부의 초대 사령관이었던 후리엔(胡璉)장군이 회고하기도 하였다(지앙붜웨이 2013, 90~91). 이 시기 금문의 경제적 곤궁은 금문의 내부적 문제에 의한 경제적 미발달의 문제라기보다는, 그 섬이 이전에 뿌리내리고 있던 상업과 노동의 초국경적 네트워크로부터 단절된 정치적 상황의 결과물이었던 것이다.

흐름의 경제가 붕괴한 것과 더불어 대규모 군대병력의 주둔은 경제적 어려움은 더욱 가중시켰다. 1949년 말이 되면 금문의 인구는 군인을 포함하여 10만을 넘게 되는데, 이로 인해 금문은 심각한 물자의 부족을 겪었고, 이는 극심한 인플래로 이어졌다(Szonyi 2008, 124). 국민당 정부는 금문의 이러한 상황을 돌파하기 위한 여러 긴급조치를 즉각 실시하였다. 후리엔장군이 지휘하던 금문방위사령부는 경제상황을 안정시키기 위한 긴급조치의 일부로 화폐와 가격에 대한 통제를 실시하였고, 대만본섬으로부터 물자의 공급을 안정화하기 위한 조치를 취하였다. 이와 같은 긴급조치를 바탕으로 급한 불을 끄고 나서 군사령부는 금문의 경제적 상황을 개선하기 위한 장기적 계획을 추진하기 시작하였다.

국민당 정부가 금문에서 가장 먼저 추진한 것은 토지개혁이었다. 1953년에 시작하여 1955년에 마무리된 토지개혁을 통해 대부분의 농민들은 그들이 일하는 땅에 대한 소유권을 부여받았고, 원토지소유자들은 시장가격에 준하는 경제적 보상을 받았다. 하지만, 금문에서의 토지개혁은 그렇게 큰 경제적 의미를 가지는 것이 아니었다. 왜냐하면 도서지역이라 토지자원이 그다지 풍부하지 않았으며, 대부분의 농지들은 소규모였다. 게다가 농민들은 대부분 자신이 소유하는 토지에서 경작을 하였다. 따라서, 토지개혁을 통한 부의 분배와 계급관계의 재편과 같은 경제적 차원의 효과는 그렇게 크지 않았다. 그럼에도 불구하고 금문에서 토지개혁이 추진된 것은 공산화된 중국을 마주하고 있는 최전선 지역에서 중화인민공화국에 의해 수행된 토지개혁과 대비되는 방식의 토지개혁을 국민당 정부가 성공적으로 추진하였음을 보여주려는 선전의 목적이 더 컸기 때문이었다. 따라서, 토지개혁이라는 거창한 국가의 개입에도 불구하고 1950년대 초중반까지 금문지역의 경제적 상황은 너무나 심각하였다. 금문의 주민들은 굶주림과 가난에 고통 받았고, 심지어 군인들에게 구걸을 하기도 했다(Szonyi 2008, 125~127).

3. 수수재배 장려와 고량주 산업의 육성

1949년의 전쟁과 흐름의 단절로 인한 경제적 어려움을 해소하기 위한 시도 중 가장 성공적이었던 것이 전지정부에 의한 수수재배의 장려와 고량주 산업의 육성이었다. 금문의 군사령관으로 전지정부체제 하에서 금문에 대한 실질적 통치권을 가지고 있던 후리엔장군은 1950년 금문의 농민들에게 수수의 재배를 장려하기 시작하였다. 후리엔장군은 수수가 연료자원으로 사용될 수 있고, 토양유실을 막는데도 효과가 좋을 뿐만 아니라, 샤먼과의 교역의 단절로 인해 발생한 식량난을 해소하는 데 크게 일조할 수 있으리라 생각하고 수수의 재배를 장려하였던 것이다. 그런데, 수수재배를 통해 식량문제를 해결하려는 시도는 성공하지 못했다. 이는 금문주민들이 수수를 주식으로 삼는 것을 쉽게 받아들이지 못했기 때문이었다. 특히, 금문에 주둔하는 국민당 군인들은 대만본섬에서 공급된 쌀을 주식으로 먹고 있는 상황에서, 금문의 주민에게는 쌀이 부족하다는 이유로 원하지 않는 수수를 먹으라는 것은 군과 민의 일체감을 떨어뜨려 금문의 군사적 영토화를 저해하는 요인이 될 수 있어 밀어붙일 수 있는 정책이 아니었다(Szonyi 2008, 128).

후리엔장군의 권유로 금문에서 수수의 재배는 늘었지만, 수수가 식량으로 사용되지 않다 보니, 재배된 수수의 활용처를 찾는 것이 중요한 과제가 되었다. 이런 상황에서 돌파구를 제공한 것이 군인들에 의해 급증한 술에 대한 수요였다. 1949년 국민당 군대가 금문에 정착하기 이전부터 금문에는 자체적인 주류산업이 존재하고 있었다. 금문현지(金門縣志)에 따르면, 초기 금문현이 국민당군에 의해 확보되었을 때 금문에 민간인들이 소유한 주류공장이 18개 존재하고 있었다(金門縣政府 2009d, 54). 그런데, 국민당군이 금문에 주둔하고 군사들이 몰려들면서 술에 대한 수요가 급증하였고, 금문에서 생산된 술만으로는 군인들의 소비를 다 충당할 수 없어 대만 본토에서 수입해야만 했다. 초창기 매달 10만병 이상의 술이 대만에서 금문으로 공수되었고, 이는 국민당 정부와 금문의 군사령부에게 큰 경제적 부담이 되었다.

1951년 후리엔장군은 고량주를 금문에서 자체 생산하기로 결정하고 지우롱지앙지우창(九龍江酒廠)이라는 고량주 생산공장을 설립하였다. 이는 당장 대만에서 수입한 고량주 보다 저렴한 고량주를 군인들에게 공급하고 동시에 그 수입을 통해 군비를 확충하려는 단기적 계산과 고량주 산업의 육성을 통해 금문지역의 고용증대와 경제발전을 유도하려는 장기적 전략에 기반한 것이었다. 이와 더불어 고량주 공장은 후리엔장군의 권유로 재배된 수수의 중요한 활용처로 기능하기도 하였다. 금문헌지에 따르면, 지우롱지앙지우창의 최초 기술과장은 금문고량주의 창시자로 알려져있는 예화청(葉華成)이란 사람이었는데, 이 사람이 "한 근의 수수로 한근의 백미를 교환"할 수 있게 하는 방식을 후리엔장군에게 제안하였다고 한다(金門縣政府 2009d, 55). 이는 금문의 농민들이 고량주의 원료인 수수를 재배하는 것을 장려하여 원료부족문제를 해결하기 위한 방편으로 제안된 것이었다. 이 제안에 따라 금문현정부는 고량주의 판매를 통해 벌어들인 수익을 대만에서 쌀을 구입하는데 사용하고, 이 쌀은 금문에서 똑같은 무게의 수수와 교환되었다. 이 방식은 금문의 주민들에게 매우 큰 경제적 수입과 쌀을 마음껏 먹을 수 있는 혜택을 제공해주었다. 당시 대만에서 일반적으로 수수의 시장가격이 쌀의 가격 보다 1/2 또는 1/3 정도에 불과하였기 때문에, 수수와 쌀을 무게를 기준으로 동등하게 교환해주는 것은 수수를 재배하던 금문의 주민들에게는 엄청난 경제적 이득이 되는 것이었다. 다시 말해 일종의 간접적 경제지원이 금문의 농부들에게 주어진 것이었다(Szonyi 2008, 129).

이에 대해 양팅비아오(楊廷標)는 후리엔장군이 금문에 고량주 산업을 육성하고, 고량을 쌀과 교환하는 정책을 실시한 것은 기본적으로 금문의 식량문제, 연료문제를 해결하고, 군인들이 필요로 하는 술을 저렴한 가격에 공급하려는 의도에서 실시된 것이지만, 좀더 깊이 보면 금문지역 내부를 정치-사회적으로 안정화하고, 중국 본토의 공산당 정권과의 차별성을 보여 국민당 정권의 정치적 정당성을 공고히 하려는 정치적 의도가 바탕에 있었다고 주장한다. 또한, 고량주 산업과 관련된 정책은 군사-방어적 측면에서 매우 직접적인 도움이 되기도 하였다. 예를 들어, '고량을 쌀로 교환'하는 정책은 군대에 오래 비축된 쌀의 재고를 적절히 관리하여 쌀의 신선도를 유지하는데 큰 기여를 하였다. 또한, 금문의 방어를 위해서는 적정한 규모의 민방위 병력을 유지하는 것이 필수적이고, 이를 위해서는 금문의 인구를 어느 정도 수준에서 유지해야 했는데, 이와 관련하여 고량주 공장에서 제공되는 일자리와 고량을 쌀로 교환하는 정책으로 인한 농민들에 대한 간접적 경제지원은 금문 주민들의 이촌률을 낮추는데 큰 기여를 하였다. 더불어, 매달 대만본섬에서 10만병씩 운송되던 고량주가 금문도 내에서 자체 공급되면서 군함의 수송부담을 줄이는데도 크게 기여하였다(楊廷標 2004, 38~41).

이렇게 탄생한 금문고량주는 1950년대 중반까지도 여전히 '고립된 경제'의 상징이었다. 금문도에 주둔한 군인만을 위한 술이었던 것이다. 이러한 점은 1945년 대만본섬에서 '담배·술 공매제도'를 실시할 때 금문고량주는 공매시스템에 포함되지 않았던 점에서도 확인할 수 있다(楊廷標 2004, 92). 그런데, 1950년대 중반까지 금문도에 주둔한 군인들은 기본적으로 중국대륙 출신이었다. 대만의 국민당 정부는 1949년 12월에 대만본섬에 징병제 실시를 위한 법령을 제정했다. 실제로 징병이 실시된 것은 1951년 8월 1일이었다(張之傑 等 1991, 328; 陳布雷 等 編著 1978, 68~69). 그러나, 대만본섬 출신 사병들은 이 시기 금문과 마조 등 최전선에는 배치되지 않았다. 대만본섬 출신을 아직까지 믿을 수 없었기 때문이었다(김민환 2014, 56). 대만본섬에 아무런 연고가 없는 중국대륙 출신의 국민당 군인들은 금문고량주를 오직 금문도에서만 소비했던 것이다. 이러한 상황이 바뀌게 되는 것은 1950년대 말~1960년대 초에 이르러서였다. 이 시점은 1949년 대만으로 물러날 당시 20살 내외였던 중국대륙 출신 군인들이 30살이 될 무렵인데, 이때부터는 그들은 더 이상 사병일 수가 없었으며, 따라서 대만본섬 출신자들이 군인으로서 금문도에서 근무할 수밖에 없었다. 대만본섬의 군인들이 금문도에 배치되면서 비로소 대만본섬과 금문도 사이의 이동이 본격화되게 되었다. 그리고 이들의 이동을 따라 금문고량주도 대만본섬으로 이동하게 된다.

Ⅳ. 금문경제의 국가화(nationalization): 대만경제로의 편입

1. 고량주의 대만판매

중국 푸젠성의 일부였던 금문은 1949년부터 대만의 영토에 포함되었지만, 50년대 말까지도 대만본섬과의 완전한 연결은 이루어지지 않았고, 경제적으로도 대만의 국민경제로 완전한 편입이 이루어지지 않았다. 금문이 대만본섬과 경제, 사회적으로 통합되는 중요한 계기는 금문의 고량주가 대만본섬에 소개되고 판매되기 시작한 것이었다. 1950년대 후반부터 금문의 고량주는 대만본섬에서 엄청난 인기를 얻게 된다. 이러한 인기에는 대만본섬 출신의 군인들의 공이 컸다. 금문도에는 최대 17만 명, 평균 10만 명의 군인들이 복무했는데, 이들이 휴가 혹은 제대 시에 기념품으로 금문도의 물품, 가령, 금문고량주나 '마에스트로 우(Maestro Wu)의 식칼' 등을 사서 대만본섬으로 반출하게 됨으로써 금문도가 대만본섬에 알려지게 되었던 것이다(黃荣珺·吳連賞 2009, 3). '고립의 경제'의 상징이었던 금문고량주가 이제 대만본섬과 금문 사이의 새로운 이동의 상징이 된 것이다.

금문고량주의 인기가 높아지면서 수요도 증가하여, 이에 부응하기 위해 1963년에는 제2양조장을 건설하는 계획을 수립하였고, 62년에서 64년 동안 대만본섬에서 금문고량주의 판매량은 매달 평균 4만 kg, 한 해 48만 kg에 달하였다(金門縣政府 2009d, 56). 1966년에는 금문고량주가 최초로 미국, 일본, 태국, 베트남, 한국, 홍콩, 마카오 등 14개 국가로 수출되기 시작하였다(楊廷標 2004, 92). 이후에도 금문고량주의 인기와 수요는 계속 높아졌고, 그에 부응하여 기술향상과 시설개선을 바탕으로 생산량을 증가시켜, 1975년이 되면 연생산량이 210만 킬로그램에 달하였다. 또한, 국제적 명성도 높아져 70년대 중반이 지나면 대만을 방문하는 외빈들이 대만의 대표적 술로 금문고량주를 찾기 시작하였다(金門縣政府 2009d, 56). 금문고량주의 인기가 높아지면서 고량주 사업이 금문현의 수입에 엄청난 기여를 하였다. 초창기 고량주 공장은 전지행정위원회의 통제 하에 있었기 때문에 고량주 사업을 통한 수입은 고스란히 전지행정위원회의 수입이 되었는데, 1950~60년대 금문의 전지행정위원회가 올린 수입의 상당 정도는 고량주 사업을 통해 발생한 것이었다. 〈표 1〉에서 잘 드러나듯이, 1950년대 중반까지 고량주 수익은 금문현 수익의 60% 이상을 차지하였다. 1970년에도 고량주 공장의 운영수익은 금문현의 중요한 재원이 되었는데, 1970년과 1975년의 경우 전체 금문현 수익의 1/3 정도가 고량주회사의 수익에서 발생한 것이었다.

1955년에서 1965년까지의 10년 기간 동안 금문의 경제규모는 15배

표 1_금문고량주 생산, 판매, 수익 통계(1953~1975)

연도	생산량 (kg)	판매량 (kg)	금문고량주회사 수익(A)(원)	금문현 총수익(B)(원)	비율 (A/B×100)(%)
1953	209,587	145,393	1,358,449	5,386,606	25.22
1954	409,156	394,030	2,316,279	3,669,641	63.12
1955	431,749	436,129	3,413,075	5,418,929	62.98
1960	401,926	449,991	5,878,282	46,553,070	12.63
1965	757,412	814,570	20,012,882	84,068,716	23.81
1970	1,337,92	1,308,666	50,644,990	171,124,539	29.60
1975	2,171,092	2,094,446	114,259,131	411,380,810	27.77

출처: 楊廷標(2004, 97)

이상 증가했고, 그 이후로도 금문의 경제규모는 지속적으로 증가한다. 이는 금문 고량주의 대만본섬에서의 성공에 기인한 것이었다. 즉, 금문 고량주의 대만본섬 시장에의 성공적 진입을 계기로 1955년과 1965년 사이의 어느 시점에서 금문은 경제적으로 대만경제에 본격적으로 편입되었던 것이다.

2 경제적 인프라 구축과 '삼민주의모범현(三民主義模範縣)' 건설

금문을 대만본섬과 결합시키는데 또 다른 중요한 역할을 한 것은 국민당 정부에 의해 금문에서 추진된 '삼민주의모범현(三民主義模範縣)' 건설 사업이었다. 앞에서도 언급했듯이, 국민당 정부에게 있어 공산화된 중국에 대치하는 최전선인 금문지역을 안정적으로 통치하기 위해서는 금문의 경제를 안정화시키는 것이 필수적인 과제였다. 이런 맥락 속에서 국민당 정부는 1960년 이후 금문을 '삼민주의모범현'으로 건설할 계획을 세우고, 1963년 '금문삼민주의모범현건설강요(金門三民主義模範縣建設綱要)'를 완성하여 3차례에 걸친 4개년 경제건설계획을 추진한다. 이는 국민당 정부가 금문의 정치, 문화, 경제, 군사적 건설에 적극적으로 나서기 시작하였음을 의미한다(金門縣政府 2009d, 70~89; 지앙뷔웨이 2013, 54). 주로 금문의 인프라 건설을 위해서 엄청난 투자가 이루어졌다. 대만본섬의 '돈'이 금문으로 본격적으로 흘러 들어오게 된 것이다. 섬의 각 마을을 연결하는 도로망이 확충되었고, 관개시설이 개선되었다.

그런데, 이 건설계획 마저도 금문의 경제적 상황을 개선하겠다는 경제적 목적에 의해서만 추진된 것이 아니었다. 공산화된 중국과의 체제경쟁에서 우위에 있음을 금문을 통해 보여주겠다는 정치적 계산이 더 중요한 동기로 작동하였다. 금문의 전지정부는 삼민주의 모범현 건설의 계획을 "(전쟁에서의) 승리를 위한 수단"으로 인식하여, "대중을 훈련하고, 그들의 삶을 개선하여, 군의 부담을 줄이는 것"이 중요한 목표가 되었다(Szonyi 2008, 82). 따라서, 삼민주의모범현 건설의 주요 사업은 도로, 학교, 저수지, 발전소와 같은 기반시설을 건설하는 것이었다. 이를 통해 금문 주민들의 물적 생활조건을 근대화하고, 이들을 공산주의의 이념적 유혹에 흔들리지 않는 친자본주의적 근대적 시민으로 만들어, 공산화된 중국과 대치하고 있는 최전선에서 반공의 보루로서 역할을 하게 만들고자 하였다.

3차례의 '삼민주의모범현건설강요'의 실시 이후에도 금문도에는 지속적으로 '군사 인프라'에 막대한 예산이 투입되었다. 특히 1970년대 중후반 이후에는 섬의 많은 부분에 갱도(坑道)가 만들어지면서 금문도가 '지하요새'화 되었고, 이 요새를 기반으로 금문도 주민들의 삶이 영위되는 전투촌(戰鬪村)들이 건설되었다(지앙뷔웨이 2007, 93~94). 이런 흐름들은 1979년 미중 수교에 따른 포격전 중단에도 불구하고 1980년대까지 지속되었다(김민환 2014, 59~60).

3. 기지경제에 기반한 부의 축적과 이전

금문과 대만본섬과의 결합은 겉으로 잘 드러나지 않는 방식으로도 이루어졌는데, 이는 대만본섬에서 온 군인들이 금문에 주둔하면서 이들이 중요한 소비의 주체가 되었던 것과 관련된다. 즉, 엄청난 수의 군인이 주둔하면서 형성된 기지경제가 금문의 경제에서 매우 중요한 위치를 차지하게 되었고, 이를 통해서 대만본섬과 금문 사회가 연결되었던 것이다.

1970년대 중반 금문에는 4,000여 개의 사업체가 등록되어 있었다. 그 당시 금문의 인구는 6만, 가구수는 1만호 정도였던 것을 감안하면, 이 수치는 전체 가구의 40% 정도가 자영업에 종사하였음을 의미한다. 더구나 상당수의 자영업자들이 정식으로 등록하지 않고 영업을 하고 있었음을 감안하면 금문에서 자영업의 비율은 이보다 더 높았을 것이라 짐작할 수 있다. 당시 금문의 소상업자들은 음료가게, 찻집, 매점, 이발소, 당구장, 세탁소 등과 같이 금문에 주둔하던 군인들의 소비활동을 대상으로 한 자영업에 주로 종사하였다(Szonyi 2008, 134~136).

군부대가 있는 곳마다 조그마한 가게가 생겼고, 이들 가게는 군영 밖으로 나온 군인들에게 군생활의 고단함으로부터의 잠시 동안의 도피와 휴식, 그리고 그들이 필요로 하는 소소한 서비스와 물품들을 제공해 주었다. 이들 가게에서 파는 물건들은 시중의 것 보다 훨씬 비쌌지만, 잠시 군영을 빠져나온 군인들이 멀리 읍내까지 가지 않고 짜투리 시간을 이용하여 간단히 들러 그들이 필요로 하는 것들을 급히 구할 수 있었기 때문에 이들 가게들은 군인들에게 인기가 높았다. 가장 일반적인 서비스업은 이발소, 목욕소, 찻집, 세탁소, 당구장, 도서대여점, 편의점 등이었다. 편의점에서는 군인들이 부대 내에서 구하기 힘든 쌀, 과자, 비누, 식용류, 담배, 문방구, 전화카드 등을 판매하였다. 시간이 지나면서 오락을 제공하는 사업체가 증가하였는데, 80년대와 90년대에 가라오케, 비디오 게임 등이 소개되기 전까지 당구장이 군인들에게 가장 대중적인 오락업체였다(Szonyi 2008, 137~139). 이런 것들은 일종의 '기지경제'를 구성하는 요소들이었다.

군인들을 대상으로 한 이러한 상업 및 서비스 활동은 1990년대 초 양안간의 긴장이 약화되면서 금문에 주둔하던 군대가 철수하기 전까지 금문의 경제에서 가장 중요한 부분이었다. 금문에 주둔하던 군인의 수가 최고에 달했을 때, 금문의 주민들이 이들 자영업 활동을 통해 벌어들인 수입이 대부분의 가구에서 전체 소득의 최대 부분을 차지하기도 하였다. 이러한 상황은 지정학적 갈등과 긴장에 의한 군사적 영토화와 금문의 지역경제가 모순적 상호의존의 관계에 놓여 있음을 의미한다. 앞서 지적하였듯이, 냉전이 시작되고 양안간의 긴장이 고조되면서 금문은 그 이전에 결속되어 있던 흐름의 경제 네트워크에서 단절되면서 큰 경제적 어려움에 직면하였다. 게다가 냉전적 대치의 최전선이 되어 군대와 무력이 공간적으로 집중 배치되고, 지속적인 국지전이 이어지면서, 금문의 지역경제는 더욱 큰 고난에 처하게 되었다. 하지만, 수많은 병력을 지닌 군대가 주둔하면서 이들 군인들의 소비에 의존하는 독특한 지역경제가 형성되었다. Szonyi(2008, 141)에 따르면, 1980년대 말 군인들의 소비가 금문경제에 기여한 액수는 한 달에 약 2억 대만달러 정도 되는 것으로 추산된다. 그리고 1만 명의 군인이 철수하면 한 달에 5천만 대만달러 정도의 지출감소가 일어나는 것으로 예상되었다. 즉, 흐름의 경제로 부터 단절되고 군사적 영토화를 경험한 금문은 군사적 긴장이 고조되면 군인의 수가 많아져서 지역경제가 살아나고, 긴장이 약화되면 군인의 숫자가 줄어들어 경제적 이득의 감소를 겪게되는 매우 기이하고 아이러니한 상황에 놓이게 된 것이었다. 이처럼 군비지출에 과도하게 민감하고 의존적인 경제구조는 지정학적 조건의 변화에 금문이 극도로 취약하도록 만들었다.

 1950년대 중후반부터 금문도에서 본격화된 '기지경제'를 바탕으로 1980년대 후반까지 금문도 사람들 중 일부는 일정 정도의 부를 축적하였다. 그들은 이러한 부를 바탕으로 타이페이 등 대만본섬의 부동산을 구매하기도 하였다. 처음에 이들 부동산은 대만본섬의 대학에 입학하는 그들의 자녀들을 위한 거주지로서 구매되었다. 군사화가 이루어진 초기에는 금문 사람들이 대만본섬으로 이주하는 것은 불가능에 가까울 정도로 아주 힘든 일이었지만, 1955년부터는 대학진학을 목적으로 학생들이 금문도를 떠나 대만본섬으로 이주하는 것은 허가되었다. 1955년부터 금문출신자 중 대학을 졸업한 사람의 수는 약 2,350명, 1987년 현재 재학중인 사람은 745명, 전문학교 졸업자 수는 약 1,268명, 1987

년 현재 재학중인 사람은 558명으로 이들 모두를 합하면 약 5천 명에 달한다(金門縣政府 2009b, 78~83). 이들의 유학경비는 거의 대부분 금문도의 기지경제를 통해 조달되었고, 이들을 매개로 금문도에서 축적된 부가 대만본섬으로 이전될 통로가 형성된 것이다. 금문도의 부자들은 금문도와 대만본섬에 각각 집을 소유하고 있는 것이 일반적이었다.

 이처럼 중국대륙과의 단절 이후 고립되어 있던 금문도의 경제적 흐름은 10여 년 만에 대만경제와 접속하게 되었다. 흐름의 단절이 새로운 방향으로의 흐름을 낳았다고 평가할 수 있을 것이다. 금문도와 대만본섬 사이에 만들어진 이 새로운 경제적 흐름은 그 이후 오직 이 방향으로만 이동과 흐름만이 유지될 정도로 강력했다. 그러나 이 강력한 일방적 이동과 흐름은 1990년대 이후의 탈냉전과 양안관계의 점진적 개선 등으로 인해 점차 다시 대만본섬과 중국 본토의 두 가지 방향성을 지니는 것으로 재편된다.

Ⅴ. 탈냉전과 부활하는 양방향 흐름의 경제

1949년 냉전이 시작되면서 흐름의 경제가 단절되어 금문이 경제적 어려움을 겪었다면, 그로부터 40여 년이 지나고 나서 양안간의 긴장이 해소되는 탈냉전적 상황 속에 군사적 긴장이 완화되면서 금문은 또 다른 경제적 어려움을 겪게 되었다. 이번에는 지난 40여 년 동안 형성되었던 군사적 영토화에 적응하였던 경제활동이 위축되면서 발생한 위기였다.

1. 탈냉전과 금문의 변화

1979년 1월 1일, 미국은 중국 본토의 중화인민공화국과 국교 정상화를 하고, 대신 대만의 중화민국과는 국교를 단절하였다. 그와 함께, 중국은 20여 년간 지속되었던 금문과 마조에 대한 포격을 중지하였다. 1949년 이래로 금문과 중국 본토 사이에 상존하였던 군사적 긴장이 극적으로 완화된 것이었다. 그러나 이러한 변화가 금문의 탈군사화를 즉각 이끌지는 않았으며, 1980년대 내내 지속적으로 군사시설이 유지되거나 확충되었다(김민환 2014, 60~61). 1980년대 후반까지 금문도는 그 이전과 상황이 별로 달라지지 않았다.

그러나, 대만본섬의 경우 사정이 달랐다. 중국본토로부터 공산군의 침략도 없을 것이며, 국민당이 대륙을 수복하려 나서지도 않을 것이라는 것이 자명해진 상황에서 그간 대륙수복을 모토로 비상사태를 유지하면서 권위주의적 방식으로 통치를 해왔던 국민당은 1970년대 후반부터 심각한 정당성 위기의 상황에 직면하였다. 그간의 경제적 번영을 바탕으로 성장한 중산층을 중심으로 민주화에 대한 요구가 증가하였고, 국민당에 도전하는 새로운 정당이 세워졌다.[1] 이러한 상황에서 국민당 정부는 계엄령을 유지할 수 없었다. 마침내 1987년 비상사태와 계엄령이 해제되고, 대만은 전반적인 민주화의 길로 들어서게 된다. 민주화의 진전과 함께 중국 본토와의 연결과 접촉을 금지하던 여러 규제들도 완화되기 시작하였다. 중국 본토인과의 직접적이고 공식적인 접촉은 여전히 금지되었지만, 비공식적이고 개별적인 경제적 거래는 이루어지기 시작했고, 대만 사업가들이 중국 본토에 투자하기 시작하였다. 1987년에는 중국 본토에 대한 여행금지 조치가 해제되었다.

대만본섬에서는 계엄령이 해제되었지만, 대만정부는 안보상의 이

---

[1] 대만의 민주화운동에 관해서는 李筱峯(1990), 薛化元 외(2003), 人權之路編輯小組(2008), 지은주(2008) 등을 참조할 것.

유를 들면서 금문도와 마조도에서는 계엄령을 계속 유지하겠다고 발표하였다. 여기에 대해 금문과 마조의 주민들이 연대하여 연안 섬들에 대한 계엄령 해체를 요구하는 시위를 조직하였으며, 다양한 민주화운동을 전개하였다. 이러한 주민들의 저항과 불만에 직면하여 금문현 정부는 이들의 불만을 무마하는 여러 가지 변화를 추진하지 않을 수 없었다. 1989년 대만본섬으로의 민간전화가 허용되었고, 1990년 출입허가시스템이 폐지되어 금문도 주민들이 대만으로 자유롭게 오갈 수 있게 되었으며, 1992년 7월 금문도의 계엄령이 마침내 해제되었고, 11월에는 금문과 마조의 전지정체제도 종결되었다. 이런 변화와 더불어 금문도의 실질적인 탈군사화가 시작되었는데, 이는 금문에 주둔하던 군대의 철수에 의해 본격화되었다. 1983년에 이미 1개의 사단이 대만으로 재배치되었고, 이후에도 4개의 사단이 유지되었지만 병력의 수는 계속 감축되었다. 1993년이 되면 금문의 병력은 31,000명으로 감소하였고, 1997년에는 4개의 사단이 하나의 여단으로 축소되면서 병력도 16,000명이 되었다(Szonyi 2008, 207).

계엄령의 해제와 탈군사화는 금문의 주민들에게 군사적이고 권위주의적 통제와 개입으로부터의 자유를 주었지만, 이로 인해 그 동안 군대의 소비에 의존하던 지역경제는 심각한 타격을 입을 수밖에 없었다. 군인들을 상대로 한 상업활동에 의존하던 수 천의 가구들이 급격한 수입 감소를 겪어야 했다. 계엄령이 해제되던 90년대 초반 금문의 경제적 수준은 대만 본토에 비해 훨씬 열악했다. Szonyi(2008, 208)에 따르면, 당시 금문의 1인당 소득은 4,000달러로 대만의 2/3 정도의 수준에 불과하였다. 물론 군인들을 대상으로 한 비공식적 경제활동이 매우 큰 비중을 차지했던 금문경제의 특성을 고려했을 때, 이 통계치는 금문의 실제 경제적 수준을 제대로 반영하지 못하지만, 금문 주민들의 생활수준이 대만본섬 거주자보다 뒤처진 것은 명백한 사실이었다. 이런 상황에서 군대의 철수에 따른 상업활동의 감소는 지역경제에 엄청난 타격을 주었고, 금문 주민들 사이에 경제적 위기감을 확산시켰다.

2 관광업과 양방향 이동의 시작: 계엄령 해제에서 소삼통(小三通)까지

탈군사화가 예상치 못하게 지역의 경제적 붕괴와 고난을 야기하면서, 금문의 정책입안자들은 새로운 경제적 돌파구를 모색하지 않으면 안 되었다. 탈군사화 이후 금문의 새로운 경제적 대안으로 채택된 것이 관광업이었다. 금문에서는 계엄령이 해제되기 이전인 1988년부터 이미 금문에 근무하는 사병들에 대한 가족들의 방문이란 형태로 관광업이 성장하고 있었다. 이전에는 금문의 사병들에 대한 가족들의 방문이 허락되지 않았으나, 양안관계의 변화와 민주화 이후 의무적 군복무에 대한 사회적 불만을 누그러뜨리기 위한 한 방편으로 가족방문이 허락되었다. 그 결과 아직까지 금문에서의 관광업이 합법화되지 않았음에도 매해 15,000명 정도의 관광객이 대만에서 금문을 방문하였다. 이런 배경 하에 1993년 관광업에 대한 금지가 해제되었다(金門縣政府 2009c, 42).

1993년 관광업의 합법화 이후 금문의 관광업은 급속히 성장하였다. 금문을 방문한 관광객 수가 1993년 247,000명, 1994년에는 350,000명에 이르렀고, 1995년이 되면 500,000명을 넘어, 1997년에는 532,000명으로 최고조에 이르렀다(Zhang 2010, 399). 금문에서의 관광업 발전에서 큰 계기가 된 것은 1995년 10월, 금문에 국가공원이 설립된 것이었다. 이 공원은 대만에서 여섯 번째로 지정된 국가공원인데, 유일하게 대만본섬 밖에 위치하여 인문, 전쟁, 사적 등을 주요 테마로 하는 공원으로 설립되었다(江柏煒 2007, 141). 냉전적 대립의 최전선으로 오랫동안 군사화의 경험을 하였던 금문에서 군대가 철수하고 남긴 군사시설과 전쟁의 역사, 그리고 도시와 마을의 개발 제한으로 보존된 역사-전통적 건축물, 그리고 군의 통제로 인해 개발의 피해를 받지 않은 자연환경 등은 금문에 국립공원을 지정할 중요한 근거가 되었다.[2] 1995년의 국립공원 지정이 금문 관광업 발전의 직접적 기폭제는 아니었다. 국립공원 지정 이전부터 관광객은 폭발적으로 늘어나고 있었다. 금문에서 군생활을 했던 사람들의 향수가 이러한 관광객 증가의 중요한 요인이었다. 다시 말하면, 금문의 관광업은 군사적으로 동원되었던 것들과 그 기억들의 상품화에 기반을 두고 있었다(Szonyi 2008, 210). 여전히 금문도는 대만본섬과의 연계 속에서만 움직이고 있었던 것이다.

    탈군사화 이후 새로이 등장한 관광업이 그 이전의 군사화된 경제를 완전히 대체하는 대안적 경제활동이 되지는 못했다. 이전에 금문에서 군생활을 한 사람들의 향수에 기대는 관광업은 그 성장에 한계가 있을 수밖에 없었다. 또한, 관광 시장에 대한 적절한 공적 개입이 부족하여 과당경쟁과 과잉공급과 같은 문제가 발생했다. 금문 관광업의 파이는 별로 크지 않았는데, 너무 많은 업체들이 사업에 뛰어든 것이었다. 결국 1997년 최고의 관광객 수를 보인 이후, 점차로 금문 방문 관광객의 수

---

[2] 국가공원으로 지정되었지만, 본격적으로 국가공원이 개발된 것은 2010년 이후부터이다. 금문도 해안에 매설되어 있던 지뢰를 제거해야 했기 때문이다. 금문도의 지뢰가 제거된 2007년 이후에야 과거 군대시설을 이용하여 다양한 편의시설이나 박물관 등을 만들 수 있었다. 지뢰제거 이후 금문도의 여러 역사 유적들, 특히 '포격전'과 관련된 군사시설들을 활용하는 방안에 대해서도 논의가 시작되었는데, 연구용역을 통해 그 방안을 제시한 보고서(陳永興 2010)가 2010년에 제출되었다. 금문도의 지뢰는 금문도의 생태보전에도 매우 결정적인 역할을 했다. 사람의 이동을 막기 위한 지뢰 때문에 조류 및 수중생태의 자유로운 이동이 보장될 수 있었던 것이다. 여기에 대해서는 정근식·우권광(2014)을 참조할 것.

는 줄어들어, 2000년이 되면 다시 34만 명으로 줄어들게 된다.

외부로부터 들어오는 관광객의 소비에 의존하는 관광업은 기본적으로 영토와 경계를 넘어서는 이동과 흐름의 활성화에 큰 영향을 받는다. 성장의 한계에 직면하였던 금문의 관광업은 2000년대 초반이 되면 새로운 성장의 기회를 맞이하게 되는데, 이는 금문과 샤먼, 마조와 마웨이(馬尾) 간에 실시된 소위 '소삼통' 때문이었다. 2001년 1월 1일, 중국과 대만의 정부는 양안관계를 좀더 발전시키기 위해 대만의 금문과 마조, 중국의 샤먼과 마웨이 사이에 무역, 우편, 화물의 직접적 교류를 허용하는 소삼통 실시를 선언하였다. 소삼통은 1949년 이래로 금문과 샤먼 사이에 놓여졌던 장벽의 높이를 급격히 낮추었고, 이를 계기로 중국 관광객의 금문 방문이 허용되었다. 이제 금문은 대만 본토의 관광객 뿐 아니라 중국의 관광객 또한 상대할 수 있게 된 것이었다. 소삼통을 통한 이러한 변화는 금문이 냉전 시기의 고립과 영토적 단절의 상황에서 서서히 벗어나, 양방향을 향한 흐름의 경제로 재접합하고 있음을 의미하는 것 이었다.

중국 시장의 잠재적 가치를 높이 평가한 금문의 정책입안자들과 관광업 종사자들은 중국 관광객들을 끌어들이기 위해 여러 가지 노력을 하였다. 금문현정부는 2002년 중국의 단체 관광객에 대한 관광업의 접대관리법을 발표하였고, 2006년 2월까지 18개의 여행사가 영업허가를 받아 중국 관광객을 대상으로 한 사업을 시작하였다(江柏煒 2007, 142). 그리고 중국 관광객들의 심기를 자극하지 않기 위해 금문과 마조의 전쟁 관련 박물관과 기념관에서 중국인들이 싫어할 수 있는 민감한 정치적 설명문을 수정하기도 하였다(Zhang 2010, 399). 이러한 노력의 결과로 금문의 관광객 수는 점차 증가하여 2005년이 되면 연간 관광객 수가 46만명에 이르게 된다. 하지만, 소삼통에 대한 기대와 달리 중국 관광객으로 부터의 경제적 이득은 그리 크지 않았고, 이에 실망한 일부 상인자본과 투자자들은 금문을 떠나 중국 대륙으로 신속하게 이동하였다. 금문의 관광업에 대한 소삼통의 기여가 예상 보다 작았던 이유 중의 하나는 여전히 중국과 금문 사이의 이동과 흐름을 제약하는 갖가지 장벽이 존재하였기 때문이었다. 예를 들어, 단체 관광 이외의 개인 관광은 허용되지 않으며, 매일 최대 허용되는 중국 관광객 수가 600명으로 제한되어 있고, 하나의 단체 여행단은 최소 15명, 최대 24명까지 이루어지도록 제한되었다. 또한, 2006년 9월까지도 금문으로의 관광이 푸젠성주민들에게만 허용되었다. 금문현은 관광업을 활성화하기 위해 이러한 규제를 차차 완화하였는데, 2006년 9월에는 푸젠성주민에만 허용되었던 금문 관광을 중국 전역으로 확대하여, 정부기관, 공안 계열, 법원, 검찰원 등 공공기관의 공무원을 제외한 만18세 이상의 모든 중국 공민들에게 금문 관광이 가능하도록 규정을 바꾸었다(江柏煒 2007, 142).

이제까지 간단히 논의한 바와 같이 1990년대의 탈냉전 지정학의 조건은 냉전적 갈등의 최전선으로 군사적 영토화에 의해 한쪽 방향으로 움직임이 고정되어 있던 금문이 탈영역화를 통해 양방향 흐름의 경제에 재접속하는 계기를 마련해 주었다. 특히, 탈군사화로 인한 지역경제의 침체를 극복하기 위한 대안으로 추진된 관광업 육성정책으로 인해 대만본섬과 중국으로 부터의 관광객 방문을 장려하였고, 이를 통해 금문은 초지역적인 이동과 흐름에 보다 열려있고, 그러한 이동과 흐름으로 인해 만들어진 경제적 부에 좀더 의존적인 장소로 변모하였다. 하지만, 금문의 경제를 재형성하는데 있어 이동과 흐름의 논리가 경계와 영토의 논리를 완전히 대체하지는 못하였다.

탈냉전과 탈영역화를 경험한 이후에도 금문의 경제에는 여전히 이동과 경계의 모순적 상호작용이 내재해 있고, 이러한 이동과 경계의 변증법을 바탕으로 여전히 금문의 경제는 독특한 방식의 역동성을 보이고 있다. 특히 금문이 관광업을 위해 새로 조성한 다양한 박물관들은 이러한 역동성을 매우 잘 보여준다. 금문도 해안의 출입을 막는 장벽인 지뢰가 제거된 후 과거의 군사시설들에 건립된 새로운 박물관들은 대만본섬과 샤먼에서 온 사람들이 이동하는 새로운 동선을 형성하게 되었다. 결국 이 다양한 박물관들은 1990년 중반 이후 본격화된 두 방향에서의 '이동' 체험이 응결되어 쌓이는 곳인 셈이다. 장벽이었던 군사시설들이 흐름의 동선이 되는 이런 역설적 역사가 금문도의 역사였던 것이다(김민환 2014, 70).

3. 금문의 경제에 내재한 이동과 경계의 모순적 상호작용: 고량주 산업의 변화

이동과 경계의 모순적 상호작용은 금문고량주 산업의 발전과정에서도 독특하게 작동하였다. 앞에서 설명하였듯이, 금문의 고량주 산업은 금문이 겪은 흐름의 단절과 군사적 영토화의 대표적 결과물이었다. 하지만, 군인들의 술 소비에 대응하고, 지역민들의 경제생활을 향상시켜 군민일체감의 형성에 기여하려는 정치·군사적 이유에서 추진된 고량주 산업은 이후 상업화에서 예상치 않은 대성공을 거두면서 폐쇄되고 고립된 금문의 경제를 대만의 국민경제라는 외부의 경제와 연결시켜주는 중요한 고리 역할을 하였다. 그런데, 1992년 금문도 계엄령의 해제와 함께 금문의 군사적 영토화가 급격히 약화되면서, 금문의 고량주 산업은 더욱 더 흐름의 경제에 깊이 편입되게 된다.

결정적 변화는 고량주 공장의 민영화였다. 1951년 '지우롱지앙지우창'이란 이름으로 설립된 금문의 고량주 공장은 1956년 6월에는 '금문

지우창(金門酒廠)'으로 명칭을 변경하였는데, 1992년 금문의 계엄령이 해제된 후 '금문지우창'은 전지정무 산하에서 금문현청 산하로 소속을 바꾸면서 공무기관 조직형태의 사업기구로 변경되었다. 그리고, 자유화의 분위기 속에서 고량주 산업의 시장경쟁력을 높이기 위해서는 국가 통제 하의 기구에서 벗어나 민영화를 해야한다는 주장이 대두되었고, 몇 해 동안의 논의 끝에 1998년 2월 16일 민영화가 실시되었다. 그에 따라 고량주 공장의 이름도 '금문지우창실업고분유한공사(金門酒廠實業股份有限公司)'로 바뀌었고, 조직형태도 개편하였다. 새롭게 민영화된 고량주회사의 발기인은 금문현청과 금문도 내 여섯 마을의 법인들이었고, 이들 여섯 마을의 법인이 각각 1,000주의 주식을 구입하였다. 이렇게 조성된 납입자본은 총 1,713,272,590원이었다(張金石 2008, 37).

민영화라는 조직형태의 변화와 더불어 90년대부터 본격화하기 시작한 관광업의 발달은 금문의 고량주 산업이 흐름의 경제에 편승하여 성장할 새로운 기회의 창을 열어주었다. 금문의 고량주 회사는 금문을 방문하는 관광객들의 선호와 수요에 부응하기 위해 전쟁의 기억을 상징화하여 상품화하는 각종 '기념주'들을 시장에 출시하였다. 특히, 고량주 병들을 탱크, 헬멧, 군화, 탄피 등의 모양으로 만들어 고량주 소비를 전쟁에 대한 기억과 연결시켰다. 전장으로서의 금문정체성을 고량주와 연결시키는 이 과정을 금문고량주와 금문 지역의 상호이미지 형성 과정이었던 것이다. 이러한 과정을 통해 고량주는 더 이상 고량으로 만들어진 술이 아니라 '금문고량주'가 되었고, 이러한 이미지는 제품에 새로운 가치를 부가하였다. 특히, 전장 이미지는 금문고량주를 다른 술들과 가격으로 비교할 수 없는 다른 가치를 지닌 것으로 자리 잡게 만들었다. 더구나, 알코올도수가 매우 높은 금문고량주는 육체적으로 강하고 용감한 사람들만이 마실 수 있다는 느낌과 결합되면서 그 자체로 하나의 브랜드가 되었다. 그리고 이러한 장소적 상징성과 브랜드 이미지는 금문고량주가 가격 경쟁에 매달리지 않도록 하는 중요한 요인이 되었다(Zhang 2010, 402~404).

그런데, 이와 같이 금문고량주가 전쟁 문화와 기억의 상품화를 바탕으로 새롭게 열린 흐름의 경제가 제공해 준 기회의 창과 연결되려는 과정은 흐름과 경계, 단절과 이동의 변증법적 상호작용이 오롯이 내재된 과정이었다. 새롭게 열린 흐름의 경제는 금문의 고량주를 더 넓은 시장으로 뻗어나가도록 만드는 시장적 압력과 동기를 부여하였고, 이러한 요구에 따라 금문의 행위자들은 금문고량주의 시장경쟁력과 상품성을 높이기 위해 전장으로서 금문이 지녔던 영토화의 기억과 경험을 상품화하였다. 그리고, 이러한 시도는 금문 외부의 시장 소비자들과 금문을 방문하는 관광객들의 구미에 그대로 들어맞아 금문고량주의 브랜드를 높이는데 결정적 기여를 하여 금문의 고량주는 더욱 더 넓은 지리적 범위에서 이동하고 흘러가는 상품이 되었다. 하지만, 역설적이게도 금문고량주의 증대된 이동성은 금문고량주에 부여된 금문의 특정한 장소적 이미지의 강화에 기인한 것이었다.

이러한 역설적 성격은 소삼통 이후 금문고량주가 직면한 새로운 위기에 의해 잘 드러난다. 소삼통은 금문의 영토성을 더욱 약화시켜 금문고량주가 흐름의 경제에 더욱 더 편입될 수 있는 기회를 증가시켜 주었다. 하지만, 흐름의 경제가 강화되면서 필연적으로 금문의 장소성이 약화되었고, 이는 역설적이게도 금문고량주에 각인된 전쟁술로서의 장소적 이미지를 약화시키는 계기가 되었다. 특히 군사적 대치와 긴장이 유지되고 있는 최전선이라는 금문의 이미지가 약화되면서 금문고량주에 부가된 전장터 술로서의 브랜드도 약화되고 있어, 금문고량주는 새로운 이미지와 브랜드 창출을 위해 고심해야 하는 상황에 놓이게 되었다(黃棻珺·吳連賞 2009, 15).

　금문고량주의 발전과정에 내재된 이동성과 영토성의 변증법적 상호작용은 금문고량주와 지역사회와의 관계에서도 잘 드러난다. 금문에서 고량주 산업의 장소적 고착성은 전장으로서의 장소성이 고량주 브랜드 형성에 미친 영향에서만 나타난 것이 아니라, 고량주 산업과 금문 지역사회와의 상호착근적 발전과정에서도 나타난다. 앞서 논하였듯이, 금문의 고량주 산업은 지역 농민들의 수수재배와 긴밀히 연계되어 성장하였다. 지역 농민들이 재배한 수수가 고량주 공장의 원료로 공급이 되었고, 고량주 공장은 같은 무게의 수수와 쌀을 교환해 줌을 통해 지역의 농민들에게 간접적 경제적 혜택을 제공하였다. 그리고, 고량주 공장의 수익은 금문현 재정의 상당 정도를 감당하였다. 고량주 산업과 지역사회와의 이러한 밀접한 상호관계는 금문의 계엄령이 해제되면서 더욱 심화되었다.

　1992년 금문의 계엄령이 해제되고 난 후 금문고량주회사는 고량주 판매를 통해 벌어들인 이익을 금문 주민들에게 나누어주는 조치를 취하기 시작한다. 먼저, 1993년 '명절가호배급제(名節家戶配給制)'를 실시하

　　　꾸닝토어전투 60주년 기념주　　　　　　　행군주

그림 1_전쟁의 기억을 상징화한 금문의 기념주들

었는데, 이는 3대 명절(단오, 설날, 추석)에 금문주민들에게 고량주를 저렴한 가격에 판매하는 정책이었다. 가구별로 그 해에 생산된 금문고량주 2병, 백금룡(白金龍) 2병, 황금룡(黃金龍) 2병씩을 저렴한 가격으로 팔았다. 이 술의 가격이 시중의 가격 보다 꽤 낮았기 때문에 주민들은 이 술들을 시장 상인에게 더 높은 가격에 팔아 제법 짭짤한 수입을 올릴 수 있었다. 그런데, 이 수입이 제법 괜찮다보니 주민들은 한 개의 가구를 여러 개로 나누기 시작했고, 이에 대처하기 위해 금문현청은 1994년 가구 대신 개인을 단위로 고량주를 판매하는 것으로 정책을 바꾸었는데, 특히 만 20세 이상, 1년 이상 금문도 호적을 유지한 사람이 0.75리터 58도짜리 금문고량주 12병을 한 병에 250원이라는 저렴한 가격에 구입할 수 있도록 하였다. 금문 주민들은 이렇게 구입한 고량주를 시중에 내다 팔아 상당한 부가수입을 올릴 수 있었는데, 그 액수가 보통 2,000~3,700원에 달하였다(呂佳穎·邵于倫·葉于菁 2011, 2~4).

이처럼 금문의 고량주 회사는 금문의 주민들 개개인에게 직접적 경제적 혜택을 제공하기도 하였지만, 금문의 사회복지 제도의 향상을 통해 금문도 내에서 간접적 부의 분배에도 큰 기여를 하였다. 1990년대의 관광 개방 이후 금문의 고량주는 관광객들이 가장 좋아하는 선물이 되었고, 이를 통해 고량주 회사의 수익은 1994년 10억원, 1996년 20억원을 돌파하였고, 금문현 전체 수익의 거의 절반 가까이를 차지하게 되었다(楊廷標 2004, 95). 이는 〈표 2〉에서도 잘 보여지는데, 2000년이 되면 금문현 총수익의 48.96%를 고량주 회사의 수익이 차지하였다. 물론 2000년 이후 고량주 회사의 수익이 금문현 수익에서 차지하는 비중이 다소 감소하여, 2003년에는 40%에 조금 못미치는 수준으로 떨어지지만, 그럼에도 불구하고 고량주 회사의 수익은 금문현 수익에서 여전히 매우 큰 비중을 차지하고 있다. 민영화 이후에는 고량주 회사의 수익이

표 2_ 금문고량주 생산, 판매, 수익 통계(1980~2003)

연도	생산량(kg)	판매량(kg)	금문고량주회사 수익(원)	금문현 총수익(원)	비율(%)
1980	3,584,371	3,625,589	343,823,995	959,533,000	35.83
1985	4,509,431	3,899,162	409,476,089	1,128,294,000	36.29
1990	4,946,123	5,415,075	458,115,751	1,412,667,000	32.43
1995	6,501,947	5,654,379	1,169,842,877	2,901,085,000	40.32
2000	18,714,143	19,397,989	5,375,467,431	10,979,798,000	48.96
2001	12,302,880	15,595,074	3,884,594,764	8,335,781,000	46.60
2002	14,832,514	12,154,439	1,990,579,982	6,206,767,000	32.07
2003	16,280,663	14,721,600	3,152,865,125	7,925,806,000	39.78

출처: 楊廷標(2004, 97)

자동적으로 금문현의 수익으로 들어가지는 않았지만, 배당금의 형태로 금문현에 수익금이 지급되었다. 2008년의 경우, 금문고량주회사가 110억의 수익을 올렸는데, 이 중 중앙정부에 43억원의 세금을 내고, 금문현은 41억을 배당금으로 지급받았다(黃菜珺·吳連賞 2009, 10). 금문현은 이 수익을 바탕으로 무상 유치원, 초중등학교 무상급식, 무상 버스, 5살 이하 어린이 무상진료, 노인연금 등의 다양한 복지 서비스를 금문의 주민들에게 제공할 수 있었다. 이처럼 고량주 산업이 제공한 부가적 경제소득, 사회복지 서비스 등을 바탕으로 고량주 산업과 지역사회와의 상호착근적 의존성은 더욱 강화되었고, 이를 바탕으로 금문의 사회와 경제는 독특한 장소성과 영역성을 지니게 되었다.

계엄령의 해제와 소삼통의 실시를 계기로 본격화한 고량주 산업의 양방향적 접속이 가장 가시적으로 드러나는 부분은 고량주의 원료인 수수를 중국에서부터 수입하는 양이 폭발적으로 증가한 것이다. 〈표 3〉에서 보듯이, 금문현 차원에서 금문도에서 생산된 수수를 '수매'할 때 지불하는 금액은 대만에서 생산된 수수나 외국에서 수입된 수수 가격

표 3_금문도의 수수가격과 수입 수수가격의 차이 (단위: 1근/원)

연도	금문도 가격	대만 가격	수입 가격	금문도와 대만 가격의 차이	금문도와 수입 가격의 차이
1992	27.00	14.00	5.21	13.00	21.79
1994	29.00	14.00	8.92	15.00	20.08
1996	35.00	14.00	6.21	21.00	28.79
1998	36.00	14.00	4.54	22.00	31.46
2000	38.00	14.00	6.14	24.00	31.89
2001	38.00	14.00	5.89	24.00	32.11
2002	38.00	14.00	5.97	24.00	32.03
2003	38.00	14.00	6.76	24.00	31.24

출처: 楊廷標(2004, 117)

보다 매우 비쌌다. 이 가격차는 한편으로는 금문도 수수 농민들의 수입을 보장하여 고량주 산업으로 인해 발생한 부가 사회적으로 분배됨을 나타내는 것이지만, 다른 한편으로는 금문현의 재정적 부담이 매우 크다는 것을 의미하는 것이기도 하였다. 특히 금문 경제가 양방향의 흐름의 경제와 접속한 이후 금문도 내부에서 재배된 수수의 가격 보다 월등히 저렴한 중국산 수수의 수입이 가능해지면서, 금문현에 부가되는 재정적 부담은 매우 큰 현실적 이슈가 되었다. 더구나 금문고량주 판매가 늘어나면서 금문도에서 자체 생산된 수수만으로 고량주 생산에 필요한 원료를 감당할 수 없게 되었다. 이처럼 가격부담과 필요 원료량의 증가라는 이유 때문에 1990년대부터 고량주의 원료인 수수 중 금문도 이외 지역 생산의 수수의 사용비중이 증가할 수밖에 없었다. 특히, 소삼통이 실시된 이후에는 샤먼을 통해 중국의 수수가 대량으로 금문도로 수입되었다.[3] 원료인 수수의 수입은 지금까지 금문고량주 맛의 원인 중 하

---

3 2014년 1월 9일 금문고량주 공장을 방문했을 때 우리를 맞아준 현장책임자는 원료의 약 50%정도가 중국에서 수입되고 있다고 말했다.

나로 제시된 '깨끗한 환경에서 키운 수수를 원료로 해서 만들어졌다'는 이미지를 훼손할 가능성이 있었다. 계엄해제와 소삼통 이후 금문고량주의 대중국 판매의 증가는 그 이면에 중국에서 금문으로의 수수의 이동이라는 측면이 존재했던 것이다. 이처럼 금문에서 복원되고 강화되기 시작한 흐름의 경제는 금문의 지역사회와 경제에 새로운 기회의 창을 제공해주었지만, 동시에 이러한 흐름의 경제가 금문 사회에 형성된 독특한 장소성, 영역성과 야기하는 모순적 긴장과 충돌도 심화되었다.

VI. 결론을 대신하여:
진샤(金廈) 대교 건설 논쟁과 금문의 미래

지금까지 단절과 이동의 변증법적 상호작용이 금문의 경제활동에 어떠한 영향을 주었는지 살펴 보았다. 금문은 전통적인 흐름의 경제에 속해 있던 지역이었으나, 1949년 꾸닝토어전투 이후로 이 흐름이 단절되어 고립경제의 어려움을 맛보았다. 전통적으로 하나의 생활권이었던 중국의 샤먼과는 경제적으로 완전히 단절되었으나, 대만본섬과는 아직 경제적으로 연결되지 않았던 시기에 탄생한 것이 금문고량주였다. 그 이후 대만본섬 출신 군인들이 금문으로 복무하러 오게 될 때 비로소 금문도는 본격적으로 대만본섬과 경제적으로 연결될 수 있었다. 흐름의 단절이 새로운 흐름을 만들어내기까지 10여 년이 걸렸던 것이다. 그 이후 1992년까지 금문도는 샤먼과는 단절된 채 대만본섬과의 경제적 연결 속에서 요새화된 기지경제와 고량주 경제를 기반으로 생활해갔다.

계엄이 해제되고 소삼통이 실시되면서 금문은 민난의 지연관계와 흐름의 경제로 복귀하고 있으나, 이와 동시에 금문과 바다 건너의 중국 샤먼과의 경제적 교류가 강화되면서 새로운 지역적 스케일의 경제권이 형성되고 있다. 소삼통 실시 초기에는 중국과 대만 사이의 경제적 격차가 커서 금문인들에게 샤먼은 값싼 해외 여행과 관광의 대상지였고, 동시에 금문인들이 샤먼에 부동산 투자를 하기도 하였다. 2014년 1월에 현지조사를 위해 샤먼에 가서 샤먼대학의 대만전문가들에게 소삼통 이후 샤먼에서 생긴 가장 큰 변화는 무엇인지를 질문한 적이 있었다. 농담 반 진담 반으로 "금문도 사람들이 샤먼에 와서 집을 대량으로 사들이는 바람에 집값이 너무 오른 것"이라는 답을 들었다. 샤먼의 집값이 오른 것은 금문도 사람들이 샤먼의 부동산을 구매한 것 때문이기보다는 중국의 경제성장에 따른 인플레이션과 부동산투기의 영향 때문일 것이다. 그런데도 이런 답을 한 것은 샤먼사람들이 느끼기에 금문사람들의 구매력이 만만치 않았음을 암시한 것이라고 할 수 있다.

하지만, 최근 중국의 경제가 부상하고 금문과 샤먼의 격차가 급격히 줄어들면서, 금문과 샤먼 사이의 경제적 이동과 흐름의 패턴과 방향성은 일방향적이지 않고 매우 복잡한 양상을 보이고 있다. 중국은 1980년 3월 광둥성의 선전(深圳), 산두(汕頭), 주하이(珠海)와 푸젠성의 샤먼을 4대 경제특구로 개방하고 홍콩, 마카오, 대만 자본과 외국인 자본, 해외 화교 자본을 유치하고자 했다. 광둥성의 세 곳이 홍콩, 마카오 등을 향해 열린 창이었다면, 샤먼은 대만을 향한 창이었다. 중국대륙은 포격전 시기의 단절을 통해 발생한 크게는 대만과 중국, 작게는 금문과 샤먼 사이의 경제적 '격차'를 인지하고 이 격차를 이용해 '이동의 동력'을 창출하고자 하였던 것이다. 그러나, 이런 격차는 1980년대 후반이 되면 점차 줄어들게 된다. 그 동안 안보상의 이유[4]로 미루어두었던 푸젠성과

---

4   국민당군이 대륙을 침공할 경우 그 상륙지는 당연히 샤먼과 그 인근 푸젠성 지역일

중국의 다른 지역 사이의 철도연결을 중국 정부는 1987년 완성하였는데, 이는 중국의 대만에 대한 자신감이 강해졌음을 의미하는 것이다(김민환 2014, 63). 1990년대를 거치면서 금문과 샤먼의 격차는 줄어들거나 오히려 역전된다. 이 격차의 줄어듦 혹은 역전을 앞에 두고 금문과 샤먼 사이에 있을 수 있는 경제적 흐름의 '방향'을 고민하는 여러 모색들이 현재 전개되고 있다.

이처럼 금문이 흐름의 경제와 이동의 네트워크 속에 다시 복귀하는 이러한 상황이 오랜 기간 동안 고립과 단절을 겪은 금문에 장밋빛 미래를 보장해주는 긍정적인 조건인 것만은 아니다. 흐름과 이동의 경제는 가치와 사람을 금문으로 불러오는 기회를 제공하기도 하지만, 장소적으로 형성된 사회경제적 기반을 붕괴시키고 새로운 착취와 경제적 불평등의 가능성을 높이기도 하는 이중적 성격을 가진 것이기 때문이다. 실제로 소삼통 이후 금문과 샤먼 사이의 이동과 흐름이 강화되고 있는 현재의 상황은 금문의 장소성과 대만의 영역성을 둘러싼 새로운 논쟁과 갈등의 조건을 제공하고 있다. 이러한 갈등적 상황은 현실에서 금문과 샤먼을 연결하는 진샤金廈대교 건설을 둘러싸고 구체적으로 나타나고 있다.

금문과 샤먼을 육로로 연결하자는 아이디어는 중국 칭화대의 우즈밍吳之明교수에 의해 처음으로 제기되었고, 1998년 11월 제1회 '대만해협교량수도건설학술연토회台灣海峽橋樑隧道建設學術研討會'에서 양안전문가들이 초보적인 검토를 진행하였는데, 여기서 북선, 중선, 남선을 포함한 총 3가지 루트를 구상했고 만약 개통된다면 금문도와 샤먼 사이를

것이고, 따라서 푸젠성과 다른 지역이 철도로서 연결되어 있으면 국민당군이 대륙으로 신속하게 진격할 수 있다는 이유에서 푸젠성은 다른 지역과 철도로서 연결되어 있지 않았다.

왕래하는데 5분밖에 소요되지 않는다고 강조되었다. 이후 대만과 중국의 학자와 전문가들 사이에 금문과 샤먼 사이 교량건설에 대한 논의가 지속되었고, 2003년 12월, 양안의 100여 명의 학자들이 샤먼에 집결하여 대교를 건설하는 방안을 토의하였다. 2004년 11월, 금문현이 린둥옌건축사무소林同棪建築事務所에 '진덩대교金嶝大橋'(금문과 중국 샤먼쪽의 다덩다오(大嶝島)를 연결하는 대교) 건설방안에 대한 연구를 위탁하면서 학자들 사이의 논의를 벗어나 정치-행정적 차원에서 본격적으로 논의되기 시작하였다(劉大年·顧瑩華·史惠慈·周諺鴻·王淑美 2009, 262). 2008년 8월 대만의 마잉주馬英九 총통이 진샤대교 건설에 대해 언급하면서 본격적인 정치적 의제가 되었다. 이후 대만 본토와 금문에서 진샤대교 건설에 대한 다양한 찬성과 반대의 의견이 개진되면서, 양안관계 진전의 중요한 바로미터 중의 하나가 되었다.

　진샤대교 건설을 둘러싼 논쟁의 핵심에는 대만과 금문에서 다양한 지리적 스케일을 바탕으로 형성되는 영역성과 이동성의 모순적 상호작용 과정이 자리잡고 있다. 먼저 금문의 로컬한 차원에서 보게 되면, 진샤대교는 금문의 로컬한 행위자들의 이동성을 급격히 증진시켜 새로운 경제적 기회와 이득을 제공해 주는 측면이 있다. 리우다니안(劉大年)·구잉후아(顧瑩華)·시후이치(史惠慈)·저우안훙(周諺鴻)·왕슈메이(王淑美)(2009, 264~267)에 따르면, 바다에 둘러싸여 샤먼과의 교통이 해운에만 의존하는 금문에 있어 진샤대교는 중국 대륙으로의 연결성을 획기적으로 증진시켜서, 1) 운수 서비스의 안정성을 높이고, 2) 중국 주민들의 수요를 증진시켜 금문의 관광업 발전에 기여하며, 3) 고량주와 같은 금문 산업의 수출이 확대될 것이고, 4) 금문과 샤먼을 하나로 연결하는 금하생활권이 형성되어 금문 경제의 발전을 촉진하며, 5) 중국 본토로 부터 금문으로 자원과 에너지 등을 조달하는 것이 용이해지고, 6) 중국 푸젠성에 투자하는 대만 기업과 상인들이 금문을 중요한 전진기지로 활용할 수 있는 등의 긍정적 효과를 제공한다. 금문 지역에서 진샤대교의 건설을 추진하는 세력들은 이러한 이동성 증가에 따른 경제적 이득을 강조한다.

그런데 로컬한 관점에서 보았을 때, 진샤대교 건설에 금문의 로컬 행위자들이 모두 지지한다고 볼 수는 없다. 앞서 강조하였듯이, 금문은 오랫동안의 군사적 영토화와 고량주 산업을 중심으로 지역사회에 형성된 장소고착적 사회복지 시스템을 바탕으로 독특한 장소성이 형성되어 있는데, 진샤대교의 건설이 이러한 장소적 특성을 위협하지 않을까하는 우려가 지역사회 내부에 존재하고 있다. 진샤대교로 인한 부정적 영향에 대해서는 리우다니안(劉大年)·구잉후아(顧瑩華)·시후이치(史惠慈)·저우얀홍(周諺鴻)·왕슈메이(王淑美)(2009, 268~271)도 보고서에서 지적하고 있는데, 특히 1) 진샤대교의 연결로 인해 경제적 규모가 훨씬 큰 샤먼으로의 경제적 쏠림현상이 심화될 것이고, 2) 진샤여행권이 형성되면서 관광으로 부터의 이득이 금문에 남지 않을 가능성이 크며, 3) 샤먼의 경쟁력있는 업체들에 밀려 금문의 서비스업이 도산할 가능성이 크고, 4) 유동인구가 증가하여 금문의 문화, 생태, 관광적 특색을 유지하기 어려울 수도 있음을 지적한다. 이러한 우려는 2014년 1월 금문 현지조사 시 실시한 현지인들과의 인터뷰에서도 나타났는데, 금문 주민들은 진샤대교의 개통으로 인한 경제적 기회의 증가에 대해 기대를 가지고 있었지만, 동시에 물가상승, 치안문제의 증가, 교통혼잡과 주차문제의 발생 가능성, 역사문물과 고적의 훼손 가능성, 소음과 쓰레기 등 오염문제의 발생 가능성 등과 같이 그간 지역사회가 지켜온 장소성과 안정된 질서가 흔들리지 않을까하는 걱정도 지니고 있었다.

물론 진샤대교의 건설은 경제적인 문제와 금문의 정체성 문제만 아니라 양안관계라는 국가적 차원의 정치적 이해관계와도 깊이 관련되어 있다. 표면적으로 보면 중국과의 관계에 대해 상반된 정치적 입장을 제시하고 있는 국민당과 민진당이 진샤대교 건설에 대해 상이한 태도를 보이고 있다. 중국과의 결합이 증진하는 것에 반대하는 민진당은 진샤대교 건설에 대해서도 매우 부정적인 입장을 보이고 있다. 그런데, 이러한 정당들의 상반된 태도는 중국과의 경제적 통합도가 높아지면서 점증하고 있는 대만 사회의 고민과 갈등을 반영하는 것이다. 대만-중국의 경제적 연결성이 높아지면서 대만은 산업의 공동화, 일자리의 감소, 소득불평등의 심화 등과 같은 문제를 경험하고 있으며, 이는 2014년의 '해바라기 운동'에서 중국과의 경제통합에 대해 젊은 세대가 강하게 반발하고 있는 방식으로 표출되고 있다. 이처럼 중국과의 연결성 강화를 두려움과 소외감으로 바라보는 인식이 강해질수록 흐름의 경제에 복귀하고 있는 금문의 고민도 깊어질 것이다. 이동과 경계, 단절과 흐름의 변증법적 관계 속에서 형성된 금문의 역사적 경험은 초국가적 이동과 흐름이 강조되는 세계화 시대에 지역과 도시는 어떠한 미래를 설계할 수 있을지에 대해 매우 의미심장한 고민거리를 제공한다.

08

탈냉전과 민주화의 이중적 전환

정근식·우권팡

Ⅰ. 머리말

2014년 1월 우리는 금문도의 치웅린마을(瓊林聚落)의 지하갱도와 통안선착장(同安渡頭)에 있는 작은 전시관에서, 금문도의 역사와 계엄하의 금문도의 주민생활, 그리고 민주화운동에 관한 전시를 보았다. 여기에 전시된 금문도에서의 주민통제는 1970년대의 한국에서의 주민생활에 대한 통제보다 훨씬 강한 것이었다. 더욱 흥미를 끈 것은 1987년이후 5년간 전개된 계엄령해제를 위한 금문도 주민들의 시위모습이었다. 이 장면은 1980년 5월의 한국 광주에서의 민주항쟁이 비상계엄의 전국적 확대조치에 반발하여 일어났다는 사실을 상기시켰다. 대만본섬과 금문도의 계엄령 해제의 시차가 5년이었고, 이것이 금문도의 사회운동을 일깨우는 계기가 되었다는 점이 무척 흥미로웠다.

2015년 1월, 이곳을 다시 방문했을 때, 주민생활에 대한 통제는 그대로 전시되고 있었지만, 계엄령 해제를 위한 주민운동은 더 이상 전시되지 않고 있어서 의아했다. 이 계엄폐지운동이 아직도 정치적으로 민감한 주제인가라는 의문이 들면서, 계엄령 해제가 탈냉전이나 민주화라는 맥락에서 어떤 의미를 갖는 것인가를 연구해볼 필요를 느꼈다. 이것이 이 글을 쓰게 된 동기이다.

세계적 냉전체제를 만들어 낸 국제적 힘은 동아시아에서는 복수의 분단 체제들을 만들었다. 동아시아의 냉전 분단체제는 해당 분단국가들에서 시민들의 민주주의의 요구를 억압하는 힘으로 작용하면서 권위주의적 정권들을 성립시켰다(정근식, 2002: 46). 냉전하에서 자유진영에 속한 분단국은 한국과 대만이었는데, 1980년 이후 이 분단국들에서 경제성장과 함께 탈권위권주의적 민주화운동이 지속적으로 진행되었다. 1987년에 이르러 민주주의로의 이행이 시작되었으며, 과거의 국가폭력에 대한 진실규명운동을 촉발시켰다. 민주화는 다중적인 이행기 정의, 즉 탈식민과 탈냉전 프로젝트를 추동했다(정근식, 2013: 354~355). 이행기 정의의 실현은 오랫동안 침묵당해온 집학적 기억의 공식적 영역에서의 재현을 수반하였고, 소수자나 사회적 타자의 기억이 공식적 역사에 편입되는 것을 의미했다.

한국에서도 유사하기는 하지만, 대만에서 계엄령은 냉전, 분단 그리고 권위주의 등 매우 복합적인 의미를 더 강하게 지니는 단어이다. 한국과는 달리 대만에서 계엄령은 훨씬 더 일상적이고 장기적인 권위주의적 지배의 법적 도구였으며, 이의 해제는 한편으로는 탈냉전, 다른 한편으로는 지방자치를 핵심으로 하는 민주화를 가져오는 계기였다고 할 수 있다. 1987~92년 사이에 이루어진 이중적 전환은 동아시아의 공통된 경험이었다. 특히 한국과 대만의 민주화의 시점과 경로는 매우 유사한 것이었다.

　한국의 경우, 1987년 6월의 거대한 민주화운동, 그에 따른 국가권력과 시민사회의 타협과 헌법개정, 노동자들의 기본권투쟁, 1987년 12월의 대통령 직접선거는 민주주의로의 이행의 핵심적 경로였다. 1987년 12월, 대통령 선거에서 군부출신의 후보가 당선되었지만, 1988년 4월 총선거에서는 야당들이 다수를 차지하면서 점진적 민주화의 길을 걸었다. 1988년 서울올림픽이 개최된 이후, 한국은 1990년 러시아와의 수교, 1991년 남북 기본합의서 채택에 이어 1992년, 중국, 몽골, 베트남 등 아시아의 사회주의 국가들과 수교했다. 국제적 차원의 탈냉전이 한국 국내적인 차원의 탈분단과 화해로 이어지기까지는 좀더 많은 시간이 필요했으나, 1987년부터 1992년까지의 5년은 매우 중요한 이중적 전환의 국면임에 틀림없다. 1992년 12월, 비록 보수여당이지만, 민간인 출신의 대통령이 취임하였고, 이어 그는 1980년 광주민주항쟁에 대한 재평가를 시도하였다.

　대만의 경우 1987년 7월, 본 섬에서 계엄령이 해제되었다. 당시의 총통 장징궈(蔣經國)는 계엄령을 해제하면서 '반란죄(叛亂罪)' 규정을 삭제하였다. 일당지배정당이었던 국민당 외의 다른 정당들도 허용되었다. 1992년 제2단계의 헌법 개정에서 총통선거제도가 개혁되었고, 계엄령 해제의 예외지대였던 금마지역에서도 계엄령이 해제되었다. 이들 섬의 지체된 계엄령 해제는 1987년부터 1992년까지 진행된 국제정세의 변화와 현지출신 주민들의 사회운동이 결합한 결과라고 할 수 있지만, 그것의 구체적인 과정은 충분히 밝혀진 것이 아니다.

　대만에서는 한국보다 9년이 늦은 1996년에 첫 직선총통을 선출했다. 이 선거는 그 자체가 대만 민주주의의 발전이면서 동시에 국가형성(국족건립, nation-building)의 중요한 단계로 인식되고 있다(田弘茂, 1997,

255). 그러나 한국과 대만에서 민주화와 탈냉전의 관계가 동일한 것은 아니다, 일반적으로 한국에서 민주화는 남북관계의 진전을 가져오지만, 대만의 경우는 이와 달리 양안관계의 긴장을 가져온다. 또한 대만본섬과 금문도의 사정이 항상 동일한 것도 아니다. 이런 현상은 한국의 분단과 중국의 분단의 차이에 대한 질문과 함께, 금문도 연구에서 동아시아라는 지역적 차원과 일국적 차원, 그리고 지방적 차원의 상호관계를 질문하도록 고무시킨다.

지금까지 금문도의 민주화에 관한 연구들은 별로 많지 않고, 대만 민주화 연구에서도 금문도의 사례는 별로 언급되지 않았다. 이 글에서는 대만과 한국의 민주화의 시기와 경로의 유사성을 염두에 두면서 금문도의 민주화와 탈냉전의 경로를 탐색하려고 한다. 이를 위하여 금문도에서의 계엄령 해제운동에 참여하였던 주민들을 인터뷰하였다.

Ⅱ. 대만의 계엄령체제와 금문도

1. 대만의 계엄령체제와 권위주의

흔히 대만의 현대사는 1947년 '2·28사건'으로부터 시작된다고 간주된다. 이 사건은 대만의 주민구성이 외성인(外省人)과 본성인(本省人)으로 구성되고, 대만의 정치는 주로 이들간의 갈등과 타협으로 이루어진다는 사실을 보여주는 최초의 사건이었다. 또한 이 사건은 국민당정부의 대만통치가 계엄령을 통해 이루어진다는 것을 보여주는 상징적 사건이었다. 이 최초의 계엄령은 두 달 동안 지속되었다.

대만통치의 핵심적 장치로 작동했던 계엄령은 국민당의 핵심지도부가 대만으로 옮겨오던 1949년 5월 19일, 다시 공포되었다. 이 때부터 백색 테러(white terror)가 시작되었고, 대만 주민들은 이 비상조치 또는 예외상태하에서 장기간 생활하면서 '자유중국'의 국민으로 다시 태어날 것을 강요받았다. 국민당 정부에 대한 비판과 저항은 금지되었다.

1950년 6월, 한국전쟁이 발발하자마자 미국은 제7함대를 대만해협에 배치하였고, 이어 미국군사고문단이 대만본섬 뿐 아니라 팽호, 금문, 마조 등 3개의 낙도에 파견되었으며, 여러 방면의 원조가 시작되었다. 장숙아(2011)의 표현대로 한국전쟁은 대만을 구한 측면이 있다. 한국전쟁이 발발하자마자 미국은 기존의 대만정책을 바꾸어, 제7함대를 파견하여 대만해협을 봉쇄했고, 한국전쟁이 휴전협정으로 종료되자, 1954년에 중화민국과 방위협정을 체결하였다. 이 협정은 1953년에 체결된 한미방위협정과 함께 동아시아 냉전 분단체제하의 자유진영을 유지하는 기초의 하나가 되었다. 남북한의 분단과 양안분단은 함께 진행된, 그리고 서로 내적으로 연결된 동아시아 지역체제의 중요한 구성요소였다. 중국내전과 한국전쟁의 연속이 동아시아 냉전체제의 역사적 계기라면, 이의 법률적 기초는, 금문도를 포함한 대만의 계엄령과 한국의 국가보안법이라고 할 수 있다. 이 법률들은, 국내적으로는 권위주의적 군사통제의 기초였다. 따라서 대만에서의 계엄령 해제는 역사적 사회적 영향력이 큰 하나의 사건으로 간주될 수 있다.

2 금문도의 전지정부와 냉전적 일상통제

금문도와 마조도 두 섬은 1950년대 초반, '전지정무실험구(戰地政務實驗區)'로 지정되었다. 이들은 중국 대륙과 매우 가까워 중국으로부터의 위협을 가장 크게 느낄 뿐 아니라, 주민들의 문화적 생활방식은 대만본섬과 많이 달랐다. 1954년과 1958년의 격렬한 포격전을 거친 후 금문도는 본격적인 군사적 근대화의 길을 걷기 시작하였다. 여기에서는 1963

년 '금문 삼민주의모범현 건설강요'에 따라 세 차례의 4개년 경제 건설 계획을 실시하였고, 이어 1976년부터 '금문 삼민주의모범현 6개년 건설계획(金門三民主義模範縣六年建設計畫)'도 시작했다. 이 계획을 통해 금문현의 각종 사회적 인프라들이 체계적으로 발전하게 된다.

그렇다면, 국민당정부가 금문도를 삼민주의모범현으로 건설한 목적은 무엇인가? 하나는 대륙에서 22년 동안 실시했던 삼민주의가 대만에서도 실현될 수 있다는 것을 보여주고, 다른 하나는 자유중국이 공산중국보다 더 살기 좋다는 것을 보여주기 위한 것이었다. 이것은 냉전하의 분단국간 체제경쟁이면서 동시에 심리전 전략의 일환이었다.

삼민주의 모범현을 만드는 과정은 특별한 '군사적 근대성(militarized modernity)'을 실현하는 과정이었다(江柏煒, 2014: 21). 이것은 도로나 항만 등의 하부 시설뿐 아니라 주민들의 군사적 조직화, 그리고 반공주의적 가치와 규범의 내면화를 포함했다. 주민들의 참여를 이끌어내기 위하여 낮은 단계의 지방자치도 실시하였다. 현청장과 현의원의 선거가 1969년에 도입되었고, 토지정책으로는 평균지권(平均地權)을 완성했다. 금문도 주민의 연 평균소득은 1975년 대만달러 19,177원(약 508달러)에서 1987년 89,176원으로, 약 4배 정도 증가했다. 이는 새뮤얼 헌팅턴(Samuel Huntington)이 말하는 '정치 과도기'의 생활수준, 즉 일인당 1,000~3,000달러 수준에 도달했음을 의미하는 것이다(林震, 2008). 소득 수준의 향상은 일반적으로 정치적 시민의식을 고양시키지만, 금문도나 마조도는 사정이 달랐다. 대부분의 금·마 주민들은 군사적인 전지정부에 대해 침묵을 지키고, 특별히 민주주의를 요구하는 행동을 하지 않았다.

개혁개방 이후 중국의 대만정책이 점점 평화통일방식으로 바뀌면서, 금마지역은 더 이상 '전선(前線)'과 '전지'의 역할을 수행할 필요가 없게 되었다.. 점차 이 지역에서 계엄령을 유지하는 것은 안전보장과 무관하게 현지주민의 자유를 통제하기 위한 것이라는 인식이 커지기 시작했고(劉家國, 1991: 1), 두 지역 주민들은 점차 고압적인 군사통제를 반대하기 시작하였다. 비록 금문도가 억압적 군사체제하에서 많은 발전을 하였지만, '모든 것이 통제되고, 모든 장소가 통행증이 있어야만 통행할 수 있는(無所不管, 有證才能通行)'것은 감당하기 어려웠다. 생활의 터전인 바다에 나가서 물고기를 잡거나 굴을 따러 갈 때조차 통행증을 필요로 했다. 많은 주민들이 인터뷰에서 그 시기에 가장 불편한 것으로 통행증 제도를 지목하였다. 예를 들어, 밤에 아프거나 아이를 낳을 때조차, 부촌장(副村長)에게 통행증을 얻어야 했다. 대만에 가거나 대만에서 금문도로 돌아올 때도 금문도의 타이우산(太武山)이나 대만본섬의 출입국사무실에 통행증을 신청해야 했다. 이 문제들 잘 알고 있었던 금문도 주민 양쳉지아(楊成家)가 자주 금문방위부(金門防衛部)에 의견을 진술하곤 했다.

그 때 금문도에서 가장 심각한 문제는 금문도 주민들이 항상 전쟁에 대비하여 저장해두었던 비축미(戰備米)를 먹었기 때문에 간암이 자주 발생하였다. 금문도의 간암 발생률 이 전국에서 가장 높았다. 가장 중요한 이유는 평소에 이 쌀을 산굴에 저장하면서 방부제를 넣었기 때문이었다. 전기세 문제도 있었다. 1980년대에 금문도의 가정용 전기세는 1kWh당 5원이었고 가게용 전기세는 8원이었다. 그러나 당시 대만과 펑호의 전기세는 1kWh당 1원이었다. 대만에 갈 때도 군용 비행기만 이용하고 자리도 부족했고, 비행기 표는 암시장에서 3,000원에 거래되었으며, 또한 출입국허가증이 있어야 했다.

전지정무의 실시로 인해 금문도에 주둔한 사령관이 행정권, 사법권을 모두 장악하였기 때문에 발생하는 사회 문제도 있었다. 양쳉지아의 증언에 따르면, 대만본섬과 금문도는 확실히 한 나라에서 다른 취급을 받는 별도의 지역이었다. 지도자가 다를 뿐만 아니라 통제 방식도 달랐다. 대만본섬에서 집회·결사·청원·출판 등의 행위는 모두 통제되었지만, 금마지역은 훨씬 심했다. 오늘날 중국이 말하는 '일국양제'가 먼저 금문도에서 실시된 셈이다. 이 때문에 금마주민들은 항상 자신들을 '2등공민'이라고 생각하였다.

3. 치웅린마을과 전투촌

앞에서 언급했지만, 치웅린마을은 냉전-분단체제의 지방적 차원에서의 연구의 좋은 사례가 된다. 이 마을은 금문도의 가운데에 있는 마을이어서 1949년 10월 25일 중국 인민해방군이 금문도를 공격하였을 때, 상륙작전의 전술적 목표가 되었다. 중국인민해방군은 금문도를 금문도를 동서로 갈리려고 치웅린 마을을 선택했다(江柏煒·翁芬蘭, 2005: 43).

치웅린마을은 1960년대부터 '국제 외국손님방문 금문민방자위대 연습 지정장소(國際外賓參訪金門民防自衛隊演習指定場所)'가 되었다. 외국인들의 방문 한 달 전부터 주민들의 민방 훈련 시간이 늘어났으며, 주민들은 이 훈련을 끝내고 농사일을 할 수밖에 없었으므로, 피로가 심했다 (江柏煒·翁芬蘭, 200 5: 121~122).

냉전적 대치가 심화되었던 1976년, 금문도에서 '군, 정, 경, 민' 합일 체제를 실시하기 위하여 12개의 마을을 '전투촌(戰鬥村)'으로 만들었을 때, 치웅린마을이 여기에 포함되었다. 전투촌 프로젝트는 전쟁상태를 가정하여 각 마을이 하나의 독립적인 전투체제를 갖출 수 있도록 군사적으로 조직하는 것으로, 일본 제국주의하의 만주지역에서 처음 실시되었다. 전후 동아시아 냉전체제에서는 말레이시아를 포함한 동남아시아, 그리고 1970년대 한국의 새마을운동에서도 부분적으로 도입된 모델이었다(허은, 2015: 13~14).

금문도의 전투촌은 민방위훈련과 마을청소를 넘어서서 포격전에 대비한 지하갱도를 가지고 있다. 금문도의 12개 전투촌에 있는 갱도는 금문도의 냉전생태를 구성하는 중요한 요소였다. 1977년에 완성된 치웅린마을의 민방갱도는 12개 전투촌 중에서 가장 먼저 준공된 것으로, 길이(1,350m)와 규모가 널리 알려진 진청갱도(金城坑道)에 못지 않다(江柏煒·翁芬蘭, 2005: 99~100). 금문도의 갱도화는 현지 주민들에게 1954년의 9·3포격전과 1958년의 8·23포격전의 기억을 상기시키는 것으로 안전을 위한 시설이었지만, 갱도를 파는 일과 민방훈련은 마을 주민에게 큰 부담이 될 수밖에 없었다. 갱도 파기에 동원된 주민들은 스스로 도시락, 초나 석유램프를 가져가야 했고, 농번기에는 아침 8시부터 갱도작업이 시작되었으므로, 새벽에 농사일을 하지 않을 수 없었다. 갱도작업과 민방훈련은 주민의 생활과 재산에 대하여 큰 영향을 미쳤다.

4. 권위주의하의 저항

성종뤠(沈宗瑞, 2001)는 대만의 정치적 민주화의 경로를 민주주의-권위주의-민주주의라는 세 단계로 바라보았다. 첫째 단계는 1960년 이전이고, 둘째 단계는 1961년부터 1979년까지이며, 셋째는 1979년 이후이다(沈宗瑞, 2001: 129).

1949년 중국의 분단 이후 중화민국, 또는 자유중국으로 통용되던 시기에 대만의 정치안보환경은 미국으로부터의 지원과 중국공산당 정권에 대한 대응이라는 변수에 의해 지배되었다. 초기에 국민당정부는 자신에 대해 많은 비판을 했던 자유주의적 잡지《자유중국(自由中國)》에 대하여 상대적인 관용을 베풀었다. 하지만 1960년 레이전(雷震)을 비롯한 인사들이 반대정당인 '중국민주당(中國民主黨)'을 창립하여 공평한 선거와 진정한 민주를 실현하자고 주장하였기 때문에, 국민당의 위로부터의 정치적 민주화는 더 이상 유지되지 않았다.

1961년부터 국민당 정부는 권위적인 방식으로 대만을 통치하기 시작했다. 이에 대한 도전은 대부분 지식인들의 몫이었다. 이 시기의 근대화와 민주화에 대한 기대는 대부분 시위와 같은 행동주의보다는 잡지를 매개로 한 비판적 저널리즘에서 표현되었다. 예를 들어, 《문성(文星)》은 원래 문화와 예술에 관한 잡지였지만, 1961년부터 근대화와 서구화, 그리고 과학주의와 민주주의를 주장하며 사회 현실을 비판했다. 또 다른 잡지 《대학(大學)》도 1971년부터 현실적인 정치 문제를 거론하기 시작했다. 1971년 미중협상의 진전으로 인하여 국민당정부가 외교적으로 고립당하고 장징궈가 장제스의 직무를 인계받는 상황에서 젊은 지식인들과 사업가들이 《대학》이라는 잡지를 창간했다. 이들의 활동은 새롭게 등장한 중산계급을 배경으로 하고 있지만, 이 잡지가 주장하는 정치적 혁신이념은 그 당시의 일부분 대학생에게 큰 영향을 주었다. 그러나 일반 시민들에 대한 영향은 크지 않았다(李筱峰, 1987: 74).

1979년 8월, 잡지 《미려도(美麗島)》의 창간은 대만 민주화운동의 중요한 전환을 보여주는 상징적 사건이다. 이것은 단순한 잡지의 창간이 아니라 국민당의 외부에 이를 비판하는 전국적인 인사들이 결집하고, 정당에 가까운 모습으로 대안세력을 형성해가는 과정이었기 때문이다. 《미려도》는 당외운동(黨外運動)의 중요한 산물로(李筱峰, 1987: 111), 이로부터, 대만의 아래로부터의 민주화운동이 시작되었다고 평가된다(沈宗瑞, 2001: 129).

Ⅲ. 대만과 금문도의 시차적 민주화

대만의 군대신문 〈정기중화보(正氣中華報)〉에 의하면, 국민당이 표방하는 민주주의는 삼민주의 중의 민권에 속하는 것이다. 1979년 중국이 미국과 수교한 후 대만은 냉전기에 미국과 같이 공동의 적에게 대항했던 '아름다운 추억'을 불러일으키기 위해 노력했다. 〈정기중화보〉에서 '민주자유'의 용어가 1950~60년대보다 1980년대에 더 많이 나타나는 것은 이 때문이다.

1947년 중화민국 정부가 공포한 '중화민국헌법'의 제1조는 중화민국이 삼민주의를 기초로 한, 민유(民有), 민치(民治), 민향(民享)의 민주공화국라는 것을 명시하고 있다. 하지만 1948년 국공내전이 치열했던 상황에서 국민정부는 이미 긴급상황에서 응병할 수 있는, '동원감란시기 임시조례(動員戡亂時期臨時條款)'를 제정했고, 1948년 5월 10일 이를 실시하였다. 이 조례는 4차례 수정되었는데, 그것은 총통임기의 연장과 총통의 계엄령 선포권을 포함했다. 임시조례는 형식상 헌법보다 아래에 있었지만, 실질적으로는 헌법에서 보장된 자유와 인권의 보장, 정부 권력 통제조항을 무력화시키는 것이었다(李鴻禧, 2000: 59~60). '동원감란시기 임시조례'는 예외상태를 지속시키는 법률적 장치로, 백색 테러로 표현되는 국가폭력의 상징이었고, 민주화의 장애물이었다.

1. 1979년의 미려도 사건

계엄령 해제 이전에 두 개의 민주화운동이 대만의 남부와 북부지역에서 발생하였다. 주지엔이(朱建益)는 1970~90년대의 민주화운동에서 가오슝지역이 차지하는 비중을 강조하고, 왜 이 도시가 대만 '민주성지(民主聖地)'가 되는지를 분석했다. 국민당은 비록 1950년부터 각종 지방선거를 실시했지만, 투표결과를 조작하였다. 이 때문에 국민당의 불법적 선거행위를 반대하는 민주인사들이 나타나기 시작했다. 1971년 중화민국이 유엔에서 쫓겨난 후 대만 각지의 민주인사들의 활동이 더욱 더 활발해진다.

가오슝에서 위덩파(余登發)부자가 '반란죄'로 체포당하자, 많은 당외인사들이 치아오토어(橋頭)에서 '대만의 자유민주주의 수호와 위덩파부자의 석방'을 요구하면서 시위를 하였다. 이 시위는 당외 인사를 단결하게 만들었다. 이들의 결집된 힘은 결국 1979년에 이르러 잡지《미려도(美麗島)》의 창간으로 나타났다. 이들의 주요 활동무대는 남부 도시 가오슝이었다. 이에 영향을 받은 학생들과 시민들은 과감하게 국민당 정부에 대한 비판과 도전을 시작하였다.

1979년 12월 10일, 가오슝 시에서 열린 국제인권일 기념대회에 참가한 사람들에 대하여 국민당정부가 군대를 동원하여 탄압을 가했다. 미려도 진영의 황신지에(黃信介) 등의 인사들이 체포되었으며(朱建益, 2008), 이 사건은 대만 민주화운동의 중요한 전환점이었다. 미려도 사건에서 보여준 국민당정부의 탄압은 대만에서 민주주의와 인권에 대한 관심을 불러일으켰고, 대중적인 민주화운동을 형성하도록 지극하였다. 이 사건은 1980년대의 민주화운동 뿐 아니라, 계엄 해제와 대안적 정당의 설립 등 대만의 정치 체제의 변화를 촉진하였다. 첸리에(陳列)는 미려도 사건이 대만의 많은 젊은이들에게 민주자유과 공평정의를 추구하는 열정과 용기를 주었다고 보았고, 양칭추(楊清矗)는 이 사건이 대만의 계엄령 해제(해엄)와 총통직선, 그리고 군법심판과 사형 중심의 반란죄 취소를 이끌어왔다고 보았다. 차이잉원(蔡英文)은 미려도 사건이 대만민주화와 시민각성의 기초라고 말했다(財團法人施明德文化基金會, 2014: 서언).

2 1986~87년의 민주화운동과 계엄령해제

대만의 민주화운동은 항상 '독립'이라는 쟁점과 얽혀 있다. 가장 대표적인 예는 바로 대만본섬에서 계엄령 해제하기 이전에 발생한 두 차례의 '5·19녹색행동'이다. 이 행동은 '자유시대(自由時代)'라는 잡지의 창간자인 쩡난종(鄭南榕)이 주도한 것이다. 이들의 요구는 계엄령 해제와 완전한 언론 자유였다. 이들은 대만 국민들에게 개인의 기본권이 얼마나 중요한지를 이해하게 하고 주권자로서의 정치 참여에 대한 열정과 영토, 그리고 역사의 의미에 대한 상상을 다시 불러일으키도록 자극했다(柯汎禧, 2014: 9).

첫 번째 '5·19녹색행동'은 1986년 5월 19일에 진행되었다. 이 날은 국민당이 1949년에 계엄령을 실시한 날이었다. 쩡난종은 먼저 '자유시대'에서 행동방식을 예고했다. 이에 따라 2천여명이 타이베이의 용산사(龍山寺)광장에 모여 12시간 동안 정좌시위를 벌였다. 국민당정부도 2천여 명의 경찰을 파견하여 용산사 밖을 포위했다. 하지만 이 시위는 다친 사람이나 사망자 없이 평화롭게 끝났다. 하지만 이 사건은 대만 국민들로 하여금, 37년 동안 실시된 계엄령을 반대하여 행동하도록 고무시켰다(鄭南榕基金會·紀念館, 2013: 77).

다음 해의 '5·19녹색행동'에서는 '국가안전법'의 제정을 반대하고 대만 독립을 주장하였다. '국가안전법'은 그냥 이름만 바꾸는 계엄령으로 간주되었다. 그래서 완전한 해엄을 요구하는 약 3만명의 시민들이 국부기념관(國父紀念館) 앞의 광장과 주위에 모였다. 이 운동은 민진당 사회운동부에서 주도하였다. 국민당정부는 1987년 7월 14일 계엄령을 해제한다고 발표했지만, 다음날 국가안전법이 시행되었다. 그러나 그것은 대만의 점진적 민주화의 첫걸음이었다

린쓰위(林世煜)는 1980년대를 집단적 흥분의 시대라고 평가한다.

1992년 입법위원의 선거, 1996년 총통직선으로 대만의 민주화는 형식적으로 거의 완성되어 갔다(蕭阿勤, 2012: 149). 리샤풍(李筱峰)은 '5·19 녹색행동'이 외래정권의 고압적인 통치의 기호)이자 대만 국민들이 민주자유를 추구하는 상징이라고 평가했다(李筱峰, 2004: 251). 천수이벤(陳水扁)은 이 행동은 계엄 체제하에서 처음으로 대중활동의 방식으로 '반계엄'의 요구를 제출함으로써, 민주, 인권과 자유를 쟁취한 행동이라고 평가했다(行政院新聞局, 2008: 934).

1987년의 계엄령해제는 대만현대사에 대한 재해석, 특히 2·28사건에 대한 재평가운동을 불러일으켰다. 1987년까지 국민당정부는 2·28사건에 대해 '대만 범죄조직과 일본의 식민지노예, 그리고 중국공산당이 발동한 폭동'이라는 부정적인 이미지를 부여하였다(陳香君, 2014: 50). 쩡난종(鄭南榕)은 2·28사건 때문에 대만인의 민주주의적인 이념과 도덕관이 왜곡되어 있으므로, 이를 해결하는 방법은 딱 하나, 바로 2·28사건의 진실을 세상에 알려주는 것이라고 주장했다(鄭南榕基金會·紀念館, 2013: 85). 그래서 그는 정신과 의사인 천영싱(陳永興)과 '2·28평화촉진회'를 창립하였고, 1987년부터 타이난(台南), 가의(嘉義), 타이중(台中), 장화(彰化), 타이베이(臺北) 등지에서 '2·28공의평화활동(二二八公義和平活動)'을 하였다. 이처럼, 2·28사건에 대한 기억을 재구성하려는 운동은 많은 대만 민주화의 중요한 지표였고 수단이었다. 이는 대만 국족주의와 밀접한 연관을 맺고 있다. 왕밍커(王明珂)는 대만 국족주의자들이 이런 대만의 역사적·문화적 기억의 재구성을 통해서 대중국민족주의자와의 정치적 입장과 구분하려고 한다고 보았다(陳香君, 2014: 53~56). 국민당정부는 양장시대 (장제스와 장징궈 시대)의 종결과 계엄령의 해제로 인해 국민들의 전환기 정의(轉型正義)와 민주화의 요구를 더 이상 막을 수 없었다. 하지만 국민당도 이 전환기 정의로부터 교훈을 배우고 2·28사건을 바로잡는 과정은 대만민주발전사에 있어 가장 중요하며, 정부는 더 이상 권력을 남용하거나 국민의 자유를 억압하면 안 된다는 것을 인정했다.

3. 금문도의 계엄령해제운동(1987~92년)

중국은 1949년 꾸닝토어전투 이후 줄곧 무력으로 대만을 해방하는 것을 표방했다. 1954년을 거쳐 1958년 8·23포격전까지 양안관계는 냉전이 아닌 열전에 가까웠다. 포격전이 심리전으로 전환한 시점이 정확하게 언제부터인지는 분명하지 않으나, 중국은 점차 '평화를 위주로, 무력은 보조로(和平為主武力為輔)' 하는 대만정책으로 선회했다. 복합적 성격을 가진 포격전은 미국과의 수교가 이루어지기 전까지 지속되었다. 1979년부터 덩샤오핑(鄧小平)은 '싸우는' 정책에서 '이야기하는' 정책으로 선회 했다(楊開煌, 1997: 9).

국민당은 1949년 5월 19일 국가안전을 이유로 대만에서 계엄령을 실시한 이래, 38년간 억압적 통치를 지속했지만, 1987년에 이르러 대만본섬에서의 계엄령을 해제했지만, 금문도와 마조도는 제외했다. 금마지역 주민들은 소외감이나 박탈감을 느꼈고, 2차계엄을 실시하겠다는 발표에 대하여 반발하기 시작하였다. 대만본섬의 계엄령 해제, 대륙 친척 방문 개방, 그리고 동원감란(動員戡亂)의 중지는 금마지역 주민의 반계엄 정서를 자극했다.

계엄령해제가 양안관계와 대만내부의 민주화운동이라는 두 변수에 의해 영향을 받는다면, 이 변수들의 영향력은 대만본섬과 금문도에서 다를 수 있다. 양안 대립이 약화되면, 접경지역인 금문도에서의 계엄해제요구가 커질 수 있다. 더 중요한 것은 대만본섬과 금문도의 계엄령해제의 시차이다. 이 미묘한 시기에 금문도 주민들이 어떻게 생각하고 어떻게 행동했는가에 관한 자료는 많지 않다. 이를 보여주는 전시관도 없다. 자료가 있다고 하더라도 대부분의 자료가 정부에서 만든 것이어서 이에 관한 정확한 분석은 쉽지 않다. 이에 다가가는 유력한 방법은 금마 해엄 민주운동의 참가자들과의 인터뷰이다. 옹밍찌(翁明志)와 양쳉지아(楊成家) 씨는 이 시기의 금마 주민들의 노력을 증언하는 대표적인 인물이다.

1987년 8월 21일, 옹밍찌, 천쩐지엔(陳振堅)과 왕차안밍(王長明) 세 명이 타이베이 신디엔(新店)에 위치한 푸젠성정부에 가서 금마 지역의 계엄령 해제와 민주화, 그리고 여객기와 관광 개방을 요구하였다. 이것이 금마지역의 계엄해제운동의 출발이었다. 국방부는 이들의 요구를 묵살하고, '지방 안전 방해'라는 이유로 이들에게 금마출입 통행증을 발급해주지 않았다. 이들은 1988년, '집에 가고 싶다'라는 의미로 하얀 옷을 입고 길거리에서 항의했다.

1989년 8월 23일, 옹밍찌가 마조 친구들과 같이 '제2차 8·23금마애향 대시위(八二三金馬愛鄉大遊行)'를 하였는데, 이들은 '정치박해 반대'의 옷을 입고, '금마민주헌정만세(金馬民主憲政萬歲)'의 현수막을 들고 타이뻬이에서 시위를 했다. 여기에 약 300여 명의 금문도 주민들이 참가했다. 그 때 양쑤칭(楊樹清)이 창립한 '금문보도'라는 신문, 그리고 차오웬짱(曹原彰)과 리오쟈꿔(劉家國)이 창간한 '마조지광(馬祖之光)'이라는 잡지가 이들의 시위하는 모습을 보도하였다(金門縣政府, 2009:

그림 1_옹밍찌 등 3인의 항의시위 장면
자료: 통안선착장 전시 사진

165). 이어 10월 24일 옹밍찌가 입법원 앞에서 '금마 금기 특별전시회(金馬禁忌特展)'를 열었다. 이 때 입법원에서 일하는 사람들이 이를 보고, 금마지역의 일상생활의 통제에 대해 매우 신기하게 생각하였다고 한다. 그는 12월, 금문도에서 입법위원선거에 입후보하여 선거운동을 하려고 했지만, 국방부는 블랙 리스트에 들어 있는 그에게 출입국통행증을 발급해 주지 않았다. 그러자 그는 중정기념당(中正紀念堂)에 가서, 심리전을 하듯이 선거 정견 삐라를 뿌렸다. 외국의 언론들이 그의 행동에 관심을 가지자, 국방부는 1주일간 금문도에 다녀올 수 있도록 허가했다. 그는 이에 대한 항의로, 정견발표회에서 출입국통행증을 찢어버렸다. 다음날 국방국이 새로운 통행증을 보내왔다.

마조도 주민인 천쩐지엔도 블랙 리스트에 올라 있어서 어려움을 겪었다. 그도 우여곡절 끝에 마조도에 돌아갔지만, 곧바로 '금마지역 왕복 출입국허가증' 위조라는 죄목으로 체포되었다. 흥미롭게도 오랫동안 강압적 통제에 익숙해있던 마조도 주민들은 국민당정부의 조치를 지지했다(楊樹淸, 2001: 340).

양쳉지아는 금문도 주민들이 군대의 백색 테러를 무서워했지만, 마음속으로는 계엄 해제를 매우 원했다고 말했다. 그가 입법위원선거에 입후보하여 진사진(金沙鎭)에서 정견발표를 할 때, 무대 앞에는 아무도 없었지만, 많은 주민들이 자기 집 앞에서 정견을 들었다.

금마지역에서 가장 중요한 반계엄령운동은 1991년 5월 7일에 일어났다. 금문도 대표로 대만에서 이 운동을 주도한 양쳉지아는 '5·7금마계엄반대(五·七反金馬戒嚴)'운동을 통해 마조도 민주운동 지도자인 차오웬짱과 리오쟈꿔을 알게 된다. 또 그들을 통해 타이베이에 있는 계엄령 반대 인사들과 협력하는 연결망이 형성된다. 이들은 입법위원 주까오쩡(朱高正)과 금마계엄반대 공청회를 열고, 5개의 금마단체들이 자유를 되찾기 위해 5·7운동을 하기로 결정했다. 이들은 '금마애향연맹(金馬愛鄕聯盟)'과 함께 10일간의 계엄령 반대운동을 진행했다.

이 운동의 주요 요구는 10가지였다. 계엄령을 해제하고 주민들에게 정치적 권리를 돌려주어 현청장을 직접선거로 선출할 것, 전지정무위원회와 불합리한 법률을 폐지할 것, 관광허가와 여객기 취항, 대만 국내 및 외국언론 개방 등이 여기에 포함되었다. 이 운동은 입법원 앞에서 정좌시위를 하고, 또 국민당 13대중상위원회에 가서 청원하기도 했다. 그 당시 현청에서도 관찰원을 파견하여 항의 행동을 파악하고 사진을 찍어 금문도방위사령부와 현청장에게 보고하도록 했다. 금문도 방위사령부는 여러가지 방법으로 이 운동을 막고 싶어 했으나 금마지역도 언젠가는 계엄령 해제를 할 수 밖에 없다고 생각했기 때문에 심한 탄압은 하지 않았다. 이 운동은 결국 평화롭게 막을 내렸다. 그러나 양쳉지아는 국민당 당적을 2년간 박탈당했다.

국방부는 '낙도지역 안전보호조례 초안(外島地區安全維護條例草案)'에서 '통제 확정', '출입국검찰' 등의 항목을 양보했다. 하지만 금마지역은 헌정(憲政) 체제로 회귀하지 않았기 때문에, 민주주의와 기본적 인권을 누릴 수 없었다.

1992년 11월 7일, 드디어 금마지역에서 계엄령이 해제

그림 2_ 계엄해제운동을 보도한 마조도의 잡지
자료: 양쳉지아 제공

되고 전지정무를 중지했다. 금마주민들이 이 날을 '11·7금마광복절'이라고 부르지만, 실제로는 '금마 안보조례(金馬安輔條例)'로 통제가 대체되었다. 금마지역은 여전히 절반의 계엄상태였다. 1998년에야 '금마 안보조례'가 폐지되었고, 금문도는 그제서야 완전한 헌정 체제로 돌아왔다.

5·7금마운동은 금마지역에 대한 국제 사회의 관심을 다시 불러왔다. 이것은 금마지역의 사회개방과 민주화의 원동력이면서 유인이었다(楊樹清, 1998: 92~91). 금마의 계엄반대운동은 소수의 금마 주민들의 애향심과 민진당 및 언론계 인사들의 협조가 결합된 것이었다. 입법위원 주까오쩡의 도움으로 공청회를 할 수 있었고, 입법위원 천수이벤도 '마조지광' 잡지에서 계엄령 폐지의 필요성을 역설했다. 이런 협조가 금마지역 주민들에게 자신감을 갖게 하였다. 당시 금마지역은 여전히 고압적인 군사관리 체제였기 때문에 금문도와 마조도에서 시위나 집회는 할 수 없었다. 이 지역의 계엄반대 민주화운동은 거의 대만본섬에서 진행되었다.

1983년의 8·23타이베이 대시위는 금문도 계엄령 해제 이후 가장 큰 시위이었다. 이 시위는 전쟁 때 잃어버리던 권익을 되찾기 위한 것이었다. 금문도 출신의 입법위원 천칭바오(陳淸寶)가 주도했다. '8·23포격전' 때의 주민들의 피해와 고난을 밝히고, '8·23포격전 및 민방대원 사망위로 보상조례' 제정과 금문도의 건설을 강화할 것을 요구했다(楊樹清, 1998: 100). 이 시위는 약 500명의 금문도 주민과 민방대 대원들이 참가했다. 이 시위는 전쟁 때 받은 신체적, 심리적인 상처회복뿐 아니라 금문도 주민들이 대만을 지키기 위해 얼마나 많은 희생을 했는지를 보여주려는 것이었다.

Ⅳ. 금문도에서의 탈냉전과 민주화

1. 지방선거

금문도는 1960년대부터 삼민주의의모범현(三民主義模範縣)을 목표로 적극적으로 조직되어 군사적으로나 경제적으로 큰 성과를 얻었다. 하지만 민주적인 선거를 실시하지 않았으므로, 삼민주의의 민권주의가 이루어지지 못했다.

금문도의 첫 번째 선거는 1971년 2월~6월의 촌리장(村里長)과 향진민대표(鄉鎮民代表), 그리고 향진장(鄉鎮長) 선거였다고 할 수 있다. 이 때부터 주민들에게 '선거권'이 주어졌고, 지방기초단체장 선거를 치렀다. 특히 촌리장의 선거는 금문도 지방자치의 출발점이라고 할 수 있다. 그 당시 투표율은 88.93%에 달해서 정기중화보에서 '이번 선거는 금문도 주민들이 민주정치를 원하는 마음을 보여주었고, 폭력적인 공산주의에도 큰 충격이 될 수도 있'다고 긍정적인 기사를 썼다. 하지만 이 시기의 기초단체장 선거는 현청장이 포함되지 않았고, 특히 투표율이 매우 높았다는 점에서, 정치적 조작의 결과로 해석히기도 한다.

금문도의 실질적인 지방자치는 1990년대에 비로소 이루어진다. 1992년 금문도 계엄령 해제와 금문 전지정무위원회 철수 후, 행정원에서 '푸젠성 금문현 연강현 지방자치 실시방안(福建省金門縣連江縣實施地方自治方案)'과 '푸젠성 금문현 연강현 지방자치 실시강요(福建省金門縣連江縣實施地方自治綱要)'에 의해 금문현 정치자문 대표회를 금문현 임시현의회로 바꾸었다. 현청장 선출방식도 1994년에 직선제로 바꿨다.

'금문현임시현의회'는 과도기의 임시 조직이었지만 주민을 대표하는 대의기관이었다. 임시 현의회의 설립은 권위주의의 종결을 상징하면서 헌정체제로의 이행을 의미했다. 임시 현의회 기간에 군사적 안전을 이유로 금문도의 공역(空域)과 해역(空域), 그리고 집회와 시위의 자유를 통제했던 '금문·마조 동사 남사 안전 및 보도조례(金門馬祖東沙南沙安全及輔導條例)'도 폐지되고 금마지역의 출입국통제도 취소되었다. 1993년 금문도 제1대 현의원 선거를 마치고 금문현의회가 구성되었다. 금문도가 지방자치체제로 접어들었다.

전지정무시대에는 금문도 현청장을 줄곧 군대에서 파견하였다. 현청장의 신분은 군인이면서 국민당 당원이었다. 계엄령 해제 후, 제1대 현청장이었던 천쉐자이(陳水在)도 마찬가지였다. 천쉐자이는 현청장 선거에서 금문도가 오랫동안 군대의 관리하에 있었고, 정치적으로나 경제적으로 많은 것을 군대에 의존해왔으므로, 민주전환기에 군대와 주민의 생각을 다 아는 사람이 필요하다고 주장했다. 그의 군인 신분은 상대 후보자의 공격의 표적이 되었지만 그가 당선되었다.

전지정무시기에 현청장은 현지 사령관의 대리인이었지만, 주민 직선제가 도입된 이후 현청장 선거는 금문도 내의 씨족집단들의 영향을 받기 시작했다. 지역의 사회적 영역이 충분히 발전하지 못했기 때문이다. 실제로 직선 이후의 현청장은 다수 성씨인 진씨와 이씨가 번갈아 맡는 현상이 발생했다. 이 때문에 '계엄령 시기에 지배정당은 국민당이고, 계엄령 해제 후 제1당은 진가당이며 제2당은 이가당'이라는 말이 생겼다(王振漢, 2007: 3). 왕진한(王振漢)은 금문도의 정치민주화가 대만 본섬에 비해 완만했고 정치적 경쟁이 약했던 이유를, 전지정무제도의 지속적인 영향력과 뿌리깊은 종족관계에서 찾았다. 예를 들어, 진씨 친족집단은 지방선거 전에 종족 내부에서 선거를 하여 종족을 단결시킨다. 대만 국내 최초로 '종친족내 선거참여(宗親族內參選)'라는 가규(家規)를 제정하기도 했다. 정당처럼 민주적인 절차를 통해 예비 대표자를 선출하는 이 규정은 공시적 선거를 형해화하거나 우수인재 발탁의 기회를 제한한다는 비판을 받았다(王振漢2007: 127~132).

또한 금문도 사회가 친족집단간 경쟁과 대립으로 분열되고, 지방 정당도 정치적 기능을 상실하며 민주정치의 발전에 나쁜 영향을 미친다는 비판이 제기되었다(王振漢, 2007: 44). 하지만 이에 대한 반대 견해도 있다. 옹밍찌는 종족집단은 개인을 강제하는 것 아니라 심리적 압박만을 가할 뿐이며, 이것만으로 민주주의를 위반하거나 방해한다고 볼 수는 없다고 주장하였다. 그는 오히려 선거 때의 금전거래를 더 우려하였다.

2 군대의 점진적 철수와 냉전생태의 복원

1994년 11월, 민진당 주석인 스밍더(施明德)이 '금마철군론(金馬撤軍論)'을 제기하였다. 그는 금마지역이 양안간 평화롭게 교류할 수 있는 교량으로 바뀌어야 하며 이를 위해 탈군사화해야 한다고 주장했다. 하지만 금문도 주민들은 정치적 민주화는 찬성하면서도 군대철수에 따른 경제적 후퇴를 우려하여 군대철수를 반대하였다. 이 때문에 금문도 주민들은 민진당을 지지하지 않을 뿐 아니라 불신임과 적대감을 보이기도 했다. 이런 집단적 정서는 촌장 선거에서부터 총통선거까지 영향을 미쳤고, 이런 민진당 불신이 오래 지속되었다. 금문도 민진당 지부의 창립자 중의 한 사람인 옹밍찌는 금마철수론에 대한 금문도 주민의 반감에 대해 이렇게 말했다.

> 1980년대부터 금문도의 군대는 철수하기 시작했다. 그때부터 전쟁 양상이 변했으니까. 그러나 금문도의 경제는 군대의존형이어서 주민들은 딜레마에 빠졌다. 스밍더가 철수론을 제출할 때 금문도에는 2만여 명의 군인만 남아 있었다. 비록 지금 금문도 주민들이 국민당에

옛날처럼 절대 충성하지 않지만 여전히 민진당을 싫어한다. 그러나 민진당은 금문도를 버리지 않을 것을 잘 알고 있다. 마치 스톡홀름 증후군(Stockholm syndrome)처럼, 가해자를 사랑하는 것이다. 금문도 선거는 종족, 뇌물, 그리고 민진당에 대한 불신임으로 점철되어 있어서 계엄령이 해제되었지만, 아직도 이성적으로 후보자를 선택하지 못한다. 금문도 사람들은 마음속으로 아직 완전히 계엄에서 벗어나지 못하고 있으며, 민주화의 완성은 이성적 선택이 가능할 때 이루어진다고 생각한다.

양안관계가 호전되면서, 군대철수의 추세는 막을 수 없었다. 양안관계가 평화대치기(和平對峙期)에 접어들면서, 대만정부는 '전략적인 수세작전(戰略守勢作戰)'를 취하여 군대의 규모를 축소했다(金門縣志, 2009: 227). 1997년부터 국방부에서 실시한 '정실안(精實案)'은 대만의 탈군사 사회로의 진입을 알리는 신호였다. 정실안은 '고층 간소화, 기층 충실화(精簡高層, 充實基層)'였다. 이에 따라 대만의 병력은 45만에서 38만 5천 명으로 감소하였다. 이어 2003년 '정진안(精進案)'을 실시하였다. 이에 따라 병력은 27만5천 명으로 감소하였다.

금문도의 병력도 정실안에 의해 2만 5천 명으로 감소하였으며, 2008년 제2단계 정진안에 의해 불과 5천 명으로 줄었다. 주둔 병력의 감소는 중요한 군사 시설 통제 구역의 범위 축소를 초래했다. 금문도 주민들에게 익숙한 군사적인 풍경도 사라지기 시작했다. 특히 바닷가의 지뢰와 탱크방어벽(軌條砦) 등 방어시설을 제거한 후, 금문도는 냉전 경관을 이용한 관광사업을 구상하기 시작하였다.

금문도의 냉전생태의 변화에서 중요한 것이 지뢰제거사업이었다. 대만 에덴기금회와 국제NGO들이 금문도의 지뢰문제에 관심을 갖기 시작하였고, 금문도 출신의 현의원 우천디엔(吳成典)과 지뢰피해자인 리 시쓰엥(李錫盛) 등이 '살상용 지뢰 통제 조례(殺傷性地雷管制條例)'를 통하여 지뢰제거 프로젝트를 성공적으로 수행하였다(우쥔팡·정근식, 2014: 30~31). 지뢰의 제거는 계엄해제(해엄)와 함께 금문도를 냉전적 장벽으로부터 양안 교류의 교량으로 전환시키는 조치였고, 군사관리시기의 통제로부터 주민들을 해방시키는 조치였다.

3. 군사적 경제의 주민생활경제로의 전환

냉전기에 금문도 주둔 병력은 10만 명을 넘었다. 이들은 여러 가지 사회문제를 일으키는 원인을 제공하기도 했지만, 금문도를 유사이래 가장 인구밀도가 높은 많은 사회를 만들었다. 소규모의 자영업과 오락산업이 군사경제하에서 발전했다. 이를 통해 부를 축적한 주민들이 증가하였다. 이들은 2000년 이전까지 대만본섬에서 주택을 구입했다. 이 때문에 대만에서 금문도 사람들은 부자라는 이미지가 만들어졌다.

그러나 전지정무가 해제된 후 군관련사업이나 가게들이 연이어 문을 닫았다. 군인들을 위한 빙수점(冰果室)과 당구장이 적어도 60개가 있었는데 지금은 대부분 문을 닫았고, 벽에 남은 가게 이름만 과거를 증언하고 있다. 8·23포격전 이후 군인들이 증가하면서 빵집은 100개가 넘기도 했는데, 지금은 10개 밖에 안 된다. 17개의 영화관도 문을 닫았다(羅志平, 2010: 86). 수년전에 개봉된 영화 '군중낙원(軍中樂園)'에서 보여주는 양자이(陽翟)거리는 냉전기의 번영을 재현했지만, 이 거리는 영화의 테마 거리일 뿐 실제 영업을 하는 가게는 두세 개에 지나지 않는다.

군대철수는 경제개방과 중국대륙으로부터의 관광객 유치, 그리고 양안 소삼통 실현을 위해 중국인들에게 호의를 나타내는 상징적 조치이기도 했다. 전 금문현 현청장인 리주펑(李注烽)은 금문도에 특별경제구역과 면세항구를 설립하여, 관광산업을 육성하려면, 군대의 철수가 필수적이라고 말했다. 소삼통 이후 금문도의 거리는 군인거리에서 대륙거리로 변화하고, 금문고량주 수출이 증가하면서, 금문도가 '복지의 현'이 되어 간다는 낙관적 전망도 있다. 지방적 맥락에서 보면, 금문도는 동아시아 탈냉전의 가장 성공적인 사례라고 할 수 있지만, 다른 한편에서는 지속가능성을 우려하기도 한다.(2015년 10월, 금문 국가공원이 주최한 국제학술회의는 금문도의 지속가능한 발전을 중요한 의제로 삼았다.)

Ⅴ. 동아시아 냉전-분단체제하에서 금문도의 의미

금문도는 대만에 속해 있지만, 중국 대륙과 가깝고 대만본섬과 멀리 떨어져 있어서, 정치적 소속과 문화적 소속이 서로 다르며, 냉전기와 탈냉전기의 위상 또한 매우 다르다. 금문도는 양안뿐 아니라 동아시아 '냉전의 최전선'이자 군사통제하의 발전모델을 제공하는 장소였다. 냉전기에 금문도는 대만과 미국의 연결고리로, 국민당은 미국의 원조를 끌어들이고 자유진영에 들어가기 위하여 금문도를 활용하였다. 삼민주의 모범현으로서의 금문도는 군사적 역량이 집중된 요새일 뿐 아니라, 중국에 대하여 그리고 다른 자유진영에 대하여 냉전발전의 전시장으로 기능하였다.

그러나 금문도가 대만본섬에 비해 더 발전된 곳인가는 의문의 여지가 있다. 총통 선거 때마다 금문도에서의 선거공약은 '개발'이었다. 국민당의 영원한 지지자일 것 같았던 금문도의 정치적 기류의 변화도 감지된다. 2014년 제6대 현청장선거에서 처음으로 무소속 후보가 당선되었다. 여기에는 전통적인 종족집단의 힘과 함께 금문도 주민들의 민주의식의 성장도 작용한 것으로 보인다.

　탈냉전의 맥락에서 금문도의 중요한 변화는 냉전유산의 문화적 활용이다. 대표적인 전투촌이었던 치웅린마을에는 민방관이 세워졌고, 주민 통제생활을 전시하고 있으며, 이와 호응하여 통안선착장의 지하통로 안에도 지역사를 전시하는 공간이 만들어졌다. 통안선착장은 청나라 때부터 금문도와 중국 푸젠성의 여러 항구를 연결하는 장소였다. 이곳은 중국 샤먼을 바라볼 수 있는 공원이 되었고, 원래 군영이었던 건물을 개조하여, 과거의 푸젠성과의 교류, 그리고 국공내전기의 어민과 굴민(蚵民)들에 대한 생활통제를 전시하고 있다. 더 나아가 토치카의 공간을 이용하여 사격과 관련된 구호나 표어 등, 냉전의 현장의 긴장감을 재현하였다. 특히 토치카의 한 공간에서 2014년에는 '군관시절 하의 금문도와 마조(馬祖)'와 '금마민주운동'을 주제로 하여, 1987~92년 금문도와 마조 주민들이 참여한 반계엄령 민주화운동에 관한 사진과 글을 전시했다. 이 좁은 공간은 냉전과 탈냉전의 양상을 보여 주는 전시관이 되었다. 정치영역에서의 냉전적 기억에 대한 향수는 냉전시기에 국가에 의해 조성된 기념관과 새롭게 만들어진 소규모의 전시관에 각인되어 있다.

　분단국가에서의 탈냉전은 국제관계, 분단국관계, 국가내부의 사회적 관계 등 세 차원에서 검토될 수 있다. 금문에서의 계엄령 폐지운동의 의미 또한 이런 세가지 차원에서 해석될 필요가 있다. 그것은 금문도에서 지방자치를 통한 민주화, 냉전생태의 복원, 양안교류 등 세 가지 영역에서 커다란 변화를 가져왔다. 금문도의 탈냉전은 한국의 서해5도와 대비된다. 금문도에서 탈냉전과 양안교류가 한참 진행될 때, 연평도는 1999년과 2001년 두 차례의 해전을, 2010년에는 포격전을 경험했다.

2015년 한국에서는 '연평해전'이라는 영화가 상영되어 많은 한국시민들이 이를 보았는데, 이 영화는 화해와 교류보다는 애국주의적 호소를 담고 있었다. 동아시아의 냉전–분단체제의 해체가 돌이킬 수 없는 대세라고 하더라도(정근식, 2014: 41~73), 그 양상이 왜 지역마다 다르고 복잡하게 전개되는지, 특히 금문도와 연평도의 엇갈린 운명에 관하여 우리는 좀더 숙고해야 한다. 냉전의 섬 금문도(Michael Szonyi, 2008)가 격렬한 포격전과 심리전에 시달릴 때, 연평도는 매우 평온했고, 조기 파시라고 불리는 어업의 호황을 누리는 섬이었다면, 금문도가 탈냉전과 교류의 섬이 되었을 때, 연평도는 오히려 포격전과 심리전의 현장이 되었다. 동아시아 냉전–분단체제의 해체는 그것의 성립과정의 차이만큼이나 다양하고 복합적인 모습으로 진행되고 있다.

09

탈냉전과 금문학: 형성, 성과, 과제

우권팡

I. 들어가며

'냉전의 섬'이었던 금문도(Szonyi, M. 2008)가 탈냉전과 함께 대만을 넘어서서 많은 관심을 끌고 있다. 금문도는 중국 푸젠성(福建省)의 민난(閩南)지역, 그 중에서도 통안현(同安縣)에 소속된 작은 섬이었으나, 1949년 꾸닝토어(古寧頭)전투에서 공산당군이 뜻밖에 국민당군에게 패배하면서, 대만의 영토로 남게 된 섬이다. 이곳은 문화적으로는 민난지역에 속하면서 정치군사적으로는 대만에 속한, 냉전의 최전선의 하나로 1958년 중국과의 포격전으로 인하여 국제적으로 유명한 장소가 되었다.

금문도는 문화뿐 아니라 정치·경제적으로도 양안관계에서 중요한 위치를 차지하고 있다. 금문도는 1949년 이래 강력한 군사적 통제지역이었다. 1987년 대만에서는 계엄령이 해제되면서 권위주의 및 냉전적 질서로부터 벗어나기 시작했으나 금문도는 여전히 계엄성태에 놓였다가 1992년에 이르러서야 계엄이 해제되었다. 그러나 양안의 교류의 역사에서 보면, 금문도는 삼통(三通)이라고 불리는 본격적인 양안교류 이전에 소삼통(小三通)이라고 부르는 샤먼과의 교류가 먼저 이루어지며 일종의 화해 협력의 실험장이었다.

금문도에서의 민주화와 탈냉전의 중첩적 진화는 금문도 주민들의 자기정체성에 대한 모색과 학술적 관심의 증가를 초래하였고, 최근에는 '금문학'이라는 명칭이 생겨났다. 이 글은 대만과 중국에서 진행되는 금문도에 관한 학술연구를 포함하여 금문도 주민들의 정체성 복원을 위한 노력이 어떻게 '금문학'으로 연결되었는지, 그리고 어떤 주제들을 매개로 하여 '금문학'이 발전되었는지를 살펴보려는 것이다. 또한 금문학을 구성하는 주요 연구주제별로 어떤 성과를 이루고 있는지를 보고 마지막으로 금문학연구의 과제를 언급할 것이다.

Ⅱ. 금문학의 형성

1. 금문도의 역사

금문도(Quomoy, 金門)는 중국 대륙 동남 연해에 자리잡고 있는 작은 섬으로 총 면적이 약 150평방km이다. 중국내전의 막바지인 1949년에 벌어진 '꾸닝토어전투'과 1958년의 '8·23포격전(The Second Taiwan Strait Crisis)'때문에 금문도는 국제 사회의 시선을 끌었다. 이후의 국공대치는 금문도 주민들의 생활습관과 생존방식을 바꿀 뿐만 아니라 군사적 분위기가 가득한, 신비한 섬이 되었다. 금문도의 군사진지들은 동·서독의 베를린 장벽과 남·북한의 판문점과 같이 세계적으로 알려진 냉전의 상징이다. 그러나 금문도는 현대 이전에도 국제적인 무역과 군사전략적 시점에서 매우 중요한 장소로 기능해왔던 역사가 있다.

금문도가 속해있는 민난지역은 송나라와 원나라 시기에 많은 서구인과 아랍인들이 와서 무역을 하였고, 16세기부터 민난인 중에서 상당수가 외국으로 나가서 일하거나 생활하였다. 민난지역은 중국에서 유명한 화교의 교향(僑鄕)이 되었고, 폭넓은 이민네트워크가 형성되었다. 이들은 샤먼과 홍콩 등 항구를 시발점으로 하여 '민난문화(閩南文化)'를 대만과 동남아시아에 널리 퍼뜨렸다.

중국의 역사학자인 샹따(向達)은 『순풍상송(順風相送)』과 『지난정법(指南正法)』에서 금문도가 명·청시대의 주요 출항구였으며, 많은 사람들이 금문에서 출발하여 '남양'이라고 부르는 지금의 동남아 각국과 인도네시아 각섬에 이주한 사실을 밝히고 있다(向達, 2000: 8). 명나라 시대에 금문도는 포르투갈인이 중국 민난과 저장(浙江)연해에서 무역할 때도 주요 거점 중의 하나였고, 네덜란드인이 만든 동아시아 무역 네트워크의 중요한 거점이기도 한다. 네덜란드인들은 이 네트워크에 의해 어마어마한 수익을 거뒀다(羅德水, 2006: 106). 홍셔(洪受)의 『창해기유(滄海紀遺)』에서도 장저우(漳州)와 취안저우(泉州)의 상인들이 자주 일본에 가서 장사하는 것을 언급하고 있는데, 그들은 금문항(金門港)을 연해 상선(商船)의 교류센터로 삼고 대만에 가서 곡물로 원주민들과 모피를 교환해서 일본에 가서 팔았다. 금문도는 땅이 메마르고 모래 바람이 세서 경작을 하기에 적합지 않았기 때문에 무역이 발전할 수밖에 없었다.

명청교체기에 금문도를 군사적 전략적 거점으로 만든 사람이 정성공(鄭成功)이다. 정성공은 일본 히라도(平戶島)에서 태어나, 6세까지 일본에서 살다가 아버지 정지룡(鄭芝龍)을 따라 중국 취안저우(泉州) 안핑(安平)으로 이주한 후 명나라의 관료로 성장하였다. 그의 '항청복명(抗清復

明)'운동은 샤먼의 구랑위(鼓浪嶼)와 금문도를 근거지로 하여 시작되었다. 그는 15년간 금문도에서 주둔한 후, 군사들을 이끌고 금문도의 라오로완(料羅彎)에서 펑후도(澎湖)를 거쳐 대만으로 이동하여 네덜란드인들을 축출하였다. 이 때문에 그는 중국과 대만 모두에서 민족영웅으로 추앙된다. 마오쩌둥(毛泽东)이 그를 항청복명과 대만수복의 상징으로 간주하였다(陈国强, 1996: 173). 정성공을 따라 대만으로 이주한 인구가 25,000명이었고, 정씨왕조(鄭氏王朝)가 대만을 다스린 22년 동안(1661~1683) 중국에서 이주한 사람이 12~15만 명에 달했다. 이들을 통해 중국의 생산기술과 민난문화가 대만으로 이식되었다(吳劍隆, 2007). 대만 학자인 정쯔(鄭梓, 2009)는 정씨왕조가 대만을 다스릴 때 중국문화가 서양문화와 원주민문화를 대신하여 주류문화가 되었다고 주장했다. 때문에 대만의 성공대학은 1956년에 종합대학으로 승격할 때 학교 이름을 '성공(成功)'으로 정했다.

청나라는 명나라의 해금(海禁)정책을 물려받고 실행해서 민난지역의 경제 체계가 파괴되면서 주민들이 해외에 가서 살길을 찾을 수밖에 없다. 아편전쟁 이후 해금정책은 해제해서 샤먼항이 다섯 개 주요 항구로 개항하여 해외로 나간 사람이 더 많이 늘어났기 때문에 20세기 초반에 금문도는 점점 민난 연해 지역에서 이름난 '교향'이 되었다. 금문도는 남양(南洋) 경제에 포섭되기 시작하였다. 남양에 있는 남자들이 원향(原鄉)인 금문도에 남아있는 가족들에게 '교회(僑匯)'를 보내고 교회가 가족들의 경제적인 기둥이 되었다. 교회는 원향 가족들을 부양했을 뿐만 아니라, 이 돈으로 집이나 학교를 짓거나 자선 사업에 투입하였고, 금문도의 근대화는 이들에 의해 시작되었다.

군사적 측면에서 보면, 샤먼만(廈門灣)에 위치하는 금문도와 례위(소금문, 烈嶼), 다단(大擔), 어단(二擔) 등 섬들은 샤먼을 지키는 방어선을 구성했다. 그 중에 금문도는 명·청시대 푸젠(福建) 해군의 중요한 기지이었다. 명나라 때부터 해적의 활동이 매우 창궐했기 때문에 명홍무(明洪武) 20년(1387년) 조정에서 장저우와 취안저우의 문호(門戶)인 금문도 서남쪽에 있는 금문성(金門城)을 선택하여 왜구(倭寇)를 막는 천호소성(千戶所城)을 설치했다. 금문성의 북쪽은 삼면이 바다로 둘러싸여 있는 난판산(南磐山)이 있는데, 사람들이 '쇠로 만든 성처럼 든든해서 해문(海門)을 강력하게 지킨다(固若金湯, 雄鎮海門)'는 말로 이곳의 전략적 기능을 표현했다. 이것은 바로 '금문(金門, 쇠로된 바다의 문)'의 이름의 유래했다.

1949년 꾸닝토어전투를 기점으로 금문도와 주변의 섬들은 국민당이 공산당을 방어하기 위한 최전방이 되었다. 수십만의 군인들이 주둔하고 양안 심리전의 전장이 되면서 금문도는 '전지(戰地)'로 바뀌었다. 이전에 교회경제도 파괴되었고, 전지경제로 바뀌었다. 전지경제는 새로운 방식의 군사적 근대화 및 산업화를 낳았다. 도로나 전기는 군사적 견지에서 개발되었고, 군대가 필요로 하는 주류업과 자영업이 발전했다. 그러나 1992년 계엄령 철폐와 함께 점진적으로 진행된 군 부대의 철수는 이런 전지경제의 위기를 불러왔다.

2 금문학의 탄생

대만본섬은 1980년대 여러 번의 민주화운동을 거쳐서 1987년에 계엄령을 해제하고 민주화를 추진하기 시작한 반면, 금문도에서는 1992년이 되어서야 계엄령이 해제된다. 이런 격차로 인해 금문도 주민들은 자주 대만본섬에 가서 계엄령 철폐를 요구하는 시위를 진행하였고, 결국에는 금문도 민주화의 길로 나아가기 시작했다. 대만의 본토화처럼 금문도의 본토화도 민주화의 영향을 받으면서 진행되었다. 그러나 1980년대 '탈중국화(去中國化)'로 진행된 대만의 본토화와 달리 금문도의 본토화는 '중국대만화(中國台灣化)'라고 할 수 있다. 금문도의 역사는 중국대륙과 얽힌 인연이 대만에 얽힌 것보다 더 깊고 길어서 자신의 '뿌리'를 찾으려 한다면 아무래도 다시 중국대륙과 연결되기 마련이다. 특히 현재 50대 이상의 금문인은 대륙정체성이 대만정체성보다 더 강했다. 그러나 40대 이하의 젊은 층은 이와는 다른 소속감을 가지고 있다.

이런 미묘한 흐름 속에서 진행된, 즉 망각되거나 지워진 중국과의 인연을 찾는다는 맥락과 함께 금문도의 독자성을 인식하게 되는 과정에서 1996년 처음으로 '금문학'이라는 용어가 탄생했다.

> "내가 양쑤칭에게 '하이난학(海南學)'의 발전을 소개할 때 그가 많이 관심을 갖게 됐다. 그리고 자기의 고향, 즉 금문도 섬이 하이난다오(海南島) 섬보다 독립적인 학과가 될 조건을 더 갖추고 있다고 생각한다고 했다. 그래서 양쑤칭이 '금문학'을 성립시키자는 활동을 하기 시작하였다."(龔鵬程, 1998)

윗글은 꽁펑츠엔(龔鵬程)이 『금문학시리즈(金門學叢刊)』에서 양쑤칭(楊樹清)과 처음으로 금문학이 하나의 독자적인 학문으로 될 수 있는 가능성을 언급하는 내용이었다. 이 아이디어로 양쑤칭은 자신이 편집장을 맡고, 많은 향토사학자(地方文史工作者)와 같이 1997년, 1998년, 2001년 세 차례로 총 30권의 『금문학시리즈』를 출간했다. 시리즈의 내용은 크게 민난문화, 전지(戰地)문화, 화교문화, 그리고 기타 유형으로 나뉘는데, 이 중에서 민난문화에 관한 책이 20권으로 가장 많다. 전지문화에 관한 책은 5권이었고, 화교문화에 관한 책은 비교적 적었다. 이 비율을 보면 계엄령을 해제한 후 금문인의 관심사는 중국과의 관계를 다시 복원하고, 자기의 뿌리와 정체성을 찾으려는 것이었다고 할 수 있다. 또한 이들은 1987~93년의 민주화운동의 과정과 성과도 중요한 주제로 취급했다.

비록 『금문학시리즈』는 화교문화에 관한 책은 많지 않지만 『금문현지(金門縣志)』 외에 금문도의 다양한 면을 담고 있는 책들이다. 이 시리즈에 대해 금문도과 대만본섬의 학자들은 높이 평가한다. 우선, 양쑤칭은 이 시리즈를 통해 금문도의 문화와 새로운 정체성의 가능성이 알려지기를 희망했다. 금문도 출신의 싱가포르 화가인 치어사오화(邱少華)도 『금문사회관찰(金門社會觀察)』이란 책에서 군사와 민난문화가 서로 작용하는 것은 금문도의 독특한 역사와 주민의 은인자중(隱忍自重)하는 성격을 만들어냈으며, 연구할 만한 역사영역이 되었다고 말한다(邱少華, 1998: 10~11). 장보웨이도 장기간의 군사적 통제에 의해 억제됐던 문화운동과 '타이베이/금문, 중심/주변'의 이분법에서 벗어나 문화정책에서 보는 『금문학시리즈』는 중요한 역사적 의미를 갖고 있다고 말한다(장보웨이, 2007b). 또한 옌리쒜(顏立水)와 장추안춘(張傳春)도 이 시리즈는 금문도란 지역의 문화적 특색을 보여줄 뿐만 아니라, 민대(閩台)지역학의 열풍을 일으킬 수 있다고 긍정적으로 평가했다[1].

이런 과정을 통해 '금문학'의 정의나 구성요소에 관한 논의가 발전하였다. 이에 따르면, 금문학은 주로 민난문화(閩南文化), 전지문화(戰地文化), 그리고 남양문화(南洋文化)로 구성되며, '사람을 근본으로 하고 사례를 체계로 한다(以人為本, 以事為體)'는 원칙에 의해 이 섬과 관련된 모든 연구라고 정의되었다(리시롱, 천떠위(陳德禹), 양쑤칭[2]). 더 나아가, 장보웨이는 금문학을 독작적인 학문영역으로 보고 그것의 가치를 다

---

1 顏立水, 「浯島書香·誰識辛酸淚」, 金門日報, 2006/09/30.
2 「學者專家為金門學知識體系獻策」, 金門日報, 2006/11/13.

섯 가지로 정리하였다. 우선, 금문도는 대만과 정치공동체의 관계여서 대만연구를 할 때 빠지면 안 되는 주체이고, 또한 금문도의 성찰적 역할(reflexive role)을 통해 대만 연구의 넓이와 깊이를 풍부하게 할 수 있다. 셋째, 고도로 군사화된 시절에도 금문도는 전통문화를 잘 보존하였기 때문에 민난문화뿐만 아니라 대만의 문화와 근대화 과정을 깊이 파악할 수 있는 자료이자 접근법이다. 넷째, 중국과 가깝고 대만본섬과 멀리 떨어져 있으니 금문인은 모순적 정체성을 갖게 되며, 이 정체성 연구는 중요하다. 마지막으로, 세계화연구에 있어, 교향인 금문도는 초국주의(transnationalism) 연구에서 좋은 연구 대상이고, 글로벌지식과 현지 지식의 혼합과 실천의 가능성을 실험하는 현지 조사의 현장이 될 수 있다(江柏煒, 2007: 32~33).

금문도 주민들의 자기정체성 찾기의 흐름으로서의 '본토화'는 '금문학'을 창출했고, 이 금문학은 다시 '본토화'의 길을 심화시켰다. 2001년 소삼통을 실시한 후 금문도는 샤먼과 '1일 생활권'이 형성되었고, 반세기만에 친숙함을 되찾고 있는데, 중국적 뿌리를 찾으면서도 대만을 버리는 것도 아니다. 대만인들에게 금문도는 냉전 시대의 애국상징이자 탈냉전 시대의 평화상징이었던 반면, 금문도인에게 대만은 자신들이 속한 국가이자 정치적 단위이다. 금문도 주민들은 탈냉전과 함께 자기의 위치찾기에 방황했으나 민주화와 본토화를 통하여 대만과 중국대륙 사이에 다시 균형점을 찾게 된다. 다시 말하면, 금문학은 탈냉전과 민주화의 산물이고, 금문학을 떠받치는 토대는 '양안 복합체(Cross-Strait complex)'로서의 금문도의 정체성이라고 할 수 있다.

Ⅲ. 금문학의 주체들

1. 중국과 대만의 연구기관

1990년대에 들어 와서 양안간 대립과 갈등이 누그러지고, 통일과 통합에 관한 방법이 모색되고 있는데, 이 과정에서 '경제적, 문화적' 수단이 점점 중요해졌다. 특히 '민난문화'는 자주 강조되는 접근수단이다. '민난문화'는 현재 대만인의 문화적 근원이고, 중국의 민난지역과 대만을 넘어서서 모든 민난인이 있는 지역을 하나로 묶어주며, 이를 통해 양안통일의 문화적 상징으로 변화할 수 있다. 1990년대부터 중국대륙과 금문, 대만 세 지역에서 연달아 민난문화를 연구하는 학술연구기관이 설립되었다. 중국 민난사범대학(閩南師大)의 민난문화연구원(閩南文化研究院)의 설립은 이런 맥락에서 이해될 수 있다. 민난사범대학교는 중국 장저우에 위치하고 2013년부터 '민난문화와 양안교류연구인재양성프로젝트(閩南文化与兩岸交流研究人才培养项目)'를 실시하여 대만 학생을 모집하기 시작하고 대만 성공대학교과 금문대학교 등 학교와 학술교류협력협의도 체결했다.

민난문화의 기원지에 위치하는 민난사범대학은 1996년에 중국 최초의 민난문화연구소를 설립하고 2012년 민난문화연구원으로 승격되었다. 이 연구원은 대만문화의 중심을 민난문화라고 규정하고, 중국의 다른 대만관련 기관처럼 통일을 목표로 하여 민난문화를 연구한다. 이를 통하여 '대만동포'에게 '조국'에 대한 인정을 일깨우고 교류를 강화하려고 시도한다. 주요 출판물은 『민대문화연구(閩台文化研究)』라는 학술지인데, 이 학술지는 푸젠성에서 유일한 민·대문화를 다루는 책이다.[3]

---

3 中國新聞網, 「閩南文化研究中心揭牌 為兩岸文化交流搭橋」, 2015.01.09.

그리고 2007년부터 임어당 국제학술워크숍(林语堂国际学术研讨会), 국제 민방언 학술워크숍(国际闽方言学术研讨会), 제3회 개장성왕 문화국제학술 워크숍(第三屆 开漳圣王文化国际 学术研讨会) 등 중요한 학술회의 등 주최했다.

대만에서 민난문화를 전문적으로 연구하는 곳은 두 군데가 있다. 하나는 금문도에 있는 금문대학 민난문화연구소(金門大學閩南文化研究所)이고 다른 하나는 타이난(台南)에 있는 성공대학 민난문화연구센터(成功大學閩南文化研究中心)이다. 금문대학 민난문화대학원의 전신은 민난문화연구센터인데 2004년 설립되었으며, 2006년부터 본격적으로 대학원으로 승격되었다. 2003년부터 2011년까지 4차례의 민난문화국제학술워크숍(閩南文化國際學術研討會)를 열었다. 성공대학이 있는 타이난시(台南市)는 대만 역사상 가장 오래된 도시로 민난족군을 대상으로 많은 연구를 해왔다. 이 대학은 민난문화의 연구를 촉진하기 위해 '민난문화연구센터'를 설립했는데, 2011년 민난문화연구포럼(閩南文化研究論壇), 2012년과 2014년 금문학 국제학술워크숍(金門學國際學術研討會), 2012년 민난문화 국제학술워크숍 등을 열었다.

현재 양안의 민난문화연구의 교류는 '민난문화국제학술워크숍(閩南文化國際學術研討會)'을 통해 정기적으로 진행되고 있다. 제1회 민난문화 국제학술워크숍은 2003년에 금문기술학원(金門技術學院, 금문대학의 전신)이 주최했다. 이 회의를 금문도에서 주최한 이유를 주최측은 금문도가 종족조직과 전통 마을, 민난건축과 서양식 건축 등을 제일 잘 보존하고 있는 곳이기 때문이라고 내세웠다. 당시의 금문현 현청장인 리주퐁(李炷烽)은 금문도를 '민난문화의 마지막 유전자풀(gene pool)이라고 평가했다. 이들은 금문도가 대만과 중국의 민난지역의 교류를 증진시키기 위한 최적지로 인식했고, 민난문화의 부흥의 중심지로 만들기 위한 노력을 하기 시작했다. 이 워크숍에서는 역사, 사회문화, 도시와 마을 및 건축, 그리고 문화자산 등의 주제로 나누어 46편의 논문이 발표되었다.

이때는 소삼통으로 샤먼과 금문도의 개방이 이루어진지 2년이 된 시기여서 중국학자들이 이 워크숍에 참가하는 의미가 컸다. 워크숍을 통해, 금문도의 민난문화가 원래 중국 대륙에서 전래된 것이지만 오랫동안 군사통제 하에 있어도 파괴되지 않았고, 따라서 중국학자들에게 전통적인 민난문화를 보여주고, 원래의 민난문화의 모습을 되찾아야 한다는 메시지를 주고 싶어했다. 이들은 중국의 샤먼이 빠른 경제발전으로 인해 잃어버린 것이 무엇인지를 생각할 수 있는 계기를 제공할 수 있다고 믿었다. 또한 소삼통은 냉전시기의 이데올로기 대립에서 벗어나 양안평화를 촉진하는 것이며, 무력이 아닌 문화로 통일을 촉진할 수 있는 방법임을 주지시키려고 하였다.

하지만 양안의 학술적 교류가 정치로부터 완전히 벗어난 것은 아니었다. 2007년의 제2회 민난문화국제학술워크숍에서 주최기관은 중국학자 55명을 초대했지만, 소삼통 통행증을 받지 못하여 원래 발표하기로 예정된 18편이 9편으로 줄었다. 당시 대만 민진당(民進黨)의 천수이볜(陳水扁) 총통이 퇴임을 앞두고 '대만독립'을 주장하고 '탈중국화'의 정명(正名)활동을 한 결과 중국과 팽팽한 긴장 관계가 만들어졌기 때문이다. 중국 당국이 통행증을 발급하지 않았을 수도 있다.

2008년 국민당의 마잉주(馬英九)후보가 총통으로 당선되고, 두 번째 민주적 정권교체를 이루면서 양안관계의 긴장이 완화되었고, 2009년과 2011년 민난문화국제학술워크숍에 중국학자들이 다시 참가했다. 특히 2009년의 워크숍은 대만성공대학과 금문현 문화국이 공동 주최하여 타이난과 금문 두 회의장으로 나누고, 중국학자를 포함해서 국내외 학자 약 300~400명이 참가했다. 이 워크숍에서 금문 문화국장인 리시룽(李錫隆)은 '금문도를 핵심으로, 타이난을 중추로(以金門為核心, 以台南為樞紐)

하여 열린 민난문화 워크숍이 '민난문화생활권(閩南文化生活圈)' 연구의 기초를 만들었다'고 말했다.

2 금문도 내부의 연구체계

금문학이 향토사학자들에 의해 첫발걸음을 떼었다면, 금문현문화국(金門縣文化局)은 필요한 경비를 제공하며 홍보하며, 전문적 학술연구자는 향토사학자들의 부족한 점을 보완해서 금문학을 이론적으로 체계화하는 역할을 하였다. 이 3자를 '금문학의 철삼각'이라고 할 수 있는데, 이들의 역할과 그동안의 성과를 살펴보고자 한다.

1) 지방의 향토사학자

대만대백과사전(台灣大百科全書)에 의하면 '향토사학자'란 자기가 거주하는 공동체의 인문과 역사에 대한 관심을 가지고 장기간 문화·역사 자료에 관한 자료를 많이 소장하는 사람'을 가리킨다. 이들은 문화와 역사에 관련된 일 뿐만 아니라 자신의 공동체를 개선하고 발전시키기 위하여 보통 지방문화역사스튜디오(Local Culture and History Studio)나 문화역사연구협회 등 집단을 만들기도 한다. 이들은 관광객들에게 아주 좋은 가이드를 제공하며, 지방정부를 감독하는 역할을 맡기도 한다.

금문도의 향토사학자들은 어떤 사람들인가? 금문도는 개방적인 이민 역사와 폐쇄적인 전쟁역사를 갖고 있는 작은 섬이다. 즉 유명한 '교향'과 '전지'이었다. 이 때문에 금문도에는 고향에 대한 그리움이 배어 있다. 이런 문화는 금문도의 이민의 역사 속에서 형성되었다. 금문도의 이민은 1860년대 제1차 대규모 남양 이민 이후 두 차례의 대규모 남양 이민으로 이어졌다. 청나라 도광(道光)년간에 아편전쟁의 패배로 인하여 상하이, 광저우, 샤먼, 푸조우, 닝포어 등 5개 항을 통상항으로 개방하여 금문도 주민들의 제2차 이민 붐이 시작되었다. 이들은 남양뿐 아니라 팽호와 대만으로 이주했다. 제3차 이민 붐은 국공내전 이후이다. 금문도 주민은 옛날처럼 가까이 있는 중국 대륙이나 남양에 자유롭게 갈 수 없어서 대만으로 이동하기 시작했다.

1971년 금문현 화교협회의 통계에 의하면, 해외에서 거주하는 금문도출신의 교포가 11만여 명이 있다. 이들은 고향에 대한 그리움과 고생을 글로 털어놓았다. 이로 인해 금문도 특유의 교향문학이 형성된다. 교향문학의 내용은 크게, 금교(金僑, 금문도출신의 화교)들이 남양에 가는 과정과 피눈물나는 역사를 묘사하는 것, 둘째, 제1대 교포들이 원향인 금문도를 그리움을 토로하는 것, 셋째, 제2대 교포가 어른들의 구술을 통하여 금문도를 묘사하여 재구성하는 것, 그리고 '타향살이'를 서술하는 것으로 나뉜다[4]. 국공전쟁이후 '전쟁문학'은 대부분 반공(反共) 홍보 작품이고, 창작공간이 제한되어서 작가들이 큰 억압을 당해왔다. 그러나 1992년 계엄령을 해제한 후 향토사학자들이 다시 활동하기 시작했다. 이들은 적극적으로 금문문사스튜디오나 금문학연구회 같은 단체를 설립했고, 『금문학시리즈』등 서적도 출판하였다.

이들 중에서 대표적인 단체로 '금문학연구회(金門學研究會)'가 있다. 금문현 문화국의 지도 하에 지방문화의 발전에 관심이 있는 연구자들이 모여 2006년 5월 28일에 결성한 단체이다.

이 연구회의 설립목적은 금문 지방연구 추진, 지방 문화발전 촉진, 전민(全民)문화운동 실천, 그리고 주민의 생활의 질 향상 등이었다. 이 연구회의 임무는 다섯 가지로 규정된다. 금문도의 세계와의 연결 촉진

4　楊樹清, 〈原鄉與異鄉: 南洋的金門籍作家〉, http://www.fgu.edu.tw/~wclrc/drafts/Taiwan/yang-shu/yang-shu-01.htm#_ftn1

을 통한 문화지역화, 종족마을과 지역사회 역량강화(Community Empowerment)의 통한 특유한 인문지역화, 인간과 생태 발전 특질을 강화와 금문도의 화인(華人)의 문명고향화, 지속가능한개발(sustainable development)을 촉진하여 신세기의 창의의 섬으로 만들기, 일상생활에서의 문화실천을 통한 문화의 풍부화 등이다.

금문학연구회는 2007년에 『진청진지(金城鎭志)』의 편찬도 담당했다. 지방 역사 자료를 정리하며 보존하는 것은 금문주민들이 자신의 지역사를 더 알 수 있게 하고 학술연구와 관광교류에도 큰 도움이 될 수 있다고 보았다.

2) 금문현 문화국

1981년 대만 정부가 문화건설위원회(文化建設委員, CCA)를 성립한 후 대만 각 지방에서는 문화센터를 설립하여 지방의 문화교육 업무를 담당하였다. 1998년 대만 정부가 성(省)정부의 기능을 축소시킨 후, 문화센터들은 1999년부터 연달아 문화국으로 승격되어 국가 전체문화와 향토문화(Local Culture)의 자원과 재산 발전의 중요한 기초가 되었다. 대만 본섬과 달리 금문현은 2004년에야 비로소 문화센터가 문화국(金門縣文化局)으로 승격되었다. 이 문화국은 2004년 당시의 현청장인 리주퐁(李柱峰)이 '관광입현, 문화금문(觀光立縣, 文化金門)'의 시정방향에 따라 활동하기 시작하였다. 5년간 250만자의 현지(縣志)와 문학 격월간인 '금문문예(金門文藝)'를 전자책으로 만들었고, 대형 국제 학술 세미나를 주최하였다. 예를 들어 '민난문화학술 세미나(閩南文化學術研討會)'와 '금문학학술워크숍(金門學學術研討會)', '제8회 세계섬학회 학술대회(第八屆世界島嶼會議)' 등이 주요 성과라고 할 수 있다. 문화국의 노력에 의해 금문도는 군사요충지의 '문화사막'에서 과거의 '해빈추로(海濱鄒魯)'의 영광을 되찾기 시작했다. 문화국은 2005년부터 거의 매달 서적을 출판하였는데, 아동그림책, 문화역사시리즈, 문학간행물, 학술세미나의 논문집, 심지어 문화국의 업무보고서까지 여러 가지의 출판물로 산산조각이 난 금문도의 역사와 전통을 복원시키고, 군사관리시대의 주민들의 기억을 찾는 작업을 수행하였다. 금문현 문화국이 금문학의 가장 중요한 진흥 역할로서 그 뒤에 적지 않는 보조금이 있어야 한다. 그 보조금은 대부분 금문고량주의 수익으로부터 발생한 돈이다. '2011년금문현총예산심사보고서(中華民國100年度 金門縣 總決算審核報告)'에 따르면 금문현의 자유재원(自有財源, 지방에서 스스로 생산할 수 있는 수익)은 거의 60%가 금문고량주 회사가 납부관세금과 현청에 지급한 배당금 수익이라서 다른 도시보다 지방재정 자율성이 높다. 고량주 수익 덕분에 금문현은 '2011년 행복도시'조사에서 1위로 선정되었고 문화국도 연속 4년 '국가출판상'을 받았다. 2011년도 금문현총지출을 보면 교육과학문화지출은 17.35%를 차지하여 경제발전지출(44.51%)에 이어 두번째 비중을 차지하고 있어서 금문학의 물적 토대가 '고량주경제'를 기반으로 할 수 있다고 한다.

문화국은 향토사학자와 학술연구자들의 연결고리 역할도 하고 있다. 향토사학자들은 항상 현지성과 실용성을 중시한다. 이와 다르게 학술연구자들이 이론과 사회변동을 더 중시한다. 그러나 학술연구자들은 향토사학자의 경험과 자료를 필요로 한다. 양자가 모두 금문도 연구에 있어 중요한 행위자들이지만 금문학을 발전시키려면 이들을 연결시켜야 하며, 이 역할을 문화국이 담당하고 있다.

2003년 '제1회민난문화학술세미나', 2004년 '세계섬학회', 2006년 '제1회금문학학술워크숍'을 통해 금문도의 지명도가 서서히 높아졌다. 금문현 문화국은 2006년에 금문도를 연구대상으로 하는 제1회 금문학 학술워크숍을 열었고, 이를 출발로 하여 격년으로 행사를 가졌다. 이 워크숍의 목적은 금문도연구에 종사하는 향토사학자들을 격려하고 금문학을 '주류화'하는 것이었다. 제1회 금문학 학술워크숍에는 130명이 참석했고, 15편의 논문이 발표되었다. 중국 학자의 논문은 3편이었다. '금문도의 인문(金門人文)', '금문도의 전역(金門戰役)', '금문도의 전략(金門戰略)', '금문도의 경제(金門經濟)', '민난 문화(閩南文化)' 다섯 개의 주제로 토론이 이루어졌다.

2008년 제2회 금문학학술워크숍은 금문현 문화국이 대만의 중흥대학(中興大學) 및 대만서사학학회(台灣敍事學學會合辦)와 공동으로 주최했다. 제1회 세미나와 달리 이 세미나는 양안 학자와 일본, 그리고 한국 학자들도 참여하였고, 이틀간의 토론이 진행되었다. 주제는 '봉화교향의 서사기억: 전지·이민·문화와 산업(烽火僑鄕 敍事記憶: 戰地·移民·文化與產業)', '바다, 가국과 이산(海洋, 家國與離散)', '근대 대만해 체계하의 금문도(近代臺海體系下的金門)', '금문도의 족군과 신분 이동(金門 的族群與身份移動)', 그리고 '역사 기억과 금문 상상(歷史記憶與金門想像)' 등이었다. 16편의 중요한 학술 논문이 발표되었고, 「아시아 시점에서 본 금문학(亞洲視野下的金門學)」이라는 원탁회의도 열렸다. 중국과 대만, 그리고 한국 3개국 학자들이 금문학의 전망에 대해 토론하였다. 한국 연세대학교 교수 백영서가 금문학에 대해 5가지의 관점을 제시했다. 우선, 금문학은 지구지역학(Glocalogy)이라고 부를 수 있는 자격이 있는지를 생각해야 한다. 둘째, 금문도의 소속문제와 1950년 한국전쟁이 금문도에 대한 강한 영향을 보면 동아시아의 시점으로 금문도의 문제를 다시 생각해야 한다. 셋째, 지리적 위치뿐만 아니라 상호관계에서 '이중주변의 시점(雙重周邊的視角)'으로 금문학에 대해 비판적인 연구를 추진해야 한다. 넷째, 금문학은 어떻게 세계화와 연결되고 서로 어떻게 영향을 미치는지를 연구해야 한다. 마지막으로, 금문학을 한 지역으로 생각하지 말고 대만과 동아시아와 연결해야 지구지역학의 일부가 될 수 있다. 그래서 학교 내부와 외부 기관의 상호작용은 아주 중요하다(金門縣文化局, 2008: 271~273).

2010년 열린 제3회 금문학학술워크숍의 주제는 좀더 확산되었다. 문화와 역사만 아니고 '세계의 섬·염황자손의 고향감정/ 금문인의 현대 생활 이야기(國際島嶼·炎黃鄕誼/ 浯島子民現代生活演義)'를 축으로, '지리공간(地理空間)', '종족감정(宗族鄕誼)', '이민변천(移民變遷)', '창의산업(創意産業)', 그리고 '지역사회의 역량강화(地區社會的力量强化)' 등이 토론되었다. 이 세미나는 15편의 논문을 통하여 금문도에 대한 연구 주제를 더욱 풍부하게 하고, '금문학'의 과거, 현재, 미래를 한 층 더 심화시켰다.

2012년 제4회 금문학국제학술워크숍은 금문현 문화국이 대만성공대학 인문사회과학센터와 공동으로 주최했다. 주제는 '금문인의 세계관과 금문학의 국제화(金門人的國際觀與金門學的國際化)'이고 총 33편의 논문을 발표하였다. 이 워크숍은 명칭에서 '국제회의'를 표방하고, 캐나다, 베트남, 일본 등 국외학자들도 논문을 발표하였다. 특히 금문학의 이론 부족이라는 기존의 평가를 넘기 위한 노력이 이루어졌다. 2013년 대만성공대학과 금문대학, 그리고 중국의 샤먼대학이 학술교류협력협의서에 서명하고 '금하성공지로(金廈成功之路)'을 실현하자는 약속을 하였다. 이를 기반으로 하여 2014년의 제5회 금문학 국제학술워크숍은 이 세 대학이 공동으로 주최했고, 이 세 대학에서 3일 동안 회의를 가졌다. 이를 통해 금문학을 국제화하고 객관화하려는 노력을 보여주었다.

3. 천친웬과 장보웨이의 금문학

금문도는 특수한 지정학적 위치 때문에 양안 연구에서 빠지면 안 되는 중요한 연구대상이라고 할 수 있다. 1949년 이전의 금문도는 대만과 거의 관계없이 주민들의 문화와 생활관습은 중국 민난문화의 일부였다. 그러나 1949년 이후 금문도는 중국대륙과의 왕래가 끊어지고 대만과 정치적 운명공동체가 되었다. 금문도는 오랫동안의 군사통제와 전통적인 민난문화의 지속이라는 두 얼굴을 갖게 되었다.

    2001년의 소삼통 이후 금문도는 양안 모두와 특별한 관계를 갖는 상황을 맞이했다. 경제적으로 새로운 '금하생활권(金廈生活圈)'이 형성되고, 문화적으로도 새로운 '민난문화생활권'이 형성되어갔다.

    금문도 주민들뿐만 아니라 성공대학 부교장인 펑따쉔(馮達旋)[5]과 민난사범대학의 민난문헌과 바다문화연구소 소장인 천친웬(陳慶元)[6]은 민난문화연구에서 금문도는 양안의 중추가 되고 샤먼과 같이 민난문화를 세계문화와 대화하게 하는 아주 중요한 창문이라는 것을 인정하였다. 특히 천친웬은 금문학의 중요한 담당자라고 할 수 있다. 그는 샤먼에서 자랐지만, 자기의 조적(祖籍)이 금문도인 것을 알게 되면서 금문도에 대한 관심이 생겼다고 한다. 천친웬의 전공은 위진남북조(魏晉南北朝) 시대의 문학과 푸젠지역문학, 그리고 문헌연구인데, 금문도연구에서는 대부분 문학과 종족에 관한 연구를 진행하였다. 그가 쓴『동우수기(東吳手記)』를 통해 그의 금문도에 대한 감정을 이해할 수 있다.『동우수기』는 천친웬이 객원교수로 대만 동오대학(東吳大學)에 있을 때 쓴 것으로 총 30편의 에세이를 실었다. 이 책에서 천친웬은『금문보도(金門報導)』의 창립자이자『금문학시리즈』의 계획자인 양쑤칭을 알게 되는 과정과 워크숍에서 양안 학자들이 민난어로 소통하는 것을 사례로 들면서, 민난정체성을 표현하였다. 또한 금문인 양티엔호(楊天厚)의 박사논문『금문도

---

5 「成大副校長馮達旋拜訪金門技術學院」,金門日報, 2008/5/29.
6 「兩岸宗族文化研討提14論文」,金門日報, 2012/5/28.

치웅린 채씨 사당의 제사의식에 대한 연구(金門瓊林蔡氏宗祠祭典儀式探究)』을 심사하면서 금문도 향토사학자들의 단점, 즉 연구의 폭이 넓지만 이론은 부족해서 깊게 연구할 수 없는 점을 지적했다.

표 1_ 천친웬의 금문도연구

	작품	출처	발행처
1996	「南明金门诗人卢若0」	中國典籍与文化	北京市教育部全國高等院校古籍整理研究工作委員會
2006	我到莆田泉州讲金门文学	金門文藝	
2006	许0与徐的交游—读徐『祭许子逊太史文』	金門日報副刊	金門日報
2008	在中正大学讲金门文学	金門日報副刊	金門日報
2008	东吴手记—卓克华教授「古迹·历史·金门人」序	金門日報副刊	金門日報
2009	清道光間金門的宗祠問題	2009閩南文化國際研究研討会	
2010	『醉夜方兴: 金门县作家选集「评论卷」』		金門縣文化局
2010	「旅闽金门人的时空」	2010年第三屆金門學學術研討論文集	金門縣文化局
2011	『东吴手记』		台湾兰台出版社
2012	「金門蔡復一年譜初稿」	2012年第三屆金門學國際研討会论文集	
2014	「蔡復一与鍾譚的交往及其詩的評價」		
2015	「金门举子上春官的艰辛道途」	"科举制度在金门"的 系列活先期工作坊	

자료: 『金門地方書寫與研究書目彙編』와 필자 정리.

대만 학자 중에 장보웨이는 금문도연구에 있어서 가장 중요한 학자이다. 그는 금문도를 일반적인 문학적 서술 대상에서 학술적 연구 대상으로 전환시킨 중요한 인물이라고 할 수 있다. 그는 금문대학 민난문화대학원의 설립을 주도했다.

장보웨이는 대만본섬 출신이지만, 1990년대 초반부터 금문도를 연구하기 시작했고 20여 년 동안 금문도의 많은 자료를 체계적으로 정리했고 국내외에서 논문을 발표했다. 장보웨이의 금문학은 1993년 석사논문『종족이민마을의 공간변천에 대한 사회역사적 분석: 금문 치이언 린과 펑후 신런의 비교연구(宗族移民聚落空間變遷的社會歷史分析: 金門瓊林與 澎湖興仁的比較研究)』로부터 시작하여 수많은 논문과 책을 발표했다[7]. 또한 중앙정부와 지방정부의 위탁에 의한 지역발전 프로젝트를 55개나 수행하여 대부분 자연촌과 역사유적, 전쟁유적 등의 복구나 재활용에 기여하였다.

금문학을 이해하기 위하여 장보웨이의 연구를 주제별로 좀더 분석할 필요가 있다. 장보웨이는 1990년대 금문도가 계엄령 해제 후에 복원해야 할 건축과 경관에 주목했다. 전쟁 때문에 몰락한 마을과 단절된 교향경제 때문에 버려진 양루(洋樓, 서양식 건물)의 복원을 위한 기초연구를 수행하였다. 양안 소삼통 이후 2000~05년 기간에 금문도를 찾아오

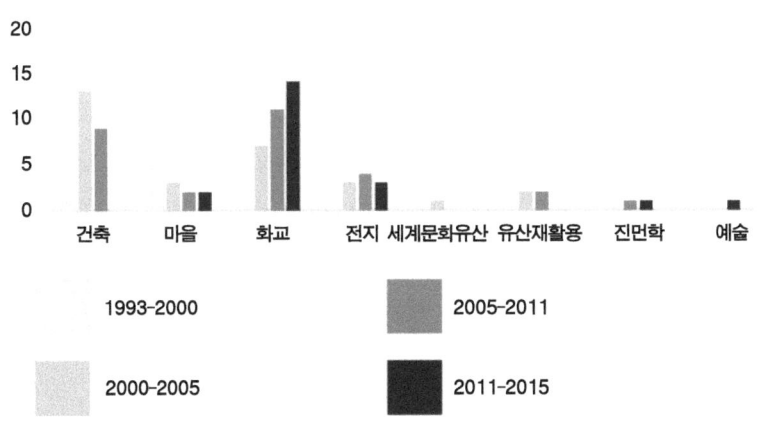

그림 1_장보웨이의 금문학
자료: 국립대만사범대학교 동아시아학과 홈페이지 참조.

---

7 그는 연구성과는 책 26권, 학술대회논문은 39편, 학술지논문 40여 편에 달한다.

311

는 중국관광객들이 많아지고, 이들을 위한 관광자원이 필요해졌을 때, 화교마을은 중요한 잠재적 자원이었다. 그는 이 때문에 18세기이후 해외로 떠난 화교들의 역사를 연구하고, 이들이 고향에 지은 양루의 특징, 화교사회의 문화변천과 네트워크의 구성을 연구하기 시작하였다. 이 시기에 장보웨이는 금문도연구의 국제화와 금문 화교연구의 방향과 체계를 세웠다.

최근 10년 동안의 금문도연구에서 화교연구의 비중이 더 크지만 국공내전 때 고도로 군사관리 하에 억압당하고 생활하는 금문인의 집단기억에 대한 관심을 가졌으며, 또한 계엄령시절 해외화교들이 금문교향과 어떻게 연결되고, 네트워크를 형성했는가도 중요한 관심거리였다. 천친웬과 장보웨이 이 두 학자의 연구를 보면, 양안의 금문도연구에 대한 차이도 확인할 수 있다. 천친웬은 국공내전 이전의 민난문화를 강조하며, 종족과 신앙을 통해 금문인의 조국정체성을 불러일으키려고 한다. 국공내전과 양안간 전투는 별로 관심 없거나 회피하는 경향이 나타난다. 반면에 장보웨이는 금문도연구를 정점(頂點)으로 끌어 올리고 지역을 세계로 나아가도록 학문적 실천을 수행하였다. 그러나 정치적인 주제, 예를 들어, 통일과 정체성에 관한 연구는 거의 회피했다. 중국 연구자들과 대만 연구자, 그리고 금문 현지의 연구자들이 상대적으로 다른 주제들에 초점을 맞추는 현상은 앞으로 더 검토해야 할 흥미로운 현상이다. 이는 현재의 양안관계를 반영하는 현상이기도 하다.

Ⅳ. 금문학의 주요 주제와 성과

1. 민난문화연구

앞에서 언급한 바와 같이, 금문도는 민난문화연구에서 아주 중요한 대상이자 현장이다. 민난문화의 연구라는 맥락에서 금문도에 대한 연구는 크게 세 시기로 구분된다. 1949년과 1992년은 시기구분의 계기들이다. 1949년 이전과 이후 1992년까지의 냉전분단기, 그리고 1992년 이후의 탈냉전기 등 세 시기로 나눠서 연구주제들을 살펴보자.

1) 1949 이전: 명나라 말까지 중국 푸젠성 연안 지역은 조정의 중시를 받지 못한 변경지역이었다. 명나라 때 외부침략자들(포르투갈, 일본, 스페인 등)이 연이어 푸젠성 연안을 노리면서, 명의 조정은 푸젠성을 중시하게 되었고, 연안의 중요한 요충지를 군사적 거점으로 만들기 시작했다. 명은 해외무역과 어선을 관리하는 기구를 설치하고 세금을 받기 시작했다. 이를 통해 푸젠 연안의 치안이 점점 좋아지고, 매년 거두는 2만량의 세금 역시 지방 방어에 사용되었다. 명나라 시대의 푸젠성 연안은 왕조의 안전을 위한 전초기지였다(王日根·苏惠苹, 2007). 중국 학자들은 아직도 금문도를 명·청시대처럼 멀리 떨어진 변경지역으로 생각하는 경향이 남아있다. 이들은 명·청시대에 금문도가 샤먼의 하위 부속품이었던 것처럼 인식하고, 오직 샤먼의 중요성을 강조하는 경향이 남아 있다.

중국 학자와 달리 대만 학자인 장보웨이는 지도사회학의 관점에서 금문도를 중심으로 하는 관점을 발전시켰다. 그에게 금문도는 샤먼과 같이 지어롱쟝(九龍江) 하구에서 군사요충지와 해외무역의 중요한 거점이고, 대만, 필리핀, 일본과의 통상의 중계지이기도 한다(江柏煒, 2001.1.).

2) 1949~92년: 국민당정부는 냉전 분단의 시기에 금문인의 모든 행동을 통제하였다. 예를 들어, 금문인은 통행증이 없으면 마음

대로 대만에 갈 수 없었고, 심지어 마을과 마을 간의 이동도 자유롭지 못했다. 카메라, 농구공 등도 간첩행위과 도망할 수 있는 물품으로 간주되어 행정기관에 신청해야 사용할 수 있었으며, 제사도 미리 신청해서 일정한 시간에 지내야 했다. 이 시기는 '모든 것이 다 통제된다(無所不管)'는 시절이었다. 하지만 바로 이런 엄격한 통제 때문에 금문는 1949년 전쟁하기 전의 전통 민난풍습과 건축, 그리고 일부 경관을 보존해왔다. 긴 시간의 군사통제에 의해 금문도는 맞은편에 있는 샤먼과는 사뭇 다른 차이를 만들어냈다. 샤먼은 문화대혁명과 급속한 도시화를 통해 모든 것이 변화했으나, 금문도는 이 시기에 국민당의 군사통제구역으로 되어 민난문화를 보존했다. 이것이 역설적으로 민난문화의 주변을 중심으로 만들었다. 그러나 중국학자들은 이 시기의 금문도민난문화에 대해 별로 관심을 보이지 않았다. 금문도 주민들은 강력한 군사통제에 대해 당시에는 많은 불만이 있었으나 현재는 오히려 감사하기도 한다.

3) 1992년 이후: 금문도 주민들은 냉전 분단 시기에 만들어진 전쟁유산과 보존된 전통 민난 건축과 문화를 소중하게 생각한다. 이 두 가지 유산은 금문도의 주요 관광자원이 될 뿐만 아니라 세계유산 등재의 대상이 되었다. 등재 신청의 이유는 금문도가 민난문화의 관건적 위치에 있고, 대만, 푸젠, 그리고 남양(南洋)의 특색을 모두 보여주는 독특한 지역성을 지니고 있다는 점이다(金門文化局, 2003: 4). 130개의 전통 민난 마을, 1000개가 넘은 전통 민난건축, 160여 개의 양루(洋樓, 서양식 건물), 비물질문화유산(제사, 신앙, 언어, 생활습관) 등이 세계유산 등재의 후보들

이다. 이들은 금문도가 다양한 문화유산을 가지고 있으며, '살아있는 문화체제'로 세계에서 가장 완전하[8]고 지속적으로 발전해가는 민난문화를 보여주고 있다고 생각한다. 한국인들도 금문도의 세계유산 등재과정을 주목했다[9].

2 이민 네트웍 연구

금문도는 16세기부터 1949년까지 '이민의 고향'이었다. 금교(金僑)들이 이동하는 범위는 위로 동북아시아의 고베나 나가사키, 그리고 동남아시아 각국을 포괄한다. 금문인들은 이민의 흔적을 통해 16~18세기의 동아시아 근대사를 살펴볼 수 있다. 금문도의 이민 역사는 중국 동남부의 지역사 뿐만 아니라 동북아시아와 동남아시아의 지역사의 일부이다(川島眞, 2011: 13).

장보웨이(2012)는 금문도의 이민사를 네 단계로 나누었다. 1) 1860년대 경작지가 부족하고 농사가 어려웠기 때문에 금문도 주민들은 대규모로 남양으로 이민을 떠났다. 2) 1912~29년 남양식민지의 경제가 급속히 발전하면서 금문도 남성들이 많이 남양으로 갔다. 3) 1937~45년 일제감정기에 금문도 남성들이 일본군의 마부(馬伕)[10]로 전쟁에 징발되는 것을 피하여 남양으로 이민을 갔다. 4) 1945~49년 국공내전 때문

---

8 중국대륙의 민난지역은 1966~75년 문화대혁명으로 인해 많은 전통문화가 파괴되어 금문도의 민난문화와 단층이 생겼다. 대만도 식민지 근대화와 1949년 이후의 중국대륙 이민 등 다양한 요인에 의해 전통의 민난문화를 많이 상실했다(金門由戰爭道和平走向世界遺産, 2011).

9 「2015년 세계유산 관련 특강」, http://aik.or.kr/html/board.jsp?ncode=d001&num=33

10 1945년 일본군이 금문을 떠나기 전에 짐을 실으려고 금문의 노새 500마리, 노새 주인 500명을 강제로 광둥지역으로 이동시켰다.

에 전쟁에 나가기 싫어하는 금문도 남성들이 계속 남양으로 도망치거나 이민을 떠났다. 1949년 이후 금문도 주민들은 남양이 아닌 대만으로 이주하기 시작한다(江柏煒, 2013: 52~53).

민난화교들은 이주 이전에는 대부분 가난하고 버림을 받은 존재였는데, 양에 이주하여 각종 지방 공공사무에 관여하고, 국가정책에 간섭할 수 있는 새로운 사회적 권위집단이 되었다. 중국학자 정쩡만(郑振满, 2009)은 중국 민난지역 출신의 해외화교가 신분전환에 성공한 대표적인 사례라고 주장하였다. 교향의 신앙 체계와 의식전통은 해외화교의 사회질서 창출의 근원이 되기도 한다.

근대 민난교향이 금문도의 사회 문화적 변천에 끼치는 영향은 매우 크다. 남양에서 일하면서 부를 축적한 금교들이 고향에 있는 가족들에게 보낸 돈은 가족경제와 공공시설의 발전에 큰 도움이 되었다. 또한 금교들이 남양에서 배우는 서양인의 근대화 습관도 고향 주민에게 영향을 미쳤다. 예를 들어, 지금도 보존되어 있는 샤오시먼(小西門)에 위치하는 금교 우차오핑(吳朝坪)이 만든 마을 공공화장실은 바로 서구적인 프라이버시와 위생관념을 이식한 대표적인 사례다[11].

마찬가지로, 금문도, 혹은 민난지역의 문화가 당연히 남양 각 지역에도 영향을 끼쳤고, 특히 종교적인 영향이 컸다. 종교신앙은 이민들에게 어렵고 힘든 해외생활에 도움과 위로가 될 수 있었다. 화교가 많은 동남아시아에서 전통적인 민난식의 절을 찾기란 매우 쉽다. 대부분의 절은 지연을 근거로 만들어졌는데, 예를 들어, 싱가포르의 안시회관(安溪會館)과 봉래사(蓬萊寺)는 오랜 시간이 흘렀음에도 불구하고 아직

---

11   그 당시의 주민들이 보통 자기 집 앞에서 구멍을 파고 화장실로 하는데 우차오핑이 보기 안 좋고 위생 문제가 생기겠다고 생각해서 마을 사람을 위해 공공화장실을 만들었다.

도 같은 고향 사람들에게만 개방되는 지연적인 사회적 교류 공간(Social Networking Space)이다(柯群英, 2013). 하지만 근래에 출신지의 다원화와 국가의 토지징발정책으로 인해 지연을 근거로 만든 절들의 대부분은 현지의 공동체에 의한 공유화(communization)가 진행되었는데, 싱가포르의 감천대제묘(感天大帝廟)는 이런 사례를 대표한다(林緯毅, 2013).

종교적 공간과 혈연을 근거로 만드는 가묘, 그리고 지연에 기초한 회관(會館) 등은 사회적·경제적 이민 네트워크이면서 동시에 이민들에게 심리적 위로와 고향 귀속감을 제공한다. 화교들은 자신의 현재 거주지 뿐 아니라 고향에 송금하여 안녕을 기원하는 절과 자신의 혈연적 기원을 확인하는 사당을 세운다. 이들은 남아 있는 공동체 성원과 이주민들간의 국경을 넘어선 지역사회 네트워크이다(江柏煒, 2012b: 458).

금문도 주민들은 동남아시아뿐 아니라 동북아시아로도 이주했다. 그 규모는 동남아시아보다 많지 않지만 금문도의 이민 연구에 있어 중요한 비중을 차지한다. 장보웨이(2012)가 동남아이민과 동북아(일본)이민의 차이점을 제시했는데, 이에 따르면, 연결과 소통의 방식이 다르다. 동남아의 이민들이 보통 수객(水客)이나 민신국(民信局)을 통해 고향으로 돈을 보내는데 비해, 일본 나가사키의 왕씨(王氏) 가족의 경우는 가족주의와 지연으로 만든 무역네트워크를 통해 고향에 있는 가족들을 돌보는 것이다. 또 하나의 차이점은 동남아의 화교가 고향에서 서양식 건물을 짓기 좋아하는 반면에 서양문화의 영향을 받지 않는 일본 화교들은 여전히 전통 민난식 건물을 좋아한다. 일본으로 이주한 화교 중에 가장 유명한 진씨(陳氏)가족과 왕씨(王氏)가족은 조국의 정치에 대해 관심이 많았다. 그래서 쑨원(孫文)이 일본에서 혁명을 준비할 때 이들은 강력한 후원자들이었다(徐宗懋, 2007: 155).

3. 냉전과 탈냉전 경험 연구

금문도 연구에서 냉전과 탈냉전 경험은 빼놓을 수 없는 중요한 연구주제이다. 금문도는 1949년 전에 이민의 '교향'으로 유명했지만, 1949년 이후 국공내전(國共內戰, The Chinese Civil War), 특히 꾸닝토어전투와 8·23 포격전으로 전세계에 이름이 알려지게 되었다. 그 당시 미국과 소련을 중심으로 한 자유진영과 공산진영의 냉전체제의 형성과정에서 중국과 대만의 국공내전, 한국전쟁, 그리고 베트남전쟁은 동아시아 냉전의 특징이자 오래 지속된 평화라는 냉전의 핵심적 특징에서 이탈한 예외라고 할 수 있다. 이 전쟁들은 냉전 체제 하에서 이루어진 지역적인 열전이었다. 한국과 마찬가지로 냉전기에 중국과 대만은 전면전이 아닌 국지전과 심리전을 수행했다.

1949년 국민당이 대륙에서 패배한 다음에 장제스(蔣介石)을 비롯해 약 200만 명의 국민당군과 일반인이 대만으로 이주했다. 이주라기보다는 피신과 도망이라고 표현하는 것이 정확할지 모른다. 이와 함께 금문도과 마조도(馬祖) 등의 중국 연안에 있는 섬들이 국민당정부의 '반공대륙(反攻大陸)'의 최전방이 되었다. 당시 중국 공산당은 해군력이 미약하여 이들을 완벽하게 점령할 수 없었다.

1949년 10월 24일, 마오쩌둥은 베이징에서 중화인민공화국이 설립되고 난 직후에 약 1만 명의 해방군을 금문도 꾸닝토어에 상륙시켰다. 여기에서 벌어진 전투는 국민당군이 오랜 패배의 연속의 국면을 반전시키는 계기였다. 일본 백단(白團)은 이 전투에서 중요한 역할을 맡았다. 이들을 '장제스의 그림자군단'[12]이라고 부르기도 하는데, 장제스는 중일

---

12 楊碧川(2000)이 쓴 책인 『장제스의 그림자군단-백단의 이야기(蔣介石的影子兵團 - 白團物語)』를 참조할 것.

전쟁 당시의 일본군 지휘자들이었던 네모토 히로시(根本博)와 도미타 나오스케(富田直亮)의 전략을 활용했다. 백단의 도움에 국민당군은 꾸닝토어전투에서 승리를 거두었다.

한국전쟁의 발발은 미군 해군에게 중국의 위협으로부터 대만을 보호할 계기를 제공했다. 그러나 금문도과 마조도는 워낙 중국 대륙과 가까워서 1950년대 미국의 대통령인 아이젠하워(Dwight David Eisenhower)는 장제스에게 이들을 포기하라고 권유했다. 그러나 장제스는 '금문도를 포기하면 대만과 국민당정부도 망한다'고 거부했다. 한국전쟁의 종료 이후에 마오쩌둥은 금문도과 마조도의 전략적 가치를 중요하게 생각했다. 초기에는 대만을 점령할 수 있는 교두보로써 점령의 대상이었지만, 양안 분단이 확실해지는 상황에서 이들은 대만과의 분단을 영구화하지 않도록 하는 연결고리로 인식했다. 따라서 마오쩌둥은 두 섬을 대만을 도망하지 않게 붙잡는 중국의 두 손으로 간주하여, 금문도과 마조도를 폭격하는 것은 점령을 위한 목적이 아니라 국민당에게 경고를 주고 미국 제국주의를 견제하는 수단이었다(林博文, 2009: 259).

한국전쟁이 종료된 후 재개된 국공갈등은 1954년의 충돌과 1958년의 포격전으로 이어졌다. 포격전에서 장제스는 백단의 의견을 듣고 과거의 일본군이 이오지마 섬(硫黃島)에서 했던 것처럼 '갱도전'을 취했다. 1958년 8·23포격전 때 44일 동안 공산군의 47여 만발의 포탄 공격에 견뎌 낼 수 있었던 것은 이 참호와 갱도전 덕분이었다(우쥔팡·정근식, 2014: 11~12). 일본의 가와시마 신(川島真) 교수는 이를 금문도에 일본인이 서 있는 것으로 묘사했고, 2차세계대전 이후 평화국가의 길을 걸었던 전후 일본의 또 다른 이미지라고 말했다(川島真, 2011: 13). 1958년 10월 11일 8·23포격전이 끝난 후, 국은 핵폭탄을 발사할 수 있는 12개의 8인치 유탄포를 금문도로 보내서 중국의 공격을 막으려고 하였는데, 이것은 마오쩌둥의 핵무기 개발을 촉진시킨 요인으로 간주되기도 했다(林博文, 2009: 245). 세계 각국은 대만해협의 위기가 제3차 세계대전으로 번지는 것을 두려워하여 장제스에게 금문도의 주둔군을 철수하라고 요구하기도 하였는데, 이를 통해 금문도는 세계적인 관심사가 되었다.

마코토 이시카와(石川誠人, 2001: 143~146)는 이런 상황을 정리했다. 즉, 미국 측은 승산이 없는 낙도에 돈과 시간을 낭비하고 싶지 않고, 공산당 측은 또한 '두개의 중국'이 될까봐 두려워하여 장제스이 낙도에서 병력을 철수시키지 않았으면 했으며, 대만 측도 중국과 같이 '두개의 중국'이 되면 더 이상 '반공대륙(反共大陸)'의 꿈을 이룰 수 없을까봐 초조했다. 이런 지정학적인 요소와 정치심리학은 금문도를 세 나라 공동의 냉전용 '링'으로 만들었다.

냉전시기에 금문도 주민들의 생활 또한 냉전연구의 중요한 연구주제이다. 스조니(Michael Szonyi, 2008)는 군사화(militarization), 지정학화(geopoliticization), 근대화(modernization)와 기억(memory)이라는 4개의 용어로 냉전시기의 금문사회를 탐구했다. 장보웨이(2013)는 여기에 화교라는 요소를 추가하여 금문사회를 규정하였다. 실제로 1949년 이후 금문도 통치를 맡은 후리엔(胡璉) 장군이 어떻게 하면 해외의 교회(僑匯)를 금문도로 들여올 것인가를 고심했다.

스조니와 장보웨이는 억압된 금문인의 전쟁기억에 대해 강조했다. 스조니는 금문인의 기억을 고통 담론, 대리인담론, 향수 담론 등 3가지 유형으로 나눠서 정부에서 서술한 역사와 비교했다. 장보웨이(2007)는 전쟁역사관을 사례로 하여, 장시간 억압된 금문도 주민의 기억과 정부의 공식 역사가 거리가 있다고 지적했다.

탈냉전 시대의 금문도의 역할 또한 중요한 연구주제이다. 금문도는 냉전적 심리전과 군사적 대치의 최전방이었으나 탈냉전과 함께 평화의 교량으로 바뀌기 시작했다. 2001년부터 실시한 소삼통은 양안이 평화적으로 교류할 수 있는 계기를 마련했다. 대만이 중국과의 경제 교류를 개방하는 이유는 글로벌 시대의 중국의 굴기를 더 이상 무시할 수 없었기 때문이다. 소삼통은 양안이 냉전의 대치국면에서 벗어나 본격적으로 교류하고 협력하는 길을 열었다. 계엄령을 해제한 후 금문도의 군인 수는 10만 명에서 2,000명 정도로 급속히 감소했다. 탈군사화는 금문도 주민들에게 자유와 소외감(버림받았다는 배신감)을 동시에 주었다. 대만본섬으로부터 버림을 당했다는 느낌은 군대의존경제의 해체에 기인했다. 소삼통은 이런 소외감과 배신감을 누그러뜨리는 계기를 제공했다. 샤먼과 금문도의 가까움의 회복은 '금하1일생활권'으로 표현되었으며, 반세기 동안 단절된 금문도과 샤먼의 교류를 복원했다. 특히 관광과 부동산업의 성장이 가장 빠르다. 금문도는 샤먼과 다른 전지관광(戰地觀光)의 개념으로 중국 관광객의 시선을 끌려고 하였고(우쥔팡·정근식, 2015), 샤먼은 금문도과 다른 도시화와 경관으로 금문인의 관심을 끌었다. '샤먼에서 집을 살 것인가'는 질문은 소삼통 이후 금문인들의 변화된 생활세계에서 빈번히 등장하는 의제이다.

 양안이 아직까지 '통일' 이야기가 나오면 서로 싸우지만 '소삼통'과 '삼통'을 통해 양안간 경제교류와 협력은 크게 증대되었다. 이런 교류와 협력은 국제사회의 주목을 받았다. 특히 한국에서 많은 관심을 보여 주었다. 한국의 학자들은 대부분 금문도의 지정적 위치 때문에 금문도에 대한 관심을 갖게 된다. 금문도는 한국의 서해5도(연평도, 소연평도, 백령도, 대청도, 소청도)와 비견되며, 샤먼과 금문도의 포격전은 연평도 포격전과 유사하다. 또한 중국과 대만간의 교류협력은 2008년 이후 단절된 남북한 간 단절과 대비된다. 한 때 치열하게 싸웠던 중국과 대만은 오늘날 금문도를 활용하여 평화적 교류의 모델을 만들었는데, 이런 경험은 백령도나 연평도의 미래를 예측하는 자원으로 활용되기도 한다. 냉전 분단이 남긴 유산들이 탈냉전 시대에 전장관광(battlefiel tourism)을 위한 자원으로 활용되는 금문도의 경험이 백령도나 연평도의 미래를 예측하는 유력한 참고자료로 활용되기 시작하였다.

V. 과제: 정체성 연구를 위하여

금문도는 냉전기에 지리적 위치로 인해 중국과 대만 양쪽으로부터 모두 단절된 장벽이었지만, 평화가 찾아오면 양쪽을 연결하는 우호의 교량이 된다(김민환, 2015: 45~48). 지금까지 살펴본 금문학은 단순한 지역연구라기보다는 냉전기에 가려지고 은폐되었던 민난문화와 생활세계의 복원이고 재발견이다. 그러나 금문학을 탄생시킨 주체인 금문도 주민들에게는 일종의 자기정체성 확립을 위한 학문적 노력이라고 할 수 있다. 금문도는 1949년 이전의 교향의 출발지이자 동아시아의 국제무역의 중계점이었고, 민난문화를 전파하는 장소였다. 1949~92년의 국공대치 시기에는 자유진영의 최전방이자 군사요새지였다. 1992년 이후 금문도는 양안의 우호를 위한 교량으로 변화하였고, 전장관광의 섬, 민난문화의 보존지, 평화의 섬 등의 다양한 정체성을 갖게 되었다. 이 때문에 냉전과 탈냉전 연구의 중요한 현장이 될 수 있다.

금문학의 중심에 있으면서도 가장 부족한 것은 양안관계의 변화가 금문도 주민의 정체성에 미치는 영향에 관한 연구이다. 대만학자와 중국학자들이 참가하는 '민난문화 학술워크숍'과 '금문학 학술워크숍'에서 금문도의 정체성에 관한 논문을 찾기 힘들다. 매우 민감한 주제일 뿐 아니라 어려운 주제이기 때문이다. 전통문화의 측면에서는 중국에 속하지만 정치군사적으로는 대만에 소속되어 있는 금문도는 양안관계의 변화에 따라 민감하게 반응하는 장소이다. 특히 탈냉전과 민주화가 가져오는 이중효과가 금문도에서는 대만과 다르게 나타난다. 금문도 주민들은 민주화를 지지하면서도 중국정책에 대해서는 대만의 독립파와는 다른 목소리를 내고 있다.

나는 금문도의 정체성에 관한 연구가 앞으로 '금문학'연구의 중요한 주제가 될 것이라고 전망한다. 문화지리적으로 볼 때는 중국 민난지역에 속하고 있지만, 대만의 영토에 속한다는 심리적 '양속', 그리고 금문도의 주민들이 받고 있는 대만 교육의 영향, 양안 모두에 투자를 하고 있는 경제적 상황 등은 금문도의 복합적 정체성을 형성하는 핵심적 요인들이다. 금문도의 정체성은 '양안정체성 적응기의 시험구'로서 중요한 지표와 변수를 제공한다. 마지막으로 중국이나 대만, 그리고 미국이 소장하고 있는 냉전적 금문도에 관한 전략적 자료들은 금문도뿐 아니라 동아시아 냉전사 연구의 중요한 토대가 될 수 있다[13]. 아직까지 이에 관한 자료들은 충분히 공개되어 있지 않거나 연구되어 있지 않으며, 금문학은 이런 미공개 자료들에 접근할 수 있을 때 다시 한 번 도약할 것이다.

---

13 1950~60년 기간에 금문도에서 미국 정보원과 군인, 기자들이 많이 주둔했다. 장보웨이는 금문도의 냉전사의 위치를 다시 살펴보고, 전지관광자료로 활용하기 위하여 2014년에 미국 국가 기록원(National Archives and Records Administration)을 방문하여 냉전기 금문도 관련 자료를 정리하였다. 이 자료는 미국 군대 혹은 중앙정보국(CIA)이 하원에 보고했던 아시아와 대만 전지의 보고서, 둘째, 미국국무원외교공문과 편지(주로 미국의 외국과의 의견 교환과 정책 결정 기록), 셋째, '중국농촌부흥연합위원회'가 금문도에서 했던 기록, 넷째, 1950~60년대 동영상 기록 등이다. 정부에서 찍은 동영상은 홍보용 동영상과 뉴스 동영상 두 가지로, 총 53개의 동영상을 복제했다. 그 중에 1955~58년 시기의 동영상은 44개 있고 1959~67년 6개 있다. 나머지 2개는 시간을 확정할 수 없다. 이 동영상들은 1954년부터 전세계의 냉전 하의 금문도의 거시적 경험과 미시적 경험을 보여준다(장보웨이, 2014).

에필로그: 사진으로 보는 금문도

이정만

"마이크! 이 목걸이를... 당신 목에 거세요... 내 영혼이 항상 당신과 함께 하도록... 약속해 줘요... 내세에서도 나와 함께 할 거라고.." 메리는 손을 들어 마이크의 얼굴을 만지려 했지만 그녀의 손은 힘없이 땅에 늘어졌다. 마이크는 메리의 이름을 외쳐 보았지만 그녀는 더 이상 그의 외침을 들을 수 없었다. 마이크는 메리를 껴안고 흐느꼈다.

'금문과부(金門寡婦: 영어 제목 Widow of Que-Moy)'라는 소설은 이렇게 끝이 난다. 주인공 메리 야오메이 우는 마이크와의 결혼식 도중 그녀를 사랑한 중국 인민군 특공대원 아데에게 납치되었다가 금문도 해안에서 신랑 마이크의 품에 안겨 세상을 떠난다. 메리는 원래 상하이의 부유한 집안의 딸로 태어났다. 상하이에서 고등학교를 졸업하고 미국의 컬럼비아 대학에 진학하려던 1948년, 상하이의 미국 영사관에 근무하던 무관 중위 마이크를 만나 서로 사랑에 빠진다. 메리의 가족은 1949년 대만으로 후퇴하는 국민당 정부의 배 태평호(Supreme Peace)에 탔다 배가 침몰하여 다 죽고 메리만 기적적으로 금문도의 어부 린젠구오에게 구출되어 금문도에서 살게 된다. 가난한 노총각 린젠구오와 결혼해 살던 중 1958년 남편이 탄 배가 금문도 앞 바다에서 중국 해군에 의해 나포된다. 메리에게 일 년 간 스파이 행위를 해 주면 남편을 풀어주겠다는 요구를 전하기 위해 금문도에 침투한 중국 인민군 해병대 아데는 메리를 사랑하게 된다.

1958년 8월 23일 저녁 중국 공산군은 금문도를 향해 대대적인 포격을 하고 그 결과 대만 장군 세 명을 포함한 많은 사상자가 발생한다. 메리는 자신도 모르는 사이에 자기가 타이우산에 주둔하는 대만 장군들의 위치 정보를 제공하여 큰 피해를 입힌 사실을 깨닫고 자책한다. 8·23포격전 와중에 미국이 제공한 대포의 포격으로 메리의 남편 린젠구오가 샤먼역에서 사망한다. 남편의 유물인 목걸이를 메리에게 돌려주러 금문도에 온 아데는 밤중에 메리를 겁탈하려던 국민당 장교와 싸우다 부상을 입고 돌아간다. 십년 뒤 1968년, 미군 정보장교가 된 마이크 대령은 업무 상 금문도에 왔다가 죽은 줄 알았던 메리를 발견하고 다시 사랑에 빠지게 된다. 이

소설 '금문과부' 표지
제프 첸이 영어로 쓴 소설 'Widow of Que-moy'는 계엄령 하 금문도 주민의 통제된 생활을 잘 보여준다. 주인공 금문과부는 상하이에서 금문도로 이주하여 파란만장한 삶을 산다. 저자는 논픽션 소설이라고 주장한다.

들의 결혼식에 장제스 총통의 아들 장징궈가 참석할 것이라는 걸 알게 된 중국 공산군은 금문도의 결혼식장에서 장징궈를 납치할 계획을 세운다. 납치 공작대의 대장으로 파견된 아데는 장징궈의 납치가 실패로 돌아가자 메리를 납치하여 도주하려 한다. 메리를 구하려고 쫓아온 마이크와 마주친 아데가 마이크를 죽이려 하자 메리가 아데를 총으로 쏘고 아데는 죽기 직전 자신이 사랑하는 메리에게 단도를 던져 죽게 한다.

2014년 금문도 답사를 다녀 온 뒤 이 소설 책을 구하여 읽었는데, 스토리가 드라마틱하면서도 현실감이 있고 장면이나 배경 묘사, 그리고 배후의 정세나 전투 등의 묘사가 생생하여 흥미진진하게 읽었다. 주인공인 메리와 세 남자의 사랑, 그리고 그 비극을 느끼느라 가슴이 아렸던 건 물론이다. 금문도와 샤먼을 답사하였던 덕택으로 소설의 장면들을 영화처럼 생생하게 상상할 수 있었다. 또한 금문도와 해협 건너편 중국 대륙 사이에서 발생한 군사적 충돌을 어느 정도 이해한 뒤라서 그런지 금문도 답사를 또 다시 간 것과 같은 감동을 느낄 수 있었다. 저자인 대만의 작가 제프 첸(Jeff Chen)은 소설의 주인공 메리가 실존인물이고 이 소설이 사실에 기반을 두었다고 쓰고 있다. 읽으면서 이 스토리가 사실이 아니기는 힘들겠다는 느낌이 들 정도로 생생하긴 하지만 소설이니 가상적인 내용도 있으리라 생각된다. 여하튼 소설을 읽고 이렇게 큰 감동을 느끼기는 참으로 오랜만이다.

2012년 가족들과 타이베이와 대만 동부해안을 3박 4일간 여행한 적이 있다. 당시 여행사의 단체여행에 참가하여 가이드가 데리고 가는대로 다녔는데 타이베이는 작은 서울 같고, 동부해안은 제주도 같다는 느낌이 들어 다소 심드렁했다. 기억에 남는 것은 타이베이 국립박물관에서 가장 인기가 높다는 옥배추였다. 속으로, '역시 중국 사람들은 재물복을 많이 바라는가 보다' 하였다. 하지만 2014년 금문도 답사팀과 같이 한 금문도와 샤먼의 답사는 지난 수십년간 다닌 여행 중 가장 즐겁고 유익한 여행 중 하나였다. 성격이 좋고 전문지식이 높은 멤버들과 같이 답사하는 것도 좋았고, 답사팀원의 부친이신 금문도의 교장 선생님의 안내와 배려로 금문도를 구석구석 돌아보며 맛있는 음식을 먹을 수 있는 것도 좋았고, 몇 년 전 다녀온 백령도와 비교해 보는 것도 좋았다.

백령도의 관광자원이 된 포대
백령도의 군사 시설 중 더 이상 사용하지 않게 된 대포는 관광상품으로 활용된다(효녀심청전시관 마당에 전시된 대포).

백령도 해안의 선박 침투 저지 구조물
금문도 해안에 있는 구조물과 거의 동일하다.

백령도 해안 출입 통제를 알리는 경고문
해안지대의 야간 출입은 금지되며 이에 대한 통제는 주둔하는 군 부대장이 관장한다. 지뢰지대가 있음을 알리는 항목이 있다.

백령도 천안함 순직 장병 위령탑
천안함 폭침 사건에 대한 정치적 논란이 있으나 천안함 사건으로 희생된 순직 장병을 위한 위령탑이 설치되어 백령도 관광객의 주요 방문지가 되었다.

이 책을 읽는 독자들에게 조금이라도 도움이 될까하여 금문도 답사 팀 들이 찍은 사진 중 몇 개를 골라 제공하고자 한다. 사진들을 분류하자면 크게 금문도 토착문화 사진과 전쟁 관련 사진으로 구분할 수 있다. 토착문화 사진은 전통 민난 주택, 전통신앙 관련 사진을 포함한다. 전쟁 관련 사진은 방어 경관, 전투 기념관, 전장 관광, 전시 경제 관련 사진 등을 포함한다. 이와 함께 탈냉전후 냉전유산을 활용하는 모습들을 담은 사진들도 볼 수 있다.

- 금문도는 중국 푸젠성의 남부인 민난지역에 속하고 있다. 여기에는 독특한 주택과 음식, 신앙 등이 존재한다.

금문 민간 신앙의 대상인 풍사야 상
금문도에는 해신의 일종인 풍사야(바람을 통제하는 사자신)에 대한 신앙이 남아 있다. 문화 상품으로서도 활용된다.

재건축되는 전통 민난식 가옥

금문도에는 민난식 가옥이 다수 보존되어 있는데 이 중 상당수는 관광자원으로서 재건축되어 민박집으로 활용된다.

소금문의 민난식 주택

금문도는 과거 푸젠성의 일부로서 푸젠성 일대의 독특한 민난식 건축 양식이 보존되어 있다.

전통 민난 가옥 그림

전통 민난식 가옥이 중국 푸젠성에서는 거의 사라졌으나 금문도에는 일부가 잘 보존되어 관광자원으로서의 역할을 하고 있다.

금문 성내의 열녀문

지금은 시장 통이 된 지역에 남아 있는 열녀문

금문성내 시장 길의 작은 도교 사당

금문현에는 과거에 성곽이 있었고 성내에는 오래된 문화역사유산이 많다. 성내 시장에는 다수의 사원이 있다. 지붕에는 관우를 포함한 세 개의 신상이 올려져 있다. 지나가는 여학생들의 모습이 천진난만하다.

금문 성내 도교 사원 지붕의 신상들

관우를 모시는 사당 지붕의 신상

금문의 득월루와 서양식 건물
오른쪽 담에 마오쩌둥의 사진을 이용한 전통
차 광고가 눈에 띈다.

- 금문도는 오늘날 대만에 속하고 있지만, 대만과는 달리 일본 제국주의의 지배는 중일전쟁이 시작된 뒤부터 받았다. 1949년 국민당과 공산당군 간의 꾸닝투어 전투, 1958년 8·23포격전은 중국과 대만간, 샤먼과 금문간 냉전과 분단들을 구조화하였고, 금문도의 경관을 군사적으로 만들었다.

일본군에 징용되어 끌려간 금문 마부들을 기념하는 기념비
금문도 주민 중에는 제2차 세계대전 말 일본군의 마부로 끌려갔다가 국공전쟁에서는 다시 국민당 군대의 마부로 동원되었다 죽거나 싱가포르로 도망하는 등 파란만장한 삶을 산 주민들이 많다.

1949년 꾸닝토어전투 지도
중국 공산군이 다덩다오 쪽에서 금문도의 꾸닝토어 해안 지대에 상륙하여 금문도의 점령을 시도하였으나 치열한 전투 끝에 중국 공산군이 후퇴하였다.

꾸닝토어전투 그림
꾸닝토어 일대에 상륙한 중국 공산군과 방어하는 국민당 군대가 전투하는 모습으로 금문도의 꾸닝토어 전사관에 전시된 그림이다.

꾸닝토어 승전 그림
1949년 중국 공산군이 금문도에 침공했다가 그 중 일부가 국민당 군대에 생포되는 모습을 그린 그림으로 금문도의 꾸닝토어 전사관에 전시된 그림이다.

1949년 꾸닝토어전투에서 부서진 가옥
금문도에서 1949년의 꾸닝토어전투는 대만의 국민당 정부가 거둔 드문 승전의 기억으로 보존되어 적극적으로 홍보되고 관광자원으로 활용된다.

중국 다덩다오 8·23전사관에 전시된 8·23포격전 그림
중국 푸젠성 샤먼시에도 8·23포격전을 기념하는 전시관이 있어 금문도에서 기억하는 8·23포격전과 대비되는 기억을 보여 준다.

중국 해안에서 8·23포격전에 동원된 대포들
중국에서 기억되는 8·23포격전은 1949년 꾸닝토어전투와 달리 승리한 전투로 기억되어 보다 적극적으로 홍보된다.

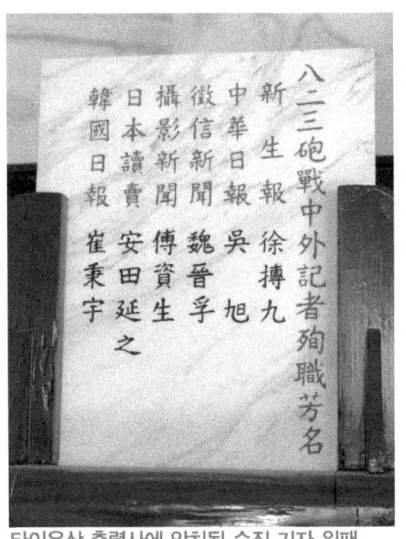

타이우산 충렬사에 안치된 순직 기자 위패
1958년 8·23포격전을 취재하다 순직한 외국인 기자 가운데 한국일보의 최병우 기자의 이름도 보인다.

금문도 충렬사에 안장된 군인 묘비
8·23포격전으로 사망한 것으로 보이는 중국 사천성 검각 출신의 장하이칭이라는 병사의 묘비이다.

포격전 증언을 청취하는 답사팀
1958년의 8·23포격전의 경험을 증언하는 할머니와 이를 경청하는 답사팀.

금문도 충렬사 전몰 병사 묘역
금문도에서 사망한 군인들의 묘역으로 금문도 타이우산 기슭에 조성한 충렬사라는 국립묘지의 일부이다. 대륙에서 온 국민당 군인들의 묘비가 대부분이다.

중국 대륙을 향하여 심리전 방송을 하는 여군
금문도는 중국 대륙과의 거리가 가까워 대형 스피커를 이용한 심리전이 쌍방간에 진행되었다.

금문 주둔 군대를 위한 공창 건물
금문에 한 때 10만 명에 이르는 군인들이 주둔하였으므로 이들의 민간인에 대한 풍기문란 사고를 예방한다는 취지로 몇 개의 공창이 설치되어 운영되었다. 그 중 하나가 보존되어 전시관으로 활용되고 있다.

금문 해안을 출입하는 어부들의 검문 모습
계엄 하 금문 주민들의 어로 활동은 철저히 통제되어 어로 출입 허가를 받아야 하고 출입 시 검문을 받았다.

소금문도에서 바라본 사자섬과 샤먼시의 그림
소금문 해안에서는 샤먼시가 가까워 육안으로도 보이는데 그 사이에 요새화된 사자섬이 있다.

소금문의 해안 상륙정 침투 방지 시설
시멘트와 쇠로 만들어진 방어 시설 너머로 해안을 감시하고 방어하는 초소가 보인다.

금문도 해안의 해안 상륙정 침투 방지 시설과 어민
용치(용이빨)라고도 하며 한국의 서해5도 지역에도 같은 형태의 구조물이 설치되어 있다.

금문도에서 사용된 대만본섬 출입 허가증

계엄령 하에서 금문도 주민이 대만본섬을 방문하거나 대만본섬 주민이 금문도를 방문하려면 별도의 통행허가증을 발급받아야 했다.

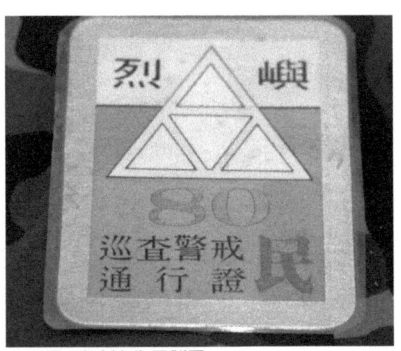

소금문 민방위대 통행증

중학생 이상의 거의 모든 주민이 민방위대로 편성되어 경계 등 다양한 의무를 부여받았다.

해안의 진지 등 전장의 경관을 그린 그림

금문도는 오랫동안 군사 대치 상태를 유지하여 이를 반영하는 그림도 많이 그려졌다. 이 그림은 호보(虎堡: 호랑이진지)를 그린 것이다.

수거된 지뢰

금문 해안 전역에 설치된 지뢰는 막대한 비용을 들여 철거되었다.

낙하산 부대 침투 방지용 구조물

중국 공산군의 공중 침투를 막기 위해 하늘을 향한 쇠꼬챙이를 포함한 기둥들이 설치되었다. 지금은 대부분 철거되었다. 중공군 침투와 전쟁에 대한 일상적 두려움을 보여준다.

금문도 전용 화폐

금문도에는 계엄 사령부에 의한 군사통치가 이루어져 금문도 전용의 화폐도 발행되었다.

- 1992년 금문도에서 계엄령이 해제되고 2001년 샤먼과 금문도 사이의 소삼통이 허용되었다. 이후 금문도는 과거의 군사적 유산을 문화적 자원으로 바꾸어 가면서 새롭게 태어나고 있다.

버려진 벙커
금문도에는 무수한 군사 시설이 있었으나 군사적 긴장의 해소 후에는 철거되거나 버려지고 있고, 일부는 관광자원으로 활용되고 있다.

금문고량주 공장 전경
금문고량주는 전시체제 하에 탄생하여 지금은 금문현의 대표적인 생산품이자 자치단체의 주요 수입원이 되었다.

전통 민난 양식을 활용한 현대식 주택
푸젠성의 전통 민난 주택 양식을 활용한 현대식 건물도 지어지고 있다.

관광자원으로 홍보되는 금문도의 상륙 저지 구조물
군사적 긴장이 완화된 후에는 금문도의 군사 경관이 관광자원으로 홍보되고 있다.

관광자원으로 활용되는 탱크
금문도의 해안 진지 중 하나였던 삼각보 주변에 사용되지 않는 탱크를 전시하여 전장관광의 자원으로 활용하고 있다.

포 사격 재현 관광
바위 산 동굴에 설치된 대포로 중국 해안 지역을 타격하는 과정을 재현하여 관광객들에게 볼거리를 제공한다.

쇠퇴한 기지촌 모습
한 때 군부대 주변에 번성했던 상가들은 쇠락하여 영화 셋트장 같은 한산한 모습이다. 담벼락에 그려진 장제스 총통에 대한 복종을 강조하는 벽화가 특이하다.

포탄피를 사용하여 기념품을 생산하는 마에스트로 우 공장
중국공산군이 발사한 포탄피를 이용하여 칼과 농기구 등 기념품을 만들어 판매한다.

금문 시내의 군인
금문도에 주둔하는 군인은 현저히 줄었지만 아직도 시내에서 가끔 군인을 볼 수 있다.

관광상품이 된 금문도의 심리전 스피커
다덩다오를 바라보는 금문도 해안에는 과거 심리전에 사용되었던 대형 스피커가 남아 있어 이제는 전장 관광의 주요한 관광상품으로 활용된다.

금문도 해안에 설치된 덩리쥔(鄧麗君) 사진
심리전에는 아름다운 덩리쥔의 노래와 사진이 활용되기도 하였다. 바다 너머 중국 다덩다오가 보인다.

금문도 심리전 스피커 구조물 앞의 답사단 일행
다덩다오가 바로 보이는 곳에 설치된 심리전 스피커는 인기 있는 전장 관광지이다.

:: 참고문헌

1장 참고문헌

江錦財. 1992. "金門傳統民宅營建計畫之研究." 國立成功大學建築研究所碩士論文.

江柏煒. 1994. "宗族移民聚落空間變遷的社會歷史分析: 金門瓊林與澎湖興仁的比較研究." 國立臺灣大學建築與城鄉研究所碩士論文.

江柏煒. 1999. "從軍事城堡到宗族聚落: 福建金門城之研究." 『城市與設計學報』第七, 八期, pp.133~177. 臺北: 都市設計學會.

江柏煒. 2003. "晚清時期的華僑家族及僑資聚落: 福建金門山后王氏中堡之案例研究." 『人文及社會科學集刊』第十五卷第一期, pp.1~57. 臺北: 中央研究院中山人文社會科學所.

江柏煒. 2005. "僑刊史料中的金門(1920~40s): 珠山「顯影」(Shining)之考察." 『人文及社會科學集刊』第十七卷 第一期, pp.159~216. 臺北: 中央研究院人文社會科學研究中心.

江柏煒. 2006. 『顯影』25冊(重印出版). 金門: 國立金門技術學院, 金門珠山薛氏宗親會.

江柏煒. 2007. "誰的戰爭歷史? 金門戰史館的國族歷史vs.民間社會的集體記憶." 『民俗曲藝』156期, pp.85~155. 臺北: 施合鄭民俗文化基金會.

江柏煒. 2009. 『海外金門會館調查實錄: 馬來西亞篇』. 金門: 金門縣文化局.

江柏煒. 2007. "宗族, 宗祠建築及其社會生活: 以福建金門為例." 林蔚文

주편.『海峽兩岸傳統文化藝術研究』, pp.364~398. 福州: 海潮攝影藝術出版社.

江柏煒. 2010.『星洲浯民: 新加坡金門人的宗鄉會館』. 金門: 金門縣文化局.

江柏煒. 2011. "'混雜的現代性': 近代金門地方社會的文化想像及其實踐."『民俗曲藝』174期, pp.185~257. 臺北: 施合鄭民俗文化基金會.

江柏煒. 2012. "在金門與長崎之間: 新頭陳氏家族的社會網絡考察."『2012年金門學國際學術研討會論文集』, pp.455~480. 臺南: 成功大學人文社會科學中心, 金門縣文化局.

江柏煒. 2012. "金門洋樓: 近代閩南僑鄉文化變遷的案例分析."『國立臺灣大學建築與城鄉研究學報』第二十期, pp.1~24. 臺北: 臺灣大學建築與城鄉研究所.

江柏煒·劉華嶽. 2009. "金門'世界冷戰紀念地': 軍事地景的保存與活化芻議." 江柏煒等主編.『2008金門都市計畫國際研討會論文集』, pp.77~124. 金門: 金門縣政府.

江柏煒·宋怡明(Michael Szonyi) 著. 阿部由美子 譯. 2011. "国家, 地方社会とヅェンダ―政策: 戦地金門の女性役割及びイメ―の再現."『地域研究』第11卷 第1号, pp.88~128. 京都: 京都大学地域研究統合情報セソタ―發行.

顧祖禹. 1662~1722.『讀史方輿紀要』. 清康熙年間職思堂清鈔底本, 國家圖書館善本書庫藏.

郭堯齡 等 編. 1979.『金門縣志』. 金門: 金門文獻委員會.

國防部. 2009.『烽火歲月: 8·23戰役參戰官兵口述歷史』. 臺北: 編者自印.

金門縣文獻委員會. 1968.『金門縣志』. 初版, 金門縣政府.

金門縣文獻委員會. 1979.『金門縣志』. 重修版(上, 下兩冊), 金門縣政府.

金門縣文獻委員會. 1992.『金門縣志』. 增修版(上, 中, 下三冊), 金門縣政府.

金門縣文獻委員會. 1999.『金門縣志』. 增修版(上, 中, 下三冊), 金門縣政府.

金門縣文獻委員會 編. 1960.『金門華僑志』. 金門: 編者自印.

金門縣政府. 1992.《金門縣志》. 金門: 編者自印.

金門縣政府. 2009.《金門縣志》續修. 金門: 編者自印.

潘翎 主編. 1998.『海外華人百科全書』. 香港: 三聯書店.

麥留芳. 1985.『方言群認同: 早期星馬華人的分類法則』. 臺北: 中央研究院民族所專刊乙種第十四號.

方清罷 主編. 2003.『護頭方氏族譜』. 金門: 護頭方氏族譜修繕委員會.

徐鼐. 1968.『小腆紀年』. 臺北: 文海出版社.

宋怡明(Michael Szonyi). 2011. "金門在前線: 1949 年以來地域政治, 兩岸關係和地方社會." 江柏煒 主編.『福建省金馬歷史回顧與展望學術研討會』, pp.1~14. 金門: 福建省政府.

宋怡明(Michael Szonyi) 著. 李仁淵 譯. 2009. "戰火下的記憶政治: 金門, 1949~2008."『考古人類學刊』第71期, pp.47~69. 臺北: 臺灣大學人類學系.

市川信愛 監修. 朱德蘭 編集. 1993.『長崎華商泰益號關係商業書簡資料集: 關門地區商號』. 原史料藏於長崎市立博物館, 日本: 九州國際大學國際商學部複製本, 日本文部省科學研究費補助國際共同研究.

楊英 著. 臺灣銀行經濟研究室 編. 1958.『從征錄』. 臺北: 臺灣銀行經濟

研究室.

楊天厚. 2011. "金門宗祠祭儀研究: 以陳, 蔡, 許三姓家族為例." 東吳大學 中文系博士論文.

余光弘·魏捷茲(James R. Wilkerson) 編輯. 1994. 『金門暑期人類學田 野工作教室論文集』. 臺北: 中央研究院民族學研究所.

呂靜怡. 2008. "「出操」的記憶與認同: 金門婦女隊員的生命經驗敘說 (1949~1992)." 慈濟大學人類發展研究所碩士論文.

葉鈞培·許志仁·王建成合 編. 2000. 『歲時節俗與生命禮儀』. 金門: 金門 縣立文化中心.

吳培暉. 1997. "1911年以前金門與澎湖村落空間的比較." 國立成功大學 建築研究所博士論文.

溫瑞臨. 1968. 『南疆繹史』. 臺北: 成文出版社.

汪毅夫·楊彥杰·謝重光. 1999. 『金門史稿』. 廈門: 鷺江出版社.

王鐵崖 編. 1957. 『中外舊約章匯編』. 北京: 三聯書局.

王秋桂 主編. 2004. 『金門歷史, 文化與生態國際學術研討會論文集』. 臺 北: 財團法人施合

鄭民俗文化基金會出版.

李乾朗. 1978. 『金門民居建築』. 臺北: 雄獅圖書.

李瓊芳. 2008. "戰地政務時期的金門學校教育." 金門技術學院閩南文化 研究所碩士論文.

李國祥 等 編. 1993. 『明實錄類纂·福建臺灣卷』. 武漢: 武漢出版社.

李雯. 2009. "從漁村, 軍港到商港 - 金門料羅村及其港口之空間變遷." 金 門技術學院閩南文化研究所碩士論文.

李永熾 監修. 薛化元 主編. 1990. 『臺灣歷史年表-終戰篇 I(1945~1965)』. 臺北: 業強出版社.

李宗翰. 2012. "清代國家與地方家族之合作關係: 以光緒「金門志」為例." 第四屆民間歷史文獻論壇. 廈門大學民間歷史文獻研究中心.

李皓. 2006. 『金門戰地政務體制下的民防自衛體系』. 政治大學歷史研究所.

林金枝. 1986. "論近代華僑在汕頭地區的投資及其利用." 『汕頭僑史論叢』第一輯, p.115. 汕頭: 汕頭華僑歷史學會.

林美華. 2008. "傾聽戰地的聲音: 金門的戰地廣播(1949~1992)." 金門技術學院閩南文化研究所碩士論文.

林衡道. 1996. "臺灣世居住民的祖籍與神明." 『臺灣地區開闢史料學術論文集』, pp.249~319. 臺北: 聯經.

林焜熿. 1960. 『金門志』. 臺北: 臺灣銀行經濟研究室.

張宇彤. 2001. "金門與澎湖傳統民宅形塑之比較研究: 以營建中的禁忌, 儀式與裝飾論述之." 國立成功大學建築研究所博士論文.

田立仁. 2007. 『金門之熊: 國軍裝甲兵金門保衛戰史』. 臺北縣中和市: 大河文化.

『正氣中華報』. "金門商會召開座談商討僑匯問題." 1951. 4月 11日 第四版.

朱德蘭. 1995. "明治時期長崎華商泰昌號和泰益號國際貿易網絡之展開." 『人文及社會科學集刊』第7卷 第2期, pp.53~75.

朱德蘭. 1997. "近代長崎華商泰益號與上海地區商號之間的貿易." 張炎憲主編. 『中國海洋發展史論文集』第六輯, pp.349~388. 臺北: 中央研究院人文社會科學研究中心.

朱德蘭. 1997. 『長崎華商貿易の史的研究』. 東京: 芙蓉書房.

朱德蘭. 1999. "近代長崎華商泰益號與廈門地區商號之間的貿易." 湯熙勇主. 『中國海洋發展史論文集』第七輯·上冊, pp.201~203.

臺北: 中央研究院人文社會科學研究中心.

朱德蘭. 2012. "長崎華商泰益號與臺南地區商號的貿易活動(1901~1938)." 『港口城市與貿易網絡』, pp.291~338. 臺北: 中央研究院人文社會科學研究中心.

朱德蘭·市川信愛. 1999. "戰前期長崎華商のアジア海域交易ネットワーク―今次金融危機と長崎華商「泰益號」文書再考." 日本九州國際大學社會文化研究所. 『紀要』第 43號, pp.157~182.

周妙真. 2007. "官方影像中的金門戰地婦女形象(1949~1978)." 金門技術學院閩南文化研究所碩士論文.

陳炳容. 2008. "金門宗祠祭祖研究: 以陳氏大宗穎川堂等六宗祠為例." 銘傳大學應用中文系碩士在職專班碩士論文.

蔡尚溫 主編. 1992. 『浯江瓊林蔡氏族譜』. 金門: 金門瓊林蔡氏宗親會.

蔡珮君. 2008. "從傳統聚落到'戰鬥村': 以金門瓊林為例." 金門技術學院閩南文化研究所碩士論文.

川島真. 2008. "金門的軍事基地化與僑鄉因素的變遷: 1949年前後的連續與斷絕." 林正珍 主編. 『2008年金門學學術研討會論文集』, pp.207~220. 金門: 金門縣文化局.

沈衛平原 著. 劉文孝 補校. 2000. 『金門大戰: 臺海風雲之歷史重演』. 臺北: 中國之翼.

何喬遠. 1628~1644. 『閩書』. 明崇禎年間刊配補鈔本, 國家圖書館善本書庫藏.

行政院國軍退除役官兵輔導委員會. 2009. 『古寧頭戰役參戰官兵口述歷史』. 臺北: 編者自印. 許如中. 1959. 『新金門志』. 金門: 金門縣政府.

許紫芬. 1999. "1880年代東北亞地區華商的貿易活動." 湯熙勇主編. 『中

國海洋發展史論文集』第七輯・上冊, pp.171~199. 臺北: 中央研究院人文社會科學研究中心.

許紫芬. 2002. "日本華商商幫組織的變遷－以長崎福建華商組織為例." 『東北亞僑社網絡與近代中國』, pp.145~193. 臺北, 中華民國海外華人研究學會.

胡璉. 1976. 『金門憶舊』. 臺北: 黎明公司.

洪小夏. 2001. 『血祭金門』. 香港: 新大陸出版社.

洪受. 1970. 『滄海紀遺』. 金門: 金門文獻委員會.

洪受 著. 吳島 校釋. 2002. 『滄海記遺校釋』. 臺北: 臺灣古籍.

黃任 纂修. 臺灣銀行經濟研究室 編. 1958. 『泉州府志選錄』. 臺北: 大通書局.

黃振良. 2003. 『金門戰役史蹟』. 金門: 金門縣文化局.

Chi, Chang-hui(戚常卉). 2004. "Militarization on Quemoy and the Making of Nationalist Hegemony, 1949~1992." 王秋桂 主編. 『金門歷史, 文化與生態國際學術研討會論文集』, pp.523~544. 臺北: 財團法人施合鄭民俗文化基金會出版.

Chiang, Bo-wei(江柏煒). 2011. "A Special Intermittence and Continuity in Local History: The Chinese Diaspora and their Hometown in Battlefield Quemoy during 1949~1960s." Journal of Chinese Overseas 7(1), pp.169~186. Singapore: Singapore University Press & Ridge.

l'Abbé Antoine François Prévost. 1746~1759. Histoire générale des Voyages, Paris, 15volumes, with maps and views by Jacques-Nicolas Bellin.

Settlements, Straits. 1934. Reportof Protector of Chinese 1932. Singapore: Government Press.

Szonyi, Michael. 2008. Cold War Island: Quemoy on the Front Line, New York: Cambridge University Press.

Wang, Gungwu. 1991. "Merchants without Empires: The Hokkien Sojourning Communities." In Wang, Gungwu ed. Chinaand the Chinese Overseas.

Singapore: Times Academic Press, pp.79~101.

Zhang, J. J.(張家傑) and Bo-wei Chiang(江柏煒). 2009. "'Normandy' or 'Las Vegas'? Positioning 'Kinmen' in the Post-war (Re)construction Era." 江柏煒 等 主編.『2008 金門都市計畫國際研討會論文集』, pp.187~220. 金門: 金門縣政府.

미국 정부 문서

CIA, The Chinese Offshore Islands, 8 Sept. 1954, IA-RD-P80R01443R000300050008-7, National Archives, USA.

Department of State, Taiwan Straits Situation, NND009038, 1958/08/30, National Archives, USA.

Navy Department, Naval Message, NND009038, 1958/08/30, National Archives, USA.

Parsons, J. Graham Background Information and Recommendations Relating to the Situation in the Taiwan Straits, NND009038, 1958/08/29, National Archives, USA.

2장 참고문헌

국내문헌(영문 및 번역서 포함)

노연숙(2005), 「한국 개화기 영웅서사 연구」, 서울대 국문학과 석사학위논문.

Smith D. Anthony(2012), 『민족주의란 무엇인가: 근대주의를 넘어선 새로운 모색』, 강철구 옮김, 용의숲.

모모키 시로 편(2012), 『해역아시아사 연구 입문』, 최연식 옮김, 민속원.

박정수(2012), 「중화(中華) 민족주의와 동아시아 문화갈등: 역사와 문화의 경계짓기」, 『국제정치논총』 52(5), pp.69~92.

Anderson, Benedict(2002), 『상상의 공동체: 민족주의의 기원과 전파에 대한 성찰』, 윤형숙 옮김, 나남출판.

이민희(2003), 「한국,일본,폴란드,영국의 역사 영웅서사문학 비교연구: 임경업전(林慶業傳)·고쿠센야캇센(國性爺合戰)·꼰라드 발렌로드(Konrad Wallenrod)·아이반호우(Ivanhoe)를 중심으로」, 서울대 국문학과 박사학위논문.

장문훈(2011), 「혼혈/종 역사지식의 재생산: 1940년대 대만 문학 속의 〈국성야〉 이야기」, 『한국문학연구』 40, pp.89~116.

정응수(2012), 「정성공 일가에 대한 조선정부의 인식변화」, 『日本日文學』 55, pp.435~453.

천성림(2006), 「20세기 중국 민족주의의 형성과 전개: 문화적 민족주의를 중심으로」, 『동양정치사상사 연구』 5(1), pp.189~207.

Andrade, Tonio(2011), *Lost Colony: The Untold Story of Shina's first Great Victory over the West*, Princeton University

Press.

Zheng, Yongnian(1999), *Discovering Chinese Nationalism in China*, Cambridge University Press;『21세기는 중국의 시대인가: 민족주의, 정체성 그리고 국제관계』, 승병철 옮김, 문화발전소, 2005.

Eliot, Mark(2001), *Manchu Way: The Eight Banners and Ethnic Identity in Late Imperial China* ;『만주족의 청제국』, 이훈·김선민 역, 푸른역사, 2009.

중국·대만·일본 문헌

가오쯔화高致華(2011),「台灣信仰文化的對照研究—以"開台聖王"與"開漳聖王"為例」,『閩台文化交流』,〈1〉

가오쯔화高致華(2006),「台湾地区郑成功信仰之历史研究」,『史学集刊』,〈5〉

가오쯔화高致华(2002),「日本文學作品中鄭成功之形象與魅力」[J],『台灣歷史學會會訊』13, 台灣歷史學會

광한光漢(1904),「中国排外大英雄郑成功传」,『中国白话报』,〈20〉

덩쿵자오鄧孔昭(2007),「连横的郑成功研究及其对台湾抗日民族运动的影响」,『台湾研究·历史』,〈2〉

롄횡連橫(1979),『대만통사(臺灣通史)』(上/下), 臺灣銀行經濟研究室 編, 臺北: 衆文圖書股彬

리린李琳(2012),「日本人眼中的郑成功」,『炎黄纵横』,〈7〉

리밍레이李鳴雷(1937),「民族英雄郑成功的伟绩」,『现代青年』,〈2〉

시에쓰중謝世忠(1987),『認同的污名』, 臺北: 自立, pp.14~15.

쉬따링許大齡(1984),「民族英雄郑成功为捍卫祖国领土完整而斗争」,

『郑成功研究论文选』, 정성공연구학술토론회 학술팀 편집, 福建人民出版社

쑤원칭蘇文菁(2013),「郑成功的历史价值与当代意义」,『闽商文化研究』,〈2〉

쓰이린施懿琳(2003),「从郑清往来书信谈世变下的英雄形象:以郑成功为主、郑经为辅的讨论」, 제5차『中国近代文化的解构与重建』학술토론회논문집

우원자오伍遠資(1939),「郑成功开拓台湾史略」,『热流』, 特辑第2期.

주시에朱偰(1956),『鄭成功:明末解放台湾的民族英雄』, 湖北人民出版社, 武漢

주쉐자오朱學召(2013),「对于历史人物郑成功的评论略述」,『文学教育』

주징타오褚靜濤(2011),「连震东、连战与台湾通史」,『现代台湾研究』,〈3〉

주징타오褚靜濤(2013),「连氏三代与《台湾通史》」,『安徽史学』,〈3〉

진싼후이金善惠(2013),「鄭成功文化再現研究:從文史論述到日常意象」, 國立臺灣海洋大學碩士論文

천비셩陳碧笙(1984),「关于郑成功收复台湾的几个问题」,『郑成功研究论文选』, 정성공연구학술토론회 학술팀 편집, 福建人民出版社

천중췬陳忠純(2013),「近代国人对郑成功形象的塑造与精神的传承:以报刊文献中的郑成功传记为中心」,『台湾研究集刊』,〈5〉

천팡밍陳芳明(1996),「郑成功与施琅—台湾历史人物评价的反思」,『台湾史论文精选』(上), 台北: 玉山社出版

청사문고新校本清史稿 [Z](1996), 台北故宫博物院, 台北

쿵리孔立·천자이정陳在正·덩쿵자오鄧孔昭(1984),「郑成功评价的方

　　　　法论问题」,『郑成功研究论文选』, 정성공연구학술토론회 학
　　　　술팀 편집, 福建人民出版社
팡방이方白(1955),『郑成功』, 中國青年出版社, 北京.
푸이링傅衣凌(1984),「关于郑成功研究的若干问题」,『郑成功研究论文
　　　　选』, 정성공연구학술토론회 학술팀 편집, 福建人民出版社
푸중청巴蘇亞·博伊哲努(浦忠成)(2003),「郑成功與原住民 : 历史建构
　　　　中的扭曲、淡化與除去」, 제5차『中国近代文化的解构与重建』
　　　　학술토론회논문집
황훵슝黃煌雄(2006),『蔣渭水传 - 台湾的孙中山』, 时报文化出版企业股
　　　　份有限公司, pp.246~247.

이나카키 마고베稻垣孫兵衛(1929),『鄭成功』, 臺灣臺北: 世新報社[대
　　　　만서]
코바야시 리비라小林里平(1910),『台灣歲時記』, 東京, 政教出版社

신문

"日郑成功纪念馆想提升对华关系 宣传共同英雄",〈环球时报〉, 2013-
　　　　08-21
http://world.huanqiu.com/exclusive/2013-08/4266608.html

3장 참고문헌

고가영, 2014.「중국인의 카자흐스탄으로의 이주: 떠오리는 중국, 팽창하
　　　　는 중국인, 그리고 카자흐스탄」, 서울대학교 아시아연구소 중

앙아시아센터·한국유라시아학회 공동주최 학술회의 "중국의 부상과 유라시아 국가들의 대응" 자료집.

권세은, 2014, 「비판지역연구로서의 환동해학 모색」, 서울대학교 아시아연구소 동아시아 초구경 이동과 흐름 연구팀 주최 학술회의 "이동과 흐름을 통해 본 동아시아 2014" 자료집.

김민환, 2012, 「동아시아의 평화기념공원 형성과정 비교연구: 오키나와, 타이페이, 제주의 사례를 중심으로」, 서울대학교 대학원 박사학위논문.

김민환, 2013, 「중심과 주변의 중층성: 노래와 평화기념공원으로 본 동아시아」, 『사회와 역사』 제97집.

김민환, 2014, 「동아시아 변경 섬의 지정학과 냉전체제 성립기 국가폭력 발생의 구조」, 『탐라문화』 46호.

김민환·정현욱, 2014, 「'양안서비스무역협정'의 쟁점과 대만 사회 갈등 구조의 변화」, 『아태연구』 제21권 제3호.

박강배, 2005, 「대만 사람들의 기억과 기념: 대만2.28기념관」, 『민주주의와 인권』 제5권 2호.

박배균, 2012. 「한국학 연구에서 사회-공간론적 관점의 필요성에 대한 소고」, 『대한지리학회지』 제47권 제1호.

박배균, 2014, 「이동과 경계의 변증법과 동아시아 이동성 체제의 전환」, 서울대학교 아시아연구소 동아시아 초구경 이동과 흐름 연구팀 주최 학술회의 "이동과 흐름을 통해 본 동아시아 2014" 자료집.

박윤철, 2012, 「대만 민주화과정과 사회운동의 변화」, 최원식·백영서 엮음, 『대만을 보는 눈: 한국-대만 공생의 길을 찾아서』, 창비.

스테판 해거드, 박건영 외 역, 1994, 『주변부로부터의 오솔길』, 문학과지성사.

왕푸창, 지은주 역, 2008, 『갈등의 정체성: 현대 대만사회의 에스닉 상상』, 나남.

李筱峯, 김철수 외 역, 1990, 『臺灣民主運動 40년』, 성균관대학교 출판부.

이화승·홍성화, 2012, 『대만과 중국 동남부: 전쟁과 교류의 역사』, 동북아역사재단.

張星久·吳懷連, 한인희 역, 1992, 『대만현대정치사상』, 지영사.

존 어리, 윤여일 역, 2012, 『사회를 넘어선 사회학: 이동과 하이브리드로 사유하는 열린 사회학』, 휴머니스트.

존 어리, 강현수·이희상 역, 2014, 『모빌리티』, 아카넷.

지앙뷔웨이(江柏煒), 2013, 「변경과 과경: 동아시아 시선 속의 金門 지역사 연구」, 『아시아리뷰』 제3권 제2호(통권 6호).

진필수, 2012, 「센카쿠(댜오위타이)제도 영유권 분쟁에 있어 이시가키시 의회의 과잉애국심과 지역활성화의 논리: 국경의 섬에서의 교량론과 장벽론」, 『비교민속학』 제47집.

Chen, Xiangming, 2005, *As Borders Bend: Transnational Spaces on the Pacific Rim*, Rowman & Littlefield Publishers: Lanham · Boulder · New York · Toronto · Oxford.

Fentress, James and Chris Wickham, 1992, *Social Memory*, Oxford: Blackwell.

Law, J., 2006, "Disaster in agriculture: or Foot and mouth mobilities", Environment and Planning A 38(2), pp.227~239.

Olick, Jeffrey and Joyce Robbins, 1998, "Social Memory Studies: From 'Collective Memory' to the Historical Sociology of Mnemonic Practices", *Annual Review of Sociology* 24.

Peter Adey et al., 2014, The Routledge Handbook of Mobilities, Routedge: London and New York.

Sheller, M. and John Urry, 2006, "The new mobilities paradigm", Environment and Planning A, 38(2), pp.207~226.

Szonyi, Michael, 2008, *Cold War Island: Quemoy on the Front Line*, Cambridge Univ. press: Cambridge

Urry. J. 2004, "Small Worlds and the new 'social physics'", *Global Networks 4*, pp.109~130.

中村祐悦, 2006, 『新版 白団 – 台湾軍をつくった日本軍将校たち』, 芙蓉選書ピクシス, 芙蓉書房出版

江柏煒, 2007, 「誰的戰爭歷史?: 金門戰史館的國族歷史vs.民間社會的集體記憶」, 『民俗曲藝』156.

薛化元 외, 2003, 『戰後臺灣人權史』, 國家人權紀念館籌備處: 臺北.

人權之路編輯小組, 2008, 『人權之路 2008年新版』, 財團法人陣文成博士紀念基金會: 臺北.

張之傑 等, 1991, 『20世紀臺灣全紀錄』, 台北: 錦繡出版社.

陳永興, 2010, 『金門國家公園 戰役史蹟景觀風貌構成調查計畫案: 期末報告書』, 水牛設計部落有限公司.

陳布雷 等 編著, 1978, 『蔣介石先生年表』, 台北: 傳記文學出版社.

대만 군인충령사(공묘) 공식사이트(http://cemetery.nca.gov.tw/)

4장 참고문헌

이임하, 『적을 삐라로 묻어라 - 한국전쟁기 미국의 심리전』, 철수와 영희, 2012

龚小菀,「老播音员细述对台攻心战」,『文史博览』, 2008년 第 8기.

戴尔济,「洪秀枞 - 海岛英雄女民兵」,『福建党史月刊』 2009년 第15기.

傅宁军,「前沿: 何厝纪事」,『青春』 2013년 11기.

王文静、吴琪,「攻心到交心, 昔日对敌广播员金门泯恩仇」,『厦门日报 海峡週刊』 2006년 4월 7일.

杨敏,「台海大喇叭 - 堅持了38年的"對話"」,『中外文摘』 2010년 第21기.

吴世泽(口述), 蒋平(整理),「"海上上甘岭"的反特务行动」,『文史博览』 2011년 第3기.

周军,「"炮击金门"停止三十年后走访厦门大嶝岛」,『文史精华』, 2009년 第12기.

陈成沛、于文华,「许冰莹: 老学生的青春之歌」,『厦门商报』 2009년 3월 16일.

陈彦儒,「角屿上空的泣血呼告」,《珠海特区报》, 2014년 12월 14일.

何书彬,「空飘: 飞跃海峡的气球」,『看历史』, 2012년 第5기.

何书彬,「"对台戏" 海峡上空的广播战」,『时代教育(先锋国家历史)』 2009년 第2기.

何书彬,「槟榔屿"拔敌旗"」,『看历史』 2012년 第7기

何书彬,「厦门与金门: 60年一个循环」,『同舟共进』, 2009년 10기.

5장 참고문헌

「중화정기보(中華正氣報)」, 「금문일보(金門日報)」, 「연합신문망(聯合新聞網)」,

「중국시보(中國時報)」, 「대만성보(台灣醒報)」, 「연합뉴스」, 「Landmine & Cluster Munition Monitor」烈嶼觀察筆記, http://taconet.pixnet.net/blog

김석윤 · 김태일(2011), 「제주 4 · 3사건의 Dark Tourism 가능성에 관한 개념적 연구」, 『대한건축학회 제주지회 학술대회』 발표논문집.

김석윤(2014), 「다크 투어리즘 유형화 및 자원적용 연구」, 제주대학교 석사 논문.

김태영(2013), 「호국 · 민주주의 정신과 경남의 다크투어리즘」, 경남정책Brief, 경남발전연구원.

안범용(2011), 「다크투어리즘 장소에 대해 부여한 개인적 의미에 따른 방문 동기 및 편익 차이에 관한 연구 - 거제 포로수용소를 중심으로-」, 『동북아관광연구』 제7권 제3호.

정근식(2014), 「동아시아의 냉전 · 분단체제의 형성과 해체: 지구적 냉전하의 동아시아를 새롭게 상상하기」, 임형택 편, 『한국학의 학술사적 전망 2』, 소명출판.

조윤준(2008), 「NGO의 초국가적인 네트워크 연구-국제대인지뢰금지운도 사례를 중심으로-」, 석사학위논문

조현희(2012), 「다크투어리즘의 장소활용 사례분석을 통한 5 · 18사적지의 장소마케팅 전략」, 전남대학교 석사논문.

최호림(2009), 「베트남 전쟁과 관광: 과거의 체현과 진정성의 경합」, 『東亞硏究』 제57집.

江柏煒(2007), 『金門地區軍事設施活化利用暨經營管理總體先期規劃』, 金門縣.金門縣政府交通觀光局(2006), 『金門地區既有軍事設施再利用之調查規劃』.

金門戰地政務委員會(1974), 『蔣總統與金門』.

金門文化局(2012), 『金門國國家公園戰役史蹟景觀風貌構成調查計畫』.

李依盈(2004), 「開放大陸地區人民來台觀光政策之評估」, 國立政治大學 碩士論文.

林馬騰(2004), 『大膽風雲歲月』, 金門縣.

陳建民(2009), 『兩岸交流與社會發展-「小三通」與旅遊研究文集』.

戚常卉(2004), 『金門戰事紀錄及調查研究』, 金門縣.

Casey-Maslen, S.(2011), 〈关于禁止使用、储存、生产和转让杀伤人员地雷及销毁此种地雷的公约〉, United Nations Audiovisual Library of International Law.

Chang, Li-Hui and Chris Ryan(2007), Xiamen and Kinmen: From-Cross-Border Strife to Shopping Trips, Chris Ryan ed., *Battlefield Tourism: History, Place and Interpretation*, Amsterdam: Elsevier. pp.143~151.

Stone, P.R.(2006), *A Dark Tourism Spectrum: towards a typology of death and macabre related tourist sites, attractions and exhibitions*, Tourism 54(2), pp.145~160.

Szonyi, M.(2008), *Cold War island: Quemoy on the front line*, Cambridge University Press.

Yu, L.(1997), Travel between Politically Divided China and Taiwan, Asia pacific Journal of Tourism Research, issue 1. pp.19~30.42.

6장 참고문헌

권세은, 2014, "비판지역연구로서의 환동해학 모색," 서울대학교 아시아연구소 동아시아초국경이동과흐름 연구팀 주최 학술회의 〈이동과 흐름을 통해 본 동아시아 2014〉 자료집.

김란, 2014, "민족주의 경합의 장으로서의 '정성공(鄭成功)' 역사영웅 만들기," 사회와역사 제104집, pp.107~144.

김민환, 2014, "경계의 섬과 포격전의 기억: 단절과 이동의 변증법과 대만 금문島의 냉전 및 탈냉," 사회와역사 제104집, pp.45~76.

김민환·정현욱, 2014, "'양안서비스무역협정'의 쟁점과 대만 사회 갈등구조의 변화," 아태연구 제21권 제3호, pp.5~35.

박배균, 2012, "한국학 연구에서 사회-공간론적 관점의 필요성에 대한 소고," 대한지리학회지 제47권 제1호, pp.37~59

박배균, 2014, "이동과 경계의 변증법과 동아시아 이동성 체제의 전환," 서울대학교 아시아연구소 동아시아초국경이동과흐름 연구팀 주최 학술회의 〈이동과 흐름을 통해 본 동아시아 2014〉 자료집.

박윤철, 2012, "대만 민주화과정과 사회운동의 변화," 최원식·백영서 엮음, 대만을 보는 눈: 한국-대만 공생의 길을 찾아서, 창비.

스테판 해거드, 박건영 외 역, 1994, 주변부로부터의 오솔길, 문학과지성사.

李筱峯, 김철수 외 역, 1990, 臺灣民主運動 40년, 성균관대학교 출판부.

이영민, 2013, "글로벌 시대의 트랜스 이주와 장소의 재구성: 문화지리적 연구관점과 방법의 재정립," 문화역사지리 제25권 제1호, pp.47~62.

이화승·홍성화, 2012, 대만과 중국 동남부: 전쟁과 교류의 역사, 동북아역사재단.

전원근, 2014, "동아시아 최전방 낙도에서의 냉전 경관 형성: 1970년대 서해5도의 요새화와 개발을 중심으로," 사회와역사 제104집, pp.77~106.

정근식·우췬팡, 2014, "금문도 냉전생태의 형성과 해체: 지뢰전시관 형성의 경로를 따라서," 사회와역사 제104집, pp.7~43.

존 어리, 윤여일 역, 2012, 사회를 넘어선 사회학: 이동과 하이브리드로 사유하는 열린 사회학, 휴머니스트.

존 어리, 강현수·이희상 역, 2014, 모빌리티, 아카넷.

지앙뷔웨이(江柏煒), 2013, "변경과 과경: 동아시아 시선 속의 금문 지역사 연구," 아시아리뷰 제3권 제2호(통권 6호), pp.65~104.

지은주, 2008, 대만의 독립문제와 정당정치: 민주화 이후 정당체제의 재편성, 나남.

최원식·백영서 엮음, 2012, 대만을 보는 눈: 한국-대만 공생의 길을 찾아서, 창비.

한지은, 2014, "대만에서 장소를 둘러싼 정체성과 기억의 정치," 문화역사지리 제26권 제2호, pp.104~125.

Allen, J., Massey, D., and Cochrane A., 1998, *Rethinking the Region*. Routledge: London.

Amin, A., 2004, "Regional Unbound: towards a new politics of place." *Geografiska Annaler* 86B, pp.33~44.

Amin, A., Massey, D. and Thrift, N., 2003, "Regions, democracy, and the geography of power," *Soundings* 25, pp.57~70.

Chen, Xiangming, 2005, *As Borders Bend: Transnational Spaces on the Pacific Rim*, Rowman & Littlefield Publishers: Lanham‧Boulder‧New York‧Toronto‧Oxford.

Chiang, Bo-wei(江柏煒), 2011, "A Special Intermittence and Continuity in Local History: The Chinese Diaspora and their Hometown in Battlefield Quemoy during 1949~1960s," *Journal of Chinese Overseas* 7(1), pp.169~186.

Law, J., 2006, "Disaster in agriculture: or Foot and mouth mobilities," *Environment and Planning A* 38(2), pp.227~239.

Peter Adey et al., 2014, *The Routledge Handbook of Mobilities*, Routedge: London and New York.

Sheller, M. and John Urry, 2006, "The new mobilities paradigm," *Environment and Planning A* 38(2), pp.207~226.

Szonyi, Michael, 2008, *Cold War Island: Quemoy on the Front Line*, Cambridge Univ. press: Cambridge.

Urry. J., 2004, "Small Worlds and the new 'social physics'," *Global Networks 4*, pp.109~130.

Zhang, J. J., 2010, "Of Kaoliang, Bullets and Knives: Local Entrepreneurs and the Battlefield Tourism Enterprise in Kinmen(Quemoy), Taiwan," *Tourism Geographies: An International Journal of Tourism Space, Place and Environment* 12(3), pp.395~411.

劉大年‧顧瑩華‧史惠慈‧周諺鴻‧王淑美, 2009, 金馬中長期經濟發展規劃(The Economic Development Planning of Kinmen), 行政院經濟建設委員會出版: 臺北.

人權之路編輯小組, 2008, 人權之路 2008年新版, 財團法人陣文成博士紀念基金會: 臺北.

呂佳穎 · 邵于倫 · 葉于菁, 2011, "金門的另類社會福利: 金酒公司家戶配酒之研究," 國立金門高級中學 投稿論文.

黃茱珺 · 吳連賞, 2009, "金門紀念品在地黏著性之探討," 國立高雄師範大學地理學系, 環境與世界 第二十期, pp.1~26.

江柏煒, 2007, "誰的戰爭歷史?: 金門戰史館的國族歷史vs.民間社會的集體記憶," 民俗曲藝. 156, pp.85~155.

金門縣政府, 2009a, 金門縣志, 第四冊 政事志 上卷, 金門縣政府.

金門縣政府, 2009b, 金門縣志, 第五冊 教育志 上卷, 金門縣政府.

金門縣政府, 2009c, 金門縣志, 第六冊 經濟志 上卷, 金門縣政府.

金門縣政府, 2009d, 金門縣志, 第七冊 經濟志 下卷, 金門縣政府.

薛化元 외, 2003, 戰後臺灣人權史, 國家人權紀念館籌備處: 臺北.

張金石, 2008, 高粱酒產業生產模式之研究—以金門酒廠(股)公司為例, 國立高雄大學高階經營管理碩士論文.

張之傑 等, 1991, 20世紀臺灣全紀錄, 台北: 錦繡出版社.

陳布雷 等 編著, 1978, 蔣介石先生年表, 台北: 傳記文學出版社.

陳永興, 2010, 金門國家公園 戰役史蹟景觀風貌構成調查計畫案: 期末報告書, 水牛設計部落有限公司.

楊廷標, 2004, 金門縣高粱保價政策政治經濟分析1952~2002, 銘傳大學社會科學院 國家發展與兩岸關係碩士論文.

7장 참고문헌

王振漢, 2007「宗族因素對金門縣選民投票行為之影響: 以第一至第四屆金門縣長選舉為例」, 私立銘傳大學公共事務學系碩士論文.

朱立熙, 2011〈南韓的民主轉型－以光州事件為分水嶺〉,《臺灣國際研究季刊》第7卷第2期, pp.155~82.

沈宗瑞, 2001《國家與社會－中華民國的經驗分析》, 臺北：韋伯文化.

行政院新聞局輯印, 2008《陳總統水扁先生九十六年言論選集(下)》, 臺北：行政院新聞局（秀威代理）.

江柏煒, 2014《冷戰金門的國際史料彙整及譯述一：以美國國家檔案局紀錄片為主委託案成果報告書》, 金門：內政部營建署金門國家公園管理處.

江柏煒、翁芬蘭, 2005《金門戰事記錄及調查研究二》, 金門：內政部營建署金門國家管理 處.

林震, 2008《二十一世紀》網絡版第74期,取自 http://www.cuhk.edu.hk/ics/21c/supplem/essay/0803080.htm.

李筱峰, 1987《臺灣民主運動四十年》, 臺北：自立晚報社文化出版部.

李筱峰, 2004《李筱峰專欄：為這個時代留下永遠的歷史見證與紀錄》, 臺北：新自然主義出版.

金門縣文化局, 2009《金門縣志‧首卷》, 金門：金門縣政府文化局.

金門縣文化局, 2009《金門縣志‧兵事志, 華僑志》, 金門：金門縣政府.

柯汎禧, 2014〈重構臺灣公民－對鄭南榕自焚的詮釋〉, 鄭南榮基金會第三屆鄭南榕

論文優選.取自 http://www.nylon.org.tw/index.php?option=com_content&view=article&id=726：2014-06-11-10-29-55&catid=31：2013-06-14-02-4 0-18&Itemid=94.

翁明志, 1994《浯潮澎湃》, 金門：翁明志服務處.

財團法人施明德文化基金會, 2014《反抗的意志：1977~1979 美麗島民

主運動影像史》, 臺北：時報出版.

陳香君, 2014《紀念之外：二二八事件・創傷與性別差異的美學》, 臺北：典藏藝術家庭出版.

張淑雅, 2011《韓戰救臺灣？解讀美國對臺政策》, 臺北：衛城出版.

黃金麟, 2009《戰爭、身體、現代性》, 臺北：聯經出版公司.

楊樹清, 1998《金門社會觀察》, 臺北：稻田出版有限公司.

楊樹清, 2001《金門田野檔案》, 臺北：稻田出版有限公司.

鄭南榕基金會・紀念館, 2013《剩下就是你們的事了 行動思想家 鄭南榕》, 臺北：書林出版有限 公司.

劉家國, 1991〈堅決反對金馬二度戒嚴〉, 花王印刷《馬祖之光月刊第38期 – 金馬 反戒嚴運動專號》, p.1.

蕭阿勤, 2012〈世代、理想、衝撞：訪林世煜〉, 《思想》第22期, pp.133~156.

Michael Szonyi, 2008 Cold War island: Quemoy on the front line. Cambridge: Cambridge University Press.

Samuel P.Hintington, 劉軍寧(譯), 1994《第三波：二十世紀末的民主化浪潮(The Third Wave: Democratization in the Late Twentieth Century)》.臺北：五南出版社.

우쥔팡・정근식(吳俊芳・鄭根植), 2014〈금문도 냉전생태의 형성과 해체: 지뢰전사관형성의 경로를 따라서〉, 《사회와 역사》통권제104집, pp.30~31, 韓國：한국사회사학회.

정근식(鄭根埴), 2011〈박정희시대의 사회통제와 저항〉, 《(탈)냉전과 한국의 민주주의》, pp.83~122.韓國：선인출판사.

정근식(鄭根埴), 2014〈동아시아의 냉전・분단체제의 형성과 해체：지구적 냉전하의 동아시아를 새롭게 상상하기〉, 임형택(編),

《한국학의 학술사적 전망 2》, pp.83~122. 韓國 : 소명출판.

허은(Heo-Eun), 2015〈동아시아 냉전의 연쇄와 박정희정부의 '대공새마을' 건설〉,《역사비평》, pp.293~326. 韓國 : 역사비평사.

8장 참고문헌

김란(2014), 「민족주의 경합의 장으로서의 '정성공鄭成功'역사영웅 만들기」.

『사회와 역사』, 제104집 2014년 한국사회사학회, pp.107~144.

김민환(2014), 「경계의 섬과 포격전의 기억: 단절과 이동의 변증법과 대만 金門島의 냉전 및 탈냉전」, 『사회와 역사』 제104집 2014년 한국사회사학회, pp.45~76.

우쥔팡·정근식(2014), 「금문도 냉전생태의 형성과 해체-지뢰전시관 형성의 경로를 따라서」, 『사회와 역사』 제104집, pp.7~43.

向達(2000), 「兩種海道針經序言」, 『兩種海道針經』, 北京: 中華書局.

羅德水(2006), 「尋找兩岸新座標淺論金門人的兩岸關」, 『2006年金門學術研.

討會論文集』, 金縣文化局出版.

陈国强(1996), 『民族英雄郑成功」』, 廈門大学出版.

徐宗懋(2007), 『20世紀台灣精選本光復篇』, 五南圖書出版.

林瑤棋(2007), 「臺灣閩南文化的危機」, 『2007年閩南文化學術研討會論文集』, 金門縣文化局.

邱少華(1998), 「仙州夢土」, 『金門社會觀察』, 稻田出版.

江柏煒(2007a), 「誰的戰爭歷史？: 金門戰史館的國族歷史v.s.民間社會的集體記憶」, 『民俗曲藝』, pp.85~155.

江柏煒(2007b),「台灣研究的新版圖: 以跨學科視野重新認識"金門學"之價值」,『2007年閩南文化學術研討會論文集』, 金門縣文化局出版, pp.17~34.

江柏煒(2011),「從帝國邊陲、海疆重鎮到航海要道: 歷史地圖中的金門」,『2007年閩南文化學術研討會論文集』, pp.131~174.

江柏煒(2012a),「人口遷徙、性別結構及社會文化變遷: 從僑鄉到戰地的金門」,『人口學刊』第46期, pp.47~86.

江柏煒(2012b),「在金門與長崎之間—新頭陳氏家族的社會網絡考察」,『2012年金門學國際學術研討會論文集』, pp.455~480.

江柏煒(2013),「人口遷徙、性別結構及其社會文化變遷: 從僑鄉到戰地的金門」,『人口學刊』第46期, pp.47~86.

江柏煒(2014),『冷戰金門的國際史料彙整及譯述—以美國國家檔案局紀錄片為主委託案成果報告書』, 金門國家公園管理處出版.

鄭梓(2009),「試探閩臺文化中的英雄和英雄崇拜-以兩岸三部影集四個角色為中心的解析」,『2009閩南文化國際學術研討會』, pp.379~404.

李增(2004),「鄭成功與金門之關係述論」,『第五屆中國近代文化的解構與重建學術研討會論文集[鄭成功、劉銘傳]』, pp.181~204.

王日根・苏惠苹(2007),「明海洋管理制度化進程中的朝廷與地方」,『2007閩南文化学术研讨会论文集』, pp.1~8.

王日根(2007),「明代以來的廈門軍事與經濟」,『2007閩南文化学术研讨会论文集』, pp.9~12.

吳劍隆(2007),「郑成功与闽南文化的传播」,『2007年闽南文化学术研讨会』, pp.55~62.

郑振满(2009),「国际化与地方化: 近代闽南侨乡的社会文化变迁」,

『2009闽南文化国际学术研讨会』, pp.41~54.

林緯毅(2013),「族群性與社區化: 新加坡的潮州伯公─感天大帝信仰」,『2013閩南文化國際學術研討會』, pp.37~46.

柯群英(2013),「清水祖師公作為當地與跨國社會及網路資本」,『2013閩南文化國際學術 研討會』, pp.47~56.

閻亞寧(2012),『金門與世界文化遺產保存暨觀光發展探微』, 金門縣文化局出版.

林博文(2009),『1949 1949石破天驚的一年』, 時報出版.

羅志平(2011),『金門地方書寫與研究書目彙編』, 秀威出版.

陈国强(1996),『民族英雄郑成功』, 廈門大学出版.

楊碧川(2000),『蔣介石的影子兵團－白團物語』, 前衛出版.

金門縣文化局(2003),『世界遺產與金門』, 金門縣文化局出版.

金門縣文化局(2008),「亞洲視野下的金門學」,『2008金門學學術研討會論文集』, 金門縣文化局出版.

金門縣文化局(2011),『金門由戰爭道和平走向世界遺產』, 金門縣文化局出版.

金門縣政府(2011),『中華民國 100 年度金門縣總決算審核報告』.

『金門日報』 2006.9.30.; 2006.11.13.; 2008.5.29.; 2008.5.28.

『中國新聞網』. 2015.1.9.

마코토 이시카와石川誠人(2001),「ダレス・蔣共同コミュニケ」再考」,『日本台湾学会報第三号』, pp.143~146.

가와시마 신川島真(2011),「地域研究の対象とての金門島」,『地域研究』Vol.11 No.11.

Szonyi, M. (2008). Cold War Island: Quemoy on the Front Line. New York: Cambridge University Press.

「2015년 세계유산 관련 특강」http://aik.or.kr/html/board.jsp?n-code=d001&num=3389검색일: 2015.5.3.

9장 참고문헌

김귀옥(2006),「지역의 한국전쟁 경험과 지역사회의 변화: 강화도 교동 섬 주민의 한국전쟁 기억을 중심으로」, 경제와사회 71.

김종대(2013),『서해전쟁』, 메디치.

김필우(2010),「서해5도서의 지역적 특성과 이동권 보장에 관한 연구」, 인하대학교 석사학위 논문.

리영희(1999), ""북방한계선"은 합법적 군사분계선인가?", 통일시론 3권.

박명림(2004),「한국분단의 특수성과 두 한국: 지역냉전, 적대적 의존, 그리고 토크빌 효과」, 역사문제연구 제13호

박재민, 성종상(2013),「문화경관 연구를 위한 장소기억 개념 고찰」, 한국조경학회 2013년 춘계논문집.

오백진(1979),『백령도 우리는 이 섬을 지켜야 한다』, 샘터사.

옹진군지편찬위원회(1989),『옹진군지』.

옹진군향리지편찬위원회(1996),『옹진군향리지』.

이용중(2010),「서해북방한계선(NLL)에 대한 남북한 주장의 국제법적 비교 분석」, 법학논고 제32집.

정일준(2006),「유신체제의 모순과 한미갈등: 민주주의 없는 국가안보」, 사회와역사 제70집.

진종원(2013),「재현 혹은 실천으로서의 경관: '보는 방식'으로서의 경관 이론과 그에 대한 비판을 중심으로」, 대한지리학회지(48, 4).

해병대제6여단(2005),『백령도 군사』.

CIA(1974), "The West Coast Korean Islands"(CIA-RDP84-00825R 000300120001-7), Approved For Release 2000/04/18.

Dalby, Simon(2008) "Geopolitics, Grand Strategy and Critique: Twenty Years and Counting", paper for presentation to [the Critical Geopolitics 2008] conference in Durham University.

Diken, Bulent & Carsten Bagge Laustsen(2005), *The Culture of Exception: Sociology Facing the Camp*, Routledge.

International Crisis Group(2010), "North Korea: The Risks of War in the Yellow Sea", Asia Report N°198 - 23 December 2010.

Lauler, Robert(2012), 「1970년대 중반 미국의 대한정책과 서해5도 문제」, 서울대학교 국제대학원 석사논문.

Ó Tuathail, Gearoid & Simon Dalby(1998), *Rethinking Geopolitics*, Routledge.

Szonyi, Michael(2008), *The Cold War Island: Quemoy on the Front Line*, Cambridge University Press.

Roehrig, Terence(2011), "The Northern Limit Line: The Disputed Maritime Boundary Between North and South Korea", The National Committee on North Korea ISSUE BRIEF(www.ncnk.org).

Van Dyke, Jon M., Mark J. Valencia & Jenny Miller Garmendia(2003), "The North/South Korea Boundary Dispute in the Yellow(West) Sea", Marine Policy 27.

:: 출처표기

이 책에 실린 글들은 다음과 같은 학술지에 실린 논문을 책의 의도에 맞게 수정 보완한 것이다.

1장 지앙뷔웨이, 강미선 역, 2013, 「변경(邊界)과 과경(跨界): 동아시아 시선 속의 진먼(金門) 지역사(區域史)」, 『아시아리뷰』 제3권 제2호, pp. 65-104.

2장 김란, 2014, 「민족주의 경합의 장으로서의 '정성공(鄭成功)' 역사영웅 만들기」, 『사회와역사』 제104집, pp. 107-144.

3장 김민환, 2014, 「경계의 섬과 포격전의 기억: 단절과 이동의 변증법과 대만 金門島의 냉전 및 탈냉전」, 『사회와역사』 제104집, pp. 45-76.

5장 오준방·정근식, 2014, 「금문도 냉전생태의 형성과 해체: 지뢰전시관 형성의 경로를 따라서」, 『사회와역사』 제104집, pp. 7-43.

6장 전원근, 2014, 「동아시아 최전방 낙도에서의 냉전 경관 형성: 1970년대 서해5도의 요새화와 개발을 중심으로」, 『사회와역사』 제104집, pp. 77-106.

7장 박배균·김민환, 2015, 「단절과 이동의 변증법과 대만 금문도 지역경제의 변화: 고량주 경제를 중심으로」, 『문화역사지리』 제27권 제2호,

pp. 79-102.

8장 鄭根埴·吳俊芳, 2015, 「金門的(脫)冷戰及民主化 : 著重於其雙重性 轉換」, 江柏煒·王秋桂 編, 『歷史島嶼的未來: 2015年 金門歷史·文化與 生態 國際學術硏討會 論文集』, 金門國家公園, pp.371-388.

9장 오준방, 2015, 「탈냉전과 금문학: 형성, 성과, 과제」, 『사회와역사』 제107집, pp. 389-420.

:: 금문도 연표

연도	사건
1661	정성공이 금문도의 루어(料羅)항으로부터 출항하여 대만으로 건너가 네덜란드 세력을 축출하다.
1663	정성공이 청나라 군대와 금문도의 우사터우(烏沙頭)에서 전투를 벌였으나 패배하여 퇴각하였고, 금문도는 청나라에 의해 점령되었다.
1860	금문의 첫 번째 해외 이주의 물결이 시작되다.
1882	금문지(金門志) 15권이 출간되다.
1912	금문의 두 번째 해외 이주의 물결이 시작되다.
1929	세계대공황으로 금문의 두 번째 해외 이주의 물결이 끝나다.
1937	일본이 금문도를 점령하다. 일본의 점령으로 억압을 피해 많은 사람들이 해외로 나감으로써 금문의 세 번째 해외 이주의 물결이 시작되다.
1945	금문이 중국으로 반환되다. 국민당의 징병을 피해 많은 금문도 젊은 남성들이 해외로 이주함으로서 금문의 네 번째 해외 이주의 물결이 시작되다
1949	꾸닝토어 전투가 벌어지다. 중국 인민해방군이 국민당군에게 격퇴당하다.
1950	한국전쟁 발발로 대만을 향하던 인민해방군이 한반도로 파견됨으로서 금문도는 본격적인 전쟁상황에서 벗어나게 되다. 다단다오(大膽島)에서 인민해방군의 상륙공격이 격퇴되다
1951	금문도에 지우롱지양지우창(九龍江酒廠)이라는 고량주 생산공장이 설립되다.
1953	타이우산(太武山)에 군인공묘가 만들어지다. 중국 인민해방군이 소금문도(小金門島), 즉 례위(烈嶼) 섬과 근접한 쟈오위(角嶼)에 대형확성기를 설치하여 본격적인 심리전을 전개하기 시작하다. 6개월 후 금문의 국민당군은 마산(馬山)에 방송기지를 건립하여 본격적으로 대응에 나선다. 토지개혁이 시작되다.
1954	9·3포격전이 발발하다. 금문도에 처음으로 '특약다실(特約茶室)'이라는 이름의 군인공창이 설립되다.
1955	토지개혁이 마무리되다. 대학진학을 목적으로 학생들이 금문도를 떠나 대만본섬으로 이주하는 것이 허용되다.
1956	전지정무실험구(戰地政務實驗區)'로 지정되면서 모든 통치를 전지정무위원회에서 담당하게 되다. 전지정무위원회의 수장은 군사령관이 맡게 되다.
1958	8·23포격전이 발발하다. 10월 6일부터 홀수날에는 포격을 하고 짝수날에는 포격을 하지 않는 상황이 1978년 12월 15일까지 이어지다.
1963	'금문삼민주의모범현건설강요(金門三民主義模範縣建設綱要)'가 완성되어 3차에 걸친 4개년 경제 건설의 기획을 추진하다. 금문고량주 제2양조장 건설계획이 본격화되다.
1966	금문도에서 풍선을 이용한 공중살포를 본격화하다.
1971	1971년 2월에서 6월까지 금문도의 촌리장(村里長)과 향진민대표(鄉鎮民代表), 그리고 향진장(鄉鎮長) 선거가 실시되는데, 이것은 1945년 이후 금문도에서 실시된 최초의 선거이다.

연도	사건
1973	'장공동상기념비'가 건립되다.
1975	금문고량주 생산량이 210만 킬로그램이 되다.
1976	'금문삼민주의모범현 6개년건설계획(金門三民主義模範縣六年建設計畫)'이 시작되다. '군, 정, 경, 민' 합일체제를 실시하기 위하여 12개의 마을을 '전투촌(戰鬥村)'으로 만들다.
1979	미중수교로 인해 포격전이 중지되다. 최초의 『금문현지』간행되다. 린이푸(林毅夫)가 두 개의 공을 옆에 끼고 금문에서 샤먼으로 넘어가다. 그는 이후 베이징대학교에서 석사학위를 받고 미국으로 유학을 가 1986년 시카고대학에서 경제학 박사학위를 받고 World Bank 부총재까지 역임하게 된다.
1984	꾸닝토어 전사관(古寧頭戰史館)이 건립되다.
1987	대만본섬에서 계엄령이 해제되다. 금문도 주민인 옹밍찌, 천전지엔(陳振堅)과 왕차안밍(王長明) 세 명이 타이베이 신디엔(新店)에 위치한 푸젠성정부에 가서 금마 지역의 계엄령 해제와 민주화, 그리고 여객기와 관광 개방을 요구하다.
1988	8·23전사관(戰史館)이 건립되다. 금문에서 복무하는 군인들의 가족면회가 허용되다.
1989	후징토어 전사관(湖井頭戰史館)이 건립되다. 금문에서 대만본섬으로 민간전화가 허용되다.
1990	금문도 주민들이 대만본섬에 자유롭게 출입이 가능해지다.
1992	금문도에서 계엄령이 해제되다. 양안 사이에 '구이공식(九二公式)'이 합의되다. '구이공식'이란 '중국과 대만이 하나의 중국이라는 원칙은 받아들이면서 그 중국이 어떤 실체를 의미하는지는 각자의 해석에 따라 달리 표현한다'는 합의를 말한다.
1993	금문도에서 관광업이 합법화되다. 고량주회사에서 '명절가호배급제(名節家戶配給制)'를 실시하다. 이것은 3대 명절(단오, 설날, 추석)에 금문주민들에게 고량주를 저렴한 가격에 판매하는 정책이다.
1994	유다웨이기념관(俞大維紀念館)이 건립되다. 민진당 주석인 스밍더(施明德)가 '금마철군론(金馬撤軍論)'을 제기하다.
1995	금문도에 대만에서 여섯 번째로 국가공원이 지정되다.
1996	처음으로 '금문학'이라는 용어가 탄생하다.
1997	금문도에 주둔하는 군인 수가 16,000명으로 축소되다.
1998	고량주 공장이 민영화되다. 이름도 '금문지우창실업고분유한공사(金門酒廠實業股份有限公司)'로 바뀌고 조직형태도 개편되다. 새롭게 민영화된 고량주회사의 발기인은 금문현청과 금문도 내 여섯 마을의 법인이다.
2001	금문도와 중국 푸젠성 사이에 소삼통이 실시되다.
2004	금문현문화센터가 금문현문화국(金門縣文化局)으로 승격되다.
2005	금문해안의 지뢰 제거가 시작되다. 과거 인민해방군 선전 방송을 담당했던 우스저, 천페이페이 등이 금문을 방문하다.
2006	중국 푸젠성 주민에게만 허락되었던 금문도 관광이 중국 전역으로 확대되다. '금문학연구회(金門學研究會)'가 결성되다.

연도	사건
2007	금문해안의 지뢰 제거가 완료되다.
2008	양안 사이에 전면적인 삼통이 실시되다. 금문도에 9미터 높이의 정성공 석상이 건립되다.
2009	퉁안나루해변풍경구(同安渡頭濱海風景區) 전시관, 치웅린민방관(瓊林民防館), 금문고량주사관(金門高粱酒史館) 등이 건립되다. 샤먼-금문해협 횡단수영대회(厦金海峽橫渡)가 개최되다.
2010	소경특약다실(小徑特約茶室) 전시관이 건립되다.
2013	노병고사관(老兵故事館)과 소금문지뢰주제원구(烈嶼地雷主題園區)가 건립되다.
2014	대만본섬에서 '양안서비스무역협정' 체결에 반대하는 '해바라기 학생운동'이 격렬하게 전개되다.